공공갈등의 관리,
과제와 해법

홍 준 형 편저

法 文 社

머 리 말

공공갈등의 관리, 무엇을 어떻게 할 것인가?

Ⅰ. 갈등공화국을 넘어서

우리 사회는 지금 온갖 갈등과 분쟁, 대립과 분규로 시달리고 있다. 노동, 교육, 사회, 경제 등 어느 한 분야 잠잠한 곳이 없다. 그동안 단축성장과정에서 누적된 온갖 분규들이 줄줄이 잠복해 있다 분출되기 시작했기 때문이지만, 정부가 각종 정책을 추진하면서 갈등을 일으키고 문제를 해결하려다 오히려 갈등을 더 키우는 경우가 적지 않았던 것도 사실이다. 그런 탓인지, 대한민국은 갈등공화국이란 말이 들린다.

특히 공공갈등은 오래 끌고 잘 해결되지 않으며 해결과정에서 너무나 큰 사회적 부담을 초래하는 경우가 많다. 공공갈등은 경제적 측면에서의 막대한 갈등비용뿐만 아니라 사회통합의 저해 또는 지역·계층·집단간 대립·불화라는 어쩌면 더 큰 사회적 비용을 초래한다는 점에서, 다른 어떤 국가정책과제 못지않는 중차대한 정책과제로 대두되고 있다.

반면 우리 사회가 이처럼 막대한 갈등비용과 사회적 비용을 치러왔다면, 그로부터 교훈을 얻어 시행착오를 회피할 수 있는 지혜로 변용해야 마땅할 것이다. 그런 관점에서 우리는 적어도 두 가지 교훈이 필요하다. 첫째는 분쟁해결에서 갈등관리로 인식의 전환이 필요하다는 점이고, 둘째는 시행착오를 되풀이하지 않으려면 갈등관리시스템을 제도화하는데 관심을 기울여야 한다는 점이다.

Ⅱ. 분쟁해결에서 갈등관리로

분쟁해결에서 갈등관리로 인식의 전환이 필요하다. 이제 갈등과 그것이 수면 위로 표출되어 불거진 분쟁을 근절하거나 적어도 외형상 감소시키기 위해 노력하는 것은, 물론 실현되기만 한다면 바람직한 일이기는 하지만, 현실적이지도 현명한 일도 아니라는 사실을 분명히 인식할 필요가 있다. 갈등과 분쟁이 전혀 없는 사회가 있을 수 있을까? 그런 사회가 있다면, 공상의 허구거나 마치 범죄 없는 마을의 흰 깃발처럼 비현실적 우연일 것이다. 갈등과 분쟁은 무와 유의 문제가 아니라 정도의 문제일 뿐이다. 소위 선진국이라 불리는 나라들은 대부분 갈등을 효율적으로 관리하여 사회적 거래비용을 비교적 낮은 수준으로 유지하고 있는 나라들이다. 세간에 집단행동과 분규를 제대로 해결해 내지 못하면 국민소득 2만불의 고비를 넘지 못하고 낙오하게 된다는 말이 그럴 듯하게 통용되고 있는 것도 비슷한 맥락이다. 그렇다면 대안은 비교적 분명하지 않은가? 평화와 질서를 유지하면서 사회적 거래비용을 최소화할 수 있는 최적의 갈등관리시스템을 구축하는 일이 아닐까? 그런 관점에서 갈등의 해결보다는 더 능동적이고 전향적인 갈등관리라는 접근방식이 더 필요하고 효과적이다. 갈등과 분쟁의 해결이나 그 발생과 해결에 관한 외형상의 통계보다는 갈등의 본질과 특성, 원인과 배경, 그 진화와 결

과에 더 관심을 기울여야 한다.[1)]

우리 사회가 안고 있는 각종 모순과 갈등, 분쟁들을 그 원인과 성격, 귀결, 해결의 우선순위에 관하여 포괄적이고도 심층적으로 반성, 검토하는 것이 무엇보다도 중요하다. 다소 추상적으로 들릴지는 모르지만 이러한 작업을 통해 우리 사회 모순과 갈등, 분쟁들을 담은 지형도를 작성하고 각각의 문제를 해결하기 위한 로드맵을 만들어 낼 수 있다. 그 경우 지역주의 해소라든가 노사갈등, 소득과 발전의 불평등 문제처럼 장기적·체계적·단계적으로 접근해야 할 성질의 문제들을 추려내 예측가능성을 지닌 정책을 예고함으로써 당사자나 이해관계자들에게 과도한 기대를 불러일으키지 않도록 유의해야 할 것이다. 특히 분권화조치나 소득불평등을 해소하기 위한 복지시책은, 그로 인한 부담이 성장과 경쟁력의 발목을 잡고 경제를 마비시켰던 독일과 같은 전철을 밟지 않으면서, 최대한 생산적 연계를 잃지 않도록 하되, 사전에 명확한 목표와 실행가능성이 고려된 이정표를 제시하여 국민이 이에 대비하도록 하는 것이 필요하다.

Ⅲ. 법제도 인프라의 구축

갈등관리를 위한 가장 확실한 처방은 제도화 전략이다. 종종 소홀히 여기는 제도화 전략의 가치를 재인식할 필요가 있다. 갈등의 경험과 교훈들은 축적되거나 공유되지 않고 쉽사리 사장되는 경향이 있다. 비슷한 갈등이 되풀이되거나 더 악화된 형태로 확대재생산되는 어처구니없는 일이 벌어지는 것도 바로 그 때문이다. 그렇게

1) Deborah Hensler, David Holloway, Lee Ross, Brenna Powell, Byron Bland. (2002). Changing the Focus from "Resolution" to "Conflict", Hewlett Theory Centers Conference Proceedings.

막대한 갈등비용과 사회적 신뢰 손상이라는 심각한 사회적 비용을 치르고도 정작 배우지 못하거나 배워도 계승하지 못하는 경우가 많다. 갈등관리에 관한 많은 연구와 노력으로부터 우리는 갈등을 겪으면서 또 갈등을 처리하면서 얻은 경험과 교훈들을 지속적으로 확산·공유하는 것이 무엇보다 중요하며 그러한 갈등관리역량을 지속가능하게 만들기 위해 갈등관리를 위한 법제도적 인프라를 구축하는 것이 시급하고 또 절실하다는 사실을 깨달을 수 있다. 전문 인력이 턱없이 부족하고, 정책결정자나 갈등당사자들 모두 인식수준이나 갈등관리역량이 미흡하기 때문에 체계적으로 정책·사회 학습의 기회를 부여할 필요가 있다. 보다 더 능동적이고 전향적인 갈등관리를 위한 시스템을 구축하려면 이를 제도화하는데 더 집중적인 관심을 기울이는 것이 필수적이다.

Ⅳ. 공공갈등 관리의 과제와 해법

위에서 제시된 견지에서 우리는 일곱 개의 글을 모았다.

먼저, 하혜영은 공공갈등 해결에 미치는 주요 영향요인을 식별하여 그 요인들이 어떻게 갈등해결과 연관되고 있는지를 분석한다. 특히, 사업을 추진하는 정부가 이를 반대하는 타방의 정부 혹은 주민들과의 갈등을 완화하고 해결하려는 갈등관리의 노력이 실제로 갈등해결에 효과가 있었는지를 규명하기 위해 1995년~2006년 6월까지 전국에서 발생된 갈등사례를 모집단으로 구축한 데이터베이스를 활용하여 순위로짓모형(Ordered Logit Model)을 통해서 갈등해결 수준과 영향요인들 간의 인과성을 검증하였다. 분석결과, 갈등해결 수준을 높이는 데 정부의 갈등관리 요인들이 긍정적인 효과를 내고 있었으며, 특히 정부의 관리방식이 가장 큰 영향을 미치고, 경제적 유인책 제공여부와 주민참여 수준도 해결수준에 직접적인 영향을 미친다는 사실을 밝혔다.

선진한국을 향한 갈등관리시스템의 구축이란 논문에서 김선희 · 박형서는 현재 우리사회가 겪는 갈등과 대립현상은 공공정책의 수립에 필요한 다양한 가치와 이해, 그리고 정책문제에 대한 해석들을 실제 공공정책 수립이나 결정과정에 반영하지 못하고 있는 데서 오는 일종의 사회적 합의형성시스템 부재 현상에서 기인하는 것으로 진단하고, 그 대안으로 사회적 자본 확충방안의 하나로서 갈등관리시스템 구축방안을 모색하고 있다.

김유환의 논의는 공공갈등에 대한 대응을 위한 우리 사회의 infra를 진단하고 그것을 토대로 하여 공공갈등관리를 위한 제도정비를 위한 보다 구체화된 정책대안들을 제시하고 있다. 특히 공공갈등이 비화되어 공공분쟁이 된 경우, ADR기법이 이를 해결하는 가장 적절한 수단이므로 ADR을 활성화해야 한다고 강조하면서, ADR의 기술적 특성을 고려하여 ADR 과정을 이끌 양질의 조정인 또는 중립위원(Neutral) 인력을 갖춰야 하며, 다양한 ADR 절차를 위한 법제도적 근거를 마련하고, 그 적용범위나 방식, 비밀유지와 정보공개제도와의 관계 등에 대한 정교한 법적 규율을 가하는 등 세심한 법정책적 배려가 필요하다고 지적한다.

홍준형은 개인주의적 · 사후적 분쟁해결에 중점을 두는 전통적인 접근방법과는 달리 갈등의 편재성(보편성)을 시인하고 갈등을 예방하고 해결함으로써 갈등을 사회적으로 감당할 수 있는 범위와 수준으로 관리해 나가야 한다는 생각, 즉 '갈등관리'의 개념(conflict management), 그리고 정부가 나서 가능한 한 조기에 만족스러운 공공갈등해결시스템을 구축해야 한다는 생각이 갈등관리기본법 제정을 추진한 동기가 되었다고 지적하면서 공공갈등관리법의 주요쟁점을 점검하고 바람직한 대안을 모색하고 있다.

이어서 홍준형은 전통적 사법제도의 결함을 보완할 수 있는 대안으로서 각광을 받아 온 대체적 분쟁해결제도의 발전과 가치, 유형, 실정법상의 구현 등을 설명하고 이를 토대로 더욱 실효성있는 대체적 분쟁해결제도의 개선・정비가 필요하다고 역설하고 있다.

김정순은 더욱 논의를 구체화시켜 행정법상 재판외적 분쟁해결제도의 현황과 문제점, 주요 외국의 입법례 등을 분석하여 행정법상 재판외 분쟁해결법제의 개선방향을 제시한다. 특히 재판외 분쟁해결제도 자체의 일반적인 역기능을 어떻게 해소할 수 있는지에 관심을 기울여야 하며, 재판외 분쟁해결수단의 이용으로 얻어진 결과를 이행하지 않을 경우 집행력을 담보하는 제도적 방안을 강구하는 것이 중요하다고 지적하면서, 재판외 분쟁해결 대상의 범위를 확대하는 문제에 대하여 재판외 분쟁해결수단의 활용은 결국 법원의 부담을 덜어주는 것이지만, 그 만큼 그 부담이 다른 부문, 예컨대 행정이나 사회에 전가되므로 적정한 균형을 유지할 필요가 있다고 결론짓고 있다.

끝으로 환경분쟁조정제도에 관한 논의 역시 그 범위와 대상을 구체화시켜 현행 환경분쟁조정법에 의한 대체적 분쟁해결제도의 현황과 문제점을 그 실효성 측면에 초점을 맞춰 분석하고, 실효성 제고를 위한 정책대안을 모색하고 있다. 특히 환경분쟁조정제도의 실효성 제고를 위한 유인구조를 재설계하고 그 사회심리적 측면과 비용편익적 측면, 비합리성: 내면화・상황・집단의 영향・전략적 행동 등에 중점을 두고 제도를 정비해 나가야 한다고 강조한다.

이와 같은 일곱 개의 논의는, 공공갈등의 관리에 관한 한, 하등 대표성을 주장할 수 없지만, 적어도 무엇이 과제이고 그 과제를 구체적으로 어떻게 풀어나가야 할 것인지에 관한 문제의 제기라고 볼 수 있다. 이러한 논의가 향후 우리나라 갈등관리 연구 수준의 향상에 다소라도 기여할 수 있기를 희망할 따름이다.

끝으로 이 작은 편저를 내는 과정에서 박사논문 준비로 빠듯한 시간을 할애해 도움을 준 김난영 조교와 출판을 맡아주신 법문사의 김영훈 차장 및 임직원 여러분께 깊이 감사드린다.

2008년 새해 벽두

홍준형

차 례

제 6 장 행정법상 재판외 분쟁해결법제 (김정순)

제1장 공공갈등 해결에 미치는 영향요인 분석: 갈등관리 요인의 효과를 중심으로

하 혜 영*

본 연구는 공공갈등 해결에 영향을 미치는 주요 요인들을 식별하고, 이 요인들이 어떻게 갈등해결과 연관되어 있는지를 분석하는 데 목적이 있다. 특히, 사업을 추진하는 정부가 이를 반대하는 타방의 정부 혹은 주민들과의 갈등을 완화시키고 해결하려는 갈등관리의 노력이 실제로 갈등해결에 효과가 있는지를 검증하였다. 이를 위해서 1995년～2006년 6월까지 전국에서 발생된 갈등사례를 모집단으로 구축한 데이터베이스를 활용하였으며, 순위로짓모형(Ordered Logit Model)을 통해서 갈등해결 수준과 영향요인들 간의 인과성을 검증하였다. 분석결과, 갈등해결 수준을 높이는 데 정부의 갈등관리 요인들이 긍정적인 효과를 내고 있었다. 이중에서도 정부의 관리방식이 가장 큰 영향을 미치고, 경제적 유인책 제공여부와 주민참여 수준도 해결수준에 직접적인 영향을 미치는 것으로 분석되었다.

* 국회입법조사처 입법조사관.

I 서 론

공공갈등은 정부가 공익 추구를 위해 사업이나 정책 등을 추진하면서 공공기관 상호간 혹은 공공기관과 국민 간에 상호 양립할 수 없는 가치, 목표, 수단 등으로 인해 발생되는 갈등이다. 이러한 갈등들은 발생할 가능성은 크지만, 관련된 이해관계자들 모두가 만족할 만한 해결안을 마련하기가 쉽지 않다. 공공갈등은 발생이 되어 원만히 해결되지 못하고 갈등악화(conflict escalation)를 겪을 경우에는 갈등과정에서 비용과 시간의 손실뿐만 아니라 감정적으로도 서로 간에 상처와 불신을 남기게 된다. 근래에는 이처럼 갈등으로 인한 부정적 파급효과를 줄이고, 상호 협의를 유도할 수 있는 갈등관리(conflict management)에 대한 관심이 높아지고 있다. 갈등관리는 갈등이 역기능적이고 파괴적인 갈등으로 확대되는 것을 막고, 갈등의 순기능은 증가시킬 수 있도록 도와주는 구조와 조건을 마련해 주는 과정이다(안광일, 1994; 유해운 · 권영길 · 오창택, 1997; Bercovitch, 1984). 갈등관리에 대한 연구는 공공부문에서는 노동관리 분야에서부터 시작하여 근래에는 토지사용갈등, 환경갈등분야 등을 대상으로 실증 및 이론적 연구가 지속되고 있다. 공공부문에서 갈등의 역기능을 막기 위해서 정부의 갈등관리 능력과 역할이 매우 중요해 지고 있다(Lan, 1997). 이와 함께 갈등관리방식으로서 대체적 분쟁해결(Alternative Dispute Resolution: ADR)방식에 대한 관심이 높아지면서, 기존의 법원을 사용한 전통적 해결 방식에 비해서 효과적인 갈등해결의 대안으로서 제시되고 있다(Bingham & Nabatchi, 2003: 105; O'Leary, Nabatchi & Bingham, 2005: 182).

미국, 독일, 일본 등 해외 주요 국가들은 갈등관리와 관련된 법과 제도를 마련함으로써 공공갈등을 미연에 예방하고, 만약 갈등이 발생했을 때 보다 적극적으로 대처하려는 노력을 경주하고 있다. 미국에서는 법정, 공공기관, 비영리 기관 및 기업들 다수가 갈등해결을 위해서 대체적 갈등관리 방식을 강조해 오고 있다(O'Leary, Nabatchi & Bingham, 2005: 181-182). 최근 우리나라에서도 갈등관리를 위한 '공공기관의 갈등 예방과 해결에 관한 규정'[1])이 제정됨으로써 갈등이 발생된 이후 사후적인 해결방식에서 사전적으로 갈등발생을 예방하고 보다 적극적인 대응을 하고자 한다.

그동안 공공갈등 해결과 관련된 연구들이 양적으로 크게 증가하고 있는데, 국내 연구는 1995년 지방자치제 실시 이후 토지사용갈등, 입지갈등, 자연자원 보호갈등, 수자원관리 갈등 등 다양한 영역에서 갈등이 본격적으로 표출되면서 이와 관련한 갈등연구들도 증가하고 있다. 그러나 공공갈등에 대한 국내·외 연구들이 양적으로 증가하고 있지만 그동안 선행연구들에서 보이는 연구의 한계점이 있다. 많은 선행연구들이 소수 사례를 대상으로 기술적인 사례연구 방법론을 사용하고 있어서 연구결과의 일반화에 제한이 있었다. 또한 해결의 영향요인들을 종합적인 접근방식을 통해서 선별하고, 그 효과를 인과적인 가설검증 방식을 통해서 결과를 도출하는 실증연구는 소수에 불과하다. 물론 갈등의 본질적 특성상 질적 연구를 통한 역동적인 갈등과정을 기술하고, 사람들 간의 상호작용 속에서 이루어지는 행위를 심층적으로 분석하는 연구는 매우 중요한 의의가

---

1) 대통령령 제19886호. 2007년 2월 12일 제정, 2007년 5월 13일 시행.

있다. 그러나 지금까지 갈등연구가 지나치게 질적 연구방식에 편중되어 있는 점은 재고의 여지가 있다.

본 연구는 공공갈등 해결에 영향을 미치는 주요 요인들을 식별하고, 이들 요인들이 어떻게 공공갈등 해결과 연관되어 있는지를 분석하고자 한다. 특히, 사업을 추진하는 일방의 정부가 이를 반대하는 타방의 정부 혹은 주민(시민단체 포함)과 갈등을 완화시키고 해결하려는 갈등관리의 노력이 실제로 갈등해결에 효과가 있는 지를 검증해 보고자 한다. 이 연구를 통해서 궁극적으로는 공공 영역에서 벌어지는 갈등의 바람직한 해결방안을 모색하는데 유용한 이론적 토대를 견고하게 하고, 추가적으로 실무적인 기여를 하고자 한다. 분석에 사용되는 자료는 1995년부터 2006년 6월까지 전국에서 발생된 갈등사례 중에서 정부가 사업을 추진하면서 타 정부(중앙정부, 지방정부)나 혹은 주민(시민단체 포함)들과의 갈등을 빚은 사례들이 연구의 모집단이다. 분석단위는 개별 사례들이며, 분석방법은 갈등해결과 이에 영향을 미치는 주요 요인들과의 인과적 가설을 수립하고, 이를 통계적으로 검증하는 방식이며, 순위로짓(Ordered Logit)회귀분석을 이용하여 영향요인의 효과를 검증하고자 한다.

Ⅱ 기존 연구의 검토

1. 공공갈등해결의 의미

갈등연구에서 갈등해결은 주요한 연구의 목적이며, 특히 성공적인 해결을 측정하는 것이 중요하다. 갈등은 갈등당사자들이 있고, 이들 간의 상호 양립할 수 없는 목표, 수단, 혹은 가치가 있음에 따라서 갈등이 해결되고 합의되기가 쉽지 않다. 합의가 이루어지더라도 갈등당사자들이 모두 만족하는 합의인지를 평가하기가 어렵다. 그렇다면 갈등이 해결되었다는 의미는 무엇인지를 살펴보고자 한다. 갈등이 되는 문제의 해결을 의미하기도 하지만, 갈등의 문제를 서로 간에 협의를 통해 일치해 가는 과정이자 행위, 그리고 더 나가서 서로 협력으로까지 연결되는 것을 갈등해결로 보기도 한다(Laue, 1990).

즉 갈등해결은 갈등당사자가 서로 협의한 결과이며, 그 결과로서 모든 당사자가 만족해야 된다고 본다. Lewicki, Gray & Elliott(2003)는 갈등해결에서 갈등이 해결되었다는 의미보다는 분쟁에서 주요한 문제를 중심으로 이해관계자가 상호 수용할 수 있는 의사결정에 이르게 되는 것을 의미한다고 한다. Susskind, McKearnan & Thomas-Larmer(1999: 6)도 갈등해결을 합의형성과정(consensus building)으로 보며, 관련된 이해관계자들이 모두 만족할 만한 의견일치를 찾아가는 과정으로 정의하고 있다. 그리고 Ross(1993: 120)는 성공적 갈등관리를 판단하기 위해서 세 가지를 제시하는데, 해결책에 대한 수용성, 지속성, 그리고 당사자들 간의 관계가 갈등 전보다 더 긍정적으로 발전되는 것을 통해서 의미한다. 국내 연구에서도 갈등해결은 해결의 주체로서 갈등당사자가 등장하는데, 이들은 서로의 필요를 나누고, 서로 만족할 만한 상호결합의 이익을 얻을 수 있도록, 즉 합의를 얻는 것에 초점을 맞추는 것으로 본다(지속가능발전위원회, 2005: 82). 유해운 · 권영길 · 오창택(1997: 140)도 갈등해소는 갈등의 근본 원인들을 제거시키는 쌍방간 수용가능하고 지속가능한 합의라고 정의하고 있다. 지금까지 살펴본 갈등해결의 내용을 정리하면 보면, 넓은 의미의 갈등해결은 갈등당사자들이 상호 합의를 형성하고, 이를 모두 수용할 수 있으며, 해결책이 지속적으로 유지되는 것이다. 그리고 더 나아가서 갈등당사자들 간의 관계가 갈등 전보다 더 긍정적인 관계로 개선되는 것을 의미한다고 할 수 있다.

2. 갈등해결의 측정

공공갈등의 해결을 어떻게 평가할 수 있는지 그 기준에 대해서 논의하고자 한다. 일반적으로 갈등해결의 정의, 특히 성공적인 갈등해결에 대한 정의를 하기가 어렵다. 갈등결과는 참여당사자, 중재자, 외부 관찰자 등이 각자 시각에 따라서 다르게 정의하고 인식하기 때문이다(Gwartney, Fessenden & Landt, 2002: 52). 지금까지 많은 갈등연구들이 갈등해결의 성공과 실패요인을 찾으려 했지만, 성공적인 갈등해결에 대한 정의를 내리려는 노력은 미흡하였다(Moore, 1996: 152). Moore(1996)는 성공적인 갈등해결에 대한 평가영역에서 결과와 과정이라는 두 가지 요인들을 모두 파악해야 한다고 주장한다. 그는 성공적 갈등해결의 개념은 다섯 가지 범주로 나누어서 설명하는데, 결과적 성공, 정치적 성공, 이해 관계적 성공, 책임적 성공, 관계적 성공으로 나누고 있다(Moore, 1996: 156). 갈등결과로서 단순히 해결이나 미해결 혹은 해결이나 실패로만 구분하여 분석하기보다는 갈등해결의 수준을 다양한 측정기준을 통해서 분석할 필요가 있음을 시사한다.

따라서 지금까지 공공갈등 연구들 중에서 갈등해결을 측정하기 위해서 사용된 측정기준 및 변수들을 살펴보았다. 첫째, 그동안 가장 사용빈도가 높은 변수는 갈등해결의 정도와 수준에 대한 측정이다. 갈등결과의 단기적인 측정으로서 해결 여부, 해결률, 수용도, 순응률 그리고 만족도 등이 포함된다. 연구자들은 해당 갈등사례가 해결 혹은 미해결 되었는지를 살펴보거나, 미해결과 대비해서 해결률을 측정하기도 한다. 이와 함께 갈등결과로서 갈등당사자들 간에 상호 합의안을 도출했는지, 그리고 그 합의안을 당사자들이 수용하였는지, 혹은 해결안을 만족하는 지 등을 측정하고 있다. 예를 들어, 갈등해결에서 해결률과 순응률을 사용한 Bingham(1986)과 Buckle & Thomas-Buckle(1986), Sipe(1998) 등의 연구가 있다.

둘째, 갈등효과로는 갈등에서 협력으로의 전환이나 협력 정도에 초점을 둔 연구들이다(Quirk, 1989; Leach & Sabatier, 2003; Lubell, 2004; Raymond, 2006). 그리고 당사자 간의 관계개선(Gwartney, Fessenden & Landt, 2002)과 같은 장기적인 효과를 측정변수로 정한 연구들이다. 이 같은 갈등의 효과분석은 분석 시계가 중・장기적이다. 마지막으로 갈등과정에 초점을 두는 연구들로서 비용, 시간의 절감 등의 효율성이나 민주적 참여정도 등을 기준으로 삼는 연구들도 있다(Buckle & Thomas-Buckle, 1986; Sipe & Stiftel, 1995; Andrew, 2001).

지금까지 갈등해결을 측정하는 변수들을 살펴보면, 연구자가 주요 변수만을 중심으로 해결 정도를 측정하기도 하지만, 둘 이상의 변수를 사용하여 해결의 수준을 측정하는 경우도 다수이다. 예를 들어, Andrew(2000)는 ADR 사용의 성공 정도를 측정하기 위해서 종속변수로 네 가지를 선정하였다. Rose & Suffling(2001)도 ADR 효과를 측정하고자 ADR의 과정과 결과를 함께 측정한다. 그리고 Ross(1993)도 갈등관리의 성공과 실패를 평가하는 기준으로 세 가지, 수용성, 지속성, 변화된 관계를 제시하였다(Ross, 1993). 그렇지만 갈등해결에 대한 평가는 실증연구를 통해서 보면, 전형적으로 두 개의 지표, 갈등당사자간 의견일치정도와 참여자들의 만족도를 통해 평가해 오고 있다(Gwartney, Fessenden & Landt, 2002: 54). 따라서 본 연구에서는 다수의 사례를 분석하기 위해서 분석 시계는 단기적인 성과평가로 한정하고, 합의안 도출과 갈등당사자들이 이 안을 수용했는지를 중심으로 측정하고자 한다.

3. 갈등해결의 영향요인

갈등은 일련의 과정(process)으로 볼 수 있는데(Pondy, 1967), 특정 시점에서 고정되지 않고 시간을 두고 변화하는 일련의 과정을 거친다. 이 과정 속에서 공공갈등해결에 영향을 미치는 요인들은 매우 다양하게 제시될 수 있다. 그동안 갈등해결의 영향요인들에 대한 이론과 실증 연구를 검토한 결과를 토대로 하여 다음과 같이 영향요인들을 정리하였다.

1) 갈등관리 요인(Conflict Management-Related Factors)

공공갈등해결에 영향을 미치는 요인으로서 정부의 갈등관리 요인들이 있다. 갈등관리는 갈등이 역기능적이고 파괴적인 갈등으로 확대되는 것을 막고, 갈등의 순기능을 증가시킬 수 있도록 도와주는 구조와 조건을 마련해 주는 과정이다(안광일, 1994; 유해운 · 권영길 · 오창택, 1997; Bercovitch, 1984). 공공갈등 관리에 대한 접근은 크게 구분하면, 전통적 갈등관리 접근과 대체적 갈등관리 접근으로 구분될 수 있다(Susan & Kenndy, 2001; 박형서 외, 2004: 31). 첫째, 전통적 관리방식은 흔히 사법적 판결을 통한 해결방식으로 많이 인식되어 왔으며, 이와 함께 독자적 관리방식(self-management strategy)도 포함될 수 있다.

이는 우월한 권력을 소유하고 있는 일방의 갈등당사자가 주도적으로 갈등을 해결하기 위한 활동을 의미한다(유해운 · 권영길 · 오창택, 1997: 123; Ross, 1993). 예를 들어, 회피, 비순응, 일방적 행동, 지연, 무마 등이 있다.

둘째, 갈등해결방식으로서 대체적 관리방식이 있는데, 소송절차에 의한 판결을 하지 않고서 분쟁을 해결하는 방식이다. 대체적 갈등관리방식은 초기에는 사법적인 소송을 대체하기 위한 방안으로 제시되었으나, 그 외에도 다양한 이념적 가치를 내포하고 있다. 당사자들이 자신들의 분쟁을 자체적으로 해결함으로써 쌍방 모두가 승리하는 윈-윈(Win-Win) 결과를 목표로 한다(김경배, 2005: 253). 구체적으로 협상(negotiation), 조정(negotiation), 중재(arbitration) 등이 이에 해당된다. 협상은 서로 다른 의견과 입장을 지닌 당사자들이 제3자의 개입이 없이 대화함으로써 갈등을 해결하는 방식이다. 이에 비해서 조정은 공식적인 의사결정력이 없거나 제한적으로 가진 제3자가 협상에 개입 혹은 갈등에 개입하는 것으로서 갈등이슈에 대해 상호 수용할 만한 해결책에 이르도록 자발적으로 개입하여 돕는 것을 의미한다(Moore, 2003: 15). 그리고 중재는 당사자들이 자신의 분쟁을 중립적 제3자인 중재인에게 의뢰하며, 중재인이 구속력이 있는 결정을 내리는 해결방식이다(이달곤, 2005: 24).

셋째, 공공갈등해결에 대한 관리방식 중에서 시장경제원리를 활용하는 경제적 접근방식이 있다. 이는 이해관계를 둘러싸고 진행되는 갈등에 유효한 접근방식이라고 볼 수 있다(이달곤, 2005: 374). 경제적 유인으로는 일방의 요구를 들어주는 조건으로 지원되는 각종 보조금이나 재정인센티브는 물론이고, 국책사업의 입지갈등 경우도 중앙과 지방이 갈등을 극복하고 유기적 협조관계를 생성하는데 도움이 된다. 마지막으로 갈등해결의 민주적 방식으로 참여제도의 수준과 활용여부이다. 공공갈등에서 주민참여제도는 매우 중요한 관리의 수단이 된다(나태준, 2005: 33-34). 이는 주민과의 갈등뿐만 아니라 정부간 갈등에서도 주민참여제도 마련여부는 중요하다. 주민참여제도는 공식적 및 비공식적 유형이 존재하며, 주민참여의 수준에 따라서 낮은 단계에서부터 높은 단계까지 참여유형을 구분하기도 한다. 갈등연구에서 Elliott(1999: 216-218)는 문제해결과 관계형성에 초점을 맞추어 참여유형을 정형적・수사적 시민참여, 상호작용적・의사소통적, 그리고 시민참여・역동적 시민참여로 단계별로 나누고 있다. 그리고 공공정책 형성에서 Arnstein(1969: 216-224)은 참여단계를 크게 세 가지로 비참여단계(Non Participation), 명목적 참여단계(Degree of Tokenism), 그리고 시민권력 단계(Degree of Citizen Power)로 나누었다.

2) 갈등특성 요인(Conflict Substance-Related Factors)

갈등특성 요인은 갈등이 발생되는 본질적인 요인으로서 흔히 갈등을 일으키는 주체들인 갈등당사자 요인, 그리고 이들 간에 갈등의 대상이 되는 갈등이슈 등을 들 수 있다. 이와 더불어 공공갈등의 특성상 갈등대상의 정책특성 요인들이 포함될 수 있다. 첫째, 갈등이 발생되기 위해서는 대립되는 갈등당사자(conflict party)가 있어야 한다. 갈등당사자는 갈등과 직・간접적으로 관계되어 의사결정을 할 수 있는 개인, 집단, 조직 혹은 정부를 의미하며, 이들은 갈등결과와 관련해서 이해관계를 가지고 있다. 선행연구에서는 갈등당사자의 특성을 당사자의 수, 당사자 유형, 당사자들의 조직력, 상호대립 정도, 상호 신뢰관계 등을 통해서 분석하고 있는데, 이러한 갈등당사자들 간의 특징이 해결 정도에 영향을 미칠 것으로 본다(000, 2007: 89).

둘째, 갈등이슈는 갈등당사자들 간에 제기되는 주요 논쟁점으로서, 구체적으로 제기된 갈등문제이다(황재영, 1998: 42). 갈등이슈의 유형은 학자별로 다소 차이가 있다. Deutsch(1973: 15-16)는 자원갈등, 선호갈등, 가치갈등, 신념갈등으로 구분하고, Lewicki, Gray & Elliott(2003)는 가치이슈, 고도의 분배적 이슈, 건강과 안전에 대한 위협이슈로 구분하고 있다. Kriesberg(2003)는 이익갈등과 가치갈등으로, Moore(2003: 64-65)는 이해갈등, 가치갈등, 관계적 갈등, 데이터 갈등, 구조적 갈등으로 구분한다. 갈등이슈는 형식적 특성과 내용적 특성이 무엇인가에 따라서 갈등해결에 영향을 미친다고 본다. 마지막으로 공공갈등의 대상이 되는 정책특성도 갈등해결에 영향을 미칠 수 있다(김용철, 1998). 정책의 태생적 배경 및 내재적 특성은 정책갈등의 전개 및 종결과정에 지대한 영향을 미치기 때문이다(Ripley, 1985; Lowi, 1964). 공공갈등의 주요 대상이 되는 토지사용 갈등을 보더라도, 그 정책이 님비적(NIMBY: Not In My Back Yard) 유형인가 혹은 핌피적(PIMPY: Please(Put) In My Front Yard) 유형인지에 따라 정책참여자의 범위, 참여자간 관계, 이데올로기적 논쟁 정도, 갈등 정도 그리고 갈등결과 등에 영향을 줄 수 있다.

3) 갈등환경요인(Conflict Context-Related Factors)

갈등은 이를 둘러싼 환경적 맥락에 의해서도 영향을 받는데(Mack & Snyder, 1957: 219; Moore, 2003: 369), 각 사회마다 다양한 제도적 틀에 따라서 갈등해결이 영향을 받을 수 있기 때문이다(Kriesberg, 2003: 17). 갈등의 환경적 요인으로는 사회, 경제, 정치적 요인 등을 고려할 수 있다(이민창 · 한종희 · 안병철, 2005: 강성철 외, 2006). 정치적 요인으로서는 정치적 제도(Quirk, 1989: 917), 정치선거(황재영, 1998: 25-26; 강인호 · 이계만 · 안병철, 2005: 146; 강성철 외, 2006: 184), 정치인의 관심 및 리더십 등이 있다. 경제적 요인으로서 경제적 상황이나 경제적 사건 여부 등이 있다. 경제적 상황과 지방정부간 관계를 보면, 현실적으로 처해 있는 지역의 경제 여건이 갈등에 영향을 미치게 된다(강성철 외, 2006: 185). 지방정부의 열악한 경제적 상황은 정부가 지역경제 활성화를 정책의 우선 순위로 삼게 만들고, 이로 인해 갈등을 야기하고 해결을 어렵게 할 수 있다. 사회적 요인으로는 시민단체, 언론 및 대중매체 등의 영향이 있다(김도희, 2001: 171; 박근수 · 김영환 · 박희서, 2005; 김영수, 2003). 이중에서도 시민단체의 성장과 개입이 갈등의 환경적 요인으로서 중요하게 작용될 수 있다.

4. 갈등관리에 대한 실증연구

본 연구는 갈등해결과 그에 영향을 미치는 요인들 간의 관계를 분석하는 것이며, 특히 정부의 갈등관리의 효과를 중심으로 검토하고자 한다. 지금까지 실증연구의 연구경향을 보면 첫째, 미국, 캐나다 등 해외 사례를 대상으로 갈등관리 효과를 검증하는 연구들이 많았다. 특히, 대체적 분쟁해결 방식이 기존 전통적 해결방식의 대안으로 등장하면서 둘 간의 차이를 검증하려는 연구들이 점차 증가하고 있다. 그중에서도 제3자 개입을 통한 갈등해결 방식인 조정, 중재 등에 대한 연구가 다수를 차지하고 있다.

둘째, 선행연구들의 연구접근 방식을 보며, 연구자별로 주요 관심변수와 갈등해결간의 관계만을 분석하는 연구들이 있다(Talbot, 1983; Buckle & Thomas-Buckle, 1986; Sipe & Stilfe, 1995). 그리고 주요 관심변수 이외에도 갈등해결에 영향을 미칠 수 있는 다양한 요인들을 함께 종합적으로 고려해서 분석하는 실증연구들도 있었다(Sipe, 1998; Bingham, 1986, Andrew, 2001). 예를 들어, Sipe(1998)의 연구는 환경분쟁 사례를 대상으로 하여 조정의 효과를 보다 정확히 분석하고자 조정 이외의 다양한 영향 변수들을 통제변수로 선정하여 분석모형을 제시하고 있다. 해결에 미치는 영향요인으로 갈등발생 기간(역사), 협상 능력에 대한 인지, 조정사용여부, 참여자 수, 갈등 관련자 유형 등을 고려하고 있다. Bingham(1986)도 갈등해결의 가능성에 영향을 미치는 요인들로서 갈등당사자 관련 요인, 갈등 과정 및 맥락적 요인, 갈등 이슈 관련 요인들을 들고 있다.

그동안 갈등관리 요인들에 대한 선행연구 결과를 정리하면, 크게 두 가지 견해가 있다. 갈등관리방식으로 대체적 갈등관리가 갈등해결에 긍정적인 효과를 준다고 주장하는 연구들이 있다(Buckle & Thomas-Buckle, 1986; Sipe & Stilfe, 1995; O'Leary, 1995; O'Leary & Raines, 2001). 그러나 한편으로는 ADR이 갈등해결에 긍정적인 효과를 야기할 수 있으나 그 효과분석이 지나치게 과장될 수 있다고 지적한다(Amy, 1990: 221; Bingham, 1986). 그리고 ADR은 그 사회에서 제도화되지 않았을 경우에는 그 영향력이 적어질 수 있기 때문이다(O’Leary & Raines, 2001). 국내 갈등사례를 대상으로 한 실증연구를 보면, 갈등관리로서 제3자의 개입이 중요하다는 점은 강조하지만(전주상, 2000; 주재복, 2004), 사례분석의 결과를 보면, 갈등해결을 위해서 제3자 개입의 효과가 제한적이었다고 지적한다(서휘석, 1995; 권경득 · 임정빈 · 장우영, 2004).

마지막으로 선행연구에서 제기되는 연구의 한계점이다. 그동안 다수의 갈등연구자들이 갈등연구에서 결과를 뒷받침할 경험적 증거가 부족하다는 점을 지적하고 있었다(Bingham, 1986; O'Leary, 1995;

Sipe, 1998: 275). 이와 더불어 상당수의 갈등연구들이 소수사례를 대상으로 한 기술적인 사례연구방법을 선택하고 있다. 이처럼 소수의 제한된 갈등사례를 대상으로 분석함으로써, 분석결과에 대한 일반화 문제가 지적되어 왔다(주재복, 2004: 80; 김상구, 2003: 20; Leach & Sabatier: 2003, 148; Andrew, 2001: 25). 따라서 본 연구에서는 국내에서 발생된 다수의 공공갈등사례를 대상으로 실증적인 갈등해결의 영향요인을 분석하고자 한다. 특히, 갈등관리와 관련된 요인들이 갈등해결에 미치는 영향을 보다 정확히 분석해 보고자, 갈등해결에 미치는 다양한 영향요인들을 종합적으로 고려해서 분석모형을 구성한다. 또한 그동안 주로 사용되는 기술적인 사례연구 방법만이 아니라 100개 이상의 다수 사례를 대상으로 하여 통계적 인과성을 검증하는 분석을 시도하고자 한다.

Ⅲ 분석모형과 연구설계

1. 분석모형과 연구가설

본 연구는 공공갈등의 해결에 영향을 미치는 요인들을 식별하고, 이 요인들의 효과를 실증적으로 검증하고자 한다. 특히 정부의 갈등관리 요인들이 해결을 이끄는데 어떠한 효과를 내었는지가 초점이다. 그러나 갈등관리 요인과 해결과의 관계만을 보지 않고, 갈등해결에 영향을 미칠 수 있는 주요 요인들을 함께 고려해서 연구모형을 수립하고자 한다. 본 연구에서의 분석모형은 다음과 같다.

갈등해결에 대한 분석모형에서 종속변수는 갈등해결의 수준(the level of resolution)이며, 독립변수는 갈등관리 요인군(conflict management-related factors), 그리고 통제변수는 갈등특성 요인군(conflict substance-related factors)과 갈등환경 요인군(conflict context-related factors)으로 선정하였다. 독립변수로 선택한 갈등관리 요인군은 정부가 선택한 행정적인 갈등관리의 방식(전통적 관리방식 vs. 대체적 관리방식 선택), 경제적인 유인책의 제공여부, 그리고 주민참여의 수준이 포함된다. 그리고 통제변수들로 선정된 요인군은 갈등특성과 갈등환경 요인군이다. 갈등특성 요인군은 갈등이슈 특성(가치갈등 포함여부, 입지갈등 포함여부), 갈등당사자 유형(정부간 갈등 vs. 정부와 주민간 갈등), 그리고 갈등대상 정책특성(정책 규모)이 포함된다. 마지막으로 갈등환경 요인으로서 사회적 영향(시민단체의 참여정도), 경제적 영향(IMF 경제위기), 그리고 정치적 영향(정치선거)을 변수로 선정하였다. 이렇게 선정된 변수들은 모두 갈등해결의 수준에 영향을 미칠 것으로 가정하고서 이에 근거하여 연구가설을 수립하였으며, 이중에서도 갈등관리 요인군과 갈등해결과의 관계에 대한 가설을 중심으로 소개한다.

첫째, 정부가 갈등해결을 위해서 선택한 갈등관리 방식과 갈등해결과의 관계이다. 그동안 갈등관리 방식에 대한 논의는 크게 두 가지로, 대체적 관리방식이 갈등해결에 긍정적 역할을 한다는 연구(Talbot, 1983; Buckle & Thomas-Buckle, 1986; Sipe & Stilfe, 1995; Susskind, Wansem & Ciccareli, 2003; Sipe, 1998)와 그렇지 않고 해결에 제한된 역할만을 한다는 연구들(Amy, 1990; Leach & Sabatier, 2003; Ramus & Macus, 2005: 405)이 있다.

가설 1: 갈등의 행정적 관리방식으로서 정부가 사용하는 관리방식에 따라서 갈등해결의 수준에는 차이가 있을 것이다. 전통적 관리방식보다는 대체적 갈등관리 방식의 사용이 갈등해결의 가능성을 높일 것이다.

두 번째, 갈등관리로서 경제적 유인책에 대한 제공여부와 해결과의 관계이다. 이와 관련해서 두 가지 견해가 존재하는데, 경제적 유인책의 제공이 갈등해결에 긍정적인 효과를 제공한다는 견해(박기묵, 1997; 백종섭, 2002; Lubell, 2004; Raymond, 2006)와 경제적 유인책이 긍정적 효과를 가지고 있으나 그 효과가 제한적일 수 있다는 견해(Bingham, 1986: 108-109; 유해운 · 권영길 · 오창택, 1997: 201)이다.

가설 2: 갈등의 경제적 관리방식으로서 경제적 유인책의 제공여부에 따라서 갈등해결의 수준에는 차이가 있을 것이다. 경제적 유인책 제공여부를 결정하였을 경우는 그렇지 않을 경우보다 갈등해결의 가능성이 높을 것이다.

세 번째, 갈등관리로서 주민참여 수준과 해결과의 관계이다. 이와 관련해서도 두 가지 견해로서, 우선 적극적인 주민참여 제도가 갈등해결에 긍정적인 영향을 미친다는 주장들이다(유해운 · 권영길 · 오창택, 1997: 270; Gwartney, Fessenden & Landt, 2002; 나태준, 2005: 33-34). 반면, 주민참여제도가 갈등해결에 큰 영향을 미치지 못한다는 주장들도 있다(Layzer, 2002).

가설 3: 갈등의 민주적 관리방식으로서 주민참여단계에 따라서 갈등해결의 수준에는 차이가 있을 것이다. 주민참여단계가 소극적에서 적극적인 단계로 갈수록 갈등해결의 가능성은 높을 것이다.

2. 자료와 측정

1) 자 료

본 연구에서 사용될 자료는 갈등당사자로 일방의 정부(중앙정부, 지방정부)가 타방의 정부 혹은 주민(시민단체 포함)과 갈등을 빚은 사례들이다. 그리고 1995년부터 2006년 6월 사이에 발생되어 갈등상황이 일단락된 종결 사례들이 모집단이다. 자료의 수집은 대상기간(1995-2006년)에 발생된 모든 갈등사례들을 모집단으로 하여 그동안 발간된 학술지, 정부 발간 자료집, 연구보고서, 신문검색 등을 사용하여 갈등사례들을 조사하였다.[2] 그리고 갈등사례의 내용을 양적으로 분석하기 위해서 갈등사례들의 질적인 특성을 명목척도로 코딩하는 수치화 작업을 실시하였다. 이 과정을 거치는 동안 공공갈등사례로 총 337개가 일차로 조사되었다. 그리고 이중에서 갈등상황이 일단락된 사례로 총 244건 이었다.

그러나 갈등상황이 일단락된 사례들을 모두 분석에 사용하지는 않고 표본추출(sampling) 과정을 거쳤다. 일반적으로 갈등의 대상이 되는 정책의 내재적 특성은 갈등해결만 아니라 갈등의 전 과정에 걸쳐서 광범위한 영향을 미치게 된다(Ripley, 1985; Lowi, 1964; 정정길 외, 2005: 294; 김용철, 1998). 따라서 이러한 갈등정책의 특성으로 인해 발생될 수 있는 분석오류를 줄이고자 최종 분석에 포함될 사례들의 외부성이 동일한 사례를 선정하려고 한다. 적어도 일방(one party)이

2) 본 연구에서 사용된 공공갈등사례들의 원자료는 000(2007)의 연구를 통해서 마련되었으며, 자료구축을 위해서 사용된 자료원과 구축단계에 대한 상세한 내용은 해당 논문을 참조바람.

갈등 대상 정책을 부정적으로 인식하여 반대한 사례만을 선정한다. 따라서 긍정적인 외부성을 유발하는 갈등 사례로 예를 들어 선호갈등 등을 본 분석에서 제외한다. 그리고 비록 부정적 외부효과를 가지는 사례들이라도 극단적인 생명위험 이슈를 가진 정책 사례는 제외한다. 이러한 사례들은 극단 값을 형성할 수 있기 때문에 영향관계를 왜곡시킬 가능성이 있으며, 이에 해당되는 사례로 원전과 관련된 갈등이 있다. 결국, 최종적으로 본 분석에 사용될 갈등사례로 총 213개를 선정하게 되었다.

2) 측정 및 분석방법

다음은 본 연구모형에 포함되는 종속변수와 설명변수들에 대한 측정과 분석방법에 대한 소개이다. 설명변수들의 측정방식에 대한 소개는 두 가지로서, 첫째 갈등사례 데이터베이스구축을 위한 코딩방식을 소개하고 나서, 둘째 순위로짓(Ordered Logit)분석을 위해서 변수들의 재코딩하는 방식에 대해서 차례로 소개한다. 그리고 각각의 변수들에 대한 구체적인 측정방식과 측정의 판단기준에 대해서는 〈부록〉 코딩가이드를 통해서 상세히 제시한다.

(1) 종속변수

종속변수는 갈등해결의 수준이며, 이는 합의형성(consensus building)과 합의안에 대한 수용도(degree of acceptance)를 중심으로 측정한다. [그림 1-1]은 합의형성과 합의안에 대한 수용도를 가지고 갈등해결 수준을 네 가지로 유형화한 도식이다. 네 가지 유형은 해결 Ⅰ(합의형성 고, 수용도 고), 해결 Ⅱ(합의형성 고, 수용도 저), 해결 Ⅲ(합의형성 저, 수용도 고), 해결 Ⅳ(합의형성 저, 수용도 저)로 구분된다. 이중에서 가장 바람직한 유형으로 해결 Ⅰ일 경우는 상(=3)이고 해결 Ⅱ와 해결 Ⅲ인 중(=2)으로, 그리고 해결 Ⅳ로서 하(=1)로 분류한다. 갈등해결 수준별로 '상'은 완전해결(complete resolution), '중간' 수준은 준해결(quasi-resolution), '하'는 불완전해결(incomplete resolution)이라고 명명한다. 이들 간의 구분은 상대적이며, 구체적으로 유형간 구분의 기준은 〈부록〉에서 제시하고 있다.

[그림 1-1] 갈등해결 수준의 유형

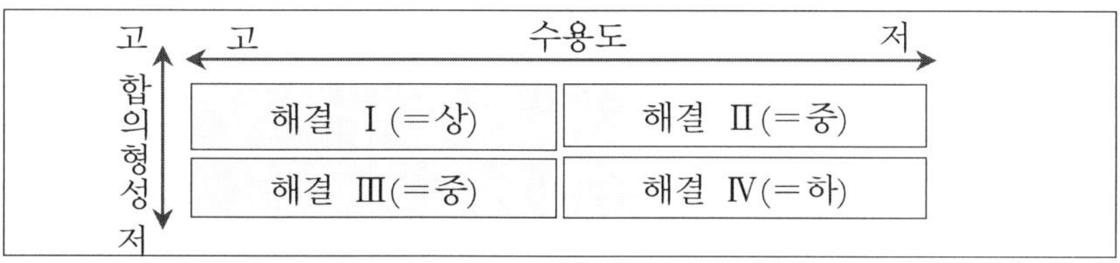

(2) 독립변수와 통제변수

다음은 독립변수와 통제변수의 측정방식에 대한 소개이다. 첫째, 갈등관리 요인군에 대한 측정이다. 갈등관리방식은 일방의 정부가 사업을 계획 혹은 추진 중에 타방의 정부 혹은 주민(시민단체 포함)들의 반대가 구체적으로 표출되었을 때 이를 해결하기 위해서 사용한 관리방식을 의미한다. 갈등관리방식은 크게 전통적과 대체적 갈등관리방식으로 구분한다. 전통적 방식은 독자적 방식과 사법적 판결을 통한 해결유도가 포함되며, 대체적 방식은 제3자가 개입방식과 당사자간 협상방식이다. 특히 갈등관리방식에 대한 측정은 갈등의 발생시기별로 구분하여 갈등발생초기와 종결기에 각각 주요하게 사용된 갈등방식을 중심으로 표기한다. 일반적으로 갈등은 일련의 과정을 거치며, 발생에서 종결되는데 수개월에서 수년이 소요되기 때문에 동일한 관리방식만을 사용하지는 않기 때문이다. 단, 동일한 갈등사례라도 연구자에 따라서 발생과 종결시점을 다르게 인식할 수 있어서, 본 연구에서 갈등발생시기와 종결기를 구분하는 판단기준을 정해서 이에 근거해서 코딩한다(부록 참조).

경제적 유인책 마련여부는 직・간접인 경제적 유인책 제공(1), 특별한 사항 없음(0)으로 구분한다. 해당 사례의 내용을 검토해서 협의안에 주요한 안건으로 경제적 보상, 해택을 논의하지 않은 경우나, 혹은 해당 사례 내용 중에서 경제적 보상, 해택에 대한 언급이 거의 없을 경우에 특별한 사항 없음으로 표기한다. 마지막으로 주민참여의 수준은 크게 세 단계로서, 상(3), 중(2), 하(1)로 구분한다. 가장 낮은 단계는 정부가 정보를 제공하고, 일방적인 의사소통방식을 사용하는 단계이다. 중간단계는 정부가 시민들과 협의를 하는 단계이지만, 제한된 쌍방향적인 의사소통방식이다. 가장 적극적인 참여단계에서는 시민들이 정책결정에 결정적인 역할을 하고, 정부와의 의사소통도 쌍방향적인 관계를 맺게 될 경우이다.

두 번째, 갈등특성 요인군에 대한 측정이다. 갈등이슈에서 가치갈등의 포함여부는 주요 핵심이슈를 중심으로 이해관계갈등(1)과 가치갈등(0)으로 구분한다. 가치갈등은 환경보호, 생태계 보전 등과 같은 신념과 믿음을 포함한 쟁점 사안이 갈등의 주요 원인으로 되었던 사례들이다. 둘의 구분은 갈등의 주요 원인이 되는 핵심이슈를 중심으로 하여 이해관계에 대한 쟁점사안이 더 중요할 경우는 이해관계로 표기하고, 비록 이해관계가 포함되어 있지만, 가치갈등이 더 크게 중심사안으로 부각되었을 경우는 가치갈등으로 표기한다. 다음은 갈등이슈의 내용 중에서 입지갈등 여부이다. 갈등사례에서 갈등의 원인이 되는 주요 쟁점이슈가 무엇인지에 따라서 입지갈등(1)과 비입지갈등(0)으로 나눈다. 입지갈등은 특정시설, 건물의 입지에 대한 찬성과 반대 갈등을 의미한다. 그 외 관리상 하자문제, 비용 및 배정분담 문제 등은 비입지 갈등으로 분류한다. 갈등당사자 유형은 주요 갈등당사자가 누구인지를 기준으로 하여, 정부간 갈등(1)과 정부와 주민간 갈등(2)으로 나눈다. 마지막으로 갈등대상 정책의 규모는 크게 세 가지로 국책사업(3), 광역사업(2), 당해 사업(1)으로 나눈다.

세 번째, 갈등 환경적 요인군에 대한 측정이다. 시민단체의 참여정도는 직접 참여(3), 간접 참여(2), 특별한 참여발견 안됨(1)으로 구분하다. 직접적인 가담활동은 특정 정책이나 사업에 대해서 지역주민들과 같이 시민단체들이 직접적으로 개입하는 것이다. 간접적인 지원활동은 해당 사업에 대한 지지와 지원을 호소하는 활동이다. 그리고 정치적 요인으로 정치선거의 영향 측정이다. 전국 동시지방선거와 국회의원선거 연도를 기준으로 하여, 해당 갈등사례의 종결 연도와 비교해서 기준연도가 포함될 경우에는 영향 있음(1)과 그 외는 영향 없음(2)으로 표기한다. 마지막으로 경제적 요인으로서 IMF 경제위기의 영향에 대한 측정이다. IMF 경제위기는 1997년 말에 발생되었음으로 직접적인 영향력은 1998년, 1999년에 많은 영향을 미친 것으로 조사됨으로써, 본 연구에서도 직접적으로 IMF영향 연도를 두 해로 선정하여 사례별로 갈등 종결된 연도와 비교해서 영향 있음(1)과 없음(0)으로 표기한다.

지금까지 공공갈등사례의 데이터베이스를 구축하는데 사용되었던 설명변수들의 코딩방식에 대한 소개이다. 이들 변수들 중에서는 더미(dummy)변수로 코딩이 된 것도 있지만 2개 이상으로 코딩된 경우도 있다. 따라서 코딩이 2개 이상으로 된 변수들은 순위로짓 분석을 위해서 더미변수로 다시 만들어서 변수들은 재코딩하였다. 〈표 1-1〉

〈표 1-1〉 변수의 측정지표

갈등사례 DB 구축을 위한 코딩			순위로짓 분석을 위한 코딩	
변 수	내 용	설 명	변 수	설 명
RESOL	해결수준	1=불완전해결 2=준해결 3=완전해결	RESOL	0=불완전해결 1=준해결 2=완전해결
P_MANAGE	발생초기 관리방식	1=전통적 관리방식 2=대체적 관리방식	P_MANAGE	0=전통적 관리방식 1=대체적 관리방식
F_MANAGE	종결기 관리방식		F_MANAGE	
INCENTIVE	경제적 유인책제공	0=특별사항 없음 1=직·간접 제공	INCENTIVE	0=특별사항 없음 1=직·간접 제공
CITIZEN	주민참여 수준	1=하 2=중 3=상	d_CITIZEN2	0=하, 상 1=중
			d_CITIZEN3	0=하, 중 1=상
PARTY	당사자 유형	1=정부간 갈등 2=정부-주민간갈등	PARTY	0=정부간 갈등 1=정부-주민간갈등
ISSUE_VALUE	이슈: 가치 등여부	0=가치갈등 1=이해관계갈등	ISSUE_VALUE	0=가치갈등 1=이해관계갈등
ISSUE_SITE	이슈: 입지 등여부	0=비입지갈등 1=입지갈등	ISSUE_SITE	0=비입지갈등 1=입지갈등
SCALE	사업규모	1=당해지역 2=광역사업 3=국책사업	d_SCALE2	0=당해지역, 국책 1=광역
			d_SCALE3	0=당해지역, 광역 1=국책
NGO	시민단체 참여도	1=참여발견 안됨 2=간접참여 3=직접참여	d_NGO2	0=발견안됨, 직접참여 1=간접참여
			d_NGO3	0=발견안됨, 간접참여 1=직접참여
IMF	경제위기 (IMF)	0=비IMF 1=IMF	IMF	0=비IMF 1=IMF
ELECT	정치(선거)	0=비선거 1=선거	ELECT	0=비선거 1=선거

은 지금까지 정리된 갈등사례 데이터베이스의 코딩방식과 순위로짓을 위해서 재코딩 방식을 소개하고 있다.

마지막으로 공공갈등해결과 영향요인별 인과성을 검증하기 위해서 순위로짓(Ordered Logit)분석을 사용한다. 본 연구에서 종속과 설명변수가 대부분 명목척도로 구성되어 있기 때문에 로짓(Logit)분석이 적합하다. 그중에서도 종속변수가 해결 수준별로 상, 중, 하로 구분되는데, 이처럼 순위가 있으며 범주가 낮은 수준에서 높은 수준으로 구분될 수 있을 때, 순위로짓분석을 사용할 수 있다.[3] 순위로짓은 SAS Window 8.2를 사용하여 분석하였다.

Ⅳ 분석결과

1. 빈도분석

분 분석에 사용된 공공갈등사례는 총 213개이다. 이 분석결과는 10여 년간에 발생된 모든 공공갈등사례들을 다 포함한 것은 아니기 분석과정에서 선택편의(selection bias)가 발생될 가능성이 있다. 그러나 현재까지 공공갈등과 관련된 체계적 통계자료나 데이터베이스가 마련되지 않았기 때문에 정확한 모집단을 추정하기는 어려운 상황이다. 그렇지만 분석에 포함된 갈등사례들 대다수는 사회적으로 이슈가 되어 신문보도, 학술지, 연구보고서 등을 통해서 갈등의 전개상

3) 순위로짓모형에 대한 상세한 내용은 이성우 외(2004), Long(1997; 114-146)를 참조바람.

황이 소개된 경우이며, 따라서 포함되지 않은 사례들에 비해서 공공갈등으로서 대표성을 더 지닐 것으로 가정하고 분석을 시도하였다.

〈표 1-2〉 빈도분석 결과

변 수		내 용	구분	설 명	빈도 (%)
종속변수	RESOL	해결수준	0	불완전해결(하)	77 (36.2)
			1	준해결(중)	90 (42.3)
			2	완전해결(상)	46 (21.6)
독립변수	P_MANAGE	갈등발생초기 관리방식	0	전통적 관리방식	134(62.9)
			1	대체적 관리방식	79(37.1)
	F_MANAGE	갈등종결기 관리방식	0	전통적 관리방식	45 (21.1)
			1	대체적 관리방식	168 (78.9)
	INCENTIVE	경제적 인센티브	0	없음	68 (31.9)
			1	있음	145 (68.1)
	CITIZEN	주민참여수준	1	하(참여 매우 저조)	80 (37.6)
			2	중(참여 소극 제공)	86 (40.4)
			3	상(참여 적극 제공)	47 (22.1)
통제변수	PARTY	당사자 유형	0	정부간 갈등	81 (38.0)
			1	정부와 주민간 갈등	132 (62.0)
	ISSUE_VALUE	이슈: 가치갈등여부	0	가치갈등	39 (18.3)
			1	이해관계갈등	174 (81.7)
	ISSUE_SITE	이슈: 입지갈등여부	0	비입지갈등	62 (29.1)
			1	입지갈등	151 (70.9)
	SCALE	사업규모	1	당해지역사업	84 (39.4)
			2	광역사업	98 (46.0)
			3	국책사업	31 (14.6)
	NGO	시민단체참여도	1	발견안됨	101 (47.4)
			2	간접 참여	39 (18.3)
			3	직접 참여	73 (34.3)
	IMF	경제위기(IMF)	0	IMF 비영향	185 (86.9)
			1	IMF 영향	28 (13.1)
	ELECT	정치(선거)여부	0	선거 비영향	99 (46.5)
			1	선거 영향	114 (53.5)

주: 각 변수별 소계는 213개(100%)임.

〈표 1-2〉는 분석에 포함된 213개 사례들에 대한 특징을 정리한 것이며, 변수들이 명목척도로 구성되었기 때문에 빈도분석을 실시하였다. 종속변수로 사용되는 해결수준(RESOL)은 크게 세 가지로, 완전해결은 77건(36.2%), 준해결은 90건(42.3%), 불완전해결은 46건(21.6%)으로 구성되었다. 그리고 독립변수와 통제변수로 사용되는 설명변수들의 빈도분석 결과 중에서 갈등관리 요인군을 중심으로 살펴보면 다음과 같다. 정부의 갈등관리방식은 크게 전통적 갈등관리방식과 전통적 방식으로 구분하였으며, 갈등이 본격적으로 발생되는 발생초기와 말기에 주된 관리방식을 측정하였다. 그 결과, 갈등발생초기의 관리방식으로는 전통적 방식이 134건(62.9%)이고, 대체적 방식이 79건(37.1%)이었다. 이에 비해 갈등종결기의 관리방식은 전통적 방식은 45건(21.1%)이고, 대체적 방식은 168건(78.9%)로 조사되어 발생초기에 비해서 대체적 방식이 크게 증가하였다. 경제적 인센티브는 합의결과에 포함된 경우는 145건(68.1%)이며, 특별한 사항이 발견되지 않은 사례들도 68건(31.9%)으로 나타났다. 주민참여의 수준을 보면, 상으로 분류된 사례들은 47건(22.1%), 중간으로 분류사례는 86건(40.4%), 그리고 하는 80건(37.6%)이었다. 그 외 설명변수들에 대한 각각의 빈도분석 결과는 〈표 1-2〉와 같다. 이들 변수들을 이용하여 갈등해결에 미치는 영향요인들에 대한 인과성분석을 순위로짓 회귀분석을 실시하였다.

2. 순위로짓모형(Ordered Logit Model) 분석결과

본 연구의 순위로짓분석 모형이 적합한 가를 살펴보기 위해서 모형의 적합성 검증을 실시하였다. 첫째, 모형이 적절한지를 추정할 수 있는 우도비(Likelihood ratio)검증, Score 검정 및 Wald 검점량 모두 유의수준 p<.0001 이하에서 통계적으로 유의미하다고 할 수 있다. 분석결과를 보면, 우도비는 141.2689이며, P<.0001보다 작아서 통계적으로 귀무가설을 기각하고 차이가 존재한다고 본다. 두 번째, 모형 적합도를 분석하기 위해서 -2 Log L값을 살펴본다. 분석 결과를 보면, -2 Log L값은 절편만 사용하였을 때는 값이 452.764이며, 독립변수를 포함시키면 값이 311.495로 감소하여 모형이 더 나아졌다고 볼 수 있다.

〈표 1-3〉은 갈등해결의 수준에 영향을 미치는 요인들에 대한 순위로짓 분석의 결과를 제시하고 있다. 통계적 유의수준 10% 내에서 의미가 있는 변수는 갈등관리 요인군 중에서 갈등초기 관리방식, 갈등종결기 관리방식, 경제적 유인책 제공여부, 주민참여의 수준2(참여수준=1을 기준)이다. 그리고 갈등특성 요인군 중에서는 갈등이슈 중 입지갈등포함여부가 10% 내에서 의미가 있었다. 그러나 그 외 갈등특성 변수와 갈등환경적 요인군 변수들은 통계적 유의성을 찾지 못하였다. 결국, 분석결과를 토대로 보면 공공갈등해결의 수준을 높이는 데 가장 긍정적인 역할을 하는 요인으로서 갈등관리방식, 경제적 유인책, 주민참여 수준이었다.

다음은 갈등관리 요인들에 승산비(Odds ratio)를 살펴보고자 한다. 승산비는 설명변수의 값이 1단위 증가할 때(0→1) 종속변수가 변동될 가능성을 의미한다. 갈등발생초기의 관리방식이 전통적 방식(0)에서 대체적 방식(1)으로 한 단위가 증가할 때, 다른 요인들보다 갈등해결의 수준이 한 단위 증가할 오즈(Odds)는 4.652배가 증가한다. 그리고 갈등종결기 관리방식이 전통적 방식에서 대체적 방식으로 한 단위가 증가할 때, 갈등해결 수준이 한 단위 증가할 오즈는 13.021배가

〈표 1-3〉 순위로짓모형 결과

변 수	추정계수 ($\hat{\beta}$)	표준오차 (s.e)	Wald Chi-square	한계효과 exp($\hat{\beta}$)
상수 1	-1.7584***	0.4885	12.9573	
상수 2	1.4880***	0.4805	9.5888	
갈등관리 요인				
갈등초기 관리방식	0.7686***	0.1770	18.8545	4.652
갈등종결기 관리방식	1.2833***	0.2273	31.8809	13.021
경제적 유인책제공	0.4343**	0.1977	4.8229	2.383
주민참여 수준1(중=1)	0.1771	0.2050	0.7467	1.425
주민참여 수준2(상=1)	0.5457**	0.2692	4.1107	2.979
갈등특성 요인				
갈등당사자유형	-0.0883	0.1982	0.1987	0.838
갈등이슈: 가치갈등여부	-0.1264	0.2264	0.3116	0.777
갈등이슈: 입지갈등여부	-0.3861*	0.1970	3.8416	0.462
사업규모1(광역=1)	0.2149	0.1860	1.3340	1.537
사업규모2(국책=1)	-0.1726	0.2551	0.4578	0.708
갈등환경 요인				
시민단체참여정도1(간접참여=1)	-0.2575	0.2183	1.3915	0.598
시민단체참여정도2(직접참여=1)	-0.3083	0.2091	2.1745	0.540
경제위기IMF영향	0.1330	0.2324	0.3272	1.305
정치선거영향	0.0132	0.1545	0.0001	1.003
표본크기(N)=213 -2 Log L =311.495 Likelihood Ratio =141.2689				

주: * p〈.10, ** p〈.05, *** p〈.01

된다. 경제적 유인책 제공여부를 보면, 제공 없음(0)에서 제공 있음(1)으로 한 단위 증가할 때, 다른 요인들보다 갈등해결의 수준이 한 단위 증가할 오즈는 2.383배가 된다. 마지막으로 주민참여 수준을 보면, 참여수준이 상일 경우 다른 수준(중, 하)에 비해서 갈등해결의 수준을 높이는데 긍정적인 영향을 미친다. 참여수준이 중, 하(0)에서 상(1)으로 한 단위증가 할 오즈는 2.979배가 되기 때문이다.

3. 분석결과 논의

지금까지 분석결과를 해석해 보면, 정부가 사용한 갈등관리 요인(갈등관리방식, 경제적 유인책, 주민참여)들이 갈등해결의 수준을 높이는데 긍정적인 영향을 미친다는 본 연구의 가설들을 채택하는데 뒷받침하고 있다. 우선, 갈등관리방식의 선택에 따라서 갈등해결의 수준에 차이가 발생되고 있는데, 기존의 전통적 관리방식보다는 대체적 관리방식을 선택했을 때 갈등해결의 수준, 즉 당사자 간에 합의를 형성하고, 이에 대한 수용도를 높이는데 긍정적인 영향을 미칠 수 있다고 본다. 이처럼 대체적 관리방식이 해결에 긍정적인 효과를 유도할 수 있으나 이에 대한 해석상에 유의할 사항이 있다. 해당 사례의 갈등문제가 무엇인지, 그리고 개입이 된 제3자가 누구인지 등에 따라서 그 효과에는 차이가 발생될 수 있다. 즉, 제3자의 개입 요건이 충분히 갖추어지지 않을 경우에는 이들이 갈등해결에 실질적인 효과를 내기 어려울 수도 있다는 점을 고려해야 한다(Bingham, 1986; O'Leary, 1995; 서휘석, 1995: 18; 권경득 · 임정빈 · 장우영, 2004: 577).

두 번째, 주민참여의 수준도 해결수준에 영향을 미치는 것으로 나타났다. 특히 주민을 포함한 갈등에서 주민참여의 수준이 소극적에서 적극적인 참여로 갈수록 해결수준도 높게 나타났다. 그러나 우리의 주민참여제도와 현황을 분석해 보면, 참여자들의 참여시기와 기회 등에 문제가 있었다. 예를 들어, 참여 수준이 높게 평가되는 사례들도 대부분이 갈등이 악화되자 주민참여의 제도를 도입하여 해결의 수단으로 사용하였다. 따라서 본연의 주민참여의 의미를 찾기 위해서 갈등이 악화된 이후의 참여가 아니라, 갈등이 발생되기 이전에 또는 정부 사업을 구체적으로 추진하기 이전에 이들의 참여제도를 모색할 필요가 있다.

셋째, 갈등관리로서 경제적 유인책이 갈등해결 수준을 높이는 데 영향을 미치는 것으로 나타났다. 그러나 이 결과에 대한 해석에 주의를 기울일 사항이 있다. 본 연구에서는 유인책의 제공 여부만을 중심으로 측정함으로써 유인책에 대한 '충분성'을 측정하지 못한 연구의 한계가 있다. 경제적 유인책에 대해서 제공받은 당사자가 해당 유인책이 적정하다고 믿고 만족하는지를 정확히 추정하는 것은 매우 어렵다(유해운 · 권영길 · 오창택, 1997: 201; Bingham, 1986: 108-109). 따라서 경제적 유인책의 지급만으로 성공적 갈등해결을 보장하지 못할 수 있다는 점이다. 특히, 주민간 갈등에서는 대다수의 사례에서 직 · 간접적 보상, 지역수혜사업 등 경제적 유인책을 사용해 왔다. 그러나 보상이나 물질적인 제공만으로는 갈등해결을 보장할 수 없는데, 이는 근본적인 갈등문제를 해결하는 데는 경제적 유인책만을 사용하는 데는 한계가 존재할 수 있기 때문이다(유해운 · 권영길 · 오창택, 1997: 201). 결국, 경제적 유인책이 갈등해결 가능성을 높일 가능성이 있지만 단지 이 변수만으로 해결수준을 높이는 데는 제한적일 수밖에 없다. 따라서 경제적 유인책과 더불어 이해관계자들의 참여 등을 통해서 상호 시너지 효과를 창출할 수 있는 해결방안 모색이 요구된다 하겠다.

V 결 론

지금까지 연구결과를 정리하면, 갈등해결의 가능성을 높이고 갈등해결 수준을 높이는 데 영향을 미치는 주요 변수로 갈등관리 요인들이 가장 큰 설명력을 지닌다. 이중에서도 정부의 관리방식이 가장 큰 영향을 미치고, 경제적 유인책 제공여부와 주민참여 수준도 해결수준에 직접적인 영향을 미치는 것으로 분석되었다. 특히, 정부의 관리방식으로서 대체적 관리방식인 제3자 개입, 당사자의 협상방식을 통한 해결유도가 해결의 질적 수준을 높이는 데 중요한 역할을 한다는 점을 보여주고 있다. 본 연구의 의의는 갈등관리 요인에 대한 효과를 실증적으로 검증하였으며, 갈등해결에 대한 영향요인으로서 갈등관리 요인만이 아니라 갈등특성과 환경요인 등을 고려해서 종합적으로 분석모형을 구성한 것이다. 특히, 선정된 주요 영향요인들의 영향력을 설명하기 위해서는 다수의 갈등사례를 모집단으로 하여 인과적 가설을 설정하고, 이를 통계적 검증방식을 사용하는 등의 새로운 시도를 하고 있다.

그러나 본 연구의 한계는 다음과 같다. 첫째, 변수 선정상의 한계이다. 다수 사례를 대상으로 분석을 해야 하기 때문에 가능한 객관적으로 측정이 가능한 변수만을 우선적으로 선택했다는 점이다. 둘째, 갈등사례에 대한 수집 및 측정에 있어 연구자 주관이 개입될 가능성이 있다는 점이다. 본 연구는 다수의 갈등사례의 특징을 수치화하여 코딩하는 방식을 사용하였는데, 갈등연구에서 처음으로 시도한 방법임에 따라서 연구자가 사례별 특징을 코딩하는 기준을 작성하고 분류하는데 한계가 있었다. 향후 연구에서 측정기준에 대한 객관성을 높일 수 있는 방안을 지속적으로 모색할 필요가 있다. 마지막으로 향후 연구 과제를 제시하면서 글을 마치고자 한다. 이 연구에서는 갈등관리요인, 갈등특성요인, 그리고 갈등환경요인들이 직접적으로 갈등해결의 수준과 연계한 모형을 제시하였다. 그러나 각 요인군들 간에 일정한 경로를 지니고 상호 영향을 미칠 가능성이 있었다. 따라서 후속 연구에서는 각 요인군들의 상호 관계를 세밀하게 분석하여 갈등해결모형을 보다 정교하게 수립하는 작업을 진행하고자 한다.

참고문헌

[국내문헌]

강인호・이계만・안병철.(2005). NIMBY와 PIMFY입지의 지방정부간 갈등관리: 공항건설과 외국어고입지갈등구조 비교연구, 「한국지방자치학회보」, 17:2

강성철 외.(2006). 「지방정부간 갈등과 협력: 이론과 실제」, 한국행정DB 센터.

권경득・임정빈・장우영.(2004). 수자원이용을 둘러싼 지방정부간 갈등요인 및 관리전략 분석: 장곡취수장 설치사례를 중심으로, 「한국사회와 행정연구」, 15:3.

김경배.(2005). 한국 대체적 분쟁해결제도(ADR)의 제도화 및 발전방안에 관한 연구, 「산업경제연구」, 18:1.

김도희.(2001). 지방정부와 주민간 입지갈등의 갈등유발요인에 관한 연구:

울산원자력 발전소 입지갈등사례를 중심으로,「한국정책학회보」, 10:1.
김상구.(2003). 협상의 수행수준과 갈등해결간의 관계에 관한 연구: 쓰레기 소각장 입지갈등을 중심으로,「한국행정논집」, 15:1.
김영수.(2003).「시민단체의 공익적 역할에 관한 연구: 갈등중재를 중심으로」, 서울대 박사학위논문
김용철.(1998). NIMBY와 PIMFY 현상의 정치적 갈등구조 비교: 영광원전 5.6호기 건설사업과 전남도청 이전사업 사례를 중심으로,「한국정치학회보」, 32:1.
나태준.(2004).「갈등해결의 제도적 접근: 현행 갈등관련 제도 분석 및 대안」, 한국행정연구원.
박기묵.(1997). 하천의 상하류 지역간 물 분쟁해결모형: 부산시와 대구시의 분쟁을 중심으로,「한국행정학보」, 31:4.
박근수・김영환・박희서.(2005). 지방정부간 갈등단계에 영향을 미치는 언론의 영향력에 관한 연구,「한국사회와 행정연구」, 16:1.
박형서 외.(2004).「공공시설 입지갈등이 지역사회에 미치는 영향연구」, 국토연구원.
백종섭.(2002). 서울시 추모공원 건립정책의 갈등원인과 해결방안,「한국사회와 행정연구」, 13:2.
서휘석.(1995). 지방자치단체간 갈등에 관한 연구: 장곡취수장 사례를 중심으로,「호남정치학회」, 제7권.
안광일.(1994).「정부갈등관리론」, 서울: 대명출판사.
유해운・권영길・오창택.(1997).「환경갈등과 님비이론」, 서울: 산학사.
이달곤.(2005).「협상론-협상의 과정. 구조. 그리고 전략」 제3판, 서울: 법문사.
이민창・한종희・안병철.(2005). 지방정부간 갈등관리의 성패요인: 폐기물처리시설과 공항건설사례를 중심으로,「지방행정연구, 19:3.
이성우・민성희・박지영・윤성도.(2005). 「로짓・프라빗모형 응용」, 서울: 박영사.
전주상.(2000).「지방정부와 주민간 정책갈등에 관한 연구」, 서울대 박사학위

논문.

지속가능발전위원회.(2005). 공공갈등 관리를 위한 이론과 기법, 상권.

주재복.(2004). 정부조직간 정책갈등의 조정기제와 협력규칙: 동강댐건설사례와 새만금간척사업사례의 비교연구, 「한국행정연구」, 13:3

황재영.(1998). 「지방자치단체간의 갈등관리에 관한 연구: 상수도갈등사례를 중심으로」, 경희대학교 박사학위논문.

[외국문헌]

Amy, D. J.(1990). Environmental dispute resolution: the promise and the pitfalls, In N. J. Vig & M. E. Kraft (eds.). Environmental policy in the 1990s: toward a new agenda, Washington, DC: CQ Press.

Andrew, J. S.(2001). Making or Breaking Alternative Dispute Resolution? Factors influencing its success in waste management conflicts, *Environmental Impact Assessment Review,* 21:1.

Arnstein, S. R. (1969), A Lader of Citizen Participation, *Journal of the American Institute of Planners,* 35:4.

Bercovitch, J.(1984). *Social Conflict and Third Parties: strategics of conflict resolution,* Boulder, CO: Westview Press.

Bingham, L. B. & Nabatchi, T.(2003). Dispute System Design in Organization, In William J. P. Jr. & Jerri K.(eds.), *The Handbook of Conflict Management,* 105-127. New York: Marcel-Dekker.

Bingham G.(1986). *Resolving Environmental Disputes: a Decade of Experience.* Washington, DC: The Conservation Foundation.

Buckle L. G. & Thomas-Buckle S. R.(1986). Placing environmental mediation in context: lessons from 'failed' mediations, *Environmental Impact Assess Review,* 6:1.

Deutsch, M.(1973). *The Resolution of Conflict: Constructive and Destructive Processes.* New Haven, London: Yale University Press.

Elliott, M.(1999), The Role of Facilitators, Mediators, and Others, In L.

Susskind, S. McKearnan and J. Thomas-Larmer (eds.), *Consensus Building Handbook,* Thousand Oaks, CA: Sage.

Gwartney, P. A, Fessenden, L. & Landt, G.(2002). Measuring the Long-Term Impact of a Community Conflict Resolution Process: A Case Study Using Content Analysis of Public Documents, *Negotiation Journal,* 18:1.

Kriesberg, L.(2003). *Constructive Conflicts: From Escalation to Resolution* (2nd), Lanham, Maryland: Rowman & Littlefiled Publishers.

Lan, Z.(1997), A Conflict Resolution Approach to Public Administration, *Public Administration Review,* 57:1.

Laue, J. H.(1990), The Emergence and Institutionalization of Third-party Roles in Conflict, In J. W. Burton and F. Dukes (eds.), *Conflict: Readings in Management and Resolution,* NY: St. Martin's Press.

Layzer, J. A.(2002). Citizen Participation and Government Choice in Local Environmental Controversies, *Policy Studies Journal,* 30:2.

Leach, W. & Sabatier, P.(2003). Facilitators, Coordinators, and Outcomes. In R. O'Leary & L. Bingham (eds.). *The Promise and Performance of Environmental Conflict Resolution.* Washington D.C.:Resources for the Future Press.

Lewicki, R. J., Gray, B. & Elliott, M.(2003). *Making Sense of Intractable Environmental Conflict,* Washington, DC: Island Press.

Long, J. S.(1997), *Regression models for Categorical and Limited Dependent Variables: Advanced Quantitative Techniques in the Social Science Series,* CA, London: SAGE Publications, Inc.

Lowi, T. J.(1964). American Business, Public Policy, Case-Studies and Political Theory, *World Politics,* 16.

Lubell, M.(2004). Collaborative Watershed Management: A View form the Grassroots, *Policy Studies Journal,* 32:3.

Mack, R. & Snyder, R. C.(1957). The Analysis of Social Conflict: Toward an Overview and Synthesis, *Journal of Conflict Resolutions,* 1.

Moore, C. W.(2003), *The Mediation Process: Practical Strategies for Resolving Conflict,*

(3rd). CA: John Wiley &Sons.

O'Leary, R., Nabatchi, T. & Bingham, L. B.(2005). Assessing and Improving Conflict Resolution in Multiparty Environmental Negotiations. *International Journal of Organizational Theory and Behavio,* 8:2.

O'Leary, R. & Raines, S.(2001). Lessons Learned from Two Decades of Alternative Dispute Resolution Programs and Process at the U.S. Environmental Protection Agency, *Public Administration Review,* 61:6.

O'Leary R.(1995). Environmental Mediation: What do we know and How do we know it? In J. W. Blackburn, & W. M. Bruce(eds.). Mediating environmental conflicts: theory and practice, Westport, CT: Quorum Books.

Pondy, L. R.(1967). Organizational Conflict: Concepts and Models, *Administrative Science Quarterly.* 12:3.

Quirk, P. L.(1989). The Cooperative Resolution of Policy Conflict, *The American Political Science Review,* 83:3.

Ramus, C. & Marcus, A.(2005). Examining Barriers to Negotiated Environmental Agreements, *International Journal of Organization Theory and Behavior,* 8:3.

Raymond, L.(2006). Cooperation without Trust: Overcoming Collective Action Barriers to Endangered Species Protection, *Policy Studies Journal,* 34:1.

Ripley, R. B.(1985). *Policy Analysis in Political Science,* Chicago: Nelson-Hall Publishers.

Rose, M. & Suffling, R. (2001), Alternative dispute resolution and the protection of natural areas in Ontario, Canada, *Landscape and Urban Planning,* 56.

Ross, M. H.(1993). *The Management of Conflict: Interpretations and Interest in Comparative Perspective,* New Haven: Yale University Press.

Sipe, N. G.(1998). An Empirical Analysis of Environmental Mediation, *Journal of the American Planning Association.* 64:3.

Sipe, N. G. & Stiftel, B.(1995). Mediating environmental enforcement disputes:

how well does it work?. *Environment Impact Assess Review.* 15:2

Susan, C. l. & Kennedy, W, J. D.(2001). *Managing Public Dispute: A practical guide for government, business, and citizens' groups.* San Francisco: Jossey-Bass Publisher.

Susskind, L., Wansem, M. van der, and Ciccareli, A. (2003), Mediating Land Use Disputes in the United States: Pros and Cons, *Environments,* 31:2.

Susskind, L., McKearnan, S., and Thomas-Larmer J.(eds.) (1999), *The Consensus Building Handbook: A Comprehensive Guide to Reaching Agreement,* Thousand Oaks, CA: Sage.

Talbot, A. R.(1983). *Settling things: Six case studies in environmental mediation,* Washington D.C.: The Conservation Foundation and the Ford Foundation.

〈부 록〉 코딩지침서(Code Book: Public Conflict)

V1. 갈등해결의 수준(RESOL: Conflict Resolution)

1=하(불완전해결) 2=중(준해결) 3=상(완전해결)

<table>
<tr><th colspan="2">구분</th><th>합의형성과 수용도의 판단 기준</th><th>비 고</th></tr>
<tr><td rowspan="3">합의형성</td><td>상</td><td>• 갈등당사자들이 해결을 위한 공식 협의안 마련, 갈등사안에 대한 완전협의(예: 모 든 갈등사안 혹은 주요 갈등사안에 대한 협의체결·서명함, 협의안 도출에 대한 공식적인 성명, 기자회견 등)</td><td>해결 Ⅰ
해결 Ⅱ</td></tr>
<tr><td>중</td><td>• 갈등당사자들이 조건부 해결안을 마련하거나 일방의 해결안이 채택됨</td><td>해결 Ⅲ</td></tr>
<tr><td>하</td><td>• 갈등당사자간 공식적 협의를 이루지 못함. 일부의 암묵적 동의 혹은 강제 집행됨</td><td>해결 Ⅳ</td></tr>
<tr><td rowspan="3">수용도</td><td>상</td><td>• 갈등당사자들이 대다수 협의안에 대한 수용함 (예: 협의과정에서 일부 반대는 있었지만, 최종 협의안에 대해서 대다수가 수용함)</td><td>해결 Ⅰ
해결 Ⅲ</td></tr>
<tr><td>중</td><td>• 갈등당사자들 중에서 일부 협의안에 대해서 수용불가 의사를 공식적으로 표명 또 는 협의안 중 일부 수용하고, 협의안 중 몇 가지 조항은 추후 이행사항을 제시 등 조건부로 협의안을 수용</td><td>해결 Ⅱ
해결 Ⅳ</td></tr>
<tr><td>하</td><td>• 갈등당사자들 대다수가 해결안에 대해서 수용 불가의사 표명</td><td>갈등지속</td></tr>
</table>

V2. 갈등관리방식의 측정(MANAGE: Conflict Management)

1=독자적 방식 2=사법적 판결

3=제3자 개입(사법적 판결을 제외) 4=당사자간 협의방식

구 분	갈등관리방식의 측정 기준
독자적 방식	• 일방에 대한 무시, 회피, 혹은 협의를 이루지 못하고 강제적, 일방적 집행 등(예: 주민동의 없이 사업 강행, 일부 주민의 암묵적 동의를 얻고서 반대에도 불구하고 집행을 강행 등)
사법 판결	• 법원을 통한 사법적 판결 사용(예: 지방, 고등, 대법원, 헌법소원)
제3자 개입	• 제3자가 개입하여 조정, 중재 등에 의한 해결(조정 예: 상위단체 기관의 화해 촉진, 조정 안 마련, 민간단체 개입을 통한 조정안 마련, 특정인 혹은 기관의 개입 통해 화해유도, 조 정안 마련 등/ 중재 예: 환경분쟁조정위, 중앙·지방분쟁조정위, 국민고충처리위 등의 공 식적 중재위 개입, 분쟁위가 아니라도 결정안에 공신력이 존재할 경우 등
당사자 협상	• 당사자들간 협의를 통한 갈등해결(예: 당사자간 직접 협상, 지자체들 간의 행정협의회, 자 치단체 조합, 공공협의체, 민관협의체 통한 협의 등)

	갈등의 발생시기와 종결기의 판단 기준
초기	• 갈등에서 구체적인 반대행위가 표출되기 시작한 것을 기점(예: 진정서, 촉구서, 철회 등 집단 의사표출이 상대방에게 전달되어 갈등을 인지한 후 본격적인 분쟁으로 야기되는 시점)
종결	• 해당 사안에 대한 갈등상황의 종결 시점(예: 당사자간 합의안 도출, 제3자 개입이나 법원결정에 따른 승복, 백지화 선언, 협의는 이루지 못했으나 일방 사업 강행해서 갈등상황의 강제 종료 등)

V3. 갈등의 경제적 관리: 인센티브 제공(INCENT: Incentive)

0=특별한 유인책 없음 1=직·간접 경제적 유인책

V4. 주민참여제도 마련(CITIZEN: Citizen Participation)

1=상 2=중 3=하 4=참여제도 매우 미흡(발견안됨)

	주민참여 수준 측정의 기준
상	• 의사결정에 실질적 참여유도(예: 민관협의체 구성하여 입지선정, 조사실시 등 의사결정에 참 여, 주민배심원제, 시민감시제, 주민투표를 통한 의사결정반영 등)
중	• 정보제공, 상담, 유화 단계로서 주민의견 제시 기회 마련함(예: 각종 공청회, 간담회 등을 통한 주민의사 반영기회를 부여, 유사지역의 주민견학 실시도 포함)
하	• 정부가 주민에 일방적 교육, 설득, 홍보(예시: 설명회, 홍보를 통한 일방적인 정보제공)

V5. 이슈의 내용 1: 가치 포함여부(ISSUE)

1=이해관련 이슈가 주 핵심 2=이해관계 이슈보다는 가치이슈가 주 핵심

	갈등이슈의 구분 기준
이해관계	• 재산권 가치하락, 비용부담, 재정적 실익/손실, 권한과 권리 등의 물질·비물질적 이해관계 대 한쟁점 사안과 주민의 건강, 안녕에 대한 위협적 이슈 등
가치	• 환경보호, 생태계 보전 등과 신념과 믿음을 포함한 쟁점 사안 등

V6. 이슈의 내용 2: 입지갈등 여부(SITE)

1=입지 및 시설설치 갈등(특정시설의 입지 찬성 혹은 반대 갈등)

0=비입지 관련 갈등

※ 비입지 관련 갈등: 관리운영문제갈등(특정시설에 대한 관리상문제), 비용·재정분담갈등(특정시설과 관련된 비용 분담/ 관리상 재정적 갈등) 등

V7. 갈등당사자의 유형(PARTY: Party Type)

1=정부간 갈등　0=정부와 주민간 갈등

V8. 사업의 규모(SIZE)

1=국책사업　2=광역사업　3=해당 지역내 사업

구분	사업규모의 측정 기준
국책사업	• 중앙정부가 주도적으로 재원조달과 사업을 주체자로 나서는 경우(예: 철도, 고속도로, 대 규모 간척사업, 전기전력 등 사회간접시설에 대한 사업 등)
광역사업	• 둘 이상의 지자체들이 연합하여 사업을 추진하는 경우(예: 광역상 · 하수도 처리장, 연결 도로, 통로, 광역쓰레기처리장, 광역화장장 등)
당해지역사업	• 사업의 추진주체가 당해 지자체인 경우. 지자체 사업이라도 국가의 재원보조를 받게 되 지만 당해 지자체가 사업계획과 결정에 주요한 역할을 수행할 경우 이에 포함됨

V9. 시민참여정도(CSO: Civil Society Organization)

1=직접 참여　2=간접 참여　3=참여발견 안됨

구분	시민단체 참여의 판단기준
직접참여	• 갈등과정에서 주요 이해관계자로 의사결정시 참여(민관협의체 구성, 협상단에 함께 포함) 등 의사결정에 직접 참여/집회, 시위 등 활발하게 관련 갈등당사자와 연계한 직접적인 행위표 출(예: 현장농성투쟁, 가두시위, 가두서명, 결의서 및 탄원서 제출, 소송 제기)
간접참여	• 간접적으로 의사결정에 영향을 미치도록 정보제공, 홍보, 교육, 의견제시 등을 통한 참여/의견 촉구, 건의 등을 통해서 해당 갈등에 대한 의견을 표명하지만 구체적인 행동 표출이 특별히 측정되지 않을 경우(예: 모금활동, 여론조사, 기자 회견, 호소활동, 연구서 배포 등)

V10. 선거의 영향(ELECT: Election)

1=있음 0=없음

※ 국회의원과 지방선거가 실시된 1995, 1996, 1998, 2000, 2002, 20004, 2006 연도가 기준. 사례별로 갈등해결 연도를 표기하고, 만약 해결 연도 중에서 위의 선거연도가 포함되는지 여부로 판단

V11. IMF 경제위기의 영향(IMF)

1=있음 0=없음

※ 갈등해결연도 중에서 1998, 1999년도가 포함되는지 여부로 판단

제 2 장 선진한국을 향한 갈등관리시스템 구축방안

김선희 · 박형서*

I 서 론

우리나라는 지난 반세기 동안 눈부신 성장과 발전을 거듭해 왔다. 그러나 오늘날 우리 사회는 민주화, 지방화, 정보화, 환경화가 가속화되면서 다양한 분야에서 대립과 갈등을 경험하고 있다. 동일한 정책을 놓고도 이해관계와 입장에 따라 다양한 인식과 반응을 나타내고 있다. 그 어느 때보다도 세대간, 지역간, 주체간 갈등과 대립이 극심하다. 지속가능한 개발과 환경보전에 대한 요구가 커지면서 '개발과 보전'을 둘러싼 가치관 갈등도 커지고 있다. 이로 인한 국책사업의 표류현상이 심각하다. 이제까지의 이러한 갈등은 공공정책 발전에 일정부분 순기능을 해오고 있다고 판단되나 장기간의 표류현상은 국가재정의 낭비, 사업지연에 따른 손실, 정부의 불신으로

* 김선희(국토연구원 국토환경 · 문화연구실 연구위원), 박형서(국토연구원 국토 · 지역연구실장).

나타나 궁극적으로 향후 공공사업 계획 및 실행을 위축시킬 것으로 보인다. 따라서 현재 우리 사회가 직면하고 있는 각종 갈등과 대립을 합리적으로 예방하거나 관리하기 위한 갈등관리시스템 구축이 시급하다.

우리나라는 지난 반세기 동안 압축경제성장을 통해 GDP 세계 12위, 교역규모 12위, 정보화 지수 3위 등 기술적 자본축적에 높은 성과를 달성한 바 있다. 그러나 그 이면에 삶의 질, 사회응집력 등 사회 합의형성을 위한 기본적인 토대인 사회적 자본이 대단히 취약한 상태를 보이고 있다. 조사대상국 60개국중 삶의 질은 41위, 사회응집력은 34위, 노사관계 60위 등으로 대단한 취약성을 보이고 있다. 이에 정부에서는 세계 일류국가를 목표로 함께가는 「희망한국 비젼 2030」을 통해 '안정되고 품격있는 국가' 등을 목표로 하는 3대 목표와 5대 전략, 50대 핵심전략을 도출한바 있다. 특히 현재 우리 사회가 직면하고 있는 갈등과 대립의 합리적 해결을 위해 갈등관리 시스템 구축을 통한 사회적자본 확충을 위한 제도혁신을 50대 핵심과제중의 하나로 선정해서 대책을 모색할 예정이다.[1)]

오늘날 우리 사회가 직면하고 있는 복잡다양한 사회갈등은 과거 압축경제성장과정에서 나타난 절차적 합리성, 내용적 합리성의 미흡에서 오는 부작용이라고 할 수 있다. 최근의 공공정책들의 정책결정이나 집행과정을 보면, 과거와는 달리 시민단체들은 자신들이 추구하는 가치나 정부정책에 내재된 문제점들에 대해 자신들의 독자적인 목소리를 내면서 정책 시행주체와 대립하고 있다. 따라서 현재 우리 사회가 경험하고 있는 갈등과 대립현상은 공공정책의 수립에 필요한 다양한 가치와 이해, 그리고 정책문제에 대한 해석들이 사회

1) 정부 · 민간합동작업단, 2006.8, 비젼 2030-함께가는 희망한국.

에 다양하게 존재함에도 불구하고 이들을 실제 공공정책 수립이나 결정과정에 반영하지 못하고 있는 데서 오는 일종의 사회적 합의형성시스템 부재 현상이라 할 수 있다.[2)]

단적인 예로 새만금 간척사업, 경부고속철사업, 한탄강댐건설사업, 경인운하사업 등 대형국책사업에서 보듯, 정부의 정책형성과정에 배제되었던 해당사업의 지역주민들이나 환경단체들이 상이한 가치와 해석을 가지고 정책에 관여하면서 정의적 갈등(definitional conflict)를 일으키고 있다. 따라서 이러한 갈등을 근본적으로 개선시킬 갈등관리시스템 구축, 더 나아가 참여적 의사결정시스템의 구축, 사회적 합의형성시스템구축이 요구되고 있다.

대통령께서도 '총론 찬성- 각론 반대'의 각종 사회갈등에 직면한 현 상황에서 "무엇보다 대안을 내놓는 창조적인 참여를 통해 우리 사회의 합의수준을 높여나가야 한다"고 강조한 바 있다.[3)] 이처럼 공공정책의 결정에 있어서 시민사회의 참여는 정책에 대한 불신과 사회갈등을 예방한다는 소극적인 차원에서 의사결정의 책무성(accountability)과 정당성(legitimacy)을 향상하고, 결정에 대한 수용성(acceptance)과 합의(consensus)를 창출, 정부와 시민사회의 신뢰를 구축하는 적극적인 차원의 의미가 있다.

이미 미국과 유럽 등 선진국에서는 공공정책 결정 및 갈등관리 영역에서 참여적 의사결정방법을 채택할 것을 규정하고 실질적인 방법론을 구축해오고 있다. 유럽연합(EU)은 2001년 '유럽거버넌스백서'를 통해 참여적 의사결정은 조기협의와 과거 경험에 바탕을 둔

2) 엘빈 토플러(2006)는 그의 저서 '부의 미래'에서 시간, 공간, 지식상에 비동시성의 문제가 발생하면 그 사회는 여러 가지 사회문화적 갈등이 발생한다고 주장함.

3) 2005.5.18 광주민주화운동 기념사.

보다 효과적인 정책형성을 가능케 한다고 규정하고 있다. OECD에서는 '정책의 파트너로서의 시민(Citizens as Partners)'을 강조하며, 정책형성에 있어서 정보제공, 자문, 시민참여를 확대해 가고 있다. 우리나라는 「공공기관의갈등관리에관한법률(안)」[4] 제정을 통해 '참여적 의사결정방법'을 규정하고 갈등예방을 위한 국가적 시스템으로 적용하고자 준비하고 있다.

이러한 일련의 제도 기반 마련과 노력 덕분에 최근 시민참여와 합의형성을 바탕으로 한 계획의 수립 및 실행에 대해 원론적인 차원에서 필요성이 인정되고 공감대가 형성되어가고 있다. 그러나 아직 민주화, 지방화, 정보화, 환경화의 가속화와 함께 증대되고 있는 시민의 참여 욕구를 공공정책에 반영하는 시스템은 아직 마련되고 있지 않다.

따라서 본 고에서는 21세기 안정되고 품격있는 국토 및 지역조성을 통한 선진한국, 인류국가로 나아가기 위한 사회적 자본 확충방안의 하나로서 갈등관리시스템 구축방안을 검토하고자 한다.

Ⅱ 우리나라 국토 및 지역개발 관련 사회적 갈등의 원인과 특징

갈등은 사회 각 분야에서 발생되는 현상인 만큼 그 원인도 매우 다양하다. 일반적으로 갈등은 당사자간에 정보와 믿음의 차이, 이해, 욕구 및 가치의 차이, 경제, 시간, 공간, 지위 등을 포함한 자원의

4) 입법예고('05.4.12), 공청회('05.4.28), 규제개혁위원회 심의('05.5.11), 국무회의 의결('05.5.23)을 거쳐 국회에 송부됨('05.5.27).

희소, 그리고 상호 경쟁의식 등의 원인으로 부터 발생할 수 있다. 자원 또는 지위의 희소성이 잠재된 갈등을 명백한 갈등으로 진행시키며(Jhons, 1983; Minnery, 1990), 정보에 대한 접근의 제한이 갈등의 원천이 될 수 있고 (Baron,1985), 심리적 또는 개인적 성향뿐만 아니라 사회구조가 원인으로 작용할 수도 있다(Klausner & Groves, 1994).

이를 내용적 측면과 절차적 측면으로 분류하면 〈표 2-1〉과 같다. Amour (1991)는 이를 비용-편익과 관련된 경제적 요소, 부정적 영향 및 기피시설의 위험성 등 기술적인 요소, 반대자의 배제 등과 같은 정치적인 요소 등으로 구분하기도 한다.

국토 및 지역개발과 관련된 갈등은 크게 갈등 내용과 갈등주체 갈등범위 등에 따라 분류된다.

갈등내용은 이해갈등과 가치관갈등으로 분류할 수 있는데, 이해갈등은 주로 환경오염 피해에 따른 보상 등과 관련이 깊으며, 1990년대까지 주종을 이룬다. 1990년 이후에는 혐오시설에 대한 반대,

〈표 2-1〉 갈등의 원인

구 분	주요 내용
내용적 측면	-정부불신 -사실관계(fact finding, 과학기술적 판단, 위해성 판단 등) -인식과 가치관 -타당성 분석(비용편익의 비형평성) -환경영향평가(부정적 영향, 자료의 부실 등) -보상 -기타 이해관계(관할권, 혐오시설 반대, 토지이용경쟁, 비용배분 등)
절차적 측면	-정보비공개 -참여배제 -입지선정(결정)절차의 비합리성

환경오염의 외부효과 등으로 인해 지역개발에 대한 인근 지역사회의 반대, 전국 땅값 상승에 따른 보상과 관련된 이해관계 갈등이 확대되고 있다. 최근에는 생태계보전, 자연향유권, 생명가치, 사찰권 보전 등 개발과 보전을 둘러싼 가치관 갈등으로 복잡화되는 양상을 보이고 있다. 특히 사업의 타당성분석과 환경영향평가에 대해서도 입장과 가치관에 따라, 상반된 평가로 대립하는 사례도 빈번히 발생하고 있다. 새만간척사업을 둘러싼 농지와 갯벌의 가치 갈등, 서울외곽순환고속도로를 둘러싼 국립공원의 가치, 경부고속철도 천성산 구간 사업을 둘러싼 도룡뇽의 생명가치 등이 대표적인 사례이다.

갈등주체는 중앙정부간, 중앙정부와 지방정부간, 지방정부간 갈등이 있고, 중앙정부 또는 지방정부와 주민간 갈등, 주민간 갈등으로

〈표 2-2〉 국토 및 지역개발사업의 시대별 갈등유형

구 분	주요 국책사업	갈등 유형	주요 쟁점과 잇슈
1970년대	울산, 여천 산업공단	이해관계 갈등	공단주변 공해, 농작물 · 건강 피해
1980년대	온산 산업공단	이해관계 갈등	공단주변 공해, 물 · 공기오염
1990년대	안면도 핵폐기물처분장 위천공단 인천국제공항 영월 동강댐 건설 새만금간척사업	이해관계 갈등 가치관 갈등 (생태주의)	핵의 안전성, 상하류 이해관계, 자연생태계 훼손 타당성 결여, 농지와 갯벌의 가치
2000년대	부안원전수거물관리센터 새만금간척사업 한탄강댐 경인운하 서울외곽순환고속도로 경부고속철도 사업	이해관계 갈등 가치관 갈등 (생태주의, 생명가치, 자연향유권 등)	에너지 정책 합의절차의 투명성 · 타당성 결여, 환경훼손 타당성 결여, 국립공원 가치, 도롱뇽 생명가치

〈표 2-3〉 주요 국책사업의 이해관계자

구분	중앙정부				지방정부	환경단체	지역주민
	발주자	협의자1	협의자2	조정자			
영월동강댐	건교부(수자원공사)	환경부	문화재청	국무총리실(수개단), 합동평가단, 공동조사단	강원도 영월군, 정선군, 평창군	환경운동연합, 녹색연합	지방의회 수몰지역주민대책위원회, 영월댐백지화투쟁위원회
한탄강댐	건교부(수자원공사)	환경부	국방부	PCSD	경기도 철원군, 연천군, 포천시	환경운동연합	지방의회, 한탄강네트워크, 댐반대대책원회, 수몰민대책 위원회
서울외곽순환고속도로	건교부(민자사업팀)도공)	환경부	문광부	노선조사위원회, 인수위, 국무총리실, 노선재검토위원회	의정부시, 양주군, 서울시 노원구	국립공원을지키는시민모임, 불교환경연대	의정부를 사랑하는 시민의 모임, 한국교통시민협회 등
경부고속철천성산구간	건교부(고속철도건설공단)	환경부		청와대 수석보좌관, 국무총리실, 대안노선 및 기존노선재검토위원회	부산시, 양산시, 울산시	금정산지킴이, 부산경실련, 부산환경운동연합	시민종교대책위원회

구분할 수 있다. 정부기관간 갈등은 주로 관할권과 미션 등에 대한 권한갈등이 많은 반면, 정부와 주민간의 갈등은 효율성을 중시하는 관료체제와 공공정책의 개방성과 호응성을 강력하게 요구하는 시민사회 사이에 놓여 있는 '민주화 격차'를 근본원인으로 보고 있다(이영희, 2004). 주민간 또는 집단간의 갈등은 이해갈등이 대부분을 차지하게 된다. 그러나 최근 들어 갈등주체가 복합화 · 다원화되고 있어

갈등주체 분류 자체가 의미가 없어지고 있다. 왜냐하면 국토 및 지역개발에 관여하는 이해관계자가 과거에는 중앙부처 공무원, 전문가 등 비교적 균일하고 좁은 범위로 형성되어 있었으나 최근에는 지자체, 지역주민, 환경단체, 언론, 종교계 등 다자간 관계로 복잡·다원화 되면서 광범위한 범위로 확대되고 있기 때문이다. 또한 갈등을 둘러싼 환경적 상황변화와 정치환경 및 행정적 구조변화나 가치의 변화 등도 갈등의 원인에 많은 영향을 미치게 되기 때문이다.

Ⅲ 갈등 대응구조 및 관리형태, 수준

대형국책사업을 포함한 국토 및 지역개발사업의 갈등은 주로 환경영향평가 협의단계에서 표출되기 시작한다. 국책사업의 정책구상 및 의사결정은 정부내부에서 공무원과 일부 기술자에 의해 이루어지고, 지역 및 일반국민들의 참여는 환경영향평가 협의단계의 주민설명회와 공청회에서 이루어지기 때문이다. 현재 환경영향평가 대상사업의 근거법률 55개 중 상위계획 단계에서 주민의견 수렴절차가 있는 것은 7개에 불과하다. 이에 따라 환경영향평가 및 공사단계에서 정보가 공개되면서 갈등이 표출되기 시작하는데, 갈등의 쟁점과 내용은 사업초기단계의 타당성 결여, 입지 및 노선선정 등 계획내용 및 절차에 대한 하자 등 내용과 절차의 합리성 미흡에 대한 문제와 환경가치 및 생명가치 등 가치관 대립 등에 의한 정의적 갈등(definitional conflict)이 증가하고 있다.

갈등이 발생하기전에 사전적으로 이를 예방하는 시스템은 아직

구비하지 못하고 있고, 갈등이 발생하면, 사업별로 대응하는 형식을 취하고 있다. 갈등이 발생하면 대개 정부내에서 절차적으로 소극적으로 대응하고, 정부내 협의가 원할치 않고 외부로 노출될 때 환경단체와 지역주민 등이 개입하면서 정치사회 문제로 확대되는 양상을 보인다. 비로서 이때 정부에서는 이를 해소하기 위해 공식적 제3자 독립적 중재나 조정 등 적극적인 대응을 보이게 된다. 이처럼 우리나라의 갈등관리방법은 사후적이고 임기웅변적 측면이 강하다.

그러나 2000년 영월댐백지화 선언 이후 갈등관리 및 사전예방에 대한 전면적인 패러다임 전환이 이루어지고 있다. 특히 2000년 이후, 환경적인 요소가 가미된 국토 및 지역개발 관련 공공시설입지 갈등에는 관련범위가 넓고 모호할 뿐만 아니라 사회 및 환경단체 등 제 3자 개입이 늘어가면서 더욱 복잡한 양상으로 발전하고 있어, 법정이나 정부의 결정에 의존하는 전통적 갈등관리방안으로는 이에 대처하기가 어려워지면서 다양한 대안적 갈등관리 방안(Alternative Dispute Resolution: ADR)이 검토되고 있다. 이와 함께 국민들이 적극적인 참여가 이루어지면서 사전예방적인 참여적 의사결정방법 — 합의회의(consensus conference), 시민배심원(citizen‘s jury), 시나리오워크숍(scenario workshop), 공론조사(deliberative opinion poll), 조정(mediation), 협력적의사결정(CPS: collaborative problem solving), 지역협의체 등 — 이 다양하게 제안되고 있다.

위의 내용을 토대로 국내 주요 국토 및 지역개발 관련 갈등특성을 정리하면 〈표 2-4〉와 같다.

〈표 2-4〉 국내 주요 국토 및 지역개발 관련 갈등관리 사례

구 분	이해 관계자	쟁점	갈등발생 시기	정책참여자	갈등관리	결과
새만금 간척사업	중앙 정부, 시민·환경단체	가치 갈등	공사 단계	찬성: 지자체, 지역주민, 전문가 반대: 환경부, 지역주민, 정치권	민관공동 경제성, 환경영향 재평가 공청회, 새만금환경 대책위원회	법원의 결정에 의해 재추진
천성산 터널 건설	중앙 정부, 환경·종교 단체	가치 갈등	공사 단계	찬성: 지자체, 지역주민, 전문가 반대: 불교, 환경단체	환경영향평가 재조사, 공청회, 법원소송 등	법원의 결정에 의해 재추진
서울 외곽순환 고속도로	중앙 정부, 환경·종교 단체	가치 갈등	공사 단계	찬성: 지자체, 지역주민, 전문가 반대: 불교, 환경단체	민관 노선재검토위원회, 공청회, 법원 소송, 공론조사등	비공식 중재로 추진
영월 동강댐 건설	중앙 정부, 지역 주민	이해 갈등 → 가치 갈등	계획 단계	찬성: 지자체, 지역주민 반대: 환경부, 환경·시민 단체	민관 공동조사단의 구성	백지화
한탄강댐	중앙 정부, 지역 주민	이해 갈등, 가치 갈등	계획 단계	찬성: 건교부, 지역주민, 지자체 반대: 환경부, 지역주민, 환경단체	PCSD 조정, 국무총리실 중재 등	정책 추진
부안 원전 수거물 관리센터 입지	지자체, 지역 주민	가치 갈등 (이해 갈등)	계획단계 (입지 선정)	찬성: 중앙정부, 지역주민, 상위지자체, 전문가 반대: 환경·종교·시민단체, 정치권	공청회, 자문회의 등	백지화

청계천 복원사업	지자체, 주변 상인, 시민	이해 갈등	계획 단계	찬성: 자자체, 환경단체 반대: 주변 상인, 시민	지자체장의 조정, 홍보, 협상	정책 추진
팔당 총량 관리	중앙 정부, 지자체	이해 갈등	계획 단계	찬성: 중앙정부, 환경단체 반대: 7개 지자체, 지역주민	갈등영향분석 규제협상	협의체 구성
서울 노원 소각시설 건설	지자체, 지역 주민	이해 갈등	계획단계	찬성: 주변 기초자치단체 반대: 시민단체, 해당 기초자치단체	공청회, 지역주민들의 정책참여	정책 추진
울산 북구청 음식물 쓰레기 자원화 시설	지자체, 지역 주민	이해 갈등	계획단계 (입지 선정)	찬성: 울산 북구청 반대: 지역주민	지자체장 조정 시민배심원제	정책 추진
대구 위천공단 건설	지자체, 지자체	이해 갈등	계획 단계	찬성: 대구시, 시민단체, 정치권 반대: 부산시, 시민단체, 정치권	특별법 제정 검토	백지화
진주광역 쓰레기 매립장	지자체, 지역 주민	이해 갈등	계획 단계	찬성: 지역주민 반대: 인접 지자체, 지역주민	협상 (46회)	정책 추진
춘천 쓰레기 매립장,	지자체, 지역 주민	이해 갈등	계획 단계	반대: 지역주민, 인접 지자체	협상, 중재(시민단체), 공청회, 보상	정책 추진
경북 성주 해인 골프장 건설	지역주민, 지역주민	이해 갈등, 가치 갈등	설계단계	찬성: 개발업자, 지자체 반대: 시민·환경단체, 인접 지자체	·	사업 중단
경북 영덕 삼사	지역 주민,	이해 갈등,	설계단계	찬성: 개발업자, 지자체 반대: 시민·환경단체	협상	정책의 일방적

골프장 건설	지역 주민	가치 갈등				추진

Ⅳ 갈등예방 및 갈등관리 시스템 구축방안

1. 기본방향

국토 및 지역개발사업을 효과적 추진하기 위해서는 국책사업 추진과 관련된 갈등의 원인과 정책 및 사업추진절차와 수단, 갈등관리방식 등을 면밀히 검토해서 갈등기재를 합의기재로 바꾸는 대전환이 요구된다. [그림 2-1]에서 보듯, 최근 우리 사회가 경험하고 있는 공공갈등는 이해관계 갈등에서 가치관갈등 비중이 커지고 있고, 정부를 당사자로 하는 갈등이 증가하고 있는 사례를 놓고 볼 때 참여와 협력을 통한 사회적합의형성 절차와 시스템 개선이 필요함을 알 수 있다.

잠재된 갈등(potential conflict)을 신뢰와 합의형성의 협력가능성(cooperation potential)으로 바꾸기 위해서는 정책 및 사업추진 절차와 수단, 갈등관리시스템을 전반적으로 개선해야 한다. 앞에서 살펴본 바 있듯이 기존의 우리의 정책 및 사업 추진절차, 그리고 갈등원인, 갈등표출후 갈등관리시스템 등을 종합적으로 검토해 본 결과, 우리나라의 경우, 전반적으로 정책과 사업추진에 대한 패러다임 전환과 함께, 사회합의형성을 촉진시킬 수 있도록 의사결정방식, 정책분석, 정책참여자 구조 및 참여절차와 수단, 갈등관리 기술과 방법 등을

[그림 2-1] 국토 및 지역개발관련 갈등 유형별 갈등관리 방향

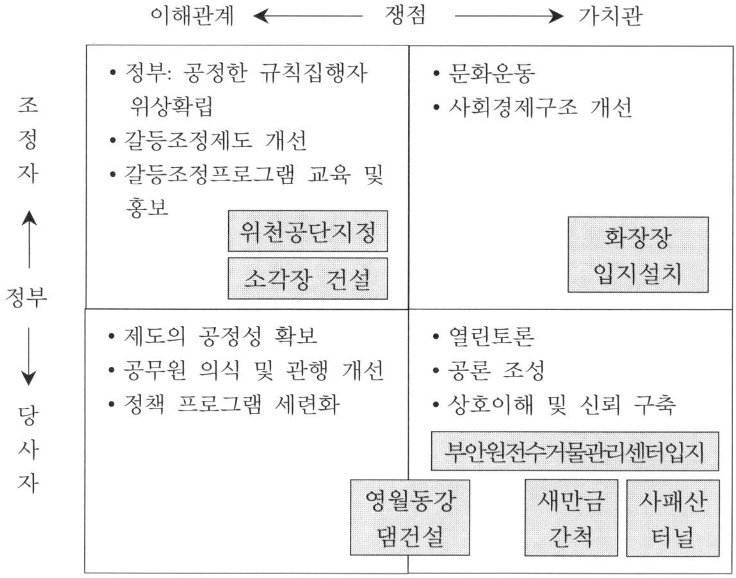

새롭게 마련해야 한다. 갈등예방과 관리는 결국, 사회적 합의형성을 위한 제반 원칙과 기준, 절차와 방법 등 정책적, 제도적, 관리적 기반을 정하는 것이다.

[그림 2-2] 국토 및 지역개발사업 갈등관리시스템 구축방향

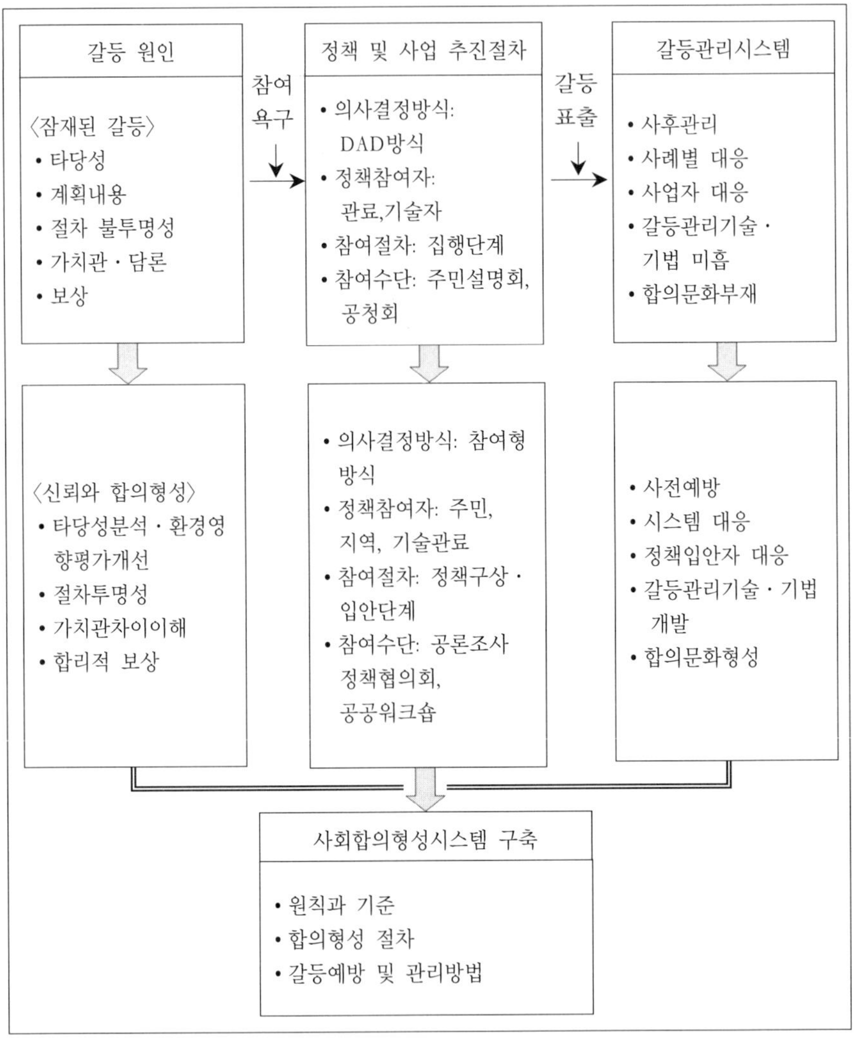

2. 추진절차

사회합의형성시스템 추진절차는 [그림 2－3]과 같다. 본 절차는 「공공기관의 갈등관리에 관한 법률」 입법예고안을 토대로 하여 정책입안, 정책결정, 정책집행 단계로 나누어서 기본틀을 제시한 것이다. 정책특성 및 추진단계, 갈등발생 유무와 갈등원인, 정책참여구조와 이해관계자특성 등에 따라 절차와 수단을 조합하여 운영할 수 있다.

사회합의형성시스템은 가급적 정책형성 및 정책결정단계에서 도입하는 것이 바람직하다. 그러나 갈등발생후 갈등을 조정하고 갈등을 해결하기 위해서도 도입할 수 있다. 전자는 갈등예방을 위한 참여적 의사결정방법으로 후자는 대안적 분쟁해결방법(ADR)으로 불리어

[그림 2-3] 국책사업 사회합의형성시스템 추진절차

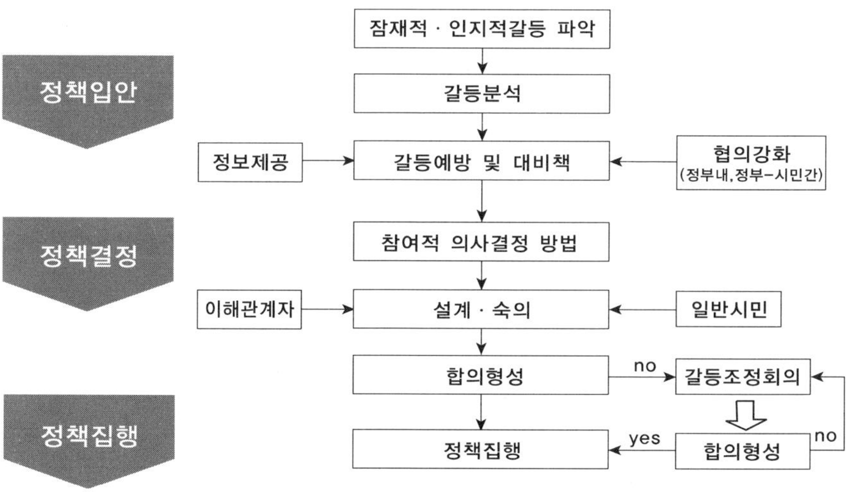

진다. O'Leary(2003)와 Bingham(2003, 2005)은 이것을 Upstream, Downsteam 단계로 구분하여 가급적 Upstream 단계에 참여적 의사결정방법을 도입하여 갈등을 예방하는 것이 효과적이라고 밝힌바 있다.

1) 갈등예방을 위한 합의형성 절차

정책형성 및 정책결정단계의 합의형성절차는 갈등을 사전에 예방·관리하기 위한 절차이다.

국책사업 등 공공정책 등을 입안하는 공공기관의 장은 관련된 법령 등의 제·개정이나 정책 또는 사업계획을 수립·시행·변경함에 있어서 본 정책이나 사업 등이 사회에 미치는 갈등 요인을 사전에 예측·분석하여 갈등을 사전에 예방할 수 있는 합의형성 절차를 마련하는 것이 필요하다. 정책결정과 관련된 이해당사자의 관심과 범위, 의견 일치와 불일치의 영역 등을 밝혀내고 합의형성의 가능성을 진단하여 적절한 합의형성의 절차를 마련하는 것이 요구된다.

「공공기관의 갈등관리에 관한 법률」에서는 공공기관의 장은 대통령령이 정하는 공공정책 등을 수립·시행·변경함에 있어 국민생활에 중대하고 광범위한 영향을 주거나 국민의 이해 상충으로 인하여 과도한 사회적 비용이 발생할 우려가 있다고 판단되는 경우에는 해당 공공정책 등을 결정하기 전에 갈등영향분석을 실시하여 갈등예방 방안을 판단하고, 중립적인 시민사회의 참여적 의사결정방법을 선택하도록 하고 있다(제11조 ①항, 제15조 ①항).

공공기관의 장은 갈등영향분석 여부를 판단하고 갈등영향분석이 필요하다고 판단하는 경우, 갈등영향분석을 실시하여야 한다. 갈등영향분석은 공공기관이 수행할 수도 있지만, 대체로 객관적 전문가 집단 및 기관이 수행하고 있다.

갈등영향분석서가 작성되면, 각 공공기관에 설치되어 있는 갈등관리심의위원회에 심의를 요청하여야 한다(제11조 ②항). 갈등관리심의위원회에서는 갈등영향분석 심의를 통해 갈등의 예방과 해결을 위하여 이해관계자의 합의가 중요한 요인으로 판단되는 경우에 이해관계자, 일반시민, 전문가 등이 참여하는 의사결정방법을 활용하도록 제안할 수 있다. 그러면 공공기관의 장은 참여적 의사결정방법 선정과 설계를 통해 합의형성을 도모하여야 한다.

2) 갈등발생시의 합의형성 절차

국책사업 추진과정에서 불가피하게 갈등이 발생했을 때, 도입할 수 있는 합의형성절차는 갈등조정회의 등이 있다. 「공공기관의 갈등관리에 관한 법률」에 의하면 국책사업 추진 등 공공정책 등의 집행에서 갈등이 발생하면 공공기관의 장은 발생한 갈등을 조정하기 위하여 사안별로 갈등조정회의 설치여부를 판단하고(제20조 ①항), 갈등조정회의를 구성해서 합의절차를 진행하도록 되어 있다(제21조). 갈등조정회의는 사안별로 갈등이 발생했을 때 설치되는 비상설기구로서 각 공공기관별로 구성·운영되는 갈등관리위원회와는 다르다. 따라서 갈등조정회의는 대개 공공기관내에 두기 보다는 갈등을 객관적으로 통합·조정할 수 있는 독립적 제3기관이나 부처 상위기관-예를 들면 국무조정실, 지속가능발전위원회(PCSD)에 설치하여 운영하게 된다.

갈등조정회의의 구성과 운영은 공공기관과 이해관계자간(당사자)의 합의에 의하여 정하는 기본규칙을 따르며(제21조 ①항), 당사자가 필요하다고 인정하는 경우 관련단체와 전문가를 조정회의에 참석시킬 수 있도록 되어 있다(제21조 ②항).

갈등조정회의의 합의사항은 문서로 작성하고 당사자가 서명하여야 하며(제22조 ①항), 당사자는 합의사항을 신의에 따라 성실하게 이행하여야 한다.

갈등조정회의 등을 통해 합의가 이루어지면 국책사업 등의 수정 및 보완이 이루어지고, 계속 집행하게 된다. 그러나 만약 합의도출에 실패하면 정부결정 책임하에 사업을 취소하거나, 사업을 변경해서 재추진할 수 있도록 되어 있다.

3) 정책과제

(1) 사업 추진에 대한 의사결정 패러다임 전환

과거 20세기 정부내부에서 운영하던 의사결정 시스템만으로 21세기 다변적인 상황과 개별 사례를 놓고 고민하기엔 구조적 한계가 있다. 국토 및 지역개발사업 추진은 국가의 정치경제 수준과 과학기술 수준, 국민들의 요구 등에 따라 시대별로 발전하기 때문에 시대변화에 맞춰 패러다임이 변화되어야 한다.

과거에는 국토 및 지역개발사업 필요성에 대한 국민들의 암묵적 동의가 있었고, 경제성, 효율성 중심으로 더 많이 더 빨리 사업을 추진해야 하는 시대적 당위성이 있었기 때문에, 정부가 일방적으로 결정하고 발표하고 집행하는 DAD 방식이 효과적이었다고 평가할 수 있다. 그러나 경제규모와 국민소득 증가 등과 함께 일정수준의 SOC시설이 확충・정비되면서 자연환경보전이나 계획 확정절차에 대한 민주화 요구가 커지면서, 경제성, 효율성보다는 환경적 지속가능성과 사회적 수용성 등을 고려하는 투명하고 타당성 있는 제대로 된 품격있는 사업 추진에 대한 사회적 수요가 생겨나고 있다.

따라서 앞으로의 국토 및 지역개발사업 추진은 정책형성 및 의사결정에 있어서 국민들의 적극적인 참여(intensive engagement)와 협력을 통해 사회적 수용성(acceptance)과 환경성(environment), 신뢰성(trust), 책무성(accounterbility), 그리고 투명성(transparency), 정당성(legitimacy)을 높이는 방향으로 개선되어야 한다. 정책형성과 결정과정에서 국민들의 적극적인 참여가 보장되면 의사소통과 접촉의 정도가 높아지고 정책결정의 정당성과 투명성, 신뢰성은 높아진다. 상대적으로 정책결정에 대한 적대감과 소외감, 비용 등은 줄어든다.

이를 위해서는 정책형성 및 의사결정방식도 사회적 합의형성을 촉진하는 참여적 의사결정방식으로 전환되어야 하고, 절차의 투명성과 신뢰성이 한층 강화되어야 한다. 환경적 지속가능성과 사회적 수용성도 중요한 요소로 고려되어야 한다.

[그림 2-4] 기존의 의사결정과 참여적 의사결정의 개념도

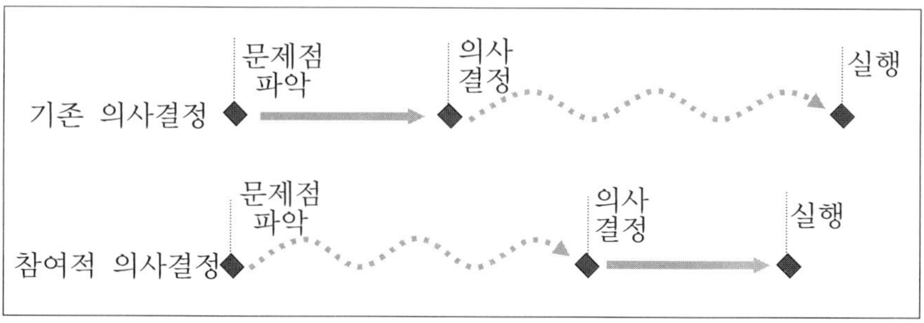

(2) 협력적 거버넌스형 시민참여 확대

사업 추진과정에서 발생하는 갈등의 대부분은 법규에 정한 시민참여 절차를 형식적으로 운용하여 사전에 이해관계자의 의견수렴과 실질적인 참여가 부족하기 때문에 발생하는 것이다. 정책 입안, 집행과정에서 예상되는 갈등을 예방하기 위해서는 이해관계자 또는

중립적인 시민들의 대화와 타협에 의한 사회적 합의절차가 마련되어야 한다. '상호작용(mutual learning)'이 일어날 수 있도록 정책참여기회를 보장하는 프로그램과 절차 마련이 필요하다.

이를 위해서는 무엇보다도 중앙 공무원, 전문가 중심으로 이루어진 비교적 균일하고 좁은 범위의 기존의 관료적 정책결정구조를 지자체, 지역주민, 환경단체, 종교계 등 시민이 많이 참여하는 협력적 거버넌스 구조로 개편하여야 한다. 정책 초기단계에 관련 이해당사자들이 참여하는 협력적 거버넌스 정책결정구조가 중앙정부에 의한 일방적인 정책결정보다 오히려 사회적 비용을 감소시킬 것이다.

첨예하고 복잡한 이해관계, 그리고 가치가 개입되는 국토 및 지역개발사업의 경우, 정책결정과정에 개방적 쌍방적 의사결정기제를 내부화시키는 것이 정책추진과정에서 발생할 수 있는 갈등을 사전에 예방할 수 있는 효과적인 방법이다. 이제까지 국책사업의 주관자 역할을 하였던 행정기관은 정책결정과정 중 여러 참여자 중의 하나로 참여할 수 있을 뿐이라는 인식전환도 필요하다.

이미 우리나라에서는 정부와 국민간의 협의기능을 강화하기 위해 수많은 각종 자문위원회를 구성하여 운영하고 있다. 시민단체 및 직능단체, 여성과 지역 등을 고려하여 일정 할당제를 도입하고 있으나, 여전히 형식적인 운영이 많아, 이를 실질적으로 운영할 수 있도록 위원선정과 위원역할 등을 개선할 필요가 있다.

세계화, 정보화, 지방화, 환경화, 문화화 등의 촉진과 더불어 다양한 입장과 가치를 보유한 다양한 주체들을 행정과 정책에 적극적으로 참여시켜 행정과의 커뮤니케이션을 촉진시켜야 한다. 정부내부의 부처간 정책협의 강화뿐만 아니라 민관합동위원회의 대화통로와 네트워크를 강화하여 정책의 추진력과 품질를 개선시켜야 한다. 이와 함께 교육과 홍보 프로그램이 다양하게 활성화되어 전반적인 대화와 합의문화가 형성되어야 한다. 공무원과 시민단체의 인식변화와 협력거버넌스로서의 역할 강화도 모색되어야 할 것이다. 또한 기존 이미 운영해 오고 있는 정보제공과 협의제도, 공청회 등을 개선하여 실질적인 시민참여, 다양한 시민가치 등이 반영될 수 있는 절차로 정립하여야 한다. 또한 우리나라 역사와 문화적 특성을 고려한 새로운 시민참여 방법 및 프로그램 개발도 이루어져야 한다.

(3) 사업 추진의 내용적·절차적 합리성 제고

우리나라 국토 및 지역개발사업은 대체로 공약사업으로 추진되는 사례가 많기 때문에 내용적 합리성(substantial rationality)과 절차적 합리성(procedural rationality)이 대단히 낮은 수준에 있다. 물론 최근 원전수거물관리센터 입지선정에 있어서 시의회 동의를 얻어 입지를 선정한 지자체를 중심으로 주민투표를 통해 최종입지를 선정하는 방식은 대단히 진일보된 절차적 합리성을 확보한 사례가 되지만 도로사업 및 댐사업을 중심으로 하는 기존의 SOC 국책사업들은 절차적 합리성도 낮을 뿐만 아니라 내용적 합리성도 여전히 낮은 수준에 있다.

따라서 향후 국토 및 지역개발사업의 효과적 추진을 위해서는 우선 내용적 합리성과 절차적 합리성을 일정수준 이상으로 제고하지 않으면 안된다.

내용적 합리성을 제고하기 위해서는 여전히 상존하고 있는 타당성조사 및 환경영향평가의 불신, 정보의 비대칭성과 조사의 부실, 비용과 편익구조의 불일치, 보상의 비합리성 등 문제를 획기적으로 개선하지 않으면 안된다. 이러한 내용적 비합리성 문제를 시정하여

〈표 2-5〉 국토 및 지역개발사업추진의 내용적 합리성과 절차적 합리성 제고방안

내용적 합리성 (Substantial rationality)	절차적 합리성 (Procedural rationality)
o B/C 분석→ 확장 B/C 분석 다판단 기준법 -타당성조사에 환경가치 등 반영 o 편익과 비용구조의 불일치 해소 -타당성 조사에 환경가치 반영 o 환경영향평가의 신뢰성 강화 - 과학화, 객관화 o 정보의 비대칭성 해소 o 보상의 현실화	o 정책 초기단계에 시민참여 확대 o 공공정책 입안시 갈등분석 -잠재적 갈등, 인지적 갈등분석 -이해관계자 선정 -사실확인 및 쟁점정리 등 o 참여적 의사결정 도입 -주재자, 촉진자, 관찰자 선정 -기본규칙 합의, 숙의 강화 o 교육 상호학습 촉진

정책품질을 개선하는 대책이 마련되어야 한다.

절차적 합리성(procedural rationality)을 제고하기 위해서는 우선적으로 정부주도의 일방적인 의사결정시스템을 수정하여 시민이 의사결정과정에 참여할 수 있는 통로와 절차를 확보해야 한다. 기존의 기술관료적 모델을 숙의적 참여모델[5]로 점진적으로 발전시켜, 정책결정의 상호관계를 증진시키고, 문제해결을 높여야 한다.

이를 위해서는 정책형성단계부터 정보제공, 협의, 적극적인 시민참여(Intensive engagement)를 강화하여야 한다. 기존의 소극적이고 일방적인 공청회, 자문위원회를 적극적인 쌍방향적 협동의사결정(Collaborative Decision Making) 시스템으로 개선할 필요가 있다. 그리고 더

5) 숙의적 모델(deliverative model)은 정책결정에 의해 영향을 받는 시민들의 참여에 의해 이루어지는 집단적 정책결정을 추구한다. 참여자들은 합리성과 형평성의 가치를 지키면서 상호간 토론과 논변(argument)을 통해 이루어진 합의를 바탕으로 정책결정을 하고 이를 통해 민주적 정당성과 효과성을 확보한다. 대의제 민주주의를 보완하는 방법으로 평가된다.

나아가 의사결정과정에 국민이나 시민단체가 참여하는 동반자적 관계의 적극적인 참여시스템도 마련되어야 할 것이다.

4) 제도개선 및 세부전략

(1) 의사결정과정에서의 합의형성절차 제도화

국토 및 지역개발사업을 둘러싼 갈등과 분쟁의 원인이 정부의 일방적인 결정에 대한 불신과 타당성 문제에 있음을 주목해 볼 때, 사업구상 및 의사결정과정에서 국민과 이해관계자의 의견을 폭넓게 수렴하기 위한 새로운 규정 마련이 시급하다.

네덜란드의 KPD와 프랑스의 공공토론위원회 및 민의조사와 같이 공공사업의 경제적·사회적 의의와 역할에 관한 민주적이고 광범위한 토론을 사업계획의 예비조사 전단계에서 실시하도록 규정하고, 관련 합의형성 절차를 제도화하는 방안을 검토할 필요가 있다. 우리나라의 경우, 국토 및 지역개발사업은 대체로 국토계획 등 상위계획 및 정치공약 사업 등을 통해 정책구상이 이루어지면 예비타당성 검토와 타당성 검토 등의 절차를 통해 거의 대부분의 사업이 추진결정되게 되는데, 따라서 이 과정에서 합의형성절차를 마련하는 방안을 모색해야 한다. 공익 우선의 원칙 하에 투명하고 공평한 의견을 제시할 수 있는 절차를 법제화하는 작업이 요구된다. 네덜란드에서는 「Infrastructure Act」에서, 프랑스에서는 환경법인 「베르니에법」에서, 독일에서는 「연방건설법」에서 이를 규정하고 있는 것을 참고할 수 있다.

최근 우리나라에서는 「공공기관의 갈등관리에 관한 법률(안)」을 통해 공공정책의 형성 및 의사결정, 집행에 있어서 기본적으로 참여적 의사결정방법을 도입하고자 하고 있다. 이는 국책사업을 추진하는 개별법의 기본법 역할을 하며, 정책결정과정에서의 시민참여와 합의형성을 촉진할 수 있는 제도적 토대를 제공할 수 있을 것으로 평가된다.

「공공기관의 갈등관리에 관한 법률(안)」이 제정되면 기존에 개별법에서 부분적으로 소극적으로 도입·운영되었던 제반 시민참여제도와 협의제도가 대폭 강화되고 개선될 것이다. 주민설명회(건설기술관리법, 환경교통재해영향평가법, 개별법), 행정협의회(지방자치법), 주민투표제(주민투표법), 행정예고제(행정절차법), 사전환경성 검토(환경정책기본법) 등이 「공공기관의 갈등관리에 관한 법률(안)」과 연계되어 단계별로 체계화되어야 할 것이다.

이와 함께 각 단계에서 결정된 것은 다음에 계속되는 계획단계에 대해 법적인 구속력을 갖게 하는 규정도 마련되어야 한다. 타당성에 대한 논쟁의 장과 시설계획에 대한 논쟁의 장을 명확히 구분하는 규정이 마련되어야 한다. 즉, 계획확정 결정에 반대하여 소송하는 경우도 절차의 하자가 쟁점이 되는 것은 있어도 상위단계의 수요계획이나 타당성 등의 내용에 대한 이의신청은 할 수 없도록 하는 규정이 마련될 필요가 있다.

(2) 타당성분석 등 의사결정 정책분석 개선

국토 및 지역개발사업 정책결정에 있어서 경제적·기술적 합리성도 중요한 정책분석 수단이지만 이에 못지않게 사회적 연관성과 수용성도 중요한 정책분석 수단이 되어야 한다.

현재 대부분의 공공사업 추진여부는 예비타당성분석 및 타당성분석 등을 통해 결정된다. 이들 정책분석들은 정부내·외의 전문가들에 의해 행해지는데, 정책분석에 있어 이들 전문가들은 비용·편익분석 등을 사용하여 사업의 타당성 분석과 대안을 제시하게 된다. 전문가들은 '논리적 실증주의(logical positivism)'의 원칙을 바탕으로 사회현상에 내재된 다양한 가치들이나 규범적 요인들을 배제하고 오로지 사실적 요소와 이들간의 관계를 규명하는데 초점을 두어야만 정책수립에 필요한 과학적이고 객관적인 결과를 도출할 수 있다고 인식하고 있다.

따라서 정책분석자의 인식과 역할이 변화되어야 하고, 타당성분석 역시 개선되어야 한다. 현재 경제성 중심으로 이루어지고 있는 비용・편익분석(B/C analysis)을 개선하여 사회적 수용성과 환경성 등을 반영할 수 하는 있도록 하여야 한다. 이를 위해 환경가치를 고려하는 확장비용편익분석(extended B/C analysis) 등을 도입하여야 할 것이다. 환경정책기본법 개정으로 2006년부터는 500억 이상 대형 국책사업에 대해 타당성 조사단계에서 환경성 검토가 실시되므로, 이와 연계해서 관련 기준과 운영지침 등을 마련하여 체계적으로 도입하는 방안을 모색해야 할 것이다. 또한 타당성에 대한 결정도 기존의 B/C ratio 및 순현재가치 등만을 근거로 결정할 것이 아니라, 사회적 통합성, 환경성, 안전성 등 다판단기준 분석으로 결정할 수 있도록 개선되어야 할 것이다.

대안제시와 대안평가기술도 일반 국민이 쉽게 판단할 수 있도록 다양한 기술과 기법을 개발해야 할 것이다. 정부는 환경정책기본법 개정을 통해 계획수립단계에서 대안검토와 전문가・시민단체・지역주민 등의 의견을 반영하는 전략환경평가제도를 시행할 예정이어서 이에 대한 기술과 기법 개발은 시급한 과제이다. 예를 들면, 농촌지역을 통과하는 도로사업의 경우, 백지화를 포함한 최소한 4개 정도의 대안노선을 선정하여 구간거리, 비용, 비용대효과평가, 영향권내

가옥수, 영향을 받는 농장수 등을 제시함으로써 영향권내 농민들이 대안을 평가할 수 있도록 하는 방식이다.

이와 함께 타당성 분석의 사회적 수용성과 연관성을 높이기 위해서 조사추진체계와 동시에 의견수렴을 절차화하여 운영하는 제도도 마련되어야 한다 . 이는 과학적, 신뢰성 확보와 함께 사회적 수용성을 높여 합의형성을 촉진하는 수단이 될 수 있을 것이다.

타당성분석 등 의사결정분석이 위와 같이 대폭적으로 개선되기 위해서는 현행예산제도와 사업추진기간 등의 합리적 조정과 개선이 필수적이다.

(3) 공청회의 재설계와 시민참여 촉진 프로그램 개발

합의형성은 정보제공 협의, 적극적인 참여 등의 과정을 통해 확장되고 심화된다. 따라서 행정적으로 이루어지고 있는 기존의 정보공개, 공청회, 인터넷 홍보 등을 실질화, 적극화 하는 방안을 모색할 필요가 있다.

우선 공청회 운영을 실질화, 적극화할 수 있도록 공청회제도를 전반적으로 재설계하여 개선할 필요가 있다. 투명성, 공평성, 보편성의 원칙이 보증되도록 행정절차법 45조 공청회 조항을 개정하여, 사전의견수렴절차를 강화하고, 사전홍보 및 정보공개를 강화해야 한다.

또한 공청회 운영의 공정성 제고를 위해 시민단체와 공동주관하거나 공청회 이전에 찾아가는 공청회 및 지역간담회를 확대 시행할 수 있도록 시간과 예산, 인력 확보방안도 검토되어야 한다.

다양한 시민참여 및 의견조사 기법 개발도 요구된다. 일반시민이 공청회에 참가하기 위한 알기쉬운 매뉴얼도 마련하여 공표해야 한다. 주민투표, 공론조사, 설문조사, 그룹인터뷰조사, 핵심단체 조사와 손쉽고 용이하게 참여할 수 있는 심포지움 및 전시회, 이벤트 등도 개발하여 시민참가를 촉진하도록 해야 한다.

대화기법(설명회, 공청회, 워크숍, 심포지움) 및 정보제공 기법(브리핑, 홍보자료, 홈페이지, 매스미디어 등)도 국민의 입장에서 정책초기단계부터 단계별로 용이하게 접근하고 참여할 수 있도록 다양한 기법과 프로그램이 개발되어야 한다.

(4) 환경영향평가에 대한 커뮤니케이션 증진

국토 및 지역개발사업 추진특성상 의사결정 및 계획 등 상위단계에서 시민참여를 마련하더라도, 직접적인 이해관계에 대한 정보제공 등이 제한적이므로 시민들은 무관심하여 반대의견이 거의 없게 된다. 그러나 사업추진결정이 나서 사업이 본격적으로 시작되면 시민들은 직접적인 이해관계를 갖고 의견을 적극 개진하게 된다. 환경영향평가 단계가 바로 이 시점이 되어 이 시기에 갈등표출이 확대되는 경우가 많은 것이다.

이를 근본적으로 개선하기 위해 환경정책기본법 개정 등을 통해 계획수립단계에서 대안분석, 사회적 합의를 반영하는 전략환경평가제도를 마련하고, 500억이상의 사업 추진시 타당성조사단계에서 사전환경성 검토를 강화하고 지역주민 참여를 보장하고 있다. 그러나 도입 초기과정에는 계획과 타당성분석과정에서 충분한 환경영향조사가 제한적일 수 있기 때문에 이 단계에서 환경영향평가를 어떻게 할 것인지, 전략환경평가제도, 사전환경성 검토제도 등과 역할정립이 필요하다.

이와 함께 설계단계에서 이루어지는 환경영향평가의 역할과 기능 등에 대해 커뮤니케이션을 증진시키는 방안을 모색해야 할 것이다. 환경영향평가의 정확한 역할에 대한 이해는 갈등문제를 푸는 열쇠이다. 이를 위해 '시민참가형 환경영향평가 매뉴얼' 등을 개발[6]하여, 환경영향 조사 및 예측평가에 대한 일반국민 및 지역주민의 과학기술이해기반을 확대하는 프로그램과 기법 등을 마련하여야 할 것이다. 예를 들면 평가결과를 시나리오별로 알기 쉽게 제시하여 지역주민들이 판단하고 의견을 제시할수 있도록 하는 평가기법과 대화기법 등을 생각할 수 있다.

댐 및 도로(철도 등 포함) 등과 같은 SOC 사업의 경우, 복잡한 기술적인 문제에 대하여 일반인의 이해가 한정되어 있고 기술적 설명이나 결과에 대하여 충분한 신뢰를 확보하지 못한 측면이 있다. 이미 우리는 경부고속철 천성산 갈등사례에서 고원습지와 도롱뇽에 대한 영향을 놓고, 스님과 지역주민, 사업자와 전문가의 해석이 달라질 수 있음을 경험한 바 있다. 특히 소음진동, 대기오염, 수질오염 등 환경오염 등으로 인한 미래의 지역경제 및 자연환경에 미치는 영향 등에 대해 대개 수식으로 구성된 전문적인 기술 모델과 시뮬레이션 등을 통해 영향을 예측하여 제시하고 있어, 해당 지역주민들은 이해하기 어렵다. 여러 시나리오별로 해당 지역주민의 생업과 생활환경에 어떠한 영향을 초래하는지, 제시한 자료를 통해 파악하고 선택할 수 있게 3차원시뮬레이션 모델 등을 통해 지역주민의 눈높이에 맞춰 가급적 쉽고, 친절하게 제공할 필요가 있다.

6) 이미 일본환경부에서는 2002년 참가형환경영향평가 방법을 개발하여 보급해 오고 있음.

(5) 사회합의형성 촉진을 위한 중립적 전문기구 신설

국토 및 지역개발사업에 대한 합의형성 촉진과 참여적 의사결정 설계, 프로세스 준비와 진행에 있어서 중립적 전문기구의 역할이 무엇보다 중요하다. 이미 앞서 이러한 문제에 직면한 프랑스 정부는 국책사업 추진과 관련한 기존 절차의 수정에 대한 사회적 요구를 반영하여 사회갈등을 사전에 예방 해결하기 위해서 공공토론위원회를 설립하여 운영해 오고 있다.

공공토론위원회는 2002년 2월 「국민에 가까이 가는 민주주의에 관한 법률(democratie de proximite)」에 의거해서 행정부와는 독립된 권위를 갖는 독립적 행정기관의 지위를 갖고 있으며, 구성과 조직, 예산을 보장받고 있다.[7] 위원회는 총리령에 의해 임명되는 위원장 1명, 부위원장 2명을 포함한 총 21명의 위원(임기 5년)으로, 상・하원위원(각 1명), 지방의회 의원 1명, 참사원 1명, 대법관 1명, 회계감사원 1명, 행정법원 및 행정항소법원 판사 1명, 환경보호단체 대표 2명, 소비자대표 2명, 전문가 2명 등으로 구성된다.

공공토론위원회는 공공토론을 통해 국토 및 지역개발사업 등의 추진원칙 및 방향 등 개괄적인 부분에 대해 토론을 실시하며, 사업확정 이전단계부터 참여를 보장하는 것을 주요 임무로 한다. 공공토론위원회는 자유로운 의견교환의 장을 마련하고, 공공토론의 질을 향상시키기 위해 법률에 의해 각종 임무들을 부여 받고, 관련부처 등에 필요한 사항을 요구할 수 있다. 사업수립시 사업시행자들에게 공공의 요구사항과 관련된 자문의 역할을 할 수 있다. 공공토론위원회는 공공토론의 결과를 사업시행자에 전달하고 사업시행자는 공공

7) 공공토론위원회의 예산은 건설국토개발부, 관광해양부, 환경지속가능개발부, 산업부 등으로부터 이관받아 2003년 현재 2,012,460유로 규모임.

토론의 결과를 반영하여 지속, 변경, 포기 여부를 결정하게 된다. 프랑스는 공공토론위원회 도입 이후 국책사업에 대해 광범위한 사회적 합의를 바탕으로 갈등없이 효과적으로 사업을 추진하고 있는 것으로 평가되고 있어 독립적 기구 설립 및 운영의 필요성과 역할 등을 검토하여 도입할 필요가 있다.

현재, 우리나라에서는 「공공기관의 갈등관리에 관한법률(안)」을 통해 갈등관리를 위한 조사연구, 교육훈련, 전문가 양성과 공공기관의 갈등관리 지원 등을 위하여 갈등관리지원센터(제 17조 ①항 및 ②항)를 설립하도록 규정하고 국무조정실 산하의 공법인(정부출연기관)의 형태로 설치 운영하는 방안을 제안하고 있다. 또한 공공기관 소관 사무의 갈등관리와 관련된 사항을 심의하기 위해 갈등관리심의위원회(제 12조, 제13조)를 해당 공공기관별로 설치하는 방안을 제안하고 있다.

국토 및 지역개발사업의 갈등특성과 원인 등을 고려해 볼때, 갈등관리지원센터와 갈등관리심의위원회 등으로 정책형성 및 결정단계의 시민참여와 토론을 촉진시키고, 합의형성을 도출해 내기엔 구조적으로 한계가 있다. 따라서 갈등관리지원 센터와 갈등관리심의위원회의 기능과 역할, 얻고자 하는 정책목표 등을 프랑스 공공토론위원회 등과 비교하여 합의형성기구의 신설방안을 심도 있게 검토해 볼 필요가 있다. 이때 국토 및 지역개발사업의 타당성을 분석하거나 개발계획을 수립하는 국무총리실 산하의 국책연구기관(예를 들면 국토연구원, 한국개발연구원 공공투자센터 등)에 공공토론위원회 기능을 부여하여, 타당성조사 및 개발계획 수립시 다양한 이해관계자의 참여를 통한 정책공동체 형성과 사회적 합의형성을 촉진하는 방안도 다각적으로 검토할 수 있다.

또한 기존 국토 및 지역개발사업 추진과정에서 각 단계별로 구성·운영되고 있는 각종 심의·자문기구의 구성과 기능 등을 재검토하여, 이들 기구가 갈등예방 및 합의형성에 일정한 기능을 수행할 수 있도록 재정비하는 방안도 병행해서 검토해 볼 필요가 있다.

(6) 합의형성 촉진을 위한 교육 강화 및 전문가 육성

국토 및 지역개발사업의 갈등관리와 합의형성 촉진에 있어서 합의문화와 독립적 중재와 조정자의 역할은 대단히 중요하다. 정부에서는 2004년부터 사회갈등관리에 관한 본격적인 연구와 대책을 모색해 오면서 이의 필요성과 중요성을 인식하여 다양한 형태의 연구·조사와 교육과 워크숍 등을 준비하고 시행해 오고 있다.

대통령자문 지속가능발전위원회(PCSD)에서는 '공공갈등관리에 관한 워크숍 프로그램'을 2005년 두 차례(2005. 9.5-9. 11.14-18)에 걸쳐 운영해 오면서 전문가 육성을 시작하고 있다. 중앙공무원교육원, 건설교통인재개발원 등에서도 공무원을 대상으로 갈등관리와 합의형성을 위한 교육프로그램을 운영해 오고 있다. 그리고 한국개발연구원(KDI) 국제대학원 등 민간기관이나 대학기관과 학회, 시민단체 등에서 공공정책 갈등의 혁신적 조정과 협상 과정을 확대하여 개설하고 있다.

이러한 교육과 전문가육성 프로그램이 활성화되면 주재자(convener), 촉진자(facilitator), 조정자(mediator) 등 갈등관리와 합의형성 전문가가 지속적으로 배출되고 사회전반에 걸쳐 사회적 합의형성에 대한 기술과 경험이 축적되어 합의형성의 효과성이 높아지고, 합의문화도 자연스레 형성될 수 있을 것이다. 다른 사회갈등과 달리 국토 및 지역개발사업을 둘러싼 갈등은 전문적 학식과 경험을 토대로 한 공정성과 덕망을 갖춘 주재자와 촉진자, 조정자의 개입과 역할이 더욱 중요하기 때문에 사업 특성을 고려한 전문가의 육성이 더욱 시급한 과제가 되고 있다.

3. 맺 음 말

원효는 화쟁(和諍)사상을 통해 상대방의 다양한 주장과 의견에 귀기울인다고 하는 것은 자신감의 다른 표현이라고 강조한 바 있다.[8] 상대방의 주장이 무엇인가를 정확히 판단했다면 싸움이 일어날 리가 없다. 상대방의 주장이 무엇인가를 집어내지 못함으로써 말이 번거로워지고, 감정이 실리게 됨으로써 다툼이 일어나는 것이다. 국토 및 지역개발사업 추진을 둘러싼 사회갈등과 표류현상의 원인을 추적해보면 결국 다양한 국민들의 주장과 의견에 귀기울이지 않고, 정부가 극히 한정된 전문가그룹을 중심으로 일방적으로 정책을 결정하고 집행하는데서 오는 부작용이라고 평가할 수 있다.

사업을 효과적으로 추진하기 위해서는 정부의 일방적인 결정과 집행방식을 지양하고, 국책사업 구상 및 의사결정과정에 정책참여구조를 넓혀 다양한 가치와 입장을 반영하는 참여적 의사결정과 집행방식이 필요하다. 국토 및 지역개발사업이 내포하고 있는 잠재적 갈등을 사전에 인지하고 분석하여 각 단계별로 참여적 의사결정방법을 적극적으로 도입해야 한다. 정책입안 및 의사결정단계부터 시민참여에 의한 사회적 합의형성을 도모하면, 집행단계에서의 갈등을 미연에 방지할 수 있고, 비용과 시간을 최소화할 수 있다. 의사결정의 책무성과 정당성이 향상되고, 사회적 수용성이 높아져 정부와 정

8) 원효의 '십문화쟁론', 고영섭, 2001, 원효탐색, 연기사, pp. 142-144.

책에 대한 신뢰를 높일 수 있다.

그러나 기존 국토 및 지역개발사업 추진체계하에서 이루어지고 있는 제반 관행과 인식을 하루아침에 변화시키기는 대단히 어려운 일이다. 특히 대다수의 많은 국민들은 공공정책에 대한 높은 관심과 참여욕구에도 불구하고, 실제로 해당 공공사업에 참여하여 의견을 개진하고 창조적으로 토론하는 경험과 문화가 대단히 미천하다. 따라서 우리사회가 지금 홍역을 치르고 있는 갈등과 대립의 역기능에 대한 문제점을 서로 인식하고 이를 사회적 합의형성시스템으로 개선하고자 하는 공감대 형성이 우선 이루어져야 할 것이다. 이를 토대로 국토 및 지역개발사업에 직·간접적으로 관여하는 다양한 주체들이 갈등예방과 관리를 위한 사회합의형성 수단과 절차를 마련해 가야 할 것이다.

정부는 정책수행에 도움이 되고 시민에게 만족스러운 의견개진의 기회를 제공하는 적극적인 참여를 촉진시키기 위해서 법적으로 의무 지어진 참여제도외에 '참여적 의사결정방법'을 제도화시키는 노력이 필요하다. 사업 초기부터 정부와 시민간의 신뢰와 상호존중을 쌓고, 원활한 정보공유와 소통을 통해 정부와 시민 모두 진지하게 이를 적극적으로 수행해야 할 것이다.

또한 최근의 국책사업 표류현상의 주요원인이 되고 있는 '개발과 보전'의 가치 논쟁을 극복하기 위해서는 국책사업의 경제적·사회적 유효성과 국책사업이 초래하는 자연환경, 생활환경에 미치는 영향 등이 서로 대립하는 문제에 관한 합의형성방법 등에 대해서도 명확한 규정을 마련하는 것이 필요하다. 참여자의 구성과 논의구조가 제대로 설계되지 못할 경우, 오히려 많은 시간과 비용이 초래되고, 상호 불신을 키울 수도 있기 때문이다.

이와 함께 국토 및 지역개발사업의 결정과 집행이 좀 더 투명하고 민주적으로 이루어지질 수 있도록 하는 제반 수단과 합의문화도 함께 마련해 가야 할 것이다. 과거 환경문제 등으로 표류했던 갈등사례 등을 자세히 살펴보면, 대부분은 과학적이고 객관적인 조사를 하고 그 결과를 받아들이면 간단히 해결될 수 있는 문제들이다. 그러나 우리사회는 서로의 이해와 가치에 대한 존중과 청취가 부족하다. 국책사업의 추진과정과 과학기술에 대한 이해와 배려가 필요했고, 정부는 법과 기술을 뛰어넘는 환경과 생명가치에 대한 배려와 이해가 필요했다. 양자 모두의 톨레랑스(Tolerance)가 요구되는 대목이다. 톨레랑스(관용)은 오랜 역사와 경험을 통해 터득하는 공존의 원칙으로 다원화된 민주주의 사회에서 서로 다른 종교, 사상, 신념을 용인함으로써 공존을 가능케하는 덕목을 지칭한다. 톨레랑스는 서로의 차이를 인정하고 이해함으로써 사회통합을 가능하게 한다. 그러나 신념과 표현이 행동화될 경우, 공공이익 보호를 위해 법률에 의한 제한이 불가피하고 도덕적 책임과 연계될 경우에만 보호될 수 있다.

프랑스는 1789년 프랑스혁명을 통해 톨레랑스를 완전한 가치로 정립한 바 있고, 국가와 공공이익의 결정에 있어 톨레랑스가 보편화되어 있다. 예를 들면 매년 있는 지하철노동자의 파업에 대해서 각자의 파업권리를 인정하면서 이에 따른 불편을 감수한다던가, 원자력 발전에 대한 프랑스국민의 공동인식이 있음에도 불구하고 2004년 11월 7일 반핵관련 환경단체회원이 핵폐기물의 철도수송에 반대하기 위해 철도에 누워 시위하다가 기차에 치여 사망한 사건에 대해서는 사회적 이슈로 부각되지 않은 사례 등을 들 수 있다.

국토의 25%가 해수면 아래에 위치한 네덜란드 역시 아주 오래전부터 공공의 이익을 위한 톨레랑스가 사회전반에 깔려있다. 물로부터의 생존이 국민 공통의 목표였기 때문에 물의 범람으로부터 마을을 지키기 위해 둑을 쌓아 올리는 것은 그 어떤 개인적 가치와 이익보다 중요시되었고, 이 과정에서 톨레랑스를 바탕으로 '견제와 균형의 문화', '타협과 협상체계'를 통해 서로 논의하고 협의하여 하나의 결론을 도출하는 사회적 합의형성 모델을 확립해오고 있다. 이제까지 톨레랑스를 바탕으로 하는 국민참여절차(PKB)를 통해 스키폴공항, 로테르담항 개발, 남부고속철사업(HSL-Zuid) 등 공공사업을 원활하게 추진하고 있다.

우리나라와 같이 관용의 정신이 부족하고 사회적 갈등에 대한 국민적 합의형성시스템이 정착되지 못한 상황에서 신뢰와 상호존중의 '톨레랑스'에 대한 교육과 훈련이 절실하다. 특히 최근들어 신자유주위, 탈근대주의로 사회가 다원화되면서, 수많은 이해와 가치들이 정부통로밖에서 분출하고 있다. 기존 정부의 법적 권한과 리더십만으로 다양한 사회적 의제들을 해결할 수 없다. 정부와 시민간의 상호존중을 여유있게 쌓아갈 수 있는 다양한 참여와 소통시스템이 마련되어야 한다. 일반적으로 상충되는 이해그룹간 상호신뢰를 축적하고, 갈등을 해소하는 사회시스템 등의 사회자본을 축적하는 것은 지식사회의 중요한 기반이 될 것이다.

참고문헌

[국내문헌]

김선희, 대형프로젝트의 평가와 과제, 국토연구원「국토」, 1998.

______, 국책사업에 대한 사회합의형성시스템 구축방안, 국토연구원 국토정책기획연구보고서, 상생과 도약을 향한 국토정책방안, 2004.

김선희, 박형서, 조진철, 국책사업의 효과적 축진을 위한 사회합의형성시스템 구축방안 연구, 2005.

김형기, 한국의 발전모델과 '비젼 2030'의 의미, 한국의 발전모델과 비젼 2030 심포지움, 2006.

대통령자문 정책기획위원회, 갈등해결방안 연구, 2003.

대통령자문 지속가능발전위원회, 갈등관리시스템 구축방안 연구보고서, 2003.

문정호, 양하백, 김선희, 참여시대 공공계획의 패러다임에 관한 연구, 2006.

박형서 등, 공공시설 입지갈등이 지역사회에 미치는 파급영향 연구, 2004.

박형서, 김선희, 정윤희, 건설교통관련 공공갈등 매뉴얼 구축에 관한 연구, 2006.

앨빈 토플러, 부의 미래, 2006.

정부・민간합동 작업단, 비젼 2030, 함께가는 희망한국, 2006.

조홍식, '비젼 2030'의 사회부문에 대한 검토와 대안, 한국의 발전모델과 비젼 2030 심포지움, 2006.

[외국문헌]

土木學會, 合意形成論 總論贊成・各論反對のジレンマ, 2002.

EPA, Public Involvement Policy: Framework for Implementing, 2003.

OECD. Citizens as Partners, 2001.

Susskind., L, McKearnan S & Thomas-Larmer J. The Consensus Building Handbook: A Comprehensve to Reaching Agreement, SAGE Publication, 1999.

제 3 장 공공갈등관리를 위한 제도정비방향

김 유 환*

I 문제의 제기: 사회변화와 공공갈등

1987년 6월 항쟁 이후 가속화된 민주화로 인하여 우리 사회는 다차원의 변화를 겪었다. 민주화는 우리 국가공동체에 매우 긍정적인 의미를 가진 것이었지만, 민주화 이전부터 진행되어 오던 사회의 분화와 다양화가, 민주화로 인한 권위적인 갈등의 억제기제의 붕괴와 연합하여 사회 각 분야에서 공공갈등이 분출하게 되었다.

이처럼 우리 사회에 공공갈등이 분출하게 된 것이 반드시 국가와 사회발전에 부정적인 것은 아니라 할지라도 그동안 야기된 공공갈등은 중요한 정책결정이나 공공사업의 추진에 걸림돌로 작용하여 지속가능한 발전을 저해하고 있는 것이 사실이다.

그런데, 우리 사회의 이와 같은 공공갈등의 분출은 우리 사회에

* 이화여자대학교 법과대학 교수.

만 특유한 것이 아니라는 점을 유의할 필요가 있다. 공공갈등으로 인한 고민은 전 세계적으로 보편적인 현상이고[1] 특정한 정도의 국가발전단계에서는 국가 간에 유사한 공공갈등이 문제되는 것이 보통이다.

이러한 공공갈등의 보편성은 오늘날의 우리 사회의 갈등의 성격을 이해하는 데 도움을 준다. 오늘의 공공갈등은 우리나라의 민주화와 그로 인한 권위적 갈등억제기제의 붕괴로 인해 촉발되었지만 사실은 세계화와 정보화, 사회의 분화와 다원화 그리고 참여민주주의와 NGO의 발흥 등 세계적 현상과 깊은 관련이 있다는 점을 간과할 수 없는 것이다.

세계화는 국민국가의 통제력을 약화시키고 국제NGO 등의 governance에서의 중요성을 부각시켰다.[2] 정보혁명은 피치자인 국민이 정부와 거의 대등한 정보력을 가지게 함으로써, 정부가 국민을 다스림의 대상이 아닌 협력과 참여의 파트너로 생각하지 않을 수 없게 만들었다. 사회의 분화와 다원화는 공익에 대한 공통적 인식을 불가능하게 만들고, 각각의 사회 집단이나 계층이 자기의 이익을 공익으로 인정받으려고 하는 이익대변투쟁에 나서게 하였다.[3]

이처럼 오늘날의 공공갈등의 배경을 이루는 사회현상을 살피건

1) 전세계적으로 공공갈등이 사회문제로 등장하고 갈등관리가 전문적인 연구의 대상으로 된 것은 냉전시대 이후라고 한다. Hugh Miall *et al., Contemporary Conflict Resolution: The Prevention, Management and Transformation of Deadly Conflict* (1999), p. 1; Manuela Leonhardt, *Conflict Impact Assessment for Development Projects* (2001), p. 10 참조.

2) Paul Hirst & Grahame Thompson, "Globalization and the Future of the Nation State", *Economy and Society,* Vol.24, No.3(1995), pp. 413-415, 422-424 참조.

3) 이러한 상황 하에서 공익은 더 이상 규준적인 의미로 존재하는 것이 아니라 사회제이익의 형량 가운데에서 공적인 것으로 승인된 이익으로 이해된다. 이러한 공익관을 잠재적 공익관이라 한다. Walter Schmidt, "Organisierte Einwirkungen auf die Verwaltung-Zur Lage der zweiten Gewalt", *VVDStRL*33(1975), S.195.

대 우리 사회의 공공갈등은 민주화와 아울러, 전 세계적 사회변화로 인한 필연적인 현상이라고 하여야 할 것이다.

물론 우리 사회 특유의 요인이 갈등양상에 영향을 끼치고 있는 점도 없지 아니하다. 예컨대, 오늘날 우리 사회가 겪고 있는 심각한 이념갈등이나 가치갈등의 상황은 우리의 공공갈등에도 지대한 영향을 미치고 있다. 그리하여 한국 사회의 대부분의 사회갈등은 단순히 이익의 적절한 배분만으로 해결할 수 없는 갈등이 되고 있다. 또한, 일제시대와 권위주의 정권 시대를 통틀어 법질서에 대한 저항이 정당화되던 전통은 오늘날의 법경시 문화의 모태가 되었고, 법경시 풍조 자체가 공공갈등의 발생과 격화의 중요한 원인으로 작용하고 있는 것이 사실이다.

이처럼 한국 사회의 특유한 갈등양상을 감안하더라도, 큰 틀에서 보면 한국사회의 공공갈등은 전 세계적인 사회변화에 부수되는 새로운 사회질서 구축을 위한 진통이라고 진단된다. 그러므로 이를 해결하기 위해서는 사회변화에 대응하는 새로운 사회운영방식이 채택되지 않으면 안 된다.

이하에서의 논의는 그러한 새로운 사회운영방식 곧, 참여와 Partnership 그리고 Consensus Building을 통한 공화주의[4]적 사회통합이라고 하는 방법론과 문제의식의 구체화이다.

---

4) 공화주의는 여러 가지 역사적 맥락에서 이해될 수 있으나 본고에서는 오늘날의 우리 사회의 현상에 대한 문제의식에 근거하여 "개인의 자유와 권리를 강조하는 것 못지않게 공동체적 공공선을 위한 협조와 양보를 강조하고, 다수결에 의한 의사결정을 배척하는 것은 아니지만 소수자, 약자의 참여와 합의를 통한 사회운영에 보다 강조점을 두는 민주주의 방식"으로 이해하기로 한다.

Ⅱ 공공갈등에 대한 대응을 위한 우리의 infra진단

1. 진단의 기본관점

공공갈등에 대한 적절한 대응이 가능한가 하는 것은 국가와 사회가 얼마나 적절한 갈등대응을 위한 하부구조를 가지고 있는가 하는 것에 의해 좌우된다. 국가와 사회의 제반 공공갈등 대응기제를 중심으로 검토해 보면 대체로 다음과 같은 점에서 공공갈등 대응의 infra에 대한 진단의 관점이 도출된다.

첫째로, 공동체 구성원의 기본적 필요가 충족되고 있는가 하는 것이다. 공동체 구성원의 기본적 필요가 충족되지 못하면 기본적 필요가 충족되지 못한 구성원들은 갈등을 야기하고 심지어 폭력화 될 수밖에 없는 것이다.[5]

둘째로, 공공갈등의 해결과 관련된 사회자본(Social Capital)[6]은 의

5) 미국 조지 메이슨대학의 정호원교수는 갈등에 대한 접근방법을 (1) 갈등억제모델, (2) 대안적 분쟁해결(Alternative Dispute Resolution)모델, (3) 기본적 필요(Basic Need)모델 등으로 나누어 설명한다. 정호원, "사회갈등 어떻게 해결할 것인가 ― 미국의 갈등해결 및 교육시스템을 중심으로 ―", 『지속위자료집 2004-14』(2004), 13면 이하 참조. 갈등을 단순히 억제시켜서 해결하지 않는한 갈등관리의 첫 출발은 기본적 요구의 충족에서부터 시작된다고 할 것이다.

6) 사회자본은 흔히 신뢰나 네트워크 시민사회 등을 의미한다고 생각되는 경향이 있다. 그러나 Francis Hukuyama는 이러한 것들은 사회자본에서 파생되는 것이지 그것 자체가 사회자본이 아니라고 한다. 그에 의하면 사회자본은 둘 이상의 개인 사이에서 협력을 촉진시키는 예증된 비공식적 규범(an instantiated informal norm that promotes cooperation between two or more individuals)이라고 한다. 그리고 그 예로는 두 친구 사이의 상호관계나 기독교, 유교 같은 것을 들고 있다. Francis Hukuyama, Social Capital and Civil Society(Prepared for Delivery at the IMF

미 있는 수준으로 존재하며 건전히 기능하고 있는가 하는 것이다. 공공갈등은 협력적 사회규범과 깊은 관련을 가진다. 이러한 까닭에 공동체의 협력을 촉진시키는 비공식적 규범으로서의 사회자본은 공공갈등의 해결에 핵심적인 infra가 된다.

셋째로, 공공정책이나 공공사업에 관한 정책결정과정은 갈등을 충분히 예방할 수 있도록 이해관계인 등의 이익과 의견을 반영할 수 있는 구조로 되어 있는가 하는 것이다. 인터넷과 컴퓨터로 인한 정보혁명은 국민들에게 공공정책결정에 관한 충분한 판단의 자료를 제공하고 있다. 때문에 어느 이해관계인그룹의 이익과 견해를 배제한 정책결정은 대개 갈등을 야기할 수밖에 없다.

넷째로, 일단 공공분쟁이 발생하면 이를 해결하기 위한 사회적 · 국가적 기제가 잘 기능하고 있는가 하는 것이다. 공공분쟁은 대개 소송과 같은 전통적인 분쟁해결수단으로 잘 해결되지 않는 것을 특징으로 한다. 따라서 소송 이외의 대안적 분쟁해결수단(Alternative Dispute Resolution)이 유효하게 기능하도록 제도적, 기술적 조건을 성숙시킬 필요성이 있다.

이하에서는 이상의 4가지 관점에 입각하여 우리 사회의 공공갈등에 대한 대응체계를 진단해 보고자 한다.

2. 국민의 기본적 필요는 충족되고 있는가

인간은 그 기본적 욕구가 충족되지 않을 때 갈등을 야기 시킨다. 해결이 어려운 사회갈등을 야기하게 되는 인간의 기본적 필요는 인간의 존엄과 가치에 관한 모든 것이라고 할 수 있다. 여기에는 경제

Conference on Second Generation Reforms), 1999. Ch.1 참조.

적 필요, 문화적 필요, 이념적, 종교적 필요 등과 관련된 인간이나 인간의 특정 그룹이 협상을 통해 양보할 수 없는 기본적 요구가 포함된다.

우리는 단일민족국가이기 때문에 다른 나라에서 흔히 발견되는 인종차별과 관련 되는 갈등은 아직은 거의 문제시 되지 않는다.

그러나 아직도 절대빈곤에 시달리는 계층이 있고, 부유층에 대해 상대적 박탈감을 가진 많은 사람들이 존재하고 있다. 노점상들이나 FTA로 인해 생계를 위협받는 사람들이 공공갈등을 야기하는 것은 이러한 차원에서 이해하여야 할 것이다.

또한 가치와 이념의 측면에서 특정 가치체계나 이념체계를 상호 용납할 수 없는 그룹들이 분명히 존재하고 있다. 이들은 타협이 이루어질 수밖에 없는 현실세계에서 자신들의 이념적 필요를 완전히 충족시키기 어렵기 때문에 항구적인 사회적 갈등요인을 가지고 있는 셈이다. 예컨대, 해방이후의 좌우익투쟁이나 6.25 전쟁의 피해자로서 스스로 공산주의의 피해자라고 생각하는 사람들은 북한과의 화해정책에 대해 해결하기 어려운 갈등요인을 가질 수 있는 것이다.

이처럼, 양보할 수 없는 기본적 필요가 충족되지 못하여 절대적, 상대적 박탈감에 시달리고 있는 사회계층이 존재하고 있다는 것과, 이념이나 가치를 전혀 달리하는 사회적 집단들이 존재하고 있다는 사실은 우리나라가 앞으로도 해결되기 어려운 공공갈등에 직면할 가능성이 매우 높다는 것을 말해주고 있다.

3. 갈등에 대응할 수 있는 사회자본(Social Capital)은 충분한가

1) 사회협력자원으로서의 사회자본

갈등을 예방하고 갈등을 해결함에 있어 개인이나 집단 사이에 존재하는 사회자본이 커다란 의미가 있다. Francis Hukuyama에 의하면 사회자본(Social Capital)이란 "둘 이상의 개인 사이에서 협력을 촉진시키는 예증된 비공식적 규범"이라고 한다.[7] 사회관계에 실재하는 비공식적인 협력적 규범이나 원칙이 바로 사회자본이라고 할 수 있다. 불교, 기독교나 유교와 같은 종교규범이 이러한 사회자본의 대표적인 예이다. 또한 공통되는 역사적 경험이나 교육이 이러한 사회자본의 원천이 된다. 공통의 종교규범, 공통의 역사적 경험이나 교육의 영향을 받은 사람들은 공통의 인식과 유대감 등을 가지면서 협력적 관점을 공유하게 되는 것이다.

2) 우리 사회에서의 사회자본

비공식적인 협력적 규범이나 원칙이 우리 사회에 얼마나 많이 존재하고 있느냐 하는 점에 대해서는 다소 부정적인 평가를 할 수 밖에 없다. 유교는 우리 사회에 규범이나 원칙을 제공하는 기능을 상실해 가고 있다. 그렇다고 하여 기독교나 불교의 협력적 규범과 원칙이 우리 사회를 결정적으로 이끌고 있는 것 같지도 않다.

한편, 협력적 사회규범이나 문화를 만들어내는 요소 가운데 하나인 공통의 역사적 경험이라는 관점에서 본다면 우리는 역사적 경험

7) Francis Hukuyama, *Id.*

의 상이에 따라 세대간에 현격한 인식의 차이를 가지고 있다.

일제와 6.25를 경험한 세대는 생존과 개발이라는 가치에 중요한 의미를 부여한다. 그러나 권위주의 시대를 경험한 세대들은 민주주의와 인권을 강조한다. 그리고 경제개발 이후의 국부를 누리며 성장해온 새로운 세대들은 well being을 최고의 가치로 여긴다.

또한, 공산주의와 대항하여 싸운 사람들은 공산주의의 위험성을 강조하고 그들과의 타협을 부정하나, 매카시즘적인 안보관에 의해 피해를 보았거나 식상한 사람들은 그러한 안보 중심적 관점을 받아들이지 않는다.

우리 사회에서 사회자본의 형성을 위해 그나마 긍정적으로 기능하고 있는 요소 가운데 중요한 것이 국제화와 세계화라고 하는 방향이다. 프란시스 후쿠야마는 세계화가 종교에 버금가는 사회자본의 원천이 될 수 있다고 지적하고 있다.[8] 세계화를 추진하는 과정에서 기존의 부정적인 관습이나 태도를 불식하고 새로운 공통의 인식과 규범을 창출해 나갈 수 있다고 하는 것이다.

3) 우리 사회의 사회자본의 부산물

협력적 관계로서의 사회자본의 부산물도 갈등에 대한 대응에 있어 매우 중요하다. 신뢰, 시민사회, 네트워크 등이 사회자본의 부산물이라고 할 수 있다.

(1) 신 뢰

사회자본의 부산물 가운데 갈등문제 해결에 가장 중요한 것이 신뢰이다. 정부와 국민, 시민단체와 국민, 한 이익집단과 다른 이익

8) Francis Hukuyama. *op.cit.,* Ch.Ⅴ.

집단 사이에 최소한의 신뢰관계도 존재하지 않으면 갈등은 해결이 불가능하다. 우리나라의 공공갈등이 대부분 정부의 행정활동과 관련되어 있으므로 가장 중요한 것은 역시 국민과 정부 사이의 신뢰라고 할 것이다. 그 신뢰의 기반이 되는 협력적 문화가 너무나 빈약한 가운데 있다. 이것은 일제시대와 권위주의 시대를 거치면서 이루어진 국민과 정부의 바람직하지 못한 관계설정에서 비롯된 측면도 있다. 권위주의 정부 하에서 공무원들은 국민을 도와준다는 의식보다는 국민을 다스리고 단속하고 규율한다는 의식이 강하였다. 국민은 정부를 의지하기보다는 두려워하였다. 공직사회가 이러한 권위주의적 전통에서 빨리 의식전환을 하여야 함에도 불구하고 아직 과거의 관성이 완전히 불식되었다고 말하기는 어려울 것이다.

(2) 법질서유지를 위한 협력과 준법의식

법질서유지에 있어서도 국민의 협력이 필요하다. 우리 사회의 경우, 준법의식의 결여가 우리 사회의 공공갈등에 대한 대응에 큰 장애요인이 되고 있다. 일제시대와 권위주의 정부 시대를 거치면서 국민들은 법질서의 위반을 일종의 저항으로 관념하는 경향이 있었다. 법질서의 권위는 크게 훼손되었고 저항적 법위반의 경우 그에 대한 강한 처벌이나 응징은 사회적 비난의 대상이 되었다. 이것은 법위반에 대한 사회적 비난의 강도를 현저히 약화시키는 결과를 가져오게 되고 전체적으로 "법의 정치화"를 초래하였다. 법위반은 오히려 정치적 흥정의 대상이 되므로 공공갈등에 관여하는 자들은 법위반을 두려워하지 않고 오히려 법위반으로 일종의 정치적 효과를 보려고 하는 경향까지 야기하게 되었다. 이 때문에 우리 사회의 공공갈등은 매우 격화된 형태로 비화되기 일쑤였다.

(3) 시민사회의 성숙과 시민단체의 역할

사회적 협력의 관점에서 시민사회가 성숙하여 많은 협력적 상호관계를 만들어내고 그 가운데 양질의 시민단체를 생산해 내는 것도 매우 중요한 의미가 있다. 우리의 시민사회는 많은 시민단체를 만들어내었고 이들이 중요한 사회자본의 부산물로서 의미 있는 사회적 역할을 수행해 내고 있다. 공공갈등의 해결에 있어서도 시민단체의 역할이 긍정적으로 기능한 경우가 없지 않았다. 그러나 현재까지 시민단체의 공공갈등해결기능은 만족스럽지 못하다.[9] 그 이유는 사회 전반적인 불신풍조와 시민단체의 갈등조정자로서의 객관성 · 전문성 부족 등과 관련이 있는 것이 아닌가 한다.

(4) 네트워크

우리 사회에도 많은 신뢰의 네트워크가 존재한다. 시민사회와 시민운동가, 동문단체와 종친회, 경제단체와 직업적 네트워크, 노동운동가와 노동조합 등 이루 열거하기 어렵다. 그러나 우리 사회의 네트워크는 학연, 지연, 혈연과 이념적 동질성 등의 카테고리에 포함되어 버리는 경우가 많다. 그리고 이러한 네트워크들 사이의 적대감이 지역갈등의 문제, 이념갈등의 문제 등을 둘러싸고 해결되지 않고 있다. 서로 입장을 달리하는 네트워크 사이에도 다른 카테고리의 네트워크가 작동하여 최소한의 협력적인 관계를 유지하는 것이 전체 사회의 관점에서 바람직한데 우리 사회에서는 이러한 보완적 협력관계가 취약하다.

그런데 사회전반의 분위기가, 견해를 달리하는 자를 극복하여야

9) 시민단체의 갈등조정자로서의 기능을 긍정적으로 평가하는 견해가 없는 것은 아니다. 예컨대, 박상필, "이익집단 갈등과 사회자본: 경실련의 한약분쟁조정사례연구", 『한국행정학보』 제34권 제2호(2000), 121면 이하 참조.

할 대상으로만 생각하고 그 견해를 달리하는 자의 가치를 인식하지 못하는 한, 이러한 대승적 차원의 협력관계가 구축되기는 어렵다. 나와 견해를 달리하는 자를, 내가 가진 관점의 문제점을 지적해 주고 나의 존재의의를 부각시켜주는 동반자로 인식하면서 대승적 차원의 협력을 추구하는 정신이 부족하다. 그리하여 공화주의적 덕목의 관점에서 볼 때, 정치권에서도, 시민단체에서도 네트워크의 단절이 존재한다.

4. 공공정책결정과정의 구조는 갈등을 충분히 예방하고 있는가

우리 사회의 공공갈등의 대부분은 정부의 활동과 관련이 있다. 정부의 정책이나 공공사업과 관련하여 정부의 결정내용이나 처리방식이 여하한가 하는 것이, 대부분의 공공갈등의 직접, 간접원인을 이루고 있다. 따라서 공공정책의 결정과 그 정책의 추진과정의 모순을 해결하면 많은 부분에서 갈등이 해결될 수 있는 가능성이 있다.

우리 사회에서 그간 진행된 민주화와 정보혁명은 국민들의 행정에 관한 정보 수준을 현저히 향상시켰다. 또한 사회의 다원화로 인하여 국민들은 자신의 이익을 적극적으로 대변하지 않으면 정책결정과정에서 자신의 이익이 무시될 수 있다는 점을 잘 이해하고 있다. 그리하여 국민은 행정을 잘 이해하고 적극적으로 정책결정과정에 자신들의 이익을 반영하고자 함에도 불구하고 행정과정은 아직 이러한 국민 측의 변화를 완전히 수용하지 못하고 있다.

행정과정이 많이 변화하였다고는 하나 아직도 국민을 파트너로 서보다는 행정객체로 취급하고, 단기적인 전시행정적 성과목표에 매달리어 결국 일관성과 신뢰성을 상실하는 경우가 많았다. 또한

Top-down식 의사결정방식에 익숙한 행정기관은 자신이 가진 정보를 국민과 공유하기를 두려워하고, 정책결정과정에서 국민의 의견을 그저 참조사항에 불과한 것으로 취급하는 경우가 많았다.

1996년에 행정절차법이 제정되면서 행정절차제도가 전반적으로 재정비되었지만, 우리 행정절차제도는 행정기관들이 적극적으로 국민의 파트너쉽을 요구하여야만 한다는 적절한 상황인식에서 비롯된 것이 아니라, 당시의 김영삼정부가 개혁공약을 마지못해 이행하는 식으로 진행되었던 것은 아닌가 의심되고 있다. 그리하여 시민단체가 주장하였던,[10] 계획확정절차도 도입되지 못하였고 개혁의 핵심을 이루는 청문절차는 그 실시여부를 개별법에 의존하게 하는 등, 전반적으로 행정절차제도의 개혁은 극히 부분적인 의미만을 가지게 되었다. 결국 이러한 부실한 행정절차제도의 개혁은 공공갈등을 사전에 방지하는 데 별 영향을 미치지 못하는 결과를 초래하였다.

한편, 현존하는 행정절차는 모두 당사자 대립구조로 되어 있다. 그리고 변화된 사회상황에 걸맞게 갈등을 미연에 방지할 수 있는 합의형성을 염두에 두는 절차는 아직 찾아보기 어렵다.

전반적으로 행정과정은 변화되는 과정 중에 있으나 아직은 사회변화에 적응하는 새로운 패러다임으로 거듭나지는 못하고 있다. 국민의 참여와 협력 및 Partnership을 강조하는 새로운 행정의 패러다임 구축은 하나의 역사적 과업으로 남겨져 있다.

5. 공공분쟁해결제도는 갈등해소에 효율적인가

우리 사회의 공공갈등 가운데 심각한 사회문제로 비화하여 공공

10) 홍준형 · 김성수 · 김유환, 『행정절차법제정연구』, 335면 이하 참조.

분쟁의 국면으로 진행하는 대부분의 경우는 대개 이익갈등의 양상뿐 아니라 가치갈등 및 이념갈등의 성격을 띠는 경우가 많다. 우리나라뿐 아니라 선진외국의 경우에도 해결하기 어려운 공공분쟁은 대개 이익갈등과 함께 가치갈등의 성격을 함께 가지고 있다. 그러한 갈등의 대표적인 유형이 환경갈등이다. 오늘날 선진국의 사회갈등은 노사갈등에서 환경갈등으로 사회적 논의의 핵이 이동하고 있는 형편이다. 그리고 환경갈등과 같이 가치갈등적 성격을 띠고, 사실관계 해명의 곤란성이 두드러지는 갈등유형의 경우, 소송방식보다는 ADR 방식이 분쟁해결에 유용하다는 점이 널리 인식되고 있다.[11] 이에 따라 미국을 중심으로 공공분쟁에도 ADR기법을 활용하고자 하는 분위기가 확산되고 있다.

우리나라의 경우에도 공공분쟁의 해결에 소송제도가 극히 제한적으로 밖에 기능하지 못하고 있다는 사실에 대해 누구도 이의를 제기하지 않을 것으로 본다. 그러나 공공분쟁의 해결을 위한 ADR의 활용은 법리적, 제도적 제약요인으로 인해 활성화되지 못하고 있다. 행정법원의 경우 "사실상의 조정"이라는 방식으로 ADR기법을 활용하고 있으나[12] 근거법의 부재로 인하여 이 제도의 발전에는 큰 제약이 있다.[13] 각종 행정청부속형 ADR도 세밀한 ADR기법의 활용을 위한 교육이나 제도의 부실, 전문가의 부족 등으로 인하여 공공분쟁 해결에 있어 의미 있는 성과를 거두지 못하고 있다.

---

11) J. Walton Blackburn, "Environmetal Mediation as an Alternative to Litigation: The Emerging practice and Limitations", in *Alternative Dispute Resolution in the Public Sector* (Miriam k. mills ed.) (1991), 123ff.

12) 사실상의 조정제도에 대해서 졸고, "행정사건에 대한 재판외분쟁해결제도", 이화여자대학교 『법학논집』 제6권 제2호 (2001), 95면 이하 참조.

13) 근거법없이 행정사건에 대한 재판외분쟁해결제도를 활용할 수 있는가에 대하여 박정훈, "행정소송에 있어서의 소송상 화해", 『인권과 정의』 제279호 (1999), 13면 이하 참조.

공공분쟁 해결에 있어서 조심스럽게 ADR기법의 사용이 실험되고 있으나 아직 ADR의 활용을 위한 제도적, 법적 기반이 취약하고 전문가가 턱없이 부족한 형편에 있다.

6. 요 약

우리 사회는 역사적 요인에 의해 가치갈등과 이념갈등이 심화된 가운데, 민주화, 세계화, 정보화, 사회의 다원화 등의 변화에 직면하여 공공갈등이 야기될 가능성이 그 어느 때보다 높다. 그러나 국민의 기본적인 욕구는 상대적 박탈감 등으로 인하여 여전히 충족되지 못하고 있으며, 사회갈등의 해결에 긍정적으로 작용할 전통적 사회자본은 고갈되고 새로운 사회자본은 미처 형성되지 못한 가운데 있다. 한편, 행정과정은 아직 국민을 파트너로 인정하고 실질적인 참여를 보장하는 제도로의 패러다임 전환을 완성하지 못하고 있으며 공공분쟁을 해결하기 위한 실효적인 ADR제도도 아직 발전되지 못하고 있다.

다만, 참여정부는 국민의 참여를 행정과정의 새로운 지향점으로 삼고 있으며, 지속가능발전위원회를 중심으로 공공갈등 해결을 위한 포괄적인 대책이 논의되고 있다. 참여정부에 의한 행정패러다임 전환과 공공갈등 해결을 위한 지속위의 과업 수행에 의해 우리 사회의 공공갈등 대응을 위한 infra가 큰 변화를 겪을 것으로 전망된다.

Ⅲ 선진 외국의 공공갈등에 대한 대응 : 거시적 구조변화와 대응제도의 실례

1. 개 요

많은 다른 국가현상과 마찬가지로 공공갈등의 양상도 국가발전단계에 따라 각국에 보편적인 현상을 나타내는 경우가 많다. 오늘날 우리나라가 겪고 있는 공공갈등 양상은 수십 년 전, 선진외국이 겪었던 공공갈등의 양상과 유사한 측면이 없지 않다. 물론 소득수준이나 국가발전단계 이외의 요인으로서 정보화와 세계화, 민주화 등의 계기가 이러한 공공갈등의 발생에 작용하였다는 사실을 간과할 수 없으므로 단순비교는 어렵지만 어느 나라나 해결방식은 달라도 문제는 유사한 측면이 있다는 사실은 부인할 수 없다.

그러므로 선진 여러 나라가 당시의 국가발전단계에서 겪었던 공공갈등에 어떠한 새로운 방법론을 적용하여 왔는가 하는 것을 검토하는 것은 오늘날 우리나라가 당면한 공공갈등에 대한 대응을 위하여 매우 유용한 시사점을 제공할 수 있으리라 기대된다.

그러나 지난 수십 년간 공공갈등의 대응체계와 관련하여 이루어졌던 선진 여러 나라에서의 변화는 단순히 공공갈등에 대한 대응의 차원을 넘어서 민주주의와 그 구현 형태의 변화라는 보다 거시적인 차원에 속하는 일이었다. 공공갈등의 대응방식의 변화는 그러한 전반적인 사회변화와 사회운영방식의 변화의 일부분으로 이루어진 것이다. 이것은 현대국가에서의 공공갈등의 배경이 민주화, 세계화, 정보화, 다원화 등의 거시적 사회변화를 배경으로 한 것이라는 점에서 이해될 수 있다.

2. 민주주의 이념의 변화

인터넷을 통한 정보혁명과 세계화 및 사회의 다원화는 오늘날의 민주주의를 근본적으로 변화시키는 동인을 형성하고 있다.

먼저 정보혁명은 국민들이 행정과정에 직접 참여할 수 있는 정보력을 갖출 수 있도록 만들었다. 오늘날의 국민은 더 이상 우월한 정보력을 가진 정부·관료의 행정객체에 불과한 존재가 아니라 능동적으로 관련문제에 대해 의견을 제시할 수 있을 만큼 정부·관료와 거의 대등한 정보력을 가지고 있다. 국민은 이제 대의제의 뒤안길에서 국민의 대표들이 내리는 결정을 그대로 수용하는 수동적이고 소극적인 상태에서 벗어나 적극적으로 정책결정에의 참여를 모색할 수 있는 능력을 갖추게 되었다.

다음으로, 세계화는 국경없는 경제체제의 성립과 그로 인한 전세계적 경쟁질서를 통하여 개별국가가 경쟁에서 생존하기 위하여 스스로의 규제권을 상당한 정도로 약화시킬 수밖에 없도록 만들었다. 그러한 개별국가의 권력 약화는 신자유주의라고 하는 경제적 자유주의에 의해 정당화되고 체계화되었다. 또한, 문화적으로, 그리고 사회적으로, 세계화는 텔레비전과 인터넷을 통하여 보편적인 가치와 문화를 창조하고 있다. 이러한 세계보편의 가치와 문화 역시 개별국가의 전통에 입각한 규제권력을 약화시키는 데 중요한 역할을 하고 있다. 이와 같은 주권국가의 권력약화는 전통적인 대의제 민주주의에 기초한 민주주의의 실현방식의 영향력을 현저히 약화시키고 있다. 다국적 기업의 지배와 시장의 우위, 그리고 전세계적 경쟁체제의 대두라고 하는 현실은 대의제 구도 하의 제도정치의 문제해결능력에 커다란 장애요인을 야기하여 대의제 하에서의 문제 해결을 어렵게 만들고 있다.

마지막으로, 사회의 다원화로 인하여 이해관계가 복잡해짐에 따라 대의제는 그러한 복잡한 이해관계를 시원하게 반영할 수 있는 기제로서의 의미를 상실해 가고 있는 실정이다. 선거에 의해 선출되는 정치적 대표만으로 자신의 이익을 대변하지 못하는 수많은 이익단체들은 직접 정책결정과정에 참여하여 자신의 이익을 대변할 수 있는 기회를 모색하기에 이르렀다.

이리하여 현대국가들은 변화된 국민, 변화된 상황에 대응할 수 있는 새로운 국가운영의 패러다임의 형성을 절실히 필요로 하게 되었다. 이것은 새로운 민주주의 관념에 입각한 국가운영, 곧 참여민주주의에 입각한 국가운영의 패러다임이다.

참여민주주의는 이념적으로는 단순히 "다원화 사회의 복잡한 이해관계 반영"이라고 하는 다원주의적 민주주의 모델에 만족하지 않고, "공중의 직접적인 행정결정에의 참여"라고 하는 직접민주주의적 정치모델에까지 접근하고 있다. 이러한 직접민주주의를 촉진시키는 기술적인 수단으로서 주목받는 것이 인터넷이라고 할 수 있다. 인터넷은 시간과 공간에 구애받지 않고 정책결정에 국민들이 의견을 제시할 수 있는 길을 열었다.

3. 참여와 토의 그리고 합의에 의한 정책결정방식의 채택

참여민주주의는 정책결정방식에도 중대한 변화를 초래하고 있다. 현대국가에서 공공정책결정방식에 중요한 영향을 끼치고 있는 두드러진 사고방식으로서 사회합의주의(사회조합주의: Social Corporatism)와 토의민주주의(Deliberative Democracy)가 있다. 양자는 그 맥락을 반드시 같이 하고 있다고 할 수 없으나 정책결정에 있어서 사회적 합의와 참여를 중요시한다는 점에서 유사성이 있다.

사회합의주의는 현대사회가 가지고 있는 갈등요소에 대한 대응으로서 국가의 중재 노력으로 조직화된 사회제세력의 합의를 통하여 사회전반에 대한 문제를 해결하고자 하는 방향성을 가지고 있다.[14] 우리나라의 노사정위원회는 기본적으로 이러한 사회합의주의적 지향점을 가지고 있는 제도이다. 사회합의주의는 다자간의 참여를 통하여 타협과 조정 그리고 책임의 분산을 꾀하는 것으로서 대의제 민주주의의 문제점을 보완하는 의미가 있다.

토의민주주의는 대의민주주의의 방식인 투표에 의한 정책결정이

---

14) 합의주의 또는 조합주의(Corporatism) 이론은 1970년대 P.C. Schmitter가 국가와 이익집단을 설명하는 하나의 이론 모형으로 제시하면서 새롭게 부각되기 시작했다. 합의주의 또는 조합주의는 국가개입의 과정이 이익대표와 제도적으로 분리된 의회주의 국가형태와 달리 이 과정들을 제도적으로 통합하는 국가형태를 특징으로 한다. 각 이익집단이 단일적이고 계서적인 전국 규모의 이익대변체계를 형성하고 한편 국가이익을 대변하면서 그 대가로 특정범주의 이익공동체의 욕구를 독점적으로 정책과정에 투입한다. 이러한 합의주의를 국가합의주의와 사회합의주의로 나눈다. 국가합의주의 하에서는 이익집단은 국가의 보조기관에 불과하며 압력단체라기보다 압력을 받는 단체로서의 성격이 더 강하다. 사회합의주의 하에서는 국가의 통치력 약화와 사회경제적 위기에 이익집단이 자발적인 대처 노력을 보이게 된다. Schmitter는 사회합의주의로의 전환을 주장하였다. Philippe C. Schmitter, "Still the Century of Corporatism?" in *Trends toward Corporatist Intermediation* (edited by P.C. Schmitter & Gehard Lembruch, 1979), pp. 22-39 참조.

토의 또는 심의(Deliberation)를 결여하고 있으며 소수자나 소외자를 정책결정과정에서 배제하고 있다는 점에서 직접민주주의적 공중참여와 그를 통한 심의과정에 의한 정책결정을 강조한다.[15] 토의민주주의는 공론조사, 시민배심, 시나리오워크샵, 규제협상, 합의회의 등의 방식[16]을 통하여 국민의 정책결정에의 직접참여와 그를 통한 심의를 통하여 대의제 민주주의의 다수결 표결이 가지는 피상성을 극복하고자 한다. 토의민주주의의 구체적인 방식은 몇 가지에 제한되지 않으나 참여와 토의 그리고 공화주의적 합의를 그 특징으로 한다.

사회합의주의와 토의민주주의 방식은 미국이나 유럽에서 이미 광범위하게 채택되고 있으며 모두 공공갈등에 대한 대응으로서의 의미를 가지고 있다.

4. 참여모델의 변화

선진제국의 갈등해결 모델이 참여와 토의 그리고 합의에 의한 갈등해결이라는 방향성을 가지고 있다고 할 때, 기본적인 출발은 국민의 정책결정에의 참여라고 할 수 있다.

그런데, 현대국가에서의 정책결정에 대한 공중참여는 국가발전단계에 따라 다음과 같이 역사적으로 발전되어 왔다. 미국의 Lawrence E. Susskind는 공중참여의 유형을 온정주의모델(paternalistic model), 갈

15) Deliberative Democracy는 심의민주주의, 토의민주주의, 숙의민주주의 등으로 번역된다. 숙고의 과정을 거친다는 점을 강조한다면 숙의민주주의라는 번역도 고려할 만한 가치가 있다. 토의민주주의에 대한 보다 분명한 설명을 위하여 Joshua Conen, "Procedure and Substance in Deliberative Democracy" *Democracy and Difference: Contesting the Boundaries of the Political* (Selya Benhabib ed., 1996), pp. 95-109 참조.

16) 이러한 의사결정방식들은 오늘날 참여적 갈등예방기법으로서 소개되고 있기도 하다. 대통령자문 지속가능발전위원회(편), 『갈등관리시스템 구축방안 연구보고서』, 247면 이하 참조.

등모델(conflict model 또는 confrontational model) 그리고 합의형성모델(consensus building model)의 3가지로 나누어 분석하고 있는데,[17] 이러한 분석은 미국뿐 아니라 현대국가 모두에 타당한 것이라고 생각한다.

고전적인 온정주의모델에서는 행정청은 행정청의 필요에 따라 정부에 의해 정의된 조건 하의 절차에 몇몇 사람들을 참여시킨다고 한다. 그러나 이러한 온정주의 모델이 현대국가의 다원화 사회의 요구와 참여민주주의의 요구를 만족시켜 줄 리 만무하다. 그리하여 지난 수십 년 동안 민주적 의사결정과정에 대한 개인이나 소수집단의 참여권을 보장하라고 하는 사회적 압력이 거세어 졌고, 시민자문위원회 제도가 대안으로 활용되기 시작한 것을 비롯하여 상당한 제도적 변화가 있었다. 그러나 온정주의적 모델에 만족하지 못한 사람들은 정치적 조직화와 공공여론의 동원, 직접적 행동 등에 의하여 집단적으로 행정결정에 참여하려고 하는 경향을 나타내기에 이르렀는데, 이러한 집단적 참여는 궁극적으로 입법에 대한 도전이나 소송 등의 형태로 나타나게 되었다. 이처럼 행정결정에 대한 집단적인 갈등양상으로 나타난 참여유형을 Susskind는 갈등모델로 지칭하고 있다. 그러나 Susskind에 의하면 갈등모델은 엄청난 사회적 비용과 시간낭비를 초래할 뿐 아니라 공공사업 등을 중단할 수는 있었을지언정 사회 전체를 위한 현명한 결정을 도출함에서는 종종 비효율적이었다고 한다.[18] 이러한 상황 하에서 Susskind는 미국 사회에 새로이 도입된 참여유형을 합의형성모델(Consensus Building Model)이라고 지칭

17) Lawrence E. Susskind, Overview of Developments in Public Participation, in *Public Participation in Environmental Decisionmaking* (edited by ABA Standing Committee on Environmental Law, 1994), p. 2.

18) *Ibid.*, p. 3.

한다. 그에 의하면 갈등모델 하에서 참여자가 스스로 참여의 길을 모색하는 것과 달리, 합의형성모델 하에서는 행정청이 장래의 잠재적인 이해관계자(예컨대, 장래세대)를 포함하여 이해관계 있는 참여자에 대한 광범위한 참여의 기회를 보장하기 위해 애쓰게 되고, 행정청과 참여자 사이의 공동의 사실관계조사와 공동의 문제해결방안의 모색이 이루어진다고 한다. 무엇보다도 합의형성모델에서 행정청은 당사자의 하나로서 합의과정에 참여할 따름인 것으로 전제된다. 합의형성모델에 의한 참여는 전통적인 참여유형과는 그 성격을 크게 달리하는 것으로 이러한 합의형성모델은 전통적 모델로 인한 공공결정에 있어서의 갈등을 해결하기 위한 대안으로 등장한 것이지만, 이미 언급한 바와 같이 민주주의에 대한 새로운 접근이나 신자유주의적 경제질서에서의 행정과정의 적응방식과 관련해서도 많은 함의를 가지고 있는 것이라 할 수 있다. 이와 같은 합의형성모델은 미국에서 1990년 행정분쟁해결법(Administrative Dispute Resolution Act)과[19] 협의에 의한 규칙제정법(The Negotiated Rule-Making Act)[20]이 제정됨에 따라 미국 연방행정과정의 주요부분을 이루게 되었다.[21]

---

19) Pub. L. No. 101-552. 이 법은 그동안 노정되었던 문제점들을 해결하고, 한시적으로 효력을 가지는 것으로 되어 있던 동법과 역시 한시적인 법으로 되어 있던 The Negotiated Rulemaking Act를 항구적인 효력을 갖는 법으로 만드는 내용으로 1996년에 개정된 바 있다. Robin J. Evans, The Administrative Dispute Resolution Act of 1996: Improving Federal Agency Use of Alternative Dispute Resolution Processes, 50 *Administrative Law Review* 217(1998), p. 228ff 참조.

20) Pub. L. No. 101-648.

21) Susskind에 따르면 이미 1994년에 미국의 14개의 주가 조정사무소(offices of mediation)를 설치하였고, 다른 몇 개의 주가 그 설치를 고려하고 있으며, 수백 개의 지방자치단체가 지역공동체분쟁해결센터(community dispute resolution center)를 창설하였다고 한다. Lawrence E. Susskind, *op.cit.,* p. 5.

5. 외국의 공공갈등 대응을 위한 제도

1) 전통적인 이익참여적 행정절차

(1) 개　　요

공공정책이나 공공사업과 관련되는 사회갈등을 예방하는 일차적이고 전통적인 제도는 행정절차제도라고 할 수 있다. 미국과 독일 등 우리나라 법제에 큰 영향을 미치는 선진 국가는 우리보다는 실효적인 행정절차제도를 가지고 있다고 평가된다. 그리하여 행정기관은 청문절차 등을 통해 대변된 이해관계인의 이익을 반영함으로써, 예상되는 갈등의 발생을 줄여나가고 있다. 청문절차 등 행정절차제도는 우리나라도 가지고 있지만 제도의 존재유무가 중요한 것이 아니라 그것이 실질적으로 얼마나 의미 있게 기능하도록 만들어져 있으며 어떻게 작동하고 있는가 하는 것이 중요하다.

(2) 네덜란드의 경우

네덜란드의 경우 대규모 공공사업 등과 관련해서는 정책형성의 초기 단계부터 이해관계자를 참여시켜 의견을 받고 그를 토대로 전문가와 행정청의 의견을 조율하여 정책결정을 한 다음 다시 이해관계자의 의견을 듣는 방식과 같이 체계적이고 지속적인 의견수렴절차를 거치고 있다. 네덜란드의 경우 초기단계에서부터 결정단계에 이르기까지 단계적인 의견수렴이 가능하도록 되어 있다는 것이 하나의 특징이며 전문가의 의견과 정책판단을 반영한 후에 다시 feedback의 과정을 거치도록 한다는 점에서 시사하는 바 크다.[22]

(3) 독일의 계획확정절차

독일의 경우 갈등의 예방이라는 관점에서 주목을 끄는 것에 계획확정절차가 있다. 이 절차는 지역적으로 큰 의미를 갖는 개별적인 거대시설물의 건설과 가동에 관한 행정결정절차로서 계획확정에 필요하여 획득된 모든 자료와 이의제기 사항에 대하여 제한 없는 논의가 이루어지는 것을 특징으로 하고 있다. 그리고 이 절차의 중립성을 담보하기 위하여 계획확정관청과 청문절차의 주재관청을 분리하고 있는 것도 시사하는 바 크다.[23)]

2) 새로운 참여모델에 의한 참여제도

(1) 새로운 참여제도의 특징

전통적인 개념의 행정절차제도는 참여를 통해 갈등을 사전에 예방할 수 있는 제도의 범주에 속하는 것은 틀림이 없으나 합의의 형성이 목적이라기보다는 각 이해관계자의 이익대변을 목적으로 하는 제도이다. 따라서 전통적인 행정절차제도 하에서는 이해관계인은 대립적인 구도 하에 공격과 방어를 할지언정 Consensus를 만들기 위한 노력을 한다고 말하기는 어렵다. 또한 전통적인 행정절차에는 원칙적으로 자신의 이해관계가 관련되는 자들만이 참여할 수 있다. 그러나 토의민주주의와 사회합의주의에 입각한 새로운 참여제도는 이러한 이해대립적인 의미에서의 참여제도라고 하기보다는 합의형성을

---

22) Infralab은 네덜란드 교통부가 대규모 사회기반시설사업의 경우 공중의 참여를 통한 의사결정을 위해 도입한 방법론으로서 국민과 행정기관의 협력적, 상호관계적 의견조율을 통해 공공사업의 내용을 결정해 나가는 방식이다. Ignace Pollet & Jos Zullaert, "Public Involvement in Mobility Planning -Lessons for Mobility Management", *Paper Presented at the ECOMM-Conference* in Rome, February 8th 2001, 3ff. 참조.

23) 홍준형 ‧ 김성수 ‧ 김유환, 전게서, 335면 이하 참조.

위해 참여자가 공동의 노력을 기울이는 것을 제도의 지향점으로 삼고 있다는 점에서, 본질적으로 전통적인 행정절차제도와 차이가 있다. 이 새로운 참여제도 하에서는 이해당사자 사이에 지고 이기는 관계가 아니라 모두가 동의할 수 있는 정책대안을 공화주의적 관점에서 함께 발견하고자 노력하게 된다. 따라서 이 제도 하의 참여절차에는 반드시 절차적 권리를 가지지 않는 일반 공중도 참여할 수 있다.

다만 사회합의주의에 입각한 참여제도는 주로 노사간의 갈등 및 협상을 대상으로 하는 경우가 보통이므로 여기에서는 자세한 검토를 생략하기로 한다. 실제로 사회합의주의 방식은 잘 조직되어 구성원에 대한 통제력을 가지는 사회세력 간의 갈등 해결을 전제로 하고 있으므로, 갈등의 양당사자 모두 잘 조직되어 어느 정도 구성원에 대한 통제력을 행사할 수 있는 노사갈등에 전형적으로 타당한 방식이라 할 수 있다.

(2) 미국의 협상에 의한 규칙제정

미국의 협상에 의한 규칙제정(Negotiated Rulemaking)제도는 행정입법을 함에 있어서 피규제자 등의 이해관계인과 행정기관이 대등한 입장에서 협상을 하고 합의를 도출하여 그를 토대로 행정입법을 제정하는 제도이다. 이 때 행정기관은 협상의 일방 당사자일 뿐이다. 협상에 의한 규칙제정에 참여하는 협상당사자는 일시적으로 행정자문위원회를 구성하여 협상을 하는 형식을 취한다. 협상에 의한 규칙제정에서는 만장일치에 의한 합의를 목적으로 한다.[24] 그러나 협상 결과에는 법적 구속력이 부여되지는 않는다.[25] 협상에 의한 규칙제

24) 5 U.S.C. § 582 (2).

정은 환경관련 행정입법 등 갈등유발 가능성이 많은 행정입법의 경우에 주로 활용되고 있으며, 절차의 개시, 협상위원회의 구성 그리고 협상에서의 합의도출을 위한 기술적인 측면 등을 규율하는 협상에의한규칙제정법이 미국 연방행정절차법의 일환으로 제정되었다.[26]

(3) 기타 토의민주주의 방식의 참여제도

한편, 시민배심제, 합의회의, 시나리오워크샵, 공론조사 등의 토의민주주의 방식은, 전형적인 제도들이 아니라 얼마든지 변용가능한 것 들이다. 따라서 전 세계적으로 다양한 방식의 토의민주주의 참여방식이 실험되고 있다.

다만, 이들 방식이 공통적으로 지향하는 바는, 이익단체 간의 힘의 격차, 이익단체 구성원 사이의 힘의 격차, 이익단체와 국가기관의 유착 등의 문제상황에 즈음하여 시민사회의 활동을 중요시하는 입장에서 중요한 문제를 시민의 심사숙고나 시민 간의 토의에 의해 해결하는 데 있다.

따라서 이 방식은 일반 국민이 정책결정과정에 참여하고 그들에게 필요한 정보를 충분히 제공하여 합리적인 결론을 내도록 하는 것을 그 기본 골격으로 하고 있다. 이 과정에 참여하는 국민에게 필요한 정보를 주는 방식에 있어서 때로는 전문가들과의 질의응답 및 토론 과정이 포함된다. 이 방식의 객관성과 합리성을 확보하기 위하여 가장 큰 문제가 되는 것은 토의과정에 참여할 시민 등의 참가자들을 어떠한 기준으로 선발할 것인가 하는 것과 필요한 전문적

25) U.S.A. Group Loan Services, Inc. *v.* Riley, 82 F.3d 708 (7th Cir., 1996): NRDC *v.* EPA, 859 F.2d 156 (D.C. Cir., 1998) 등의 판결들이 이러한 취지로 판시하고 있다.

26) Pub. L. No. 101-648.

인 정보들을 편향되지 않게 효과적으로 전달하는 방법이라고 할 것이다.

3) 합의에 기초한 공공분쟁해결제도

현대 사회에서의 공공분쟁은 복잡한 사실관계와 이익상황 그리고 가치관 갈등이 수반되는 경우가 많다. 그 전형적인 경우가 환경갈등에 의한 공공분쟁이다. 선진국의 경우 환경갈등의 해결이 중요한 국가현안으로 되어 있으며 우리나라도 이미 그러한 단계에 진입하였다고 본다.

이처럼 특히 환경갈등과 같은 복합갈등의 경우, 소송이나 행정심판 등 정식적 분쟁해결 절차에 의한 해결은 실효성이 별로 없다는 것이 일반적으로 받아들여지고 있다. 이런 종류의 분쟁은 이해당사자의 설득, 정보와 비전의 공유 등을 위한 절차와 과정의 가치가 결과가치보다 더 중요하기 때문에 소송이나 행정심판의 방식보다는 합의에 기초한 ADR을 통한 분쟁해결이 더 적절하다는 것이다.

ADR제도는 반드시 이러한 공공분쟁에서의 필요성 만에 의해서가 아니라 보다 광범위하고 근본적인 차원에서의 필요 때문에 각국에서 받아들여져 왔다. 미국과 유럽, 일본 등에서 ADR은 사회개혁이나 사법개혁의 관점에서 받아들여져 왔으나, 공공분쟁과 관련하여 ADR제도를 도입한 미국의 경우, 협상에 의한 규칙제정(Negotiated Rulemaking) 제도와 함께 이것은 행정개혁 내지 규제개혁의 의미까지 내포하게 되었다.[27] 미국에서 발전한 다양한 ADR기법은 전세계로 파급되고 있으나 각국의 고유한 문화에 적합한 형태로 발전되어야

---

27) Lawrence Susskind & Gerard McMahon 133ff "The Theory and Practice of Negotiated Rulemaking", 3 *Yale Journal on Regulation* 133 (1985), 133ff.

성공할 가능성이 높다는 점을 깊이 인식할 필요가 있다.

미국의 경우 1990년에 행정분쟁해결법(Administrative Dispute Resolution Act)이 제정되어 행정분쟁사건에 대해서도 조정, 중재 등의 ADR기법을 활용할 수 있는 기초를 마련하였다. 이 법은 ADR을 활용할 수 없는 행정사건을 비교적 자세히 규정하고 행정사건에 ADR을 활용하기 위해 필요한 기술적 사항들을 규율하고 있다.

공공분쟁에 ADR을 적용하는 것은 대의제 민주주의나 법치주의와의 모순을 가져올 수 있다. 미국의 경우 대의제와 법치주의의 가치를 지키면서 공공분쟁에 ADR을 제한적으로 활용할 수 있는 제도적 장치를 마련하고 그를 실효화할 수 있는 기술적 장치를 마련하였다는 점에서, 공공분쟁에 조심스럽게 ADR을 활용하는 실험을 하고 있는 우리나라에 대해 시사하는 바 크다.

Ⅳ 공공갈등 대응을 위한 제도정비의 방향

1. 국민의 기본 요구 충족을 위한 사회개혁

가장 해결하기 어려운 공공갈등은 특정그룹의 기본적 요구가 충족되지 않은 경우에 발생한다. 이러한 기본욕구 미충족으로 인한 공공갈등을 예방하기 위해서는 사회개혁을 통하여 사회적 약자와 소외받는 사람들의 기본적인 요구가 충족될 수 있도록 하여야 한다. 우리 사회의 빈부격차는 날로 커지고 있다고 한다. 빈곤층에 대해서 주거, 최저생활, 보건・의료, 교육 등 가장 기본적인 국민의 욕구가 충족될 수 있도록 사회보장제도를 정비해 나가야 할 것이다. 또한 세계화 과정에서 소외받는 농민・중소상공인 등 다양한 계층을 합리적으로 지원할 수 있는 프로그램도 마련될 필요가 있다. 그러나 사회적 약자를 위한 지원을 위한 사회개혁이 합리적인 사물적 관련성 없이 이루어지는 과도한 지원이 되거나 시장원리에 대한 심각한 훼손이 되는 경우 또 다른 사회갈등의 원인이 될 수도 있으므로 지원프로그램의 고안에 있어서 신중을 기하여야 할 것이다.

사회개혁의 또 다른 관점은 상대적 박탈감의 해소를 위한 정책의 실시이다. 우리 사회의 많은 갈등이 상대적 박탈감에서부터 비롯되고 있다. 예를 들면 특정지역의 개발사업으로 토지를 수용당하는 사람들은 인근 지역의 토지소유자에 비해 엄청난 상대적 박탈감을 경험하게 된다. 이러한 상대적 박탈감은 사업 자체에 대하여 또는 토지보상 협상에서의 공공갈등으로 비화될 수 있는 것이다. 공공사업이나 공공정책은 상대적 박탈감을 유발하지 않도록 균형을 유지하도록 하여야 하며 지속적으로 이와 같은 상대적 박탈감을 유발하는 제도를 개선해 나감으로써 사회 전체의 갈등 분위기를 완화시킬 수 있다.

2. 행정의 참여패러다임으로의 전환

우리나라의 공공갈등이 대부분 행정활동과 관련 있다는 점에서 행정의 패러다임 전환이 공공갈등의 예방을 위해 무엇보다도 필요하다.

행정기관은 이제, 마치 기업이 고객을 관리하듯이 하는 자세로 국민의 의견을 존중하여 행정활동을 전개해 나가야 한다. 국민의 뜻을 외면하면 세계화의 진전에 따라 국민은 다른 국가를 선택할 수 있으므로 이제 각국의 정부는 공공부문에서 전 세계적 경쟁상태에 돌입하고 있다는 것을 유념하지 않으면 안 된다.

또한 행정기관은 행정정책결정에 있어서 참여패러다임으로의 전환을 이루어나가야 한다. 마치 기업이 고객이 원하는 제품을 생산하듯이 행정도 고객인 국민의 참여 하에 정책결정을 하도록 하여야 한다. 그리고 그러한 국민의 참여는 갈등이 많이 예상되면 될 수록 합의형성적인 절차를 통해 이루어져야 한다. 우리나라의 경우 감사청구제, 주민소송제, 주민소환제 등 대립구조적이고 문제제기형 참여제도가 도입되었고 또한 계속 도입이 논의되고 있으나 이에 그치지 말고 합의형성적 참여제도의 발달로 진화해 나가야 한다. 그리고 합의형성적 참여제도가 제대로 기능하도록 하기 위하여 행정은 보다 적극적으로 투명하게 각종 정보를 공개하여야 한다.

그러나 이러한 참여과정은 행정기관에 의해 주도면밀하게 관리되어야 한다. 과도한 참여, 비생산적인 참여는 행정의 비효율을 결과할 뿐이다. 행정기관은 국민의 참여가 필요한 사안과 그렇지 않은 사안을 준별하여야 하며 참여가 필요한 사안에서도 전문가적 견해가 참여과정에 최대한 반영될 수 있도록 노력하여야 한다. 참여가 필요한 사안은 대체로 국민의 협조가 정책이나 사업의 성공에 필수적인 사항으로서 국민과의 공감대형성과 국민의 사안에 대한 정확한 이해가 요구되어, 참여과정을 통해 토의적인 방식으로 사안을 검토할 필요가 있는 경우로 이해된다.

참여가 필요한 정책결정사안의 경우 이를 운영하는 공무원은 참여가 지향하는 합의에 의한 행정의 가치를 잘 이해하고 그 과정을 통해 전문가와 참여자가 정보교환과 상호커뮤니케이션을 이룰 수 있도록 협조하여야 하며, 인내를 가지고 시간을 들여 얻어지는 과정가치가 무엇인가 하는 데 대한 충분한 이해가 있어야 한다. 그러한 과정가치가 요구되지 않는 분야에서 참여프로세스를 밟는 것은 시간 낭비에 불과하다.

3. 수범자 중심으로의 법제정비

20세기에 제정되어 현재 행정활동의 기준이 되고 있는 대부분의 법제는 대개 행정편의적인 관점에서 벗어나지 못하고 있는 것이 아닌가 의심스럽다. 21세기의 변화된 행정환경에서 이들 법제는 국민의 입장에서 재검토되어야 할 필요가 있다. 또한, 행정편의주의 못지않게, 기관이기주의나 할거주의에 의해 규율의 내용이 왜곡되어 있어서 갈등의 원인이 되고 있는 많은 법규들도 정비되어야 한다.

모든 법규는 수범자의 입장에서 별 노력 없이도 준수할 수 있도록 만들어져야 하며 대신 법집행률을 현저히 제고하여야 한다. 지킬 수 없는 법을 만들어 놓고 법집행률이 현저히 떨어질 경우, 법의 권위도 땅에 떨어지고, 부패를 조장시키며 결국 법집행에 있어서의 상대적 박탈감을 야기하여 갈등의 원인이 되고 만다.

4. 교육, 홍보 등을 통한 사회자본의 형성

1) 사회자본 형성을 위한 교육

공공갈등을 예방 해결하기 위한 제도 못지않게 중요한 것이 사회적 관계에서의 협력의 증진이 가능하게 하는 비공식적 규범이나 문화라고 할 수 있다. 즉, 사회자본이 풍부하여야 사회갈등을 예방하고 사회 전체의 생산성을 제고 시킬 수 있다.

사회자본을 형성하기 위하여 가장 중요한 것은 교육과 홍보이다. 교육과 홍보를 통하여 협력적 관계를 형성하는 것의 경제적, 윤리적 가치가 국민들 사이에서 인식되어야 한다. 교육이나 홍보를 통해 갈등이나 협상에 대처하는 비공식적인 합리적 규칙을 만들어 나갈 수 있다. 반대자에 대한 매너나 견해를 달리하는 사람을 다루어가는 태도 같은 것들도 공무원, 시민단체, 학생 모두가 배워야 할 사항이라고 생각한다. 다원화된 사회에서 나와 가치를 달리하고 견해를 달리하는 사람과 공존하기 위해, 양보하고 합의하여 조화를 이루면서 살아가는 법을 교육하지 않으면 앞으로 우리 사회는 각종의 갈등으로 인하여 지속가능한 발전을 이루기 어려울 것이다.

공무원뿐 아니라 시민단체나 언론도 다원화된 사회에서 어떠한 자세로 활동하고 보도하여야 할 것인가 하는 것을 연구하고 배워야 한다. 시민단체는 단순 문제제기 식의 활동방식에서 벗어나서 정책사안에 대한 시민사회의 공감대를 확인하고 그를 건전한 방향으로 유도하고 발전시키기 위해 노력하여야 한다. 언론도 특정한 입장에 편향된 문제점 지적식 보도태도에서 한걸음 나아가서 자신의 입장을 가지더라도 상대편 입장에 대한 겸손한 이해의 자세와 합의를 통한 대안과 비전을 모색하려고 애쓰는 태도를 가져야 한다. 사회구성원 모두가 비판보다는 공화주의적 문제해결에 초점을 맞추어 토론하고 해결해 나가고자 하는 태도로 전환할 것이 필요하다.

이러한 방향으로의 사회분위기 전환을 위해 가장 기본적인 것은 반대편의 가치와 주장도 나의 생존과 발전을 위해 필요한 것이라는 믿음을 사회구성원 모두가 가지도록 하는 것이다. 반대 입장이 있음으로 해서 나의 존재의의가 있고 반대 입장과의 조율을 통해 사회는 균형을 유지할 수 있는 것이다.

2) 사회자본 형성을 위한 그 밖의 정부의 역할

사회자본의 형성에 있어서 정부는 교육체제의 정비 이외에도 중요한 역할을 수행하여야 한다.

가장 먼저 정부는 국민과 신뢰관계를 형성하여야 한다. 정부 정책의 일관성과 예측가능성을 위한 제도와 관행의 개선 등 지속적인 노력을 통하여 국민으로부터 신뢰를 받지 못한다면 공공갈등의 문제를 해결해 나가는 데 큰 어려움을 겪을 것이다.

다음으로 정부는 이념갈등이나 가치갈등에 대비하여 보다 높은 차원의 통합이 가능할 수 있도록 새로운 비전과 국민 공통의 목표를 제시해 나가야 한다. 새로운 비전은 이견을 가진 사람들을 통합하는 데 필수적이다. 그 비전 가운데 반대자들도 희망을 가질 수 있어야 한다. 정부는 국민보다 한걸음 앞서서 국가발전을 예측하고 그에 걸맞는 비전과 철학을 제시함으로써 상이한 이념과 가치관을 가진 사람들을 미래의 방향 아래 통합할 수 있을 것이다. 예컨대 에너지정책과 관련된 가치갈등에 있어 정부정책에 반대하는 사람들도 공감할 수 있는 장래의 에너지 정책의 비전이 먼저 제시되고 반대자들에 의해 충분히 납득되어야 한다.[28] 그리고 현재의 정책대안이 가지는 철학과 논리가 그러한 비전을 향하여 체계화되어 제시되어야 한다. 장래에 대한 비전이 없이 그러한 가치갈등의 해결은 요원

28) 예컨대 최근의 핵폐기장 설치관련 사회갈등에서 나타나듯이 핵폐기장 설치지역에서의 여러 가지 갈등 이전에 핵에너지정책에 대한 갈등이 먼저 어느 정도 가닥을 잡고 사회적 합의에 도달하지 않으면 그 이상의 논의를 진척시키기 어렵다.

한 것이다.

마지막으로 정부는 갈등관리전문가의 양성에 관심을 기울여야 한다. 공공갈등에 대한 대응은 매우 정교하게 이루어져야 한다. 그러한 까닭에 공공갈등을 다룰 전문적인 인력이 필요하다. 특히

ADR 과정은 매우 기술적이고 정교한 기법에 의해 운영되어야 한다. 마치 고층빌딩을 건축하듯이 한 단계 한 단계 세심한 배려를 하지 않으면 공공분쟁에서 ADR은 성공하기 어렵다.

5. 공공분쟁에서의 ADR 활성화

공공갈등이 비화되어 공공분쟁이 된 경우, 이를 해결하는 데 있어 가장 적절한 수단은 ADR기법이라는 점은 이미 언급한 바와 같다. 그러나 ADR은 매우 기술적인 요소를 가지고 있기 때문에 ADR의 활성화를 위해서는 세밀한 배려를 베풀어야 한다. 우선 ADR 과정을 이끌 양질의 조정인 또는 중립위원(Neutral) 인력이 존재하여야 하며 ADR의 다양한 절차를 활용 가능하게 하는 법제도가 필요하다. 물론 ADR은 법제적 근거 없이도 가능하지만 ADR의 활성화를 위하여 각국은 ADR법제를 형성해 나가는 것이 보통이다. 특히 공공분쟁에서의 ADR은 그 가능범위나 가능한 방식 그리고 ADR과정에 필수적인 비밀유지와 정보공개제도와의 관계 등에 대한 법적 규율이 필요하다.

공공분쟁에서의 ADR은 사법부 차원보다 행정기관 차원에서 시행되는 것이 보다 바람직하다. 행정기관 차원에서의 ADR의 시행은 행정과정에서 이루어지는 것이므로 행정정책적 고려를 할 수 있다는 장점이 있으나 사법기관에서 실시되는 ADR은 정책적 고려보다

는 이미 분쟁해결 자체로 무게 중심이 옮겨갔다고 할 수 있을 것이다. 현재 행정법원은 "사실상의 조정"이라는 방식으로 ADR을 활용하고 있으나 위와 같은 예민한 부분에 대한 명시적인 법적 근거조항을 결여하고 있기 때문에 ADR의 적극적인 활용에 있어서 큰 장애요인을 안고 있는 셈이다.[29)]

V 결 어

새로운 시대는 새로운 사회운영방식을 요구한다. 21세기의 변화된 세계적 환경은 공행정으로 하여금 참여패러다임으로 전환할 것을 요구하고 있으며 우리나라는 이미 참여패러다임이 필요한 국가발전단계로 진입하고 있다. 이러한 관점에서 현재 정부가 내세우고 있는 참여정부라는 Catch Phrase는 역사적 의의를 가지고 있다고 할 수 있다.

그러나 참여행정으로의 패러다임 전환은 반드시 쉬운 과제가 아니다. 먼저 시대는 합의형성(Consensus Building)적 참여로의 발전을 요구하지만 국민의 의식은 아직 문제제기형, 대립구조형의 참여제도의 실현에 목말라하고 있다. 또한 시대는 다원화된 가치를 서로 용납하고 합의점을 찾아갈 것을 요구하지만 우리 사회의 보혁 갈등은 용납과 합의의 길을 도무지 찾지 못하고 있다.

뿐만 아니라 행정 관료와 국민 모두가 공화주의적 참여와 합의형성을 가능하게 하는 덕목의 측면에서는 부족한 점이 많다. 그리하

29) 자세한 것은 졸고, 전게논문, 98면 이하 참조.

여 우리 사회 구성원 모두가 다원화된 사회에서의 이익대립과 가치대립을 해결하기 위한 참여와 합의형성에 아직은 익숙하지 못하다. 요컨대, 합의에 의한 갈등해결에 필요한 사회자본과 문화가 아직은 매우 미비한 상태에 있다.

그러나 21세기 우리 사회의 지속가능한 발전은 각양의 사회갈등을 어떻게 슬기롭게 풀고 통합을 이루어 나가는가 하는 데 달려 있다. 그러므로 우리는 어찌하든지 사회갈등의 예방 및 해결과 사회통합의 달성을 위하여 필요한 노력을 다하여야 할 것이다. 이를 위하여, 행정과정의 참여패러다임으로의 전환과, 교육과 홍보를 통한 사회자본의 확충, 제도정비 등의 공공갈등을 위한 개혁을 충분한 인내를 가지고 수행해 나가야 한다. 국민과 공무원은 아직 변화된 사회환경에 새롭게 적용되어야 할 이념과 새로 등장할 제도에 대한 이해가 부족하다. 먼저 국민과 공무원들이 개혁의 방향과 당위성에 대해 충분히 납득할 수 있도록 하고, 국민의 수용가능성을 고려하여 신중하게 개혁을 추진하여야 할 것이다. 참여패러다임으로의 전환 자체가 국민을 통합할 수 있는 새로운 비전이 될 수 있도록 최선의 노력을 기울여야 할 것이다. 우리 사회의 진보와 보수 모두가 참여패러다임 안에서 장래에 대한 비전을 발견하고 통합을 향한 꿈을 공유할 수 있도록 하여야 할 것이다.

참고문헌

[국내문헌]

대통령자문 지속가능발전위원회(편), 『갈등관리시스템 구축방안 연구보고서』.

박상필, “이익집단 갈등과 사회자본:경실련의 한약분쟁조정사례연구”, 『한국행정학보』 제34권 제2호, 2000.

박정훈, “행정소송에 있어서의 소송상 화해”, 『인권과 정의』 제279호, 1999.

백윤기, “행정소송제도의 개선”, 『행정법원의 좌표와 진로』. 사법개혁위원회 제2분과 전문위원연구반, 『국민의 사법참여』, 2000.

서철모, “갈등관리시시템 구축의 추진방향”, 『월간교통』, 2004.

정호원, “사회갈등 어떻게 해결할 것인가 — 미국의 갈등해결 및 교육시스템을 중심으로 —”, 『지속위자료집 2004-14』, 2004.

홍준형 · 김성수 · 김유환, 『행정절차법제정연구』.

[외국문헌]

Blackburn, J. Walton, “Environmetal Mediation as an Alternative to Litigation: The Emerging practice and Limitations.” in *Alternative Dispute Resolution in the Public Sector* (Miriam k. mills ed.), 1991.

Conen, Joshua, “Procedure and Substance in Deliberative Democracy” *Democracy and Difference: Contesting the Boundaries of the Political* (Selya Benhabib ed.).

Evans, J. Robin, 1998, “The Administrative Dispute Resolution Act of 1996: Improving Federal Agency Use of Alternative Dispute Resolution Processes.” 50 *Administrative Law Review* 217, 1998.

Hirst, Paul & Thompson, Grahame, “Globalization and the Future of the Nation State.” *Economy and Society*. Vol.24. No.3, 1995.

Hukuyama, Francis, “Social Capital and Civil Society.” prepared for Delivery at the IMF Conference on Second Generation Reforms, 1999.

Leonhardt, Manuela, *Conflict Impact Assessment for Development Projects,* 2001.

Miall, Hugh *et al,*. *Contemporary Conflict Resolution: The Prevention ,Management and Transformation of Deadly Conflict,* 1999.

Pollet, Ignace & Zullaert, Jos, “Public Involvement in Mobility Planning--Lessons for Mobility Management.” *Paper Presented at the*

ECOMM-Conference in Rome. February 8th., 2001.

Schmidt, Walter, "Organisierte Einwirkungen auf die Verwaltung-Zur Lage der zweiten Gewalt." *VVDStRL33,* 1975.

Schmitter, C. Philippe, "Still the Century of Corporatism?" in *Trends toward Corporatist Intermediation*(edited by P.C. Schmitter & Gehard Lembruch, 1979.

Susskind, E. Lawrence, "Overview of Developments in Public Participation." in *Public Participation in Environmental Decisionmaking* (edited by ABA Standing Committee on Environmental Law), 1994.

Susskind, Lawrence & McMahon, Gerard, "The Theory and Practice of Negotiated Rulemaking", 3 *Yale Journal on Regulation* 133, 1985.

제 4 장 공공갈등관리법의 주요쟁점

홍 준 형*

I 문제의 제기: 사회변화와 공공갈등

1. 공공갈등관리법 제정 추진배경

그동안 우리 사회는 급속한 발전을 이루었으나 분쟁해결에 관한 한 후진국의 수준을 벗어나지 못했다. 급속한 경제성장과 사회발전을 추진하는 과정에서 발생한 온갖 종류의 갈등에 시달리며 엄청난 비용과 희생을 치르면서도 분쟁의 예방이나 해결을 위한 인프라를 구축하지 못했기 때문에 아직도 도처에서 갈등의 악순환이 반복되고 있다. 이와 같이 우리 사회가 유독 극심하게 공공갈등의 고통을 겪게 된 것은 세계화, 민주화, 정보화, 그리고 이로 인한 급속한 사회 분화와 다원화라는 환경변화를 따라가지 못하는 행정의 권위주

*서울대학교 행정대학원 교수.

의적 행태, 신뢰성 · 투명성 결여, 공공참여의 미비 등에 기인한다는 것이 일반적인 지적이다. 특히 우리나라의 경우 정부주도의 급속한 성장정책을 추진하는 과정에서 공공정책이나 대규모 개발사업 등으로 인한 공공갈등이 양적으로 확산되고, 질적으로도 고질화 · 장기화됨으로써 사회 전체의 수준에서 사회적 거래비용이 감당하기 어려울 정도로 증가하고 갈등과정에서 유발되는 적대주의(antagonism)로 인한 사회적 분열과 대립이 악화일로를 걷고 있는 양상이다.

물론 우리 사회가 겪어온 공공갈등은 우리 사회에게만 특유한 현상은 아니며, 유럽과 미국 등 선진국들도 각기 상응하는 국가발전 단계에서 그와 같은 갈등의 폭주 현상을 경험한 바 있다. 그러나 이들 나라들은 공공정책의 결정과정에 대한 시민참여의 확대와 다양한 숙의과정을 통한 건전한 공론의 형성, 그리고 협상과 대화에 의한 문제해결 등 합리적인 갈등해결시스템을 발전시켜 적용함으로써 공공갈등이 사회 전체의 불안정과 비효율을 가져오지 않도록 대처해 왔다. 반면, 이들 나라의 경험과는 달리 공공갈등의 폭주현상이 훨씬 더 급속하게 진행되었기 때문에 그 과정에서 적절한 갈등해결 장치를 마련하여 대처할 겨를이 없었고 아울러 갈등해결을 위한 기존의 법제도적 수단들 역시 사회적 수준에서 발생하는 공공갈등을 해결하는데 무력하거나 제대로 작동하지 못하여 갈등당사자들로부터 외면을 받아 왔다. 그 결과 공공갈등이 계속 증가하는데도 잘 해결되지 않고 고질화 · 장기화되거나 더욱 악화되는 결과를 막을 수 없었다.

이러한 배경에서 우리 사회의 갈등을 사회 전체의 시각에서 합리적 · 효율적으로 예방 · 조정하기 위한 갈등관리시스템을 구축해야 한다는 의견이 공론화되기 시작했고 급기야는 국정의 현안과제로 대두되기에 이르렀다. 2003년 출범한 참여정부가 갈등관리시스템의 법제도적 기반으로서 갈등관리기본법의 제정을 추진하게 된 것은 바로 그러한 배경에서였다.

이러한 갈등관리기본법 제정방안은 크게 두 가지 측면에서 주목할 만한 발상의 전환을 담고 있었다. 그것은 먼저, 개인주의적 · 사후적 분쟁해결을 특징으로 하는 전통적인 갈등해결제도, 그 밖의 정책적 수단들을 통해 갈등을 완전히 제거하거나 해소하는데 목표를 두는 전통적인 접근방법과는 달리 어느 시대, 어느 장소든 갈등이 없는 사회는 없다는 의미에서 갈등의 편재성(보편성)을 시인하고 가용한 자원과 제도를 최대한 활용하여 갈등을 예방하고 해결함으로써 갈등을 사회적으로 감당할 수 있는 범위와 수준으로 관리해 나가야 한다는 생각, 즉 '갈등관리'의 개념(conflict management)에 입각하고 있었다. 나아가 갈등관리시스템이 민간 영역 또는 사회의 각 개별분야에서 자연발생적으로 형성되기 어렵고 또 형성된다고 해도 많은 시간이 소요될 것이기 때문에, 정부가 나서 가능한 한 조기에 만족스러운 공공갈등해결시스템을 구축해야 하며 이를 위하여 갈등관리기본법의 제정이 필요하다는 것이었다.

사실 인간은 '갈등인'(homo conflictus)이라는 말이 있을 정도로 인간이 사는 곳엔 항상 갈등이 존재한다. 갈등으로부터 자유로운 사회, 즉 갈등 제로의 사회란 상상 속의 존재일 뿐이다. 갈등의 효율적 관리는 이처럼 갈등의 편재성을 인정하는 데서부터 출발한다. 갈등은 그 자체가 해악이라기보다는 시급한 해결을 요하는 문제나 모순의 아우성일 수도 있다. 갈등이 그 해결과정을 통해 사회진보에 기여하는 것은 바로 그런 계기에서이다. 갈등을 풀어나가는 과정에서 그 원인이 된 문제의 본질을 새롭게 이해할 수 있고 경우에 따라서는 기존 법제도의 문제점이나 결함을 색출하여 해결책을 강구하는 계기가 될 수도 있다. 때로는 종전에 알지 못했던 문제들에 대한 적응능력을 배양해 주기도 한다. 그러나 갈등관리를 위한 지혜롭고 유효적절한 노력이 필요한 더 중요한 이유는 그것이 사회적 거래비용을 축소하는데 결정적인 의미를 지니고 있기 때문이다. 새만금, 안면도, 굴업도, 부안, 천성산, 한탄강 등 길고 긴 대형 공공갈등 사례의 목록은 그 동안 우리 사회가 지불한 천문학적 거래비용, 그것도 이미 매몰되어 버린 갈등비용을 그대로 반영한다. 그렇기에 현명한 CEO라면 의당 갈등관리를 체계화・조직화함으로써 거래비용을 줄이는데 관심을 기울일 것이고, 마찬가지로 국가 경영의 차원에서도 미리 미리 갈등관리의 인프라를 구축하여 적기에 갈등을 예방하거나 해결할 수 있도록 하는데 노력을 기울일 필요가 있다. 바로 이러한 견지에서 우리나라의 갈등관리역량을 업그레이드하기 위한 사회제도적 인프라를 구축한다는 목표 하에 구상된 것이 갈등관리기본법의 제정방안이었다.

2. 공공갈등관리법 제정 추진과정

第38차 국정과제회의(2004.2.12)에서 노무현 대통령은 대화와 타협을 통한 신뢰회복으로 사회적 합의의 틀을 마련하기 위하여 갈등관리기본법 제정, 갈등관리지원센터 설립 등 갈등에 대응할 수 있는 시스템을 구축할 것을 지시하였고, 갈등관리기본법은 이를 정부입법으로 추진하되, 지속가능발전위원회가 주관하여 법제정 시안을 마련하고 그 시안에 대하여 청와대(정책기획위, 정책실)와 협의하여, 주관부처를 정하고 법 제정을 추진하도록 하였다.

갈등관리기본법 초안 작성 작업은 2004년 3월부터 시작되었다. 홍준형 교수 등 9인으로 구성된 갈등관리기본법 준비팀이 마련한 초안은 2004년 7월에 전문가, 시민사회단체 및 각 부처 담당자의 의견 수렴을 거쳐 수정·보완되었고, 수정·보완된 법안은 2004년 9월에 대통령에게 서면으로 보고되었다. 법안에는 갈등영향분석제도 도입, 참여적 의사결정 기법 도입, 갈등관리위원회[1]의 설치, 갈등조정회의의 운영 등 공공갈등 관리를 위한 새로운 제도와 기구들에 관한 규정이 포함되어 있으며, 갈등관리지원센터의 설치 근거도 마련되어 있다. 결국 갈등관리기본법(안)은 참여정부가 추진하고 있는 새로운 갈등관리시스템의 주요 내용을 담고 있다고 할 수 있다. 2004년 10월 이 법의 제정 업무는 입법 주관 부처로 결정된 국무조정실로 이관되었고, 국무조정실의 입법추진과정에서 법의 명칭이 "갈등관리기본법"에서 "공공기관의 갈등관리에 관한 법률"로 변경되었다.[2] 지속위로부터 갈등관리기본법 제정 및 갈등관리지원센터 설립 업무를 이관 받은 국무조정실은 「입법지원팀」을 새로이 구성하여 갈등관리기본법의 명칭을 「공공기관의 갈등관리에 관한 법률」로 변경하는 등 지속위가 마련한 당초의 안을 수정·보완하였고, 수정된 법안은 입법예고('05.4.12.), 공청회('05.4.28.), 규제개혁위원회 심사('05.5.11.), 차관회의 심의('05.5.19.), 국무회의 의결('05.5.23.)을 거쳐 2005년 5월 27일에 국회에 제출되어 입법을 기다리고 있다.

---

1) 국무조정실의 수정·보완 과정에서 갈등관리위원회의 명칭이 갈등관리심의위원회로 변경되었다.

2) 정부의 정책 입안, 법령의 제·개정 및 공공사업의 시행을 둘러싼 공공갈등이 우리 사회 갈등의 핵심적 부분이고, 정부가 개입되지 않은 민간부문의 갈등, 즉, 민민갈등(民民葛藤)은 정부가 개입하기보다는 자율적 해결에 맡기는 것이 바람직하다는 것이 그 이유였다.

Ⅱ 공공갈등관리법안의 내용

「공공기관의 갈등관리에 관한 법률안」(아래에서는 '법안'이라 한다. 이하 같다.)은 공공기관의 갈등예방과 해결에 관한 역할과 책무, 절차에 관한 사항을 규정함으로써 공공기관의 갈등예방과 해결능력을 향상시키고, 공공기관과 국민 상호간에 대화와 타협 그리고 신뢰회복을 통한 합의의 틀을 구축하고 참여와 협력을 바탕으로 갈등을 원만하게 예방·해결함으로써 사회통합에 이바지하려는 것을 목적으로 천명하고 있다. 이러한 목적을 달성하기 위하여 법안은 공공기관의 갈등관리에 대한 책무, 갈등영향분석 제도화, 합의회의, 시나리오 워크샵, 시민배심제, 공론조사 등 갈등예방을 위한 참여적 의사결정방법의 활용, 갈등관리지원센터를 통한 지식정보자원 축적 및 기술지원, 대형공공갈등을 해결하기 위한 사회갈등조정회의의 설치 등을 규정하고 있다.

먼저 법제정의 의의를 살펴보고 법안의 개요를 설명해 보면 다음과 같다.

1. 법 제정의 의의

법제정의 의의는 2005년 4월 28일의 공청회에서 제시된 바 있듯이, 무엇보다도, 우리나라 최초로, 비록 적용대상이 공공갈등에 한정되어 있지만, 갈등관리시스템의 구축을 법제도화 하였다는 데에서 찾을 수 있다. 특히 '정책의 특정분야 또는 단계가 아닌, 전 과정(정책형성, 정책결정, 정책집행)의 갈등 예방과 해결을 위해 적용될 수 있는 시스템을 담고 있다'는 점에서 의미가 크다.[3)]

둘째, 법안은 공공갈등의 예방과 해결을 위한 공공기관의 책무(제4조)와 공공기관이 지켜야 할 원칙(제2장)을 규정하여 갈등관리가 정부와 공공기관의 책무임을 분명히 하였다는데 의의가 있다. 법안은 특히 제4조 ②항에서 '국가 및 지방자치단체는 갈등의 예방 및 해결과 관련된 법령 등을 이 법의 취지에 따라 정비해야 한다'고 규정함으로써 갈등관리를 위한 법제정비의 과제를 설정하여 입법정책적 파급효과를 높이고자 하였다.

셋째, 법안은 갈등의 예방 측면에 초점을 맞추고 있다. 특히 갈등예방에 필요한 갈등영향분석, 참여적 의사결정방법의 활용 등을 통해 이미 발생한 갈등의 해결보다는 갈등의 예방을 위한 제도적 수단을 마련하는데 관심을 기울이고 있다.

넷째, 법안은 과학적 정책 결정의 당위성을 강조하고 있다. 갈등영향분석은 경험적・과학적 조사 기법을 활용하여 정책 등의 갈등 잠재력을 평가하고 이러한 평가결과에 따라 참여적 의사결정 시행 여부를 결정하게 하는 데 목적을 두고 있다.

끝으로 법안은 갈등의 예방과 해결에 있어 민주적 절차의 준수를 강조하고 있다. 법안에서 도입한 갈등영향분석, 참여적 의사결정, 갈등조정회의 등은 모두 이해당사자의 참여와 합의의 정신에 기반을 둔 절차적 민주주의의 구현수단들이라 할 수 있다. 민주적 절차는 법안 제2장 '갈등 예방 및 해결의 원칙'에서도 강조되고 있다.[4)]

3) 이련주, "공공기관의 갈등관리에 관한 기본법안의 주요 내용," 국무조정실, 「공공기관의 갈등관리에 관한 기본법률(안) 공청회 자료집」. 8쪽.

4) 갈등 예방 및 해결의 원칙에는 '자율해결과 신뢰확보,' '참여와 절차적 정의,'

공청회에서도 잘 지적된 바와 같이, 법에 규정된 갈등 예방과 해결 절차들이 실효성 있게 작동할 수 있도록 하는 사회적 여건이 현실적으로 갖춰져 있는지 의문이 제기되기도 하지만,[5] 그러한 현실적 여건을 조성하는 일 자체가 이 법의 시행을 통하여 추구되어야 할 목표이기도 하다는 사실을 잊어서는 안 될 것이다. 그러한 뜻에서 이 법이 그 제정 취지와 목적을 실현할 수 있기 위해서는 그 제도적 메카니즘이 실효성 있게 작동할 수 있도록 하는 현실적 여건을 조성하는데 역점을 두어야 할 것이며 또한 그것이 이 법의 핵심적 성공요인이 될 것이다.

2. 법안의 개요

법안은 총 6개 장 24개 조와 부칙 3개 조로 구성되어 있다. 제1장에서는 법의 목적, 기본 이념, 용어 정의, 국가 및 지방자치단체의 책무 등을, 제2장에서는 갈등 예방 및 해결의 원칙, 제3장에서는 갈등 예방에 필요한 갈등영향분석 실시, 갈등관리심의위원회의 설치 및 운영, 참여적 의사결정방법의 활용 등을, 제4장에서는 갈등관리지원센터의 설치, 제5장에서는 갈등 해결에 필요한 갈등조정회의 설치 및 운영을 규정하고 있다. 제6장은 보칙으로 국가가 갈등관리 전문 인력 양성을 위한 시책을 수립할 수 있는 근거를 규정하고 있고, 부칙에서는 법의 시행일, 갈등관리지원센터 설립 준비, 갈등영향분석 및 갈등관리심의위원회의 시범 실시를 규정하고 있다(〈표 4-1〉 및 〈부록 1〉 참조).

'이익의 비교형량,' '정보공개 및 공유,' '지속가능한 발전의 고려' 등이 포함되어 있다.

5) 공청회에서 제기된 문제점은 국무조정실, 「공공기관의 갈등관리에 관한 기본법률(안) 공청회 자료집」. 23-47쪽을 참조하기 바람.

〈표 4-1〉 공공기관의 갈등관리에 관한 법률

구 분	주 요 내 용
제1장 총 칙 (1-5조)	○ 목적: 공공기관의 갈등예방 및 해결능력 향상 및 사회통합 기여
	○ 기본 이념: 대화와 타협 및 신뢰회복을 통한 합의의 틀 구축, 참여와 협력을 바탕으로 한 갈등의 원만한 예방과 해결, 민주사회의 지속가능한 발전에 기여
	○ 용어 정의: 갈등, 공공기관, 공공정책 등, 갈등영향분석, 갈등관리 등에 대한 정의
	○ 국가 및 지방자치단체의 책무: 종합적인 시책 수립, 법령 정비, 교육훈련 실시, 효율적인 갈등 해결 수단 발굴
	○ 다른 법률과의 관계: 다른 법률에 특별한 규정이 있는 경우는 적용 대상에서 제외
제2장 갈등 예방 및 해결의 원칙 (6-10조)	○ 자율 해결과 신뢰 확보, 참여와 절차적 정의, 이익의 비교형량, 정보 공개 및 공유, 지속가능발전의 고려
제3장 갈등의 예방 (11-16조)	○ 갈등영향분석(공공기관의 장이 실시) – 공공정책 등이 국민생활에 중대하고 광범위한 갈등을 유발할 우려가 있다고 판단되는 경우 갈등영향분석서 작성 – 공공기관의 장은 「공공사업을 시행하는 민간사업자」에게 갈등 영향 분석을 실시하게 할 수 있음
	○ 갈등영향분석서 – 공공정책 등의 개요, 이해관계자 확인 및 의견수렴내용, 관련 단체 및 전문가 의견, 갈등유발요인 및 주요 쟁점, 갈등 예방·해결을 위한 구체적인 계획 등
	○ 갈등관리심의위원회(공공기관에 설치) – 11인 이내, 관계 직원과 학식과 경험이 풍부한 자로 임명 또는 위촉, 위원장은 위촉위원 중에서 위촉 – 중립적이고 공정하게 활동 – 심의사항: 종합시책, 법령 정비, 다양한 분쟁해결 수단 발굴, 교육 훈련, 갈등영향분석, 민간 활동 지원 등 – 심의 결과는 정당한 사유가 없는 한 성실히 반영
	○ 참여적 의사결정 방법의 활용

	– 갈등의 예방·해결을 위해 사회적 합의의 형성이 중요하다고 판단되는 경우 활용하고, 그 결과를 추진과정에 충분히 고려
	○ 소관 행정기관에 대한 협조 요청 – 국가 및 지자체를 제외한 공공기관 및 공공사업을 시행하는 민간사업자는 자체적으로 갈등의 예방과 해결이 어려울 경우 소관 행정 기관에 협조 요청
제4장 갈등관리 지원센터 (17-19조)	○ 갈등관리 지원 등을 위해 갈등관리지원센터 설 – 법인 형태, 정부출연 가능, 목적범위 내에서 수익사업 가능 ○ 주요 기능 – 조사·연구, 교육·훈련 프로그램 개발, 전문가 양성, 갈등관리위심의위원회 활동 지원, 갈등영향분석 지원, 갈등조정회의 활동 지원, 민간부문 갈등관리 관련 활동 지원 등
제5장 갈등조정 회의 (20-22조)	○ 갈등조정회의의 설치 – 공공기관의 장이 필요시 사안별로 조정기능을 갖는 갈등조정회의를 둘 수 있음 ○ 갈등조정회의의 기본규칙 – 조정회의 구성과 운영은 당사자가 합의한 기본규칙에 따름 – 관련단체와 전문가 참여 가능 – 조정회의 합의사항은 법령 등에 위배되거나 중대한 공익을 침해해서는 안 됨 – 합의사항은 문서로 작성, 당사자 서명, 당사자를 구속
제6장 보칙 (23-24조)	○ 국가의 갈등관리 전문 인력의 양성(교육훈련, 자격제도 도입 등) 시책 수립 근거 ○ 갈등관리에 필요한 조사·연구, 교육·훈련 및 민간부문 갈등관리 활동에 대한 국가 및 지자체의 재정 지원 근거
부칙 (1-3조)	○ 공포 후 6월이 경과한 후 시행 ○ 갈등영향분석 시행 시기 – 지자체, 공공사업을 시행하는 민간사업자는 1년 6월이 경과한 후 시행 – 시행 시기 이전에도 시범적 실시 가능 ○ 갈등관리심의위원회 설치 시기 – 지자체 등 공공기관은 1년 6월이 경과한 후 시행 – 시행 시기 이전에도 시범적 설치 가능

[그림 4-1] 공공기관의 갈등 예방 절차

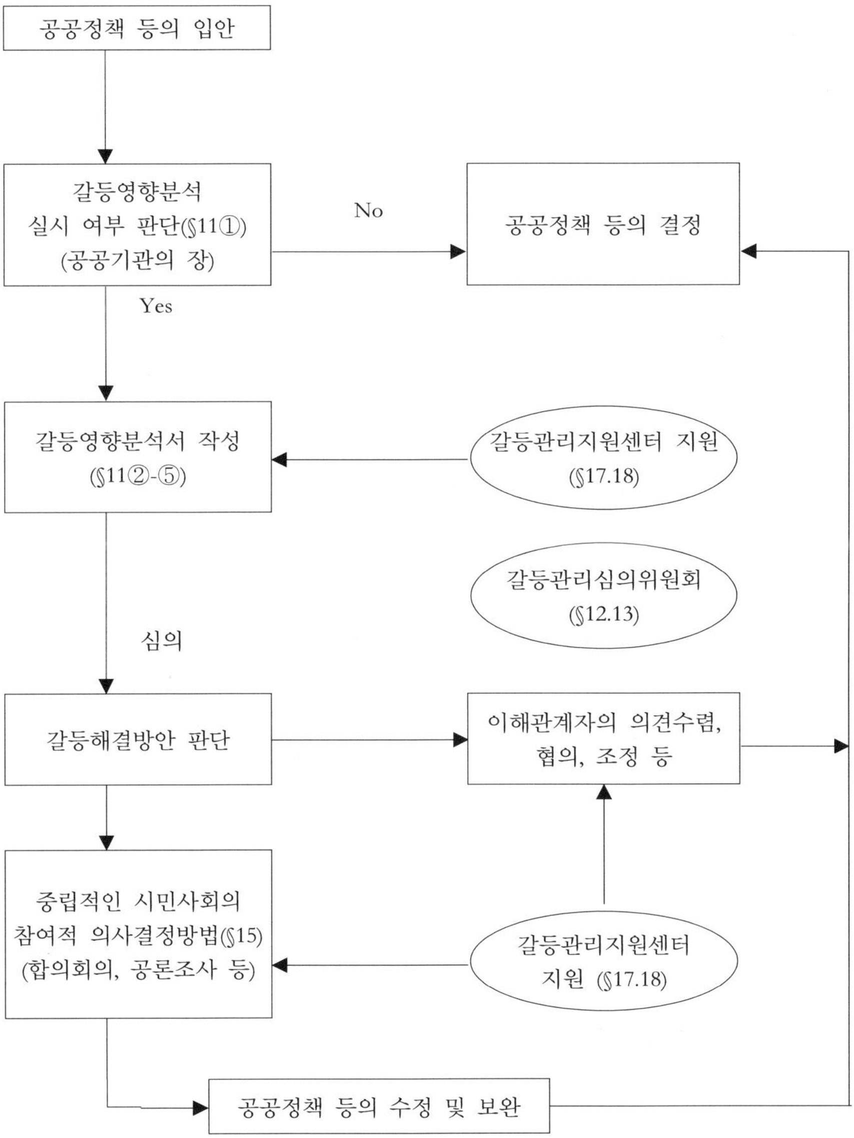

1) 갈등의 예방

법안이 도입하고자 하는 갈등관리시스템의 첫 번째 핵심요소는 갈등의 예방 프로세스이다. 갈등예방의 절차는 갈등영향분석의 실시, 갈등관리심의위원회의 설치 및 운영(심의) 및 참여적 의사결정방법의 활용을 통해 진행된다. 자세한 흐름도는 [그림 4-1]과 같다.

(1) 갈등영향분석

갈등영향분석(conflict impact assessment)이란 법령 등의 제·개정 또는 정책 또는 사업계획을 수립·시행·변경함에 있어 공공정책 등이 사회에 미치는 갈등 요인을 사전에 예측·분석하고 예상되는 갈등에 대한 대책을 강구하기 위한 일종의 조사·예측 활동이라 할 수 있다. 이것은 미국의 규제협상에서 시행되는 갈등분석(conflict assessment) 제도와 비교되는 과학적 의사결정을 위한 사전절차로서, 우리 법안의 경우 그 대상이 협상에 의한 규칙제정(rulemaking)에 국한되어 있지 않고, 법령 등의 제·개정 뿐 아니라 정책이나 사업계획의 수립·시행·변경에 적용되도록 되어 있다는 점에서 미국의 갈등분석제도와는 구별된다.

갈등영향분석의 주된 목표는 사안과 관련된 쟁점, 이해당사자, 이해당사자의 관심과 이해관계, 의견 일치와 불일치의 영역 등을 밝혀내고 합의 형성의 가능성을 진단하며, 적절한 합의 형성의 절차를 마련하는 것이다. 갈등영향분석서는 이러한 분석 작업의 결과를 서술한 보고서를 말한다.

법안에서는 “공공기관의 장은 대통령령이 정하는 공공정책 등을 수립·시행·변경함에 있어 국민생활에 중대하고 광범위한 영향을 주거나 국민의 이해 상충으로 인하여 과도한 사회적 비용이 발생할 우려가 있다고 판단되는 경우에는 해당 공공정책 등을 결정하기 전에 갈등영향분석을 실시할 수 있다고" 규정하여(제11조 ①항) 공공기관의 장이 실시 여부를 판단하도록 하고 있다. 갈등영향분석은 공공기관이 수행할 수도 있지만, 제도를 일찍 도입한 외국의 경우 대체로 전문가 집단 또는 전문기관이 수행하고 있다.

갈등영향분석서에는 "1. 공공정책 등의 개요 및 기대효과, 2. 이해관계자의 확인 및 의견조사 내용, 3. 관련단체 및 전문가의 의견, 4. 갈등유발요인 및 예상되는 주요 쟁점, 5. 갈등을 예방・해결하기 위한 구체적인 계획, 6. 그 밖에 갈등의 예방・해결을 위하여 필요한 사항으로서 대통령령이 정하는 사항"(제11조 ⑤항) 등이 포함되어야 한다. 또한 "공공기관의 장은" "갈등영향분석을 위하여 대통령령이 정하는 바에 따라 갈등영향분석서를 작성하여" "갈등관리심의위원회에 심의를 요청하여야 한다"(제11조 ②항).

(2) 갈등관리심의위원회의 설치·운영

갈등관리심의위원회는 공공기관에 대하여 갈등의 예방, 해결 등에 관한 심의, 자문, 조언 등을 통해 갈등관리정책의 수립, 시행을 지원하기 위한 정책지원기구로서 설계되었다. 법안에 따르면, "갈등관리와 관련된 사항을 심의하기 위하여 대통령령이 정하는 바에 따라 공공기관에"(제12조 ①항) 설치하도록 되어 있고, 위원회는 위원장을 포함하여 11인 이내의 위원으로 구성하도록 되어 있다(제12조 ②항). 위원은 공공기관의 장이 "소속 관계직원과 갈등의 예방과 해결에 관한 학식과 경험이 풍부한 자 중에서" "임명 또는 위촉하되, 위원장은 위촉위원 중에서 위촉한다."(제12조 ③항) 따라서 위원장은 민간인이 맡게 되어 있다.

갈등관리심의위원회의 심의 사항은 "종합적인 시책의 수립·추진에 관한 사항," "법령 등의 정비에 관한 사항," "다양한 갈등해결 수단의 발굴·활용에 관한 사항," "교육훈련의 실시에 관한 사항," "갈등영향분석에 관한 사항," "갈등의 예방·해결에 관한 민간 활동의 지원에 관한 사항" "그 밖에 갈등의 예방·해결에 관하여 공공기관의 장이 필요하다고 인정한 사항" 등이다.(제13조) 이 중에서 갈등 예방 절차와 직접적으로 관련되는 것은 갈등영향분석서의 심의이다.

법안은 "공공기관의 장 등은 정당한 사유가 있는 경우를 제외하고는 제13조의 규정에 의한 갈등관리심의위원회의 심의 결과를 공공정책 등의 결정과정 또는 사업시행과정에 성실히 반영하여야 한다."고 규정함으로써(제14조) 제도의 실효성을 기하려는 입법취지를 분명히 하고 있다.

(3) 참여적 의사결정방법의 활용

갈등 예방 절차의 최종 단계는 참여적 의사결정이다. 법안은 공공기관의 장 등은 갈등관리심의위원회의 "갈등영향분석에 대한 심의 결과 갈등의 예방·해결을 위하여 이해관계자·일반시민 또는 전문가 등의 합의"가 "중요한 요인으로 판단되는 경우에는 이해관계자·일반시민 또는 전문가 등이 참여하는 의사결정방법을 활용할 수 있다"고 규정하고 있다.(제15조 ①항) 또한 "공공기관의 장 등은 참여적 의사결정방법의 활용 결과를 공공정책 등의 결정과정에서 충분히 고려하여야 한다"고 규정하고 있다(제15조 ②항). 이처럼 법안이 참여적 의사결정방법의 활용을 규정하면서도 이를 의무화하지

〈표 4-2〉 참여적 의사결정방법의 특성 비교

	갈등의 성격	갈등의 범위	이해 당사자	대표성/ 심사숙고성	성격/사례
합의회의	가치갈등	전국적, 지역적	전국민	대표성 낮고 심사숙고성 높음	-전문가 의견 수렴 -생명복제기술
시민 배심원	가치갈등	전국적, 지역적	전국민	↑	-구조화된 시민참여수
시나리오 워크샵	가치갈등 이해관계 갈등	지역적	전지역민		-정부, 전문가, 산업계, 시민참여 작업모임
규제 협상	이해관계 갈등	전국적, 지역적	뚜렷한 이해당사자 존재	↓	-행정규제에 영향받는 집단과 합의 -규제정책
공론 조사	가치갈등 이해관계 갈등	가치갈등 이익갈등	전국민, 특정집단	대표성 크고 심사숙고성 낮음	확률표집으로 대표성을 가진 집단의 토론을 통한 의견수렴

자료: 대통령자문 지속가능발전위원회, 갈등관리시스템구축방안(2003.12.31), 171면에서 인용.

않고 공공기관의 장의 재량적 선택에 맡긴 것은 갈등의 본질, 종류나 양상에 따라서는 참여적 의사결정방법의 적용이 적절치 못한 경우도 있을 수 있고, 참여적 의사결정방법들이 아직은 그 실시를 의무화할 수 있을 만큼 정형화되어 있지도 못할 뿐만 아니라 참여적 의사결정의 취지에 비추어 보더라도 오히려 개별구체적인 갈등유형별로 참여적 의사결정의 방법과 절차를 탄력적으로 설계하여 시행하는 것이 타당하다는 판단에 따른 것이다.

그런 이유에서 법안은 참여적 의사결정방법의 구체적인 종류나 형태에 대해서는 명시하지 않고 있다. 법안이 시행령에 그 구체적 규율을 맡기고 있는 이상, 시행령이 제정되면 어느 정도 구체적인 모습이 드러나겠지만, 반드시 일률적으로 고정된 형태의 의사결정방법들이 배타적으로 채택되기를 기대7할 수는 없을 것이고 또 그렇게 해서도 안 될 것으로 생각된다. 지금까지 가장 널리 알려져 있고 상대적으로 빈번히 사용되어 온 참여적 의사결정방법으로는 합의회의(consensus conference), 시민배심원제(citizen's juries), 공론조사(deliberative poll), 협상에 의한 규칙제정 또는 규제협상(negotiated rulemaking), 시나리오 워크샵(scenario workshop) 등을 들 수 있다.

2) 갈등의 해결: 갈등조정회의의 설치·운영

갈등의 해결 절차는 갈등의 예방 절차와 비교할 경우, 상대적으로 단순하다. 갈등 해결 절차는 갈등조정회의라는 단일 기구의 운영을 통해 이루어지지기 때문이다. 갈등 해결 절차의 흐름도는 [그림 4-2]에서 보는 바와 같다.

법안에 따르면 공공기관의 장이 공공정책 등으로 인하여 갈등이 발생했을 때, "발생한 갈등을 조정하기 위하여 필요하다고 판단되는 경우에는 사안별로 사회적 합의촉진을 위한 갈등조정회의"를 둘 수 있게 되어 있다(제20조 ①항). 갈등조정회의는 사안별로 설치된다는 점에서 상설기구인 갈등관리심의위원회와 다르다.

갈등조정회의의 "구성과 운영은 공공기관과 이해관계자간(이하 "당사자"라 한다)의 합의에 의하여 정하는 기본규칙을" 따르며,(제21조 ①항) "당사자가 필요하다고 인정하는 경우 관련단체와 전문가를 조정회의에 참석시킬 수" 있도록 되어 있다(제21조 ②항).

갈등조정회의의 "합의사항은 문서로 작성하고 당사자가 서명하여

야" 하며(제22조 ①항), 당사자는 "합의사항을 신의에 따라 성실하게 이행하여야 한다."(제22조 ③항)

[그림 4-2] 공공기관의 갈등 해결 절차

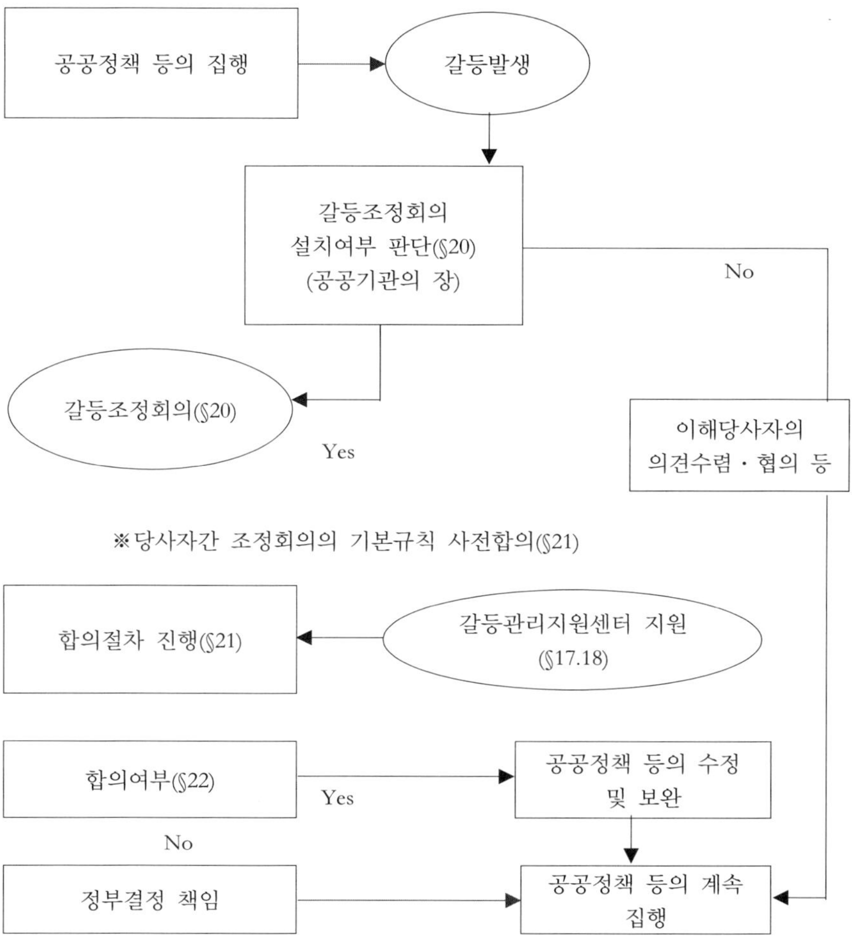

3) 갈등관리의 지원: 갈등관리지원센터의 설치·운영

법안은 갈등관리를 위한 조사·연구, 교육훈련, 전문가 양성과 공공기관의 갈등관리 지원 등을 위하여 갈등관리지원센터를 설립하도록 규정하고 있다(제17조 ①항 및 ②항). 갈등관리지원센터는 국무조정실 산하의 공법인(정부출연기관)의 형태로 설치되도록 예정되고 있다.

지원센터의 기능은 "갈등의 예방·해결을 위한 정책 조사·연구," "갈등의 예방·해결을 위한 법령·제도·문화 등의 조사·연구," "갈등의 예방·해결 과정과 관련된 매뉴얼 작성·보급," "갈등의 예방·해결을 위한 교육훈련 프로그램의 개발·보급·지원," "갈등의 예방·해결을 위한 관련전문가 양성," "갈등영향분석에 관한 지원," "갈등관리심의위원회의 활동 지원," "참여적 의사결정방법의 활용 지원," "갈등조정회의 활동 지원," "민간부문의 갈등관리와 관련된 활동의 지원," "그 밖에 갈등의 예방·해결을 위한 지원에 관하여 필요하다고 인정되는 사업으로서 대통령령이 정하는 사업" 등이다(제18조 ①항).

지원센터는 "목적달성의 범위 내에서 필요한 경비를 조달하기 위하여 대통령령이 정하는 바에 따라 수익사업을 할 수" 있으며(제18조 ②항), "정부는 지원센터의 설립·운영에 필요한 경비를 예산의 범위 안에서 출연할 수 있다."(제19조 ①항)

Ⅲ 공공갈등관리법의 주요쟁점

1. 입법의 필요성 여하

우리 사회가 안고 있는 모든 사회갈등들이 법을 제정한다고 해서 완전히 해결될 수 있는지 의문이 제기된다. 그러나 이 법률은 사회갈등 전반을 직접 해결 또는 관리하기 위한 법이 아니라, 공공정책 추진과정에서 발생할 수 있는 갈등을 사전에 예방하고 그 폐해를 감소시키며, 가장 적절하고 효율적인 방법으로 갈등을 해결하기 위한 갈등관리활동을 위한 제도적 기반을 구축하기 위하여 필요한 법이다.

주요 선진국들도 공공갈등에 효과적으로 대응하는 법적·제도적 장치를 마련해 왔다. 미국의 행정분쟁해결법(96), 협상에 의한 법규제정법(96)이나 일본의 ADR기본법(04)이 그 대표적인 예로서 이를 통해 공공갈등의 효율적 해결을 위한 법제도 보완의 필요성이 있음을 잘 알 수 있다.

아울러 이러한 법을 '법률'의 형식으로 제정할 필요가 있는지, 기존의 법률만으로도 충분히 갈등을 해결해 나갈 수 있는데 굳이 별도의 법률을 만들 필요가 있는지 의문이 제기되기도 한다. 그러나 이 법률은 중앙행정기관은 물론 지방자치단체, 공공단체까지 적용대상으로 하고 있고, 행정기관 또는 공공단체의 행정내부절차가 아니라 공공정책 추진과정에서 이해관계를 가지는 시민들의 참여를 가능케 하는 절차를 일회성 처방으로서가 아니라 지속적인 행정제도적 인프라로서 발전시켜 나가기 위해 필요한 법이며, 그러한 법률이 없이도 행정기관이나 공공단체에서 효과적인 갈등관리를 위한 노력들이 체계적·조직적으로 이뤄진다면 좋겠지만, 법제도적 근거 없이 그와 같은 행정문화나 패러다임의 변화를 기대하기는 곤란하므로 이를 법률로 제도화하는 것이 절실히 요구된다. 아울러 기존의 법률로도 갈등해결이 충분하지 않은가 하는 의문에 대해서는 현실적으로 기존의 법제도는 주로 갈등의 사후해결에 초점을 맞춘 것이 주종을 이루고 있어 갈등의 사전 예방이나 대응에 주효하지 않은 경우가 많고, 발생한 갈등들 가운데는 기존의 법률로도 해결되지 못하거나 갈등의 특성이나 정치적·사회적 맥락에 따라 기존의 법제도가 소기의 역할을 수행하지 못하고 아예 배제되는 경우가 드물지 않게 발생한다. 따라서 기존 법제도의 공백이나 미흡한 부분, 사각지대 등을 메우는 동시에 기존의 법제도가 투입 또는 사용되기 이전에 갈등의 예방, 해결을 위한 다양한 제도적 접근이 필요하게 된다. 특히 주요 선진국에서 사회갈등의 해소방안으로 활용되고 있는 갈등영향분석, 참여적 의사결정, 갈등조정회의 등을 적극적으로 수용하여 사회적 합의형성(Consensus Building)의 수준을 높여나가기 위해서도 그러한 법률의 제정이 필요하다. 이 법률이 제정·시행되면 건설, 환경 등 관련분야별 법령에 그와 같은 내용이 반영됨으로써 국가 전체의 갈등관리를 위한 제도적 인프라와 갈등관리역량이 전체적으로 발전될 수 있을 것으로 기대된다. 또한 실무적 관점에서 보더라도 이 법률과 기존의 법률들 간에 상충되거나 중첩되는 내용은 거의 없기 때문에 법률의 중복문제는 발생하지 아니한다.

2. 법의 실효성 문제

이 법률이 주로 임의규정으로 구성되어 있다는 점에서 이 법률의 실효성에 의문을 제기하는 견해가 있다. 그러나 가령 참여적 의사결정방법을 도입, 활용하도록 하면서 이를 강행규정으로 강제하는 것은 현명한 방법이 아니며, 행정의 현실적합성, 탄력성의 측면에서 보더라도 행정기관이나 공공단체들이 이 법률의 취지나 규정에 의거하여 체계적, 적극적으로 갈등관리시스템을 구축하여 활용해 나가도록 하는 것이 중요하지 이를 일률적으로 강제하는 것만이 능사가 아니라는 사실을 인식할 필요가 있다. 즉, 규범의 강제성이 아니라, 그 시스템 구축, 정책향도 및 정당화 기능을 통해 실효성을 확보할 수 있으며, 외국에서도 공공갈등이 심각해지면서 갈등에 대한 과학적 · 체계적 대응이 강조되고 있다. 특히 이 법률에 의한 갈등의 예방이나 해결을 위한 시도들이 실패한다 하더라도 공정하고 중립적인 절차를 거친 이상 그 공공정책을 힘과 명분을 갖고 정부 책임하에 추진할 수 있게 되는 효과도 기대할 수 있다. 아울러 현행법상 갈등해결기제인 각종 조정 · 중재 등의 제도들도 권리구제수단으로서의 특성상 대부분 임의규정으로 되어 있고, 미국과 일본의 갈등관련법도 주로 임의규정 중심으로 되어 있음을 감안할 필요가 있다.

3. 정부 · 공공기관의 책임 실종 문제

이 법률에 대한 비판 가운데는 그 같은 갈등관리시스템을 만들어 결국 시민단체나 비정부기관 등이 정부정책을 좌지우지할 수 있게 되는 결과를 초래할 것이라는 우려가 두드러진다. 그러나 이 법률은 갈등 문제에 대한 체계적 접근, 절차의 중립성과 공정성 등을 규정하고 있을 뿐, 정부나 시민단체 그 누구에게도 유리한 법이 아닐뿐더러, 오히려 정부나 공공기관에게 갈등관리책임을 분명히 부과하는 것을 주된 내용으로 하고 있고, 오히려 정부가 갈등해결의 타이밍을 놓치거나 즉흥적이고 일관성 없게 정책을 추진하지 못하도록 예방하는 효과를 기대하고 있다. 따라서 이 법률은 참여적 방식에 의한 갈등관리 못지않게 정부책임의 강화를 위한 법이라고 할 수 있을 것이다.

4. 갈등관리지원센터의 설립 필요성 문제

행정조직의 비대화를 우려하면서 굳이 갈등관리지원센터라는 기구를 신설할 필요가 있는지 의문이 제기되기도 한다. 그러나 정부기관의 갈등관리를 지원하는 전문기관이 필요하다. 국내에 갈등관리 전문 인력이나 자료가 충분하지 않는 현 상황에서 약 36개의 중앙행정기관[6]과 251개의 지방자치단체, 그리고 갈등이 빈발하는 다수의 정부산하기관(한국전력공사, 한국도로공사 등)이 제대로 갈등관리를 하기 위해서는 범정부 수준에서 전문적인 갈등관리지원기구를 마련하는 것이 무엇보다도 시급하고 절실하다. 특히 이 기구는 취약한 갈등관리 인프라 확충을 위해 필요하다. 갈등관리지원센터는 지원, 연구, 교육 등 3가지 기능을 수행한다. 갈등영향분석의 실시와 참여적 의사결정을 통한 합의형성절차 설계와 같은 갈등관리지원기능, 갈등

6) 중앙행정기관 18부 4처 17청 가운데 외교, 통일, 국방 등 외교안보부처와 집행기능을 갖지 않는 일부 부처는 제외되지만 대부분의 중앙행정기관이 본 법률(안)의 적용대상에 포함될 것임. 구체적인 적용대상 부처는 대통령에 명기될 것임.

정책 연구 및 갈등사례 DB 구축 등 연구조사기능, 그리고 갈등전문가 양성을 위한 교육기능이 그것이다. 외국의 경우에도 갈등관리를 지원하기 위한 전문성을 갖춘 독립적 정부기관이나 공공기관이 설치되어 있고, 특히 의회가 갈등관리지원기구를 설치해 정부가 의회에 법률을 제출하기 이전에 갈등을 사전에 예방하도록 하고 있는 경우도 있다. 이 기구는 갈등관리를 위한 서비스시장을 창출하는 등 민간부문의 인적·물적 인프라 구축을 지원하고 사회전반에 갈등관리의 중요성에 대한 공공의 인식(public awareness)을 확산시키는데 기여할 것이다.

Ⅳ 결 론

갈등에 관한 경험과 교훈들은 축적되지 않고 쉽사리 사장되는 경향이 있다. 비슷한 갈등이 반복되고 악화되는 것도 바로 그 때문이다. 갈등관리 분야의 세계적 석학인 MIT의 서스카인드(Susskind) 교수는 갈등해결과정에서 얻은 교훈들이 쉽게 소실되고 확산·계승이 어려우며 실제로 일상생활에 적용하여 편익을 얻기도 쉽지 않다고 토로한 바 있다. 이는 무엇을 말하는가? 갈등관리에 관한 법제도적 인프라를 구축할 필요가 있다는 것이다. 갈등관리에 관한 많은 연구와 논의들을 통해 확인되는 가장 중요한 정책인식은 갈등의 처리과정에서 얻은 경험과 교훈들을 지속적으로 확산·공유하기 위해서는 갈등관리를 위한 법제도적 인프라를 구축하는 것이 중요하고 시급하다는 것이다. 우리나라는 전문 인력이 턱없이 부족하고, 정책결정자나 갈등당사자들 모두 인식수준이 낮아 자율적 갈등조정이 어렵기 때문에 체계적으로 정책·사회 학습의 기회를 부여하는 것이 필요하다. 일각에서는 법안이 주로 임의규정으로 돼 있어 실효성이 의문시된다거나 굳이 법제화가 필요한지, 반대로 시민참여를 너무 보장하여 오히려 갈등을 조장·확대하는 결과가 되지는 않을지 주저하는 모습도 보인다. 그러나 분명한 것은 기존 법제도들이 개인주의적 한계로 인해 집단갈등의 당사자들로부터 철저히 외면당하고 있고, 적절한 해법이 없는 공공갈등에 대한 포괄적인 갈등조정메커니즘이 필요하다는 사실, 그리고 갈등관리관련 교훈과 기술, 지식정보자원을 집약하여 관리하고 지원할 수 있는 기구가 절대적으로 요구된다는 사실이다. 사회적 갈등조정이나 참여적 의사결정방법의 경우 강행규정으로 경직시키는 것보다는 임의규정으로 도입하되 최대한 사정에 맞게 융통성 있게 운용하는 것이 바람직하다. 그동안 대형국책사업의 경우 사업 타당성도 문제였지만, 정부의 잘못된 접근방법으로 일을 그르친 경우가 더 많다는 이구동성의 지적을 감안할 때, 선진국에서 성공사례를 쌓아온 참여적 의사결정방법의 활용을 시민사회 과보호로 곡해할 이유는 없다. 요컨대, 공공갈등관리법의 제정은 우리 시대에서 요구되는 가장 절실한 입법과제이다.

「공공기관의 갈등관리에 관한 법률안」에 담겨져 있는 갈등관리 절차는 대부분 갈등관리시스템을 잘 갖추고 있는 선진국의 경험을 참조하여 설계된 것들이다. 이들 절차들은 이해당사자의 참여 하에 민주적 의사결정 과정을 거쳐 합의를 이루고자 한다는 점에서 행정기관의 권한과 사법부의 판단에 주로 의존해 온 과거의 갈등 해결방식보다는 진일보한 갈등관리 방식이라 할 수 있다. 이들 절차가 제도화될 경우 아직 우리 사회에서 도입단계에 있는 참여민주주의, 숙의

민주주의 및 거버넌스체제도 한 단계 발전해 나갈 것으로 기대된다.

그러나 참여적 의사결정이나 조정·중재·협상과 같은 새로운 갈등관리 절차가 법제화되었다고 해서 과연 그 절차들이 실효성 있게 운영되고 입법 취지대로 갈등이 크게 예방되고 원만하게 해결되기를 기대해도 좋을 것인가? 결론적으로 새로 도입되는 절차적 접근이 제대로 착근되기 위해서는 최소한 두 가지 조건이 추가적으로 충족되어야 한다. 그 하나는 갈등관리 절차를 수행해 나갈 전문 인력의 양성이고 다른 하나는 제도의 원활한 작동을 뒷받침해 줄 사회적·문화적 인프라의 구축이다.

먼저 전문 인력의 양성이 요구되는 이유는 갈등영향분석, 참여적 의사결정방법 및 갈등의 조정·중재·협상이 우리나라에서 갈등에 적용된 사례가 아직 많지 않기 때문이다. 공공갈등에 국한시킬 경우 이들 절차의 활용 경험이 더욱 적다. 참여적 의사결정방법과 조정·중재·협상은 그나마 소수의 적용 사례를 찾을 수 있지만, 갈등영향분석은 금번 법 제정과 관련하여 국무조정실 주도 하에 시행되고 있는 시범사업 사례를 제외하면 적용 사례가 거의 전무하다 해도 과언이 아니다. 따라서 각각의 절차에 따라 양성해야 할 전문 인력의 규모는 다르겠지만, 전반적으로 전문 인력의 양성은 시급한 과제이다. 이러한 문제의식에서 금번에 지속위가 갈등관리 전문 인력 양성에 필요한 교재 개발과 워크샵을 추진하게 되었다. 법안의 보칙에도 규정되어 있듯이 향후 정부는 갈등관리 전문 인력 양성을 위한 교육·훈련과 자격제도 도입에 적극적으로 나서야 할 것이다.

갈등관리와 관련된 사회적·문화적 인프라는 갈등관리를 위한 제도적 절차를 떠받쳐 주는 사회적·문화적 토대이다. 갈등관리를 위한 사회적 인프라의 핵심은 결국 사회적 자본(social capital)이다. 사회적 자본은 사회구성원들이 상호 이익을 증진시키기 위한 조정과 협력을 촉진시켜주는 사회적 연결망, 신뢰, 규범 등과 같은 사회조직 상의 특성이라 할 수 있다. 특히, 신뢰는 참여적 의사결정방법과 갈등 조정·중재를 가능케 하는 조건이다. 갈등 조정자, 전문가 그리고 심지어 갈등 상대자가 약속을 성실하게 지킬 것이라는 기대, 즉 선의(good will)에 대한 믿음이 없이는 어떤 절차도 제대로 작동할 수 없다. 이런 선의에 대한 믿음이 사람들로 하여금 결과가 불투명한 갈등관리과정에 위험을 감수하면서 참여하게 하고 그 결과를 따르게 한다.

문화적 인프라는 화해와 평화를 중시하는 가치 구조를 말한다. 갈등이 불가피한 보편적 사회적 과정이라면, 화해는 이를 초월해가는 과정이고 평화는 화해의 결과로서 오는 상태라고 할 수 있다. 갈등이 수단적 가치라면 화해와 평화는 궁극적 가치이다. 화해와 평화가 갖는 궁극적 가치를 인정할 때 타협, 양보, 관용, 승복을 소중히 여기는 가치가 확산될 수 있다. 지금 우리 사회 일각에서는 타협은 회색을, 양보는 패배를 의미하는 것으로 통용되고 있다. 한 쪽에서는 합의를 지키지 않더라도 목적을 이루어내면 된다는 절차무용론도 자리 잡고 있다. 그러나 우리사회에도 화해와 평화를 소중히 여기는 굳건한 전통이 있었음은 분명하다. 상대의 처지를 공감적으로 이해하고자 하는 역지사지(易地思之)의 정신은 오늘날에도 화해의 출발점이 될 수 있다. 또한 "싸움은 말리고 흥정은 붙여야 한다"는 경구도 갈등 해소와 협상·타협의 중요성을 강조하는 우리의 문화적 자원이다.

마지막으로 갈등관리시스템 정착을 위한 시민사회와 정부의 역할에 대해 약간의 언급을 추가하고자 한다. 우선 시민사회는 갈등관리에 필요한 사회적 · 문화적 인프라 구축에 적극적으로 나서야 한다. 신뢰 사회 구축과 화해 문화의 창출은 정부 주도로 이루어지기보다는 시민 주도로 이루어지는 것이 바람직하기 때문이다. 이와 함께 시민운동은 합리적 의사소통을 기조로 하는 새로운 운동양식을 창출해 나갈 것이 기대된다. 비록 갈등관리시스템 구축은 정부에 의해 시작되었지만, 그 완성은 시민사회의 적극적인 참여를 통해서만 달성될 수 있다고 본다.

또한 갈등관리시스템의 정착을 위해서는 정부 부문에서의 변화 역시 절실히 요구된다. 새로운 공공갈등 관리 절차로 도입될 참여적 의사결정과 갈등 조정 절차는 정책 결정에 있어서 이해당사자의 참여 폭을 획기적으로 확장시키는 조치이다. 어떤 점에서 이러한 절차를 도입한다는 것 자체가 이미 행정 패러다임(paradigm)의 대전환을 의미한다고 할 수 있다. 따라서 공직사회의 대대적인 인식 전환이 수반되지 않고서는 새로운 절차가 제대로 정착되기 어렵다. 특히 그동안 시민의 정책 결정 참여 요구를 수용하는 데 장애물로 작용해 온 지나친 효율성의 논리, 법규 만능주의적 사고, 행정편의주의 등은 불식되어야 한다. 또한 갈등 예방과 해결이 의미 있게 이루어지기 위해서는 개발사업 등의 추진에 있어서 투명성이 전제되어야 한다. 한탄강댐 갈등 조정의 경우, 조정 절차에 의해 천변 저류지와 축소된 홍수조절용 댐이 결론으로 도출된 후, 감사원의 감사 결과 댐 건설 계획 수립 과정에 부실한 자료 등의 문제점이 있었던 것으로 밝혀짐으로써 다시 원점에서 사업의 타당성이 재검토될 수밖에 없는 사태가 빚어졌다. 공공사업 수행 과정의 투명성은 갈등 예방을 위해서도 필요하지만, 갈등 해결 절차가 의미 있게 이루어질 수 있는 기반이 된다.

제 5 장 대체적 분쟁해결제도(ADR)

홍 준 형*

I 서 론

1. 대체적 분쟁해결제도의 발전

재판은 법원이라는 국가기관에 의한 사법적 분쟁해결방법이다. 그것은 현대 법치국가에 있어 분쟁해결을 위한 정규적 절차로 간주된다. 그러나 재판에 이르기 전까지 또는 재판과는 무관하게 분쟁이 해결될 수도 있다. 이 경우 분쟁은 도피(flight) 또는 투쟁(fight)이라는 일방적 결정에 의하여 해소되거나 당사자간의 합의, 또는 제3자의 관여에 의하여 해결된다.[1] 이러한 재판외적 분쟁해결방법들은 재판

*서울대학교 행정대학원 교수.

1) 'flight'란 불만이 있는 당사자가 자신의 자존심을 억누르고 문제를 잊는 심리적 행태를 말한다(宋相現, "裁判에 의하지 아니한 紛爭解決方法의 理念과 展

을 '대체'하는 것은 아니지만[2] '재판을 보완하는 대안적 수단으로' 이용될 수 있다는 점에서 이를 대안적 또는 대체적 분쟁해결(Alternative Dispute Resolution: ADR)[3]이라 부른다. 대체적 분쟁해결제도는 1960년대 후반 미국을 필두로 전통적 사법제도의 결함을 보완할 수 있는 대안으로서 각광을 받아 왔다.[4] 그리하여 1988년 80여만명의 변호사를 회원으로 하는 미국변호사협회는 일반 실무분과의 발제문에서 다음과 같이 지적하였다:

> 「"대체적 분쟁해결"(ADR)은 조용히 법실무의 주류에 스며들어 왔다. 어떤 사람들에게는 ADR을 언급하는 것만으로도 분쟁을 처리하는 일련의 수단들이 소송보다 더 빠르고 더 나은 결과를 가져오는지 여부에 대한 논란을 연상시키는 반면, 다른 사람들에게 ADR은 전통적인 법적 협상과 합의의 관념을 상기시킨다. 지난 20년간 ADR은 분쟁의 처리, 절차 및 자원의 풍요한 보고(cornucopia)가 되어 버렸고, 분쟁에 대한 전통적인

望", 『人權과 正義』, 1994/7(통권 215호), 8).

2) 그런 이유에서 '대체적'이란 수식어를 빼고 단순히 '紛爭解決'(dispute resolution) 또는 '紛爭處理'(dispute processing)라는 용어를 사용하는 경우가 늘고 있다 (Goldberg et al. 1985; Riskin/Wesbrook, 1987; Felstiner, 1974).

3) ADR의 개념에 관하여는 Carnevale, D.G., Alternative Dispute Resolution: An Illustrative Case in the US Postal Service, Public Administration Review, Vol. 14, No. 1, 1989; Folberg, J./Taylor, A., Mediation: A Comparative Resolving Guide to Conflicts Without Litigation, San Francisco: Jossey-Bass Publishers, 1986; Kanowitz, L., Alternative Dispute Resolution, 1990, Supplement, 2Vols. West; Frank P. Grad, Alternative Dispute Resolution in Environmental Law, Columbia Journal of Environmental Law, Vol. 14, 1989, pp. 157-185; Wex, alternative dispute resolution (adr): an overview(http://www.law.cornell.edu/wex/index.php/ADR 2008.1.8 검색); 金暎洙, 『地方自治團體間 紛爭調整方案』(한국지방행정연구원, 1994.2.), p. 46 등을 참조.

4) Sander, 1985: 97; Mackie, 1991: 1; Richard L. Abel, The Politics of Informal Justice, Vol. 1, American Experience, Academic Press, 1982, p. 269. 미국의 대체적 분쟁해결법(Alternative Dispute Resolution Act of 1998)의 시행결과와 문제점에 대한 최근의 보고로는 Nabatchi, Tina. (2007). The Institutionalization of Alternative Dispute Resolution in the Federal Government, *Public Administration Review;* July/August 2007, pp. 646-661을 참조.

접근방법을 대치하기 보다는 보완하는 모든 방법을 의미하게 되었다. 그 명칭과는 반대로 ADR은 대안이나 대체물은 결코 아니다: 그것은 변호사들의 기존의 직업적 연장상자(Toolbox)에 또 하나의 유용한 연장을 추가해 주는 것이기 때문이다」(Dispute Resolution First Aid Kit for Attorneys, ABA General Practice Section, 1988, Introduction).

대체적 분쟁해결의 출현과 확산은 미국법에서 가장 의심심장한 변화 중 하나였으며, 연방정부가 갈등을 다루는 방식에 심대한 영향을 끼쳤다(Senger, 2000).[5)]

이처럼 대체적 분쟁해결제도가 하나의 운동으로 추구될 정도로 풍미할 수 있었던 철학적 뿌리는 미국의 1960년 세대의 철학적·직업적 영향에서 연유한 관심들의 집결되었다는데 있었다. 지역사회로부터 세계적 맥락으로 이동된 분쟁의 평화적 해결에 대한 관심, 기존의 사회적 분쟁해결제도가 소비자가 주도하는 사회의 새로운 도전에 대응하는데 실패했다는 인식, 살아 있는 공동체와 그에 상응하는 공동체적 정의의 추구에 대한 새로운 강조, 의뢰인의 자기지향(self-direction)이 중시됨에 따른 직업적 전문성 및 지위 개념의 손상, 공동체적 사회에서 관측되는 의미와 구조면에서 보다 단순하고 관료주의와 직업적 독점에 의해 덜 오염된 형태의 분쟁해결메카니즘에 대한 인류학적 연구의 성행 등이 그러한 시대적 분위기를 구성하는 배경이었다(Mackie, 1988: 2). 여기에 당시 점증하는 사건부담과 재판의 정체를 극복하기 위한 방안을 강구하는데 부심했던 법원 관

5) 물론 미국에서의 ADR 법 및 ADR의 성과에 관해서는 논란이 있다. 가령 ADR 찬성론자들은 ADR이 신속하고 저렴하며 소송보다 더 양질의, 더 안정적인 결과를 가져온다고 주장하는 반면(Cannon 1985; Carnevale 1993; Senger 2004), 비판론자들은 ADR의 성과 평가를 위한 노력이 전반적으로 미흡하여 ADR의 이점을 경험적으로 입증하지 못했고 따라서 ADR 법의 영향 또한 제대로 평가하지 못했다고 주장한다(Bingham, 1997, 2002; Hensler, 1999; Sander, 2000).

계자들의 동조가 이루어짐으로써 이후 대체적 분쟁해결의 승승장구가 이어지게 되었던 것이다. 대체적 분쟁해결제도가 그 필요성에 동조한 다른 어느 분야보다도 당시 날로 "심화되는 소송의 병리"(deepening pathology of litigation)를 우려하면서 사회정의와 사회통제를 동시에 달성하기 위한 수단으로서 법제도 또는 유사법제도의 지배적 중요성을 강조했던 법학의 진영에서 꽃을 피울 수 있었던 것도 하등 이상한 일은 아니었다. 또한 분쟁회피적인 법문화를 지닌 일본을 위시한 동아시아권 국가에서 대체적 분쟁해결제도가 환영을 받았던 것이나,[6] 그것이 정규적인 재판제도가 제대로 기능을 발휘하지 못하거나 계속적 관계의 파국이라는 부작용을 가져왔던 분야에서 먼저 정착되기 시작했던 것도 이상한 일은 아니었다.[7] 그리하여 오늘날 대체적 분쟁해결제도의 사용은 보편적 현상이 되었다고 해도 과언은 아니다.[8]

2. 대체적 분쟁해결제도의 가치

대체적 분쟁해결제도가 약속하고 또 추구해온 목표는 Sander (1985: 3)와 Mackie(1988: 3)에 따르면 다음과 같이 요약된다.

---

6) 일본의 분쟁회피적 법문화에 관하여는 Takeyoshi Kawashima, Dispute Resolution in Contemporary Japan, in: Arthur Taylor von Mehren(ed.), Law in Japan: The Legal Order of a Changing Society, Tokyo; Tokiyasu Fujita, Streit-vermeidung und Streiterledigung durch informelles Verwaltungshandeln in Japan, NVwZ 1994, 136-137 등을 참조.

7) Micahel Freeman, Alternative Dispute Resolution, Dartmouth, 1995, xii.

8) 일례로 영국 정부는 2001년 3월 23일 정부 부처와 기관들이 모든 적합한 사안에 당사자들의 동의하에 Alternative Dispute Resolution (ADR) 기법에 의하여 법적 분쟁을 해결하도록 하겠다는 방침을 천명하였고, 이에 따라 매년 그러한 방침을 실효적으로 이행하고 있는지 여부를 조사하여 보고서를 공개하고 있다(http://www.dca.gov.uk/civil/adr/adr_reports.htm).

① 재판의 폭주, 과다한 비용과 지연의 완화
② 분쟁해결과정에 대한 지역사회의 참여 증진
③ 재판제도에 대한 접근의 촉진
④ 보다 "효과적인" 분쟁해결방법의 제공 - 비용, 속도, 만족, 순응 측면의 효과성[9]

송상현(1994: 11-15)은 대체적 분쟁해결제도의 이념을 다음과 같이 정리하고 있다.

① 법의 토착화수단
② 인류학적 검증결과의 반영
③ 이데올로기의 실현수단
④ 법원부담의 분산
⑤ 사법절차에 대한 불만해소
⑥ 국민의 사법구제절차참여를 통한 사법의 민주화
⑦ 분쟁의 근원적 · 총체적 해결
⑧ 다수당사자사건의 간편한 해결
⑨ 비밀유지

이러한 목표들이 그 약속대로 실현될 수 있는지, 또 얼마나 실현될 수 있는지는 그 제도가 자리 잡을 사회의 전통이나 문화, 정치사회적·경제적 여건을 떠나서는 일률적으로 단정할 수 없다는데 문제가 있다. 사실 대체적 분쟁해결제도에 대하여는 적지 않은 비판이 제기되었다. 가령 분쟁사건을 법원으로 가지 않도록 함으로써 사회가 법원에 의해 보장된 판결의 이점을 상실하게 된다는 비판(Fiss, 1984: 297), 성폭력이나 가정폭력 분야에서 적용된 대체적 분쟁해결수단이 여성에게 불리한 결과를 가져온다는 여성주의적 비판,[10] 대체

9) S.B. Goldberg/E.D. Green/F.E.A. Sander, Dispute Resolution, Boston, Mass.: Little, Brown, 1985, p. 5.

10) 이에 관하여는 Freeman, 1995: xiii-xiv 및 거기에 소개된 문헌들을 참조.

적 분쟁해결이 그 약속과는 달리 국가적 통제나 강제의 감소를 가져오지 않으며 오히려 분쟁의 원인이 된 사회적 모순을 중성화시키거나 고착시킬 뿐이라는 보다 근본적인 비판이 제기되기도 했다(Abel, 1982: 307-310). 사실 헌법 분쟁에서 볼 수 있는 바와 같이 모든 분쟁이 대체적 분쟁해결수단으로 해결될 수 있는 것은 아니다. 또 이미 시행되고 있는 대체적 분쟁해결제도들 중에는 그 효과나 실효성이 의문시되는 것도 적지 않다. 앞에서 제시된 목표들은 대체적 분쟁해결제도의 효용을 뒷받침하는 요인들일 뿐만 아니라 그것의 유용성에 대한 평가기준이기도 하다. 따라서 이러한 기준을 통하여 구체적인 대체적 분쟁해결수단들의 유용성을 평가하여 그 도입여부를 결정하려는 객관적인 자세가 필요하다. 그동안 대체적 분쟁해결제도를 평가하고자 하는 노력이 다양한 각도에서 이루어져 왔으나 그 내용이 너무 다양하고 또 사회적 맥락이 상이할 뿐만 아니라 합의된 비교측정의 기준이 결여되어 있어 일률적·확정적인 평가를 내리기는 곤란한 것이 사실이다. 다만 이제까지 나온 여러 가지 시도들의 한계를 유보하고 다음과 같은 잠정적인 평가가 이루어지고 있다.

첫째, 대체적 분쟁해결프로그램들은 분쟁당사자들과 법원제도에 비용을 절감하는 방식으로 이행될 수 있다는 점이 시인되고 있다. 그러나 이러한 이점은 크지 않고, 비용문제에 있어 중심적인 관건은 비용을 절감할 수 있는 권한을 보유한 자들의 욕구이며, 이러한 욕구가 존재하는 경우 그러한 목표가 달성될 수 있다는 사실이 밝혀지고 있다. 대체적 분쟁해결절차는 바로 그러한 접근방법으로 이해되고 있다.

둘째, 분쟁해결의 적시성(timeliness)은 대체적 분쟁해결절차의 이용에 의해서도 달성될 수 있고 사법절차의 변화에 의해서도 실현될 수 있다는 점이 시인되고 있다. 이들중 어느 것이 본질적으로 더 나은 방법인지는 불확실하며, 더욱이 이러한 이점들이 자동적으로 발생하는 것도 아니기 때문이다. 오히려 이러한 이점들이 발생할 있는지 여부는 혁신적 프로그램의 효과적 실행에 의존한다는 점이 확인되고 있다.

셋째, 대체적 분쟁해결제도에 대한 평가작업에서 나타나는 그 제도의 가장 현저한 특징은 ADR Program에 대한 일반의 인지도가 높다는 사실이다. 사람들은 종종 비공식적인 분쟁해결노력에 전통적인 사법제도의 경우 보다 더 많은 만족을 느끼기 마련이며, 일반적으로 그러한 노력을 통해 도달한 결정에 신뢰를 가진다. 그러므로 이러한 과정을 통해 얻어진 결정에 대하여 사법적 결정을 통해 도달된 결정에 못지 않게 또는 그보다 더 높은 순응을 보인다. 비공식적인 틀안에서 불만을 표출하고 하나의 해결책을 향해 노력할 수 있는 기회를 가진다는 것은 확실히 분쟁당사자들로부터 높은 평가를 받고 있으며 이들이 긍정적인 감정을 가지게 하는 요인이 된다.[11)]

그러나 대체적 분쟁해결제도가 시사하는 것은 무엇보다도 그것이 기존의 분쟁해결제도가 드러낸 문제점을 역설적으로 보완해 줄 수 있다는 데 있다. 아울러 그것이 제대로 기능하기만 한다면 사법제도의 부담을 경감하는 부수적 효과를 기대할 수도 있다. 많은 나라에서 법원의 부담과중 등으로 인하여 재판제도가 위기에 직면하고 있다. 특히 민사사건을 위시하여 각종 소송사건에서 소송의 장기적 지연사태가 발생하고 있는 것이 그 대표적인 징후라 할 수 있다. 아울러 법실무의 사회적 구조가 경직되어 변화시키기 어렵고, 소송비용의 과도한 부담, 법원을 통하여 자신의 권리를 실현하거나 방어하고 또 분쟁을 해결하는 것이 어렵다는 대중의 체험적 인식 등의

11) Tom R. Tyler, The Quality of Dispute Resolution Procedure and Outcomes: Measurement Problems and Possibilities, Denver University Law Review, 66, 1989, 419-36., pp. 435-36.

요인으로 말미암아 재판을 통한 정규적 분쟁해결제도가 위기를 맞고 있는데, 대체적 분쟁해결제도는 이를 완전히 해소할 수는 없을지라도 다소라도 완화시켜 줄 수 있을 것이다. 대체적 분쟁해결제도가 갖는 가장 중요한 장점은 무엇보다도 사법제도를 통한 분쟁해결과정에서 종종 불가피하게 수반되는 계속적 거래관계나 고용관계, 신뢰관계의 파국을 방지하면서 동시에 분쟁을 보다 저렴하고 효과적으로 해결할 수 있는 수단이 될 수 있다는 데 있다. 대체적 분쟁해결에 대한 관심이 대두된 계기는 바로 '對審的'(adversarial) 법체계 안에서 법률가는 모름지기 직업상 허용되는 (또는 명문으로 금지되지 않은) 모든 술책을 사용하여 의뢰인을 승소하도록 하는 것만이 중요하다는 소송의 병리에 있었다. 이들에게 있어 소송의 목표는 특정한 과거의 사건들에 적용될 수 있도록 세밀하게 한정된 법리적 문제에 대한 인용판결을 얻는 것이며, 이러한 관념은 법학교육과 직업규범에서 유래된 법률가들의 '표준 철학'을 이루고 있다. 이같이 재판은 분쟁의 전체적 맥락, 분쟁당사자 양측의 잘잘못을 따지고, 과거와 현재에 양자가 맺은 보다 광범위한 관계를 고려하여 문제의 해결책을 제공하기 보다는 편협한 승패의 결과만을 산출한다. 사건들이 대부분의 경우(종종 적극적인 협상을 통해 상호간의 만족스러운 결과에 이르러서 라기 보다는 비용과 불확실한 승산 등 소극적인 요인을 고려한 때문이기는 하지만) 소송에 이르기 전에 화해를 통하여 해결되기 마련인데도, 법률회사는 '조정과'(settlement department) 보다는 '소송과'(litigation department)에서 이들 사건을 처리한다. 소송의뢰인간의 관계와 의뢰인의 법적 행위에 대한 태도는 법률가들의 기술적 승소에 대한 집착에서 유래된 법적 논란과 절차적 장애들에 의해 매우 불유쾌한 것이 되고 만다.[12)]

그와 같은 맥락에서 미국의 1998년 대체적 분쟁해결법(Alternative Dispute Resolution Act of 1998) 제2조(SEC. 2. FINDINGS AND DECLARATION OF POLICY. 28 USC 651)는 그 제정취지를 다음과 같이 천명하고 있다.

의회는 다음과 같은 사실을 확인한다.

(1) 대체적 분쟁해결(alternative dispute resolution)은 법원에 의해 지지되고 법원에 의해 적절하게 운용되는 프로그램에 적합한 훈련을 받은 중립인(neutrals)들을 활용할 경우 당사자의 만족 증진, 혁신적인 분쟁해결방법의 채용, 그리고 합의달성율의 제고 등 여러 가지 이점들을 가져다 줄 잠재력을 가지고 있다.

(2) 조정(mediation), 조기중립평가(early neutral evaluation), 미니재판(minitrials), 및 자발적 중재(voluntary arbitration)를 포함하는 일정한 형태의 대체적 분쟁해결수단들은 법원으로 하여금 잔여사건들을 더욱 효율적으로 처리할 수 있도록 허용함으로써 미국 전역에 걸쳐 일부 연방법원들에 계속되어 있는 대량의 미제사건들(large backlog of cases)을 감소시키는 효과를 발휘할 수 있다.

(3) 연방항소법원과 연계된 조정프로그램들의 지속적 성장은 이러한 형태의 대체적 분쟁해결제도가 연방사실심법원들을 통해 이루어지는 분쟁해결에 있어 똑같이 효과적이라는 사실을 시사해주며, 따라서 구법원들은 마땅히 조정을 각 지방 수준에서의 대체적 분쟁해결수단의 하나로 포함시켜야 할 것이다.

12) Mackie, K.J., Dispute resolution: the new wave, in: A Handbook of Dispute Resolution, ADR in Action, 1991, Routledge, p. 5.

Ⅱ 대체적 분쟁해결제도의 유형

대체적 분쟁해결제도의 유형들은 158페이지 〈표 5-1〉에서 보는 바와 같다. 물론 이들은 순수한 이념형에 불과한 것이므로, 실정법상 그대로 반영되기 보다는 변용되어 채용되고 있는 것이 더욱 일반적이다. 그러나 이러한 기본적 유형을 통하여 실정법적 제도들의 성격을 파악하고 비교할 수 있을 것이다. 이들 대체적 분쟁해결제도의 기본적 유형들을 간략히 살펴보면 다음과 같다.

1. 중　　재

중재(仲裁, Arbitration)는 일반적으로 당사자간에 분쟁이 발생할 경우 이를 제3자나 외부의 중재기관의 중재에 의하여 해결한다는 중재합의(arbitration agreement) 또는 중재조항(arbitration clause)를 기초로 당사자의 의견과 주장을 청취하여 중립적인 제3자가 판정을 내리는 개별적·강행적인 분쟁해결방식으로 이해되고 있다.[13] 이것은 법원의 재판에 의하지 않는다는 점에서 조정, 알선, 화해 등과 함께 대체적 분쟁해결절차의 주요유형으로 이해되고 있으며, 그 분쟁해결의 결정이 당사자의 수락에 의존하지 않으며 어느 정도의 절차적 형식성이 수반된다는 점에서 조정과 그 밖의 알선, 조정, 협상 등과도 구별된다.

그러나 대체적 분쟁해결방식으로서 중재가 반드시 그러한 내용

13) Black's Law Dictionary, 5.ed., 1979, p. 96.

과 특질을 가지는 것은 아니다. 구체적인 분쟁해결절차로서 중재제도는 분쟁해결 프로그램의 목적이나 내용에 따라 다양한 형태로 나타날 수 있기 때문이다. 가령 중재는 법원의 재판과 결부되거나(court-annexed arbitration)나 법원의 재판으로부터 독립된 형태를 취할 수 있고, 중재에의 참여를 의무화하거나(mandatory participation or compulsory arbitration) 중재절차의 이용을 당사자의 임의적 선택에 일임하는(voluntarty participation or arbitration) 방식을 취할 수 있으며, 당사자가 중재판정의 수용을 거부할 때 제재를 가하거나 제재를 가하지 않을 수도 있고, 중재절차에 시간적 한계를 설정하거나 그렇지 않은 경우도 있을 수 있다.[14] 통상 중재판정의 효력은 법원의 확정판결과 같은 효력을 가지고 집행될 수 있으나, 절차의 개시여부 및 절차진행에 관하여 당사자의 합의에 의존하는 것이 일반적이다. 따라서 당사자간에 사적 자치의 여지를 부여하면서 동시에 최종적 단계에서는 중재판정을 통하여 구속적인 분쟁해결을 기할 수 있다는 점에서 법적 융통성과 확실성을 동시에 달성할 수 있는 장점을 가진다. 그러나 이러한 장점들은 당사자들이 처음부터 중재조항이나 중재계약에 합의하지 않거나 중재과정에 협력하지 않을 경우에는 원천적으로 기대될 수 없다는데 한계가 있다. 또한 상당한 절차적 형식성을 요구하면서도 재판 보다는 덜 정돈된 결정을 산출함으로써 자칫 二級正義(second class justice)를 실현하는데 지나지 않을 우려가 있다는 비판이 제기되기도 한다.[15] 중재에 있어 판정기능을 수행하는 중재

14) John P. Esser, Evaluations of Dispute Processing: We Do Not Know What We Think and We Do Not Think What We Know, Denver University Law Review(Vol. 66: 3 1989), in: Alternative Dispute Resolution(edited by Michael Freeman), Dartmouth, 1995, pp. 499-513, 490.

15) 송상현, 1994: 17. 그 밖에도 당사자들이 구속적 결정이 내려질 것을 고려하여 자신의 강점과 약점을 모두 밝히지 않으려는 경향이 있어 당사자들의 이해

인 또는 중재기관의 구성원은 통상 분쟁사안에 대하여 전문적인 능력을 갖출 자가 담당하는 것이 일반적이다.

2. 조　　정

일반적으로 調停(Mediation; Intervention; Interposition)이란 대립하는 분쟁당사자들 사이에서 제3자가 그들 간의 분쟁의 해결을 위한 대안을 제시하여 설득하는 방식으로 이루어지는 대체적 분쟁해결제도를 말한다.[16)] 이것은 분쟁당사자들 중 어느 쪽이 옳고 그른가에 구애됨이 없이 상호간의 평화롭고 원만한 타협이나 해결을 추구하기 위하여 행해지는 알선 또는 화해절차(Conciliation)[17)]와 구별된다. 조정은 제3자인 조정인이나 조정기관이 분쟁당사자들의 의견을 공식적 또는 비공식적 절차를 통해 청취한 후 분쟁해결을 위한 대안을 제시하면 분쟁당사자들이 그것을 수락할 것인지 여부를 결정하는 방식이라는 점에서 당사자가 제출한 증거나 주장을 듣고 중립적인 제3자로서 판정을 내리는 중재와도 구별된다. 조정제도의 장점은 분쟁당사자들이 서로 적대적인 관계에 서지 않을 수 있도록 함으로써 관계가 지속되기를 원하는 분쟁당사자들에게 좋은 방법이며, 이들이 융통성있고 창의적으로 분쟁해결에 임할 수 있다는 것이다.[18)] 그러

관계를 만족스럽게 파헤칠 수 없다는 점에서 조정에 비해 대체적 분쟁해결제도로서 활용가치가 떨어진다는 점도 지적되고 있다(Bevan, 1992: 7-8).

16) Black's Law Dictionary, p. 885. 調整은 斡旋・調停・仲裁를 포함하는 개념인 調整과는 구별된다.

17) Bob Roshier/Harvey Teff, Law and Society in England, 1980, 161. 알선 또는 화해절차는 가령 법원에서 재판전에 재판을 회피하기 위한 목적으로 또는 노동쟁의조정에 있어 중재를 회피하기 위하여 중재판정이 있기 전에 이용되는 제도이다(Black's Law Dictionary, p. 262). 한편 Conciliation을 '調停'으로 이해하는 경우도 있다.

나 조정은 조정안의 구속력이 없어 당사자들이 이를 받아들이지 않으면 효과를 가질 수 없다는 데 그 기본적인 한계를 가진다. 반면 조정은 조정인 또는 조정기관을 당사자의 합의에 의하여 선정하기 때문에 분쟁사안에 관하여 정통한 전문적 능력을 보유한 자가 조정기능을 수행하게 될 개연성이 높다. 그러나 조정제도가 널리 활용되기 위해서는 조정기능의 수행에 필요한 자격과 능력을 갖춘 인력을 충분히 확보해야 한다는 요구가 따른다.

3. 알선 · 중개 등

斡旋·仲介 등은 다툼이 있는 당사자들 사이에서 오해를 불식하고 분쟁해결의 분위기를 조성해주는 일련의 행위(facilitation)를 말하는 것으로 이해되고 있다.[19] 이러한 유형의 분쟁해결방식은 분쟁당사자들이 합의에 도달하도록 돕기 위한 것이라는데 특질을 가지지만 그 구체적안 결과는 그 제3자가 조성한 분위기 속에서 당사자가 직접적·자주적 교섭에 의하여 의견차이를 해소해 나가는 협상의 경우와 제3자의 전문적 감정의견을 받아 이를 토대로 합의에 도달하는 경우로 나타나는 것이 일반적이다. 그렇기 때문에 실제로는 중재인이나 조정인이 중재나 조정을 하기 앞서 또는 그와 동시에 이와같은 알선 등을 시도하게 되므로 대부분 중재나 조정 속에 포함되어 버리고 만다. 가령 우리나라의 상사중재가 그러한 예라 할 수 있으며, 반대로 노동쟁의조정법이나 환경오염피해분쟁조정법 처럼 알선을 별도의 절차로 제도화하는 경우도 있는데 이 경우에는 알선인의

18) 장문철, "변호사단체의 재판외적 분쟁해결절차 도입의 의의", 『시민과 변호사』, 1996/10, 115.

19) 宋相現, 앞의 글, 10.

권한이 통상적인 경우에 비하여 강화되게 된다.[20]

〈표 5-1〉 일차적 분쟁해결절차의 비교

특성	재 결 (Adjudication)	중 재* (Arbitration)	조 정 (Mediation)	협 상 (Negociation)
자발적/ 비자발적	비자발적	자발적	자발적	자발적
구속적/ 비구속적	구속적: 불복가능	구속적, 제한된 사유에 의해 재심사 가능	합의성립시 계약으로서 집행가능	합의성립시 계약으로서 집행가능
제3자	법정, 제3자로서 중립적 결정권자임. 일반적으로 분쟁사안에 대한 특별한 전문적 능력을 보유하지 않음.	당사자에 의하여 선정된 제3자로서 결정권을 지님. 종종 분쟁사안에 대한 특별한 전문적 능력을 보유함.	당사자에 의하여 선정된 외부의 조정자	제3자 조정자가 없음.
형식성의 정도	사전에 결정된 엄격한 규칙에 의하여 절차적 형식성과 고도로 조직화된 구조를 갖추고 있음.	절차적 형식성이 완화됨: 절차적 규칙과 실체법은 당사자에 의하여 정해질 수 있음.	통상 비공식적이고 조직화된 구조를 가지지 않음.	통상 비공식적이고 조직화된 구조를 가지지 않음.

20) 宋相現, 앞의 글, 10.

절차의 성질	각 당사자에게 증거와 주장을 제출할 기회가 부여됨.	각 당사자에게 증거와 주장을 제출할 기회가 부여됨.	각 당사자들이 격식에 구애받지 않고 증거를 제출하거나 주장을 하고 이해관계를 대변할 수 있음.	각 당사자들이 격식에 구애받지 않고 증거를 제출하거나 주장을 하고 이해관계를 대변할 수 있음.
결과	논증된 의견에 의하여 뒷받침된 원리에 입각한 결정	논증된 의견에 의하여 뒷받침된 원리에 입각한 결정 또는 의견에 의거하지 않은 타협	상호간에 수락가능한 합의의 추구	상호간에 수락가능한 합의의 추구
사적/공적	공적 성격	사법심사로 이행되지 않을 경우 공적 성격	사적 성격	사적 성격

* 재판부속적 중재는 비자발적, 비구속적, 공적 성격을 가짐.

자료: Stephen B. Goldberg, Frank E.A. Sander, Nancy H. Rogers(eds)(1992), Dispute Resolution: Negociation, Mediation and Other Processes, 2nd edn, Boston: Little Brown, pp. 4-5.

Ⅲ 실정법상 대체적 분쟁조정제도

우리나라의 경우 대체적 분쟁해결방식은 다양하게 제도화되어 활용되고 있다. 가령 상사중재, 민사조정, 가사조정, 국제상사중재 외에도 행정부의 각부처별로 다양한 형태의 분쟁조정제도들이 시행되고 있다. 이들을 분류해 보면 크게 민사부문에 적용되는 중재 및 조정제도와 행정규제 등 행정목적의 달성과 연관된 조정제도로 나뉘는데, 전자로는 순수한 중재제도에 해당하는 상사중재와 법원에 연결된(court-annexed) 민사조정이, 후자로는 노동쟁의조정제도와 환경분쟁조정제도, 소비자분쟁조정제도를 각각 대표적인 분쟁조정유형으로 볼 수 있다. 후자는 대체로 분쟁당사자의 다수성(이는 당사자가 다수일 수 있다는 개연성을 의미한다), 실질적인 무기대응의 원칙을 확보하기 위한 공적 조력의 필요성에 대한 배려, 비용부담의 완화 등의 취지에 의거하고 있으며, 특히 환경분쟁조정제도, 소비자분쟁조정제도는 분쟁의 전문적 특성, 피해자에 대한 정책적 배려를 고려한 분쟁조정제도인 반면, 노동쟁의조정제도는 오히려 산업평화 및 권리보장·이익배분에 관한 사회정책적 고려에 바탕을 둔 제도로서 이해된다. 이들 제도의 내용을 개괄적으로 검토해 보면 다음과 같다.

1. 중재·민사조정

중재(Arbitration)는 분쟁 당사자 간의 합의(중재계약)에 따라 사법상의 법률관계에 관한 현존하는 또는 장래에 발생할 분쟁의 전부 또는 일부를 법원의 판결에 의하지 아니하고 사인인 제3자를 중재인으로 선정하여 중재인의 판정에 맡기고 그 판정에 복종함으로써 신속하게 분쟁을 해결하는 자주법정제도이다. 국가공권력을 발동하여 강제집행할 수 있는 권리가 보장되기 때문에 활용가치가 크다고 볼 수 있다. 중재는 중재법(일부개정 2002.1.26 법률 6626호)에 의해 규율되고 있다.[21)]

중재는 사법상의 법률관계에 관하여 당사자 간에 발생하고 있거나 장래에 발생할 분쟁의 전부 또는 일부를 중재에 의하여 해결하도록 합의한 중재계약, 즉 중재합의를 기초로 하여 진행된다. 중재합의는 원칙적으로 독립된 합의 또는 계약 중 중재조항형식의 서면으로 하도록 되어 있다.

법은 중재합의가 있음에도 소를 제기한 경우에는 특별한 사유가 없는 한 이를 각하하도록 함으로써(직소금지) 중재합의의 명확성와 실효성을 기할 수 있도록 하였다(법 제8조 및 제9조). 또한 법은 중재의 독립성을 보장하기 위하여 법원은 중재법에 규정된 사항에 대해서만 관여할 수 있도록 제한하는 한편, 다만, 당사자가 중재인을 선정하지 못하는 경우 등 법원의 지원이 필요한 경우에 이를 행할 관할법원을 구체적으로 정하고 있다(법 제6조 및 제7조).

당사자자치의 원칙에 따라 중재인의 수와 선정절차는 당사자간 합의로 정하되, 합의가 없는 경우에는 중재인의 수를 3인으로 하고

21) 구 중재법은 다양한 유형의 국내외 상사분쟁을 효율적으로 해결하기에는 미흡하다는 평가를 받았다. 그리하여 국제적으로 확립된 기준과 선진입법례를 수용하여 우리나라 중재법이 국내외 상사분쟁을 공정·신속하게 해결하는 준거법이 될 수 있도록 하여 국제상사분쟁 해결에 우리 중재제도의 이용을 활성화시키는 동시에 중재제도의 발전과 이용확산을 도모하기 위하여 1999년 12월 31일 전문 개정되었다(법률 6083호).

그 선정방법을 법정하였으며(법 제11조 및 제12조), 중재절차 및 중재지는 당사자간 합의로 정하되, 합의가 없는 경우에는 중재판정부가 당사자의 편의 등을 고려하여 정할 수 있도록 하였다(법 제20조 및 제21조).

중재판정은 당사자간에서 확정판결과 동일한 효력을 가지며(법 제35조), 중재판정에 대한 불복은 중재판정의 정본을 받은 날부터 3월내에 법원에 중재판정취소의 소를 제기하는 방식으로만 가능하도록 하였고(법 제36조), 중재판정의 승인과 집행은 법원의 승인·집행판결에 의하고, 국내중재판정은 취소사유가 없는 한 승인 또는 집행되도록 하여 중재판정의 신속한 집행을 통하여 분쟁의 최종적 해결을 도모할 수 있도록 하였다(법 제37조 내지 제39조).

또한 법은 산업자원부장관이 지정하는 상사중재기관에 필요한 경비를 보조할 수 있도록 하는 한편, 사단법인 대한상사중재원(Korean Commercial Arbitration Board: KCAB)을 이 법에 의한 상사중재기관으로 지정된 것으로 보도록 하였다(법 제40조 및 부칙 제3항).

한편 민사조정은 민사에 관한 분쟁을 간이한 절차에 따라 당사자사이의 상호양해를 통하여 조리를 바탕으로 실정에 맞게 해결하기 위한 제도로서 민사분쟁 당사자의 조정신청이나 수소법원의 조정회부결정에 의하여 개시되며, 조정사건은 조정담당판사가 이를 처리하며, 다만, 당사자의 신청이 있는 때에는 조정위원회로 하여금 조정을 하도록 의무화되어 있다(민사조정법 제7조). 조정에는 그 결과에 이해관계가 있는 자의 참가가 인정되고 있으며 조정절차는 원칙적으로 비공개로 할 수 있게 되어 있다(동 제16조, 제20조). 조정은 당사자사이에 합의된 사항을 조서에 기재함으로써 성립하는데(동 제28조), 이 경우 조정은 재판상의 화해와 동일한 효력이 부여되고 있다

(제29조). 민사조정법은 제30조에서 조정담당판사에게 합의가 성립되지 아니한 사건 또는 당사자 사이에 성립된 합의의 내용이 상당하지 아니하다고 인정한 사건에 관하여 상당한 이유가 없는 한 직권으로 당사자의 이익 기타 모든 사정을 참작하여 신청인의 신청취지에 반하지 아니하는 한도 내에서 사건의 공평한 해결을 위한 결정을 하도록 규정함으로써 조정에 갈음하는 결정권을 부여하고 있다.

2. 소비자분쟁조정

이것은 소비자기본법(전부개정 2006.9.27 법률 제7988호)에 의하여 한국소비자원[22]에 설치된 소비자분쟁조정위원회(법 제60조)가 조정을 통해 소비자분쟁을 해결하는 제도이다.

조정절차는 당사자나 소비자불만·피해 처리기구 또는 소비자단체의 장이 분쟁조정을 신청함으로써 개시된다. 소비자와 사업자 사이에 발생한 분쟁에 관하여 제16조 제1항의 규정에 따라 소비자의 불만이나 피해가 신속·공정하게 처리될 수 있도록 국가 및 지방자치단체가 설치하는 관련기구에서 소비자분쟁이 해결되지 아니하거나 제28조 제1항 제5호의 규정에 의거하여 소비자단체가 소비자 불만 및 피해 처리를 위해 한 당사자간 합의권고에 따른 합의가 이루어지지 아니한 경우, 당사자나 그 기구 또는 단체의 장은 조정위원회에 분쟁조정을 신청할 수 있다(법 제65조 제1항). 소비자분쟁조정위원회에 의한 조정은 절차 개시 전에 소비자원장이 합의를 권고하고 그에 따라 합의가 되지 않을 경우 조정절차가 시작되도록 함으로써

22) 한국소비자원은 소비자권익 증진시책의 효과적인 추진을 위하여 정부의 출연으로 설립된 특수공익법인으로서 공정거래위원회의 감독을 받는 공법상 재단법인의 일종이다(소비자기본법 제33조 이하).

소비자원장의 합의권고기능을 전면에 부각시키고 있다는 점에서 다른 분쟁조정제도와 구별되는 특색을 지니고 있다. 또한 조정이면서도 분쟁당사자 일방의 신청에 의하여 조정절차가 개시되도록 함으로써 소비자분쟁의 특성을 반영하고 있다.

조정위원회는 법 제61조 제2항에서 정하는 자격을 갖춘 자로서 대통령령이 정하는 바에 따라 소비자원장의 제청에 의하여 공정거래위원회위원장이 임명 또는 위촉하는 위원장 1인을 포함한 50인 이내의 위원으로 구성하며, 그중 위원장을 포함한 2인은 상임으로 하고, 나머지는 비상임으로 되어 있다(법 제61조 제1항 · 제2항).

분쟁조정이 신청되면 조정위원회는 대통령령이 정하는 바에 따라 지체 없이 분쟁조정절차를 개시하여야 한다(법 제65조 제2항). 조정위원회는 분쟁조정을 위하여 필요한 경우에는 제61조 제6항의 규정에 따른 분야별 전문위원회에 자문할 수 있으며(법 제65조 제3항), 분쟁조정절차에 앞서 이해관계인 · 소비자단체 또는 관계기관의 의견을 들을 수 있다(법 제65조 제4항).

조정위원회는 분쟁조정의 신청을 받은 날부터 30일 이내에 그 분쟁조정을 마쳐야 한다(법 제65조 제1항). 부득이한 사정으로 30일 이내에 그 분쟁조정을 마칠 수 없는 경우에는 그 기간을 연장할 수 있으나(법 제65조 제2항 본문), 그 경우 그 사유와 기한을 명시하여 당사자 및 그 대리인에게 통지하여야 한다(법 제65조 제2항 단서).

조정위원회의 위원장은 분쟁조정을 마친 때에는 지체 없이 당사자에게 그 분쟁조정의 내용을 통지하여야 하며(법 제67조 제1항), 통지를 받은 당사자는 그 통지를 받은 날부터 15일 이내에 분쟁조정의 내용에 대한 수락 여부를 조정위원회에 통보하여야 한다. 이 경우 15일 이내에 의사표시가 없는 때에는 수락한 것으로 본다(법 제

67조 제2항). 이와 같이 당사자가 통지를 받고 15일 이내에 분쟁조정에 대한 수락거부의 의사표시를 하지 아니하면 분쟁조정을 수락한 것으로 본다는 간주규정을 둔 것은 분쟁조정의 효력을 강화시킨 것으로 볼 수 있다.

당사자가 분쟁조정의 내용을 수락하거나 수락한 것으로 보는 경우 조정위원회는 조정조서를 작성하고, 조정위원회의 위원장 및 각 당사자가 기명·날인하여야 한다(법 제67조 제3항 본문). 다만, 수락한 것으로 보는 경우에는 각 당사자의 기명·날인을 생략할 수 있다(법 제67조 제3항 단서). 당사자가 분쟁조정의 내용을 수락하거나 수락한 것으로 보는 때에는 그 분쟁조정의 내용은 재판상 화해와 동일한 효력을 갖는다(법 제67조 제4항). 조정위원회의 운영 및 조정절차에 관하여 이 법에서 규정하지 아니한 사항에 대하여는 「민사조정법」을 준용하도록 되어 있다(법 제69조).

한편, 법은 제68조에서 소비자의 피해가 다수의 소비자에게 같거나 비슷한 유형으로 발생하는 경우로서 대통령령이 정하는 사건에 대하여 국가·지방자치단체·한국소비자원 또는 소비자단체·사업자는 조정위원회에 일괄적인 분쟁조정(이하 "집단분쟁조정"이라 한다)을 의뢰 또는 신청할 수 있도록 분쟁조정의 특례로서 집단분쟁조정절차를 인정하고 있다. 조정위원회는 집단분쟁조정을 의뢰받거나 신청받은 때에는 의결로써 집단분쟁조정 절차를 개시하며, 그 경우 대통령령이 정하는 기간동안 그 절차의 개시를 공고하여야 한다(법 제68조 제2항). 조정위원회는 집단분쟁조정의 당사자가 아닌 소비자 또는 사업자로부터 그 분쟁조정의 당사자에 추가로 포함될 수 있도록 하는 신청을 받을 수 있으며(법 제68조 제3항), 조정위원회는 조정위원회의 의결로써 제1항 및 제3항의 규정에 따른 집단분쟁조정의 당사자 중에서 공동의 이익을 대표하기에 가장 적합한 1인 또는 수인을 대표당사자로 선임할 수 있다(법 제68조 제4항).

조정위원회는 사업자가 조정위원회의 집단분쟁조정의 내용을 수락한 경우에는 집단분쟁조정의 당사자가 아닌 자로서 피해를 입은 소비자에 대한 보상계획서를 작성하여 조정위원회에 제출하도록 권고할 수 있다(법 제68조 제5항). 반면 법 제65조제5항의 규정에 불구하고 집단분쟁조정의 당사자인 다수의 소비자 중 일부의 소비자가 법원에 소를 제기한 경우에는 조정위원회는 그 절차를 중지하지 아니하고, 소를 제기한 일부의 소비자를 그 절차에서 제외한다(법 제68조 제6항). 집단분쟁조정의 절차 등에 관하여 필요한 사항은 대통령령으로 정한다(법 제68조 제8항).

3. 환경분쟁조정

1) 개 관

환경분쟁조정제도는 準司法的 분쟁해결기구를 통해 환경분쟁을 訴訟外的 방법으로 신속・공정하게 해결하려는 제도이다. 종래 '공해의 시대'에는 공해피해의 구제라는 형태로 분쟁을 해결하는 것이 중심과제였다면 오늘날과 같은 '환경의 시대'에서는 사회의 제이익과 환경이익의 조정이 분쟁처리의 중심과제로 설정되고 있다. 법이 환경분쟁에 관하여 재판외적 분쟁조정을 제도화한 데에는 이와 같은 「구제에서 조정으로」라는 인식의 전환이 그 배경을 이루고 있다.[23)]

그 동안 급속하게 진행된 도시화・산업화과정에서 대기, 수질오

23) 南博 方, ジュリスト, 1992/9, 二○周年を迎えた公害調整委員會, p. 30.

염, 폐기물 발생, 소음 · 진동 등으로 인한 건강피해 및 재산상의 피해 등 국민 생활에 심각한 영향을 주는 환경오염의 피해와 그것을 둘러싼 분쟁이 빈발해 왔다. 과거에는 이러한 분쟁을 해결하기 위하여 행정기관에게 민원처리차원에서의 개입을 호소하는 외에는 주로 재판등 사법절차를 통한 피해구제에 의존할 수밖에 없었다. 그러나 소송수단을 사용하는 데에는 많은 시간과 비용이 요구될 뿐만 아니라 환경오염과 그로 인한 피해의 원인 · 내용이 극히 다양하고 복합적이어서 전문성과 과학적 지식 · 정보 없이는 분쟁해결이 곤란하기 때문에 분쟁해결에는 한계가 있다는 사실이 판명되었다. 따라서 전문성을 갖춘 분쟁해결기구에 의하여 신속하고 저렴하게 분쟁을 해결할 수 있는 환경분쟁조정제도가 필요하게 된 것이다.

그러한 배경에서 환경정책기본법은 국가 및 지방자치단체에게 환경오염 또는 환경훼손으로 인한 분쟁 기타 환경관련 분쟁이 발생한 경우에 그 분쟁이 신속하고 공정하게 해결되도록 하기 위하여 필요한 시책(紛爭調整方法: § 29)과, 환경오염 또는 환경훼손으로 인한 피해를 원활히 구제하기 위하여 필요한 시책(被害救濟方法: § 30)을 강구하여야 할 의무를 지우고 있다. 이를 근거로 하여 만들어진 것이 環境紛爭調整法이다.

2) 環境紛爭調整機構

환경분쟁조정법은 환경오염으로 인한 민사상 분쟁을 조정하기 위한 알선 · 조정 및 재정의 절차 등을 규정함으로써 신속하고 공정하게 분쟁을 해결하여 국민의 건강 및 재산상의 피해를 구제함을 목적으로 하고 있다. 이러한 목적을 달성하기 위해 법은 환경부에 中央環境紛爭調整委員會('중앙조정위원회'로 약칭)를, 서울특별시 · 광역시 · 도에 地方環境紛爭調整委員會('지방조정위원회'로 약칭)를 각각 설치하여 환경분쟁의 처리를 담당하도록 하고 있다(§ 4).

(1) 中央調整委員會

중앙조정위원회는 위원장 1인을 포함한 9인의 위원으로 구성하도록 되어 있다. 그 중 상임위원은 3인 이내로 제한된다(§ 7 ①). 종래에는 위원장을 포함한 7인의 위원으로 구성하게 되어 있었으나, 환경분쟁조정제도의 활용가능성을 감안하여 위원회의 성원을 확대한 것이다. 중앙조정위원회의 위원장과 위원은 다음과 같은 자격을 지닌 자중에서 환경에 관한 학식과 경험이 풍부한 자를 환경부장관의 제청에 의하여 대통령이 임명 또는 위촉한다(§ 8 ①). 법은 그 경우 판사 · 검사 · 변호사가 2인 이상 포함되어야 한다고 규정하여 분쟁조정의 공정성 · 신뢰성을 기할 수 있도록 배려하였다.

- 1급 내지 3급 상당의 공무원 또는 고위공무원단에 속하는 공무원으로 3년 이상 재직한 자
- 판사 · 검사 또는 변호사의 직에 6년 이상 재직한 자
- 공인된 대학이나 연구기관에서 부교수 이상 또는 이에 상당하는 직에 재직한 자
- 환경관계업무에 10년 이상 종사한 자

중앙조정위원회의 위원장은 고위공무원단에 속하는 별정직 국가공무원으로 보하며(§ 8 ②), 위원회를 대표하고 위원회의 직무를 통할하는 역할을 수행하도록 되어 있다(§ 10). 위원장이 부득이한 사유로 인하여 직무를 수행할 수 없는 때에는 당해 위원회의 위원중 위원장이 미리 지명한 위원이 그 직무를 대행한다(§ 10 ②).

위원회의 위원의 임기는 2년으로 하되, 연임할 수 있다(§ 7 ③). 위원회의 위원은 독립하여 직무를 수행하며, 위원회의 위원은 금고 이상의 형의 선고를 받거나 장기간의 심신쇠약으로 직무를 수행할 수 없게 된 때를 제외하고는 그 의사에 반하여 해임 또는 해촉되지 아니한다는 신분보장을 받는다(§ 10). 법은 제9조에서 위원의 결격사유를 규정하는 한편, 분쟁조정의 공정성을 확보하기 위하여 제12조에서 위원의 제척·기피·회피 등에 관한 규정들을 두고 있다. 이 규정들은 조정절차에 관여하는 직원 및 제13조 제3항의 규정에 의한 관계전문가에게도 준용된다(§ 12 ⑥).

위원회에는 그 사무를 처리하기 위하여 사무국을 둘 수 있고, 사무국에는 분쟁의 조정에 필요한 사실조사와 인과관계의 규명, 환경피해액의 산정 및 산정기준의 연구·개발 및 기타 위원회의 위원장이 지정하는 사항에 관한 사무를 분장하기 위하여 심사관을 두도록 되어 있다(§ 13 ① ②). 위원회의 위원장은 특정사건에 관한 전문적인 사항을 처리하기 위하여 관계전문가를 위촉하여 심사관의 사무를 행하게 할 수 있다(§ 13 ③).

위원회의 위원중 공무원이 아닌 위원과 관계전문가는 형법 제127조, 제129조 내지 제132조의 적용에 있어서는 공무원으로 의제된다(§ 14).

법은 제5조에서 환경분쟁조정위원회의 소관사무를 중앙조정위원회와 지방조정위원회에 공통되게 다음과 같이 설정한 후, 다시 각 위원회의 사무를 한정하는 방식으로 권한을 배분하고 있다.

1. 환경분쟁의 조정
2. 환경피해와 관련되는 민원의 조사·분석 및 상담

3. 환경분쟁의 예방 및 해결을 위한 제도와 정책의 연구 및 건의
4. 환경피해의 예방 및 구제와 관련된 교육 및 홍보
5. 기타 법령에 의하여 위원회의 소관으로 규정된 사항

이 중 중앙조정위원회의 관장사무는 다음과 같다(§ 6 ①).

1. 환경분쟁의 재정
2. 국가 또는 지방자치단체를 당사자로 하는 환경분쟁의 조정
3. 2 이상의 시 · 도의 관할구역에 걸치는 환경분쟁의 조정
4. 제30조의 규정에 의한 직권조정
5. 기타 대통령령이 정하는 환경분쟁의 조정

중앙조정위원회의 사무중 제5호 '기타 대통령령이 정하는 분쟁'은 시행령 제3조에 의해 '관할 지방조정위원회가 스스로 조정하기 곤란하다고 결정하여 이송한 환경분쟁'으로 정해져 있다. 또한 법은 중앙조정위원회에게 위원회의 소관사무에 대한 처리절차 기타 위원회의 운영에 관한 규칙을 정할 수 있는 권한을 위임하고 있다(§ 15).

(2) **地方調整委員會**

지방조정위원회는 20인이내의 위원으로 구성하되, 위원중 상임위원 1인을 둘 수 있도록 되어 있다(§ 7 ②). 지방조정위원회의 위원은 환경 · 산업 또는 공중보건에 관한 학식과 경험이 풍부한 자 중에서 시 · 도지사가 임명 또는 위촉한다(§ 8 ③). 지방조정위원회의 위원장은 부시장 또는 부지사 중에서 시 · 도지사가 임명하는 자로 한다(§ 8 ④).

앞에서 본 위원의 임기, 결격사유, 신분보장, 제척 · 기피 · 회피, 위원회의 사무국 및 심사관 등, 비밀엄수의무, 벌칙적용에 있어서의

공무원의제 등에 관한 규정들은 지방조정위원회의 위원에 대해서도 그대로 적용된다.

지방조정위원회는 당해 시·도의 관할구역 안에서 발생한 분쟁의 조정사무중 제6조 제1항 제2호 내지 제5호의 사무외의 사무를 관할한다. 다만, 제1항 제1호의 경우에는 대통령령이 정하는 범위에 한한다고 규정되어 있다(§ 7 ④). 이에 따라 시행령은 지방조정위원회가 관할하는 분쟁의 재정사무를 조정목적의 가액("조정가액")이 1억원 이하인 분쟁의 재정사무로 제한하고 있다(시행령 § 3 ②). 지방조정위원회의 운영 기타 필요한 사항은 당해 시·도의 조례로 정하도록 위임되어 있다(법 § 15 ②).

3) 環境紛爭의 調整

(1) 環境紛爭調整의 原則

법은 제3조에서 "조정의 절차에 참여하는 분쟁당사자들은 상호신뢰와 이해를 바탕으로 성실하게 절차에 임하여야 한다"고 규정함으로써 信義誠實의 원칙을 환경분쟁조정의 원칙으로 천명하고 있다. 이것은 대체적 분쟁해결수단(ADR)으로서 환경분쟁조정이 소송과는 상이한 분쟁해결절차임을 전제로 한 규정이다. 당사자대립구조를 기초로 하여 당사자간의 법적 공방을 통해 승패를 가르도록 되어 있는 소송과는 달리 환경분쟁조정절차에 있어서는 분쟁해결을 위한 당사자간의 상호신뢰와 이해를 통한 협조가 필수적이다. 법적 심판을 통해 승패를 가리는 재판을 택하지 아니하고 분쟁조정절차를 택한 이상 당사자들은 상호신뢰를 바탕으로 한 협조와 양보에 의하여 분쟁을 조정함으로써 사회적 합리성을 기할 수 있다. 그러나 이 규정이 법적으로 구속력을 가진다고 보기는 어렵기 때문에 분쟁해결에 있어 어떠한 법적 효과를 미칠지는 미지수이다. 다만 분쟁조정절차상 분쟁의 해결방안을 모색하기 위한 분쟁당사자들과 분쟁조정기구의 활동에 신축성・탄력성을 부여하는 근거로 작용할 여지는 있을 것이다.

(2) 環境紛爭調整의 種類

환경분쟁조정법은 분쟁처리절차로 斡旋・調停・裁定의 세 가지 유형을 인정하고 있다.[24] 다수인관련분쟁의 조정은 제4장에서 이와 별도로 특별한 규율을 받고 있다. 이를 차례로 살펴보기로 한다.

가. 斡　　旋

알선이란 대체적 분쟁해결절차중에서 형식성이 가장 약한 약식절차이다. 알선이란 알선위원이 분쟁당사자의 의견을 듣고, 그 요점을 정리하는 등 사건이 공정하게 해결되도록 주선함으로써 분쟁당사자들의 화해를 유도하여 합의에 이르게 하여 분쟁을 해결하는 절차를 말한다. 알선은 그것이 주효할 경우 분쟁당사자간의 民法上 和解契約 체결이라는 결과를 가져올 수 있다.

위원회에 의한 알선은 3人이내의 위원(알선위원)이 행하며, 알선위원은 위원회의 위원중에서 사건마다 각각 위원장이 지명하도록 되어 있다(§ 27).

나. 調　　停

調停이란 중립적인 제3자적 지위를 가진 調停機構에 의한 중개를 통하여 분쟁당사자들이 합의에 도달하도록 함으로써 분쟁을 해

24) 環境紛爭調整法은 주지하는 바와 같이 일본의 公害紛爭處理法을 모방하여 제정된 것이지만 일본의 경우와는 달리 仲裁・原因裁定를 제외하고 있다. 이를 두고 南博 方교수는 일본에서 이 제도가 이용되고 있지 않기 때문인 것 같다고 하고 있다(ジュリスト, 1992/9, 公害紛爭處理制度の充實と發展(座談會)).

결하려는 제도이다. 조정은 일반적으로 조정위원회와 같은 합의기구를 구성하여 이 기구가 일정한 절차에 따라 분쟁당사자들의 의견을 듣고 사실을 조사한 후 조정안을 작성하여 분쟁당사자들에게 수락을 권고함으로써 쌍방의 양해를 통해 분쟁을 해결하는 방식으로 이루어진다.

조정은 3人의 위원으로 구성되는 위원회, 즉 조정위원회에서 행한다(§ 31 ① 본문). 다만, 대통령령이 정하는 경미한 사건에 대하여는 위원장이 지명하는 1人의 위원에 의한 조정도 허용된다(§ 31 ① 단서). 조정위원회의 위원(조정위원)은 위원회의 위원 중에서 사건마다 각각 위원장이 지명하도록 되어 있다(§ 31 ②).

조정위원회의 회의는 위원장 또는 위원장이 따로 지명한 조정위원이 소집하며(§ 31 ③), 구성원 전원의 출석으로 개의하고 출석위원 과반수의 찬성으로 의결하도록 되어 있다(§ 31 ④).

조정의 효력은 당사자간에 調停調書와 동일한 내용의 합의가 성립된 것으로 보는데 그친다(§ 33 ② 후단). 종래에는 구법 제23조 제3항에서 관계당사자가 조정안을 수락하여 기명날인한 조정조서는 재판상 화해조서와 동일한 효력을 가진다고 규정되어 있었기 때문에 당사자 어느 한 쪽이 조정안을 이행하지 않는 경우에는 별도의 이행청구소송 없이도 직접 강제집행을 할 수 있었다. 그러나 이 규정은 1997년 8월 28일 전면개정된 현행 환경분쟁조정법(법률 제5393호)에 의해 삭제됨으로써, 현행법 하에서는 당사자간 합의된 조정안도 그 자체로서 집행력을 가지지는 못하고 합의사항의 이행을 강제하려면 별도로 민사소송 등을 거칠 수밖에 없게 되었다.

현행법은 제33조 제2항에 당사자간에 조정조서와 동일한 내용의 합의가 성립된 것으로 본다는 종래의 규정을 부활시켰다. 이는 구 국가배상법(1967.3.3. 법률 제1899호) 제16조 중 "심의회의 배상결정은 신청인이 동의한 때에는 민사소송법의 규정에 의한 재판상의 화해가 성립된 것으로 본다"라는 부분이 헌법재판소에 의하여 위헌결정[25]을 받았으므로 위 조항 역시 위헌시비에 휘말릴 수 있다는 우려에 따른 결과라고 알려져 있다.

환경분쟁조정법은 조정절차의 하나로 직권조정을 인정하고 있다. 즉, 중앙조정위원회는 중대한 환경피해가 발생하여 이를 방치하면 사회적으로 중대한 영향을 미칠 우려가 있다고 인정하는 경우의 분쟁으로서 대통령령이 정하는 분쟁에 대하여는 당사자의 신청이 없는 경우에도 직권으로 조정절차를 개시할 수 있다(§ 30). 이 제도는 구법 제41조가 재정위원회에게 재정신청된 사건을 조정에 회부하는 것이 적합하다고 인정되는 때에는 당사자의 동의를 얻어 직권으로 직접 조정하거나 지방환경위원회에 송부하여 조정하게 할 수 있는 권한을 부여했던 것을 수정하여 중앙조정위원에게 직권조정권을 부여한 것이다. 시행령 제23조 제1항에 따르면 법 제30조에서 "대통령령이 정하는 분쟁"은 다음과 같다.

1. 환경피해로 인하여 사람이 사망하거나 인체에 중대한 장애가 발생한 분쟁
2. 조정목적의 가액("조정가액")이 50억원 이상인 분쟁

다. 裁 定

裁定이란, 당사자간의 환경분쟁에 관하여 재정위원회가 소정의 절차에 따라 인과관계의 유무, 피해액 등에 대한 법률적 판단을 내

25) 헌법재판소 1995.5.25 선고 91헌가7결정(국가배상법 제16조에 관한 위헌심판: 헌공, 10).

려 분쟁을 해결하는 제도를 말한다. 조정은 당사자간의 타협적인 해결을 모색하는 데 비중을 두고 있는데 비하여 재정은 재정위원회가 사실을 조사하여 이를 근거로 객관적인 판정을 내리는 준사법적 성질을 띤 절차이다. 이와 같이 재정은 대심구조와 당사자의 구술변론권이 보장된 준사법적 쟁송절차라는 점에서 다른 조정유형과 뚜렷이 구별된다(§§ 37, 39, 40, 45).

재정은 재정위원회에 의해 수행된다(§ 36 ①). 재정위원회는 중앙조정위원회의 위원 5인으로 구성되며, 그 위원(재정위원)은 위원회의 위원중에서 사건마다 각각 위원장이 지명하되, 제8조 제1항 제3호에 해당하는 자, 즉 법조인이 1인 이상 포함되어야 한다(§ 36 ②). 대통령령이 정하는 경미한 사건의 재정은 3인으로 구성되는 재정위원회에서 행할 수 있다(§ 36 ① 단서).

재정위원회의 회의는 위원장 또는 위원장이 따로 지명한 재정위원이 소집하며(§ 36 ③), 구성원 전원의 출석으로 개의하고 출석위원 과반수의 찬성으로 의결한다(§ 36 ④).

재정의 효력은 앞에서 본 조정과 마찬가지로 당사자 간의 합의를 의제하는데 그친다. 즉 법 제42조에 따르면, 재정위원회가 재정을 행한 경우 재정문서의 정본이 당사자에게 송달된 날부터 60일 이내에 당사자 쌍방 또는 일방으로부터 당해 재정의 대상인 환경피해를 원인으로 하는 소송이 제기되지 아니하거나 그 소송이 취하된 때에는 당사자 간에 당해 재정내용과 동일한 합의가 성립된 것으로 본다.

종래 재정은 그 준사법적 성질에 비추어 활용이 기대되었으나, 재정의 구속력이 인정되지 않았기 때문에 널리 활용되지 못했다.[26] 1995년

12월 29일의 개정법은 제40조 제1항에서 재정위원회가 재정을 행한 경우 재정문서의 정본이 당사자에게 송달된 날부터 60일이내에 당해 재정과 관계되는 손해배상에 대하여 소송이 제기되지 아니하거나 그 소송이 취하된 때에는 그 손해배상에 대하여 당해 재정문서는 재판상 화해와 동일한 효력을 가진다고 규정함으로써 재정의 효력을 보강했다.[27] 그러나 이 규정은 그후 1997년 8월 28일 전면개정된 구 환경분쟁조정법(법률 제5393호)에 의해 삭제되었다. 그 대신 법은 제42조에서 "재정문서의 정본이 당사자에게 송달된 날부터 60일 이내에 당사자 쌍방 또는 일방으로부터 당해 재정의 대상인 환경피해를 원인으로 하는 소송이 제기되지 아니하거나 그 소송이 취하된 때에는 당사자 간에 당해 재정내용과 동일한 합의가 성립된 것으로 본다"는 1996년 법개정 이전의 규정(제40조)을 부활시켰다. 이것은 국가배상법 제16조 중 "심의회의 배상결정은 신청인이 동의한 때에는 민사소송법의 규정에 의한 재판상의 화해가 성립된 것으로 본다"라는 부분이 위헌이라는 헌법재판소 1995년 5월 25일의 결정[28]에 따라 위 조항 역시 위헌시비에 휘말릴 우려가 있다는 점을 고려한 결과라고 알려지고 있다. 그러나 위 헌법재판소의 결정은 각종 중재·조정 등 준사법적 성격을 지닌 절차 일반에 대하여 그 결정에 재판상 화해와 동일한 효력을 부여하는 것 자체를 위헌으로 본 것은 아니었다. 즉, 헌법재판소는 "이 사건 심판대상조항부분은 국가배상에 관한 분쟁을 신속히 종결·이행시키고 배상결정에 안정성을 부여하여 국고의 손실을 가능한

26) 중앙환경분쟁조정위원회에 의해 그 위원 5인으로 매사건마다 구성되는 재정위원회가 관장하는 환경오염피해로 인한 손해배상의 책임에 관한 재정은 그 범위가 손해배상책임에 국한되어 있고 또 그 자체가 이렇다 할 법적 구속력을 갖지 못한다는 점에서 실효성이 의문시되고 있었다. 또 실제로 환경분쟁을 법정으로 끌고 가지 않고 환경분쟁조정제도에 맡기는 사례가 늘어 분쟁조정제도가 뿌리를 내리고 있는 것처럼 보도되기도 했으나, 신청인 또는 가해자 쪽이 불복하거나 재판을 청구하는 등 그다지 큰 실효를 거두지는 못했던 것이 사실이다.

27) 그러나 당사자가 재정에 불복하여 소송을 제기함으로써 그 구속을 벗어날 수 있는 것은 종전과 다름이 없었다(§ 40 ①). 이것은 중재법상의 중재판정이 확정판결과 동일한 효력(중재법 § 12)을 가지는 것과 대조되는 점이었다. 이 규정은 1996년 6월 29일부터 시행되었다.

28) 헌법재판소 1995.5.25 선고 91헌가7결정(국가배상법 제16조에 관한 위헌심판: 헌공, 10).

한 경감하려는 입법목적을 달성하기 위하여 동의된 배상결정에 재판상의 화해의 효력과 같은, 강력하고도 최종적인 효력을 부여하여 재심의 소에 의하여 취소 또는 변경되지 않는 한 그 효력을 다툴 수 없도록 하고 있는바, 사법절차에 준한다고 볼 수 있는 각종 중재 · 조정절차와는 달리 배상결정절차에 있어서는 심의회의 제3자성 · 독립성이 희박한 점, 심의절차의 공정성 · 신중성도 결여되어 있는 점, 심의회에서 결정되는 배상액이 법원의 그것보다 하회하는 점 및 불제소합의의 경우와는 달리 신청인의 배상결정에 대한 동의에 재판청구권을 포기할 의사까지 포함되는 것으로 볼 수도 없는 점을 종합하여 볼 때, 이는 신청인의 재판청구권을 과도하게 제한하는 것이어서 헌법 제37조 제2항에서 규정하고 있는 기본권 제한입법에 있어서의 과잉입법금지의 원칙에 반할 뿐 아니라, 권력을 입법 · 행정 및 사법 등으로 분립한 뒤 실질적 의미의 사법작용인 분쟁해결에 관한 종국적인 권한은 원칙적으로 이를 헌법과 법률에 의한 법관으로 구성되는 사법부에 귀속시키고 나아가 국민에게 그러한 법관에 의한 재판을 청구할 수 있는 기본권을 보장하고자 하는 헌법의 정신에도 충실하지 못한 것"이라고 판시하고 있기 때문이다. 이러한 헌법재판소의 결정취지에 비추어 본다면, 재정은 국가배상법상의 배상심의절차와는 달리 준사법적 쟁송의 성질을 띠고 있고 또 불복제소의 기회가 봉쇄되어 있는 것도 아니기 때문에 그 효력을 재판상 화해와 동일한 것으로 강화시킨다고 해도 재판청구권침해 등 위헌의 문제가 생기지 않는다고 보아야 할 것이다. 따라서 정부가 환경분쟁조정법의 전면개정을 추진하는 과정에서, 종래 조정의 구속력이 확보되지 못해 생긴 문제점을 해소하기 위하여 1년 전에 신설되었던 구법 제23조 제3항을 삭제한 것은 해석론이나 입법정책의 견지에서 타당한 것이었는지는 의문스럽다.

(3) 多數人關聯紛爭의 調整

환경분쟁조정법은 1997년 8월 28일의 전면개정을 통해 환경관련 집단분쟁, 즉, 다수인관련분쟁의 조정에 관한 규정을 대폭 보강하였다. “다수인관련분쟁”이란 동일한 원인으로 인한 환경피해를 주장하는 자가 다수인 환경분쟁을 말하는 것으로 정의되고 있다(§ 2 iv). 법은 제46조에서 다수인관련분쟁에 있어 분쟁당사자중 1인 또는 수인이 대표당사자로서 조정을 신청할 수 있도록 하고, 제50조에서 대표당사자의 감독등에 관한 규정을 두는 한편, 다수인관련분쟁조정 신청의 공고(§ 51), 이해관계자의 참가(§ 52), 조정 효력의 인적 범위(§ 53), 동일분쟁에 대한 조정신청의 금지(§ 54), 조정결과 지급받은 손해배상금의 배분(§§ 56-61)에 관한 규정들을 두고 있다. 그러나 다수인관련분쟁의 조정절차 역시 그 밖의 사항에 관하여는 그 성질에 반하지 아니하는 한 분쟁조정에 관한 제3장의 규정을 준용하도록 되어 있으므로(§ 55), 앞에서 본 조정절차유형들과 본질적으로 다른 것은 아니다.

4) 環境紛爭의 處理節次

(1) 槪　　說

환경분쟁조정법에 의한 분쟁조정의 절차는 다음 그림에서 보는 바와 같다. 법은 분쟁조정절차를 알선·調停·裁定에 공통되는 사항과 각 절차에 특유한 사항으로 양분하여 규정하고 있다.

[그림 5-1] 분쟁조정체계도

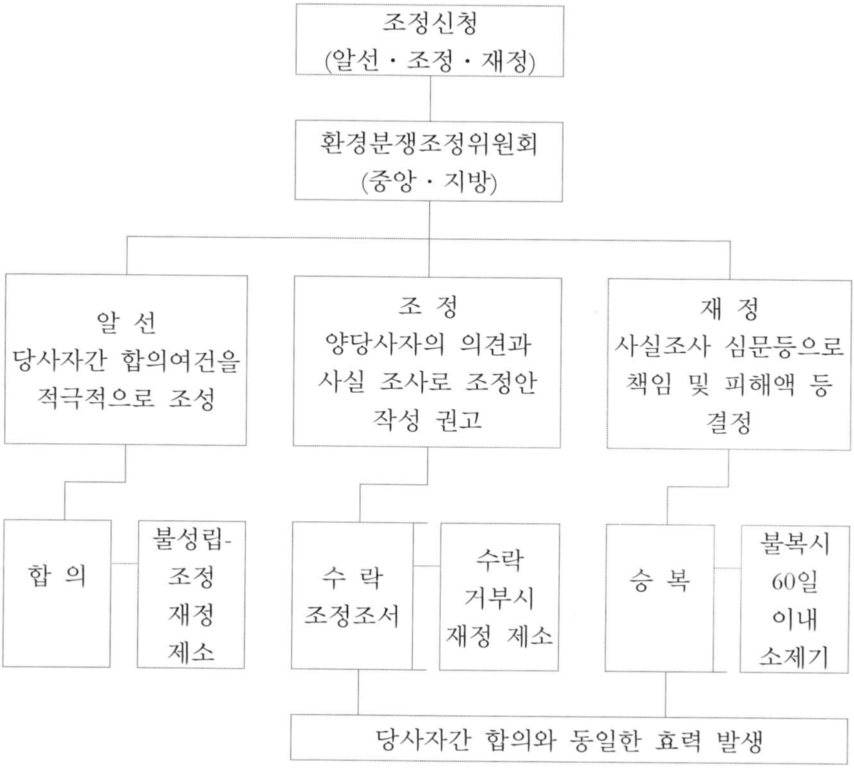

4. 노동쟁의조정

1) 개　　설

「노동조합 및 노동관계조정법」(일부개정 2006.12.30 법률 제8158호)에 의한 노동쟁의조정제도는 노동쟁의, 즉 노동조합과 사용자 또는 사용자단체(이하 "노동관계 당사자"라 한다)간에 임금 · 근로시간 · 복지 · 해고 기타 대우 등 근로조건의 결정에 관한 주장의 불일치로 인하여 발생한 분쟁(법 제2조 제5호 제1문)을[29] 해결하기 위한 대체적 분쟁해결절차이다. 이것은 사회적 생산과정에서 노사대립의 격화를 방지함으로써 산업평화를 달성하고 또 그 과정에서 근로자들의 정당한 요구가 실질적 교섭력을 가질 수 있도록 함으로써 노사간의 불평등을 補正한다는 취지에서 도입된 것이다.

2) 자주적 조정과 당사자 등의 책무

법은 제47조에서 "이 장의 규정은 노동관계 당사자가 직접 노사협의 또는 단체교섭에 의하여 근로조건 기타 노동관계에 관한 사항을 정하거나 노동관계에 관한 주장의 불일치를 조정하고 이에 필요한 노력을 하는 것을 방해하지 아니한다."고 규정하여 자주적 조정이 원칙임을 분명히 하고 있다. 법은 이러한 견지에서 노동관계 당사자에게 '단체협약에 노동관계의 적정화를 위한 노사협의 기타 단체교섭의 절차와 방식을 규정하고 노동쟁의가 발생한 때에는 이를 자주적으로 해결하도록 노력하여야 할' 책무를(법 제48조), 국가 및 지방자치단체에게는 '노동관계 당사자간에 노동관계에 관한 주장이 일치하지 아니할 경우 노동관계 당사자가 이를 자주적으로 조정할 수 있도록 조력함으로써 쟁의행위를 가능한 한 예방하고 노동쟁의의 신속·공정한 해결에 노력하여야 할' 책무를 부여하고 있다(법 제49조).

법은 또한 제50조에서 신속 처리의 원칙을 규정하는 한편, 제51조에서는 국가·지방자치단체·국공영기업체·방위산업체 및 공익사업에서의 노동쟁의의 조정을 우선적으로 취급하고 신속히 처리하

29) 이 경우 '주장의 불일치'라 함은 당사자간에 합의를 위한 노력을 계속하여도 더이상 자주적 교섭에 의한 합의의 여지가 없는 경우를 말한다(법 제2조 제5호 제2문).

도록 하였다.

3) 사적 조정 · 중재의 우선

현행법에서 인정되는 노동쟁의의 조정 · 중재 방식으로는 노사의 자주적 해결원리에 의한 임의조정, 즉 사적 조정 · 중재와 법정조정이 있는데, 전자가 후자에 우선한다. 즉 법은 제52조 제1항에서 조정과 중재에 관한 제2절 및 제3절의 규정은 노동관계 당사자가 쌍방의 합의 또는 단체협약이 정하는 바에 따라 각각 다른 조정 또는 중재방법(이하 이 조에서 "사적 조정등"이라 한다)에 의하여 노동쟁의를 해결하는 것을 방해하지 아니한다고 규정함으로써 그와 같은 취지를 분명히 하고 있다. 이와 같이 사적 조정 등을 통해 노동쟁의를 해결하기로 한 때에는 이를 노동위원회에 신고하여야 하며(법 제52조 제2항), 사적 조정 또는 중재가 이루어진 경우에 그 내용은 단체협약과 동일한 효력을 가진다(법 제52조 제4항).

4) 조정과 재정

(1) 조 정

조정은 노동관계 당사자의 신청으로 개시된다. 즉 관계 당사자 일방이 노동쟁의의 조정을 신청하면 노동위원회는 지체없이 조정을 개시하여야 하며 관계 당사자 쌍방은 이에 성실히 임하여야 한다(법 제53조 제1항). 조정신청 전이라도 노동위원회는 원활한 조정을 위하여 교섭을 주선하는 등 관계 당사자의 자주적인 분쟁 해결을 지원할 수 있다(법 제53조 제2항). 조정은 조정 신청이 있은 날부터 일반사업에 있어서는 10일, 공익사업에 있어서는 15일 이내에 종료하되 관계 당사자간의 합의로 일반사업에 있어서는 10일, 공익사업에 있어서는 15일 이내에서 연장할 수 있다(법 제54조).

노동쟁의의 조정은 노동위원회에 설치하는 3인으로 구성된 조정위원회가 담당한다. 조정위원은 당해 노동위원회의 위원중에서 사용자를 대표하는 자, 근로자를 대표하는 자 및 공익을 대표하는 자 각 1인을 그 노동위원회의 위원장이 지명하되, 근로자를 대표하는 조정위원은 사용자가, 사용자를 대표하는 조정위원은 노동조합이 각각 추천하는 노동위원회의 위원중에서 지명하여야 한다. 다만, 조정위원회의 회의 3일전까지 관계 당사자가 추천하는 위원의 명단제출이 없을 때에는 당해 위원을 위원장이 따로 지명할 수 있다(법 제55조 제2항 · 제3항).

노동위원회는 관계 당사자 쌍방의 신청이 있거나 관계 당사자 쌍방의 동의를 얻은 경우에는 조정위원회에 갈음하여 단독조정인에게 조정을 행하게 할 수 있다(법 제57조). 조정위원회 또는 단독조정인은 조정안을 작성하여 이를 관계 당사자에게 제시하고 그 수락을 권고하는 동시에 그 조정안에 이유를 붙여 공표할 수 있으며, 필요한 때에는 신문 또는 방송에 보도 등 협조를 요청할 수 있다(법 제60조 제1항). 관계 당사자가 수락을 거부하여 더 이상 조정이 이루어질 여지가 없다고 판단되는 경우에는 조정의 종료를 결정하고 이를 관계 당사자 쌍방에 통보하여야 한다(법 제60조 제2항). 조정안이 관계 당사자의 쌍방에 의하여 수락된 후 그 해석 또는 이행방법에 관하여 관계 당사자간에 의견의 불일치가 있는 때에는 관계 당사자는 당해 조정위원회 또는 단독조정인에게 그 해석 또는 이행방법에 관한 명확한 견해의 제시를 요청하여야 하며, 조정위원회 또는 단독조정인은 그 요청을 받은 날부터 7일 이내에 명확한 견해를 제시하여야 한다(법 제60조 제3항 · 제4항). 그리고 그와 같은 해석 또는 이행방법에 관한 견해가 제시될 때까지는 관계 당사자는 당해 조정안의 해석 또는 이행에 관하여 쟁의행위를 할 수 없다(법 제60조 제5항).

조정안이 관계 당사자에 의하여 수락된 때에는 조정위원 전원 또는 단독조정인은 조정서를 작성하고 관계 당사자와 함께 서명 또는 날인하여야 한다. 조정서의 내용은 단체협약과 동일한 효력을 가지며(법 제61조 제2항), 법 제60조 제4항의 규정에 의하여 조정위원회 또는 단독조정인이 제시한 해석 또는 이행방법에 관한 견해는 중재재정과 동일한 효력을 가진다(법 제61조 제3항). 한편, 노동위원회는 법 제60조제2항의 규정에 따른 조정의 종료가 결정된 후에도 노동쟁의의 해결을 위하여 조정을 할 수 있다(법 제61조의2 제1항).

(2) 중　　재

중재는 당사자의 의사에 관계없이 구속력을 갖기 때문에 중재의 개시요건이 별도로 법정되어 있다. 관계 당사자의 쌍방이 함께 중재를 신청하거나 관계 당사자의 일방이 단체협약에 의하여 중재를 신청한 때에 개시된다(법 제62조). 노동쟁의가 중재에 회부된 때에는 그 날부터 15일간은 쟁의행위를 할 수 없다(제63조).

중재위원회는 노동쟁의의 중재 또는 재심을 위하여 노동위원회에 설치하며(법 제64조 제1항) 당해 노동위원회의 공익을 대표하는 위원중에서 관계 당사자의 합의로 선정한 자에 대하여 그 노동위원회의 위원장이 지명하는 중재위원 3인으로 구성한다(법 제64조 제2항·제3항).[30)]

중재는 준사법적 절차로서 조정에 비해 상대적으로 엄격한 조건

30) 다만, 관계 당사자간에 합의가 성립되지 아니한 경우에는 노동위원회의 공익을 대표하는 위원중에서 지명한다(법 제64조 제3항 단서).

에 따르도록 되어 있다. 즉, 중재위원회는 기일을 정하여 관계 당사자 쌍방 또는 일방을 중재위원회에 출석하게 하여 주장의 요점을 확인하도록 되어 있고, 관계 당사자가 지명한 노동위원회의 사용자를 대표하는 위원 또는 근로자를 대표하는 위원도 중재위원회의 동의를 얻어 그 회의에 출석하여 의견을 진술할 수 있게 되어 있다(제66조). 또 중재위원회의 위원장은 관계 당사자와 참고인외의 자의 회의출석을 금할 수 있다(법 제67조).

중재재정은 서면으로 작성하여 이를 행하며 그 서면에는 효력발생 기일을 명시하여야 한다(법 제68조 제1항). 중재재정의 해석 또는 이행방법에 관하여 관계 당사자간에 의견의 불일치가 있는 때에는 당해 중재위원회의 해석에 따르며 그 해석은 중재재정과 동일한 효력을 가진다(법 제68조 제2항).

중재재정의 내용은 단체협약과 동일한 효력을 가지며(법 제70조 제1항), 이에 대하여 불복하는 경우에는 법 제69조 제1항 및 제2항의 규정에 따라 중앙노동위원회에 재심을 신청하거나 행정소송을 제기할 수 있도록 되어 있다. 다만 이러한 재심신청 또는 행정소송의 제기가 있더라도 그 효력은 정지되지 아니한다(법 제70조 제2항).

법 제69조 제1항 및 제2항에 규정된 기간내에 재심을 신청하지 아니하거나 행정소송을 제기하지 아니한 때에는 그 중재재정 또는 재심결정은 확정되며(법 제69조 제3항), 관계 당사자를 구속한다(법 제69조 제4항).

한편, 법은 제4절에서 공익사업의 노동쟁의의 조정은 노동위원회에 설치하는 특별조정위원회가 담당하도록 하는 등 공익사업등의 조정에 관한 특칙을 정하고 있다.

이와 같은 통상적인 조정절차와는 별도로 법은 긴급조정제도를 규정하고 있다. 이에 따르면, 쟁의행위가 공익사업에 관한 것이거나 그 규모가 크거나 그 성질이 특별한 것으로서 현저히 국민경제를 해하거나 국민의 일상생활을 위태롭게 할 위험이 현존하는 때에는 노동부장관이 긴급조정을 결정할 수 있다(법 제76조). 긴급조정의 결정이 공표되면 즉시 쟁의행위를 중지하여야 하며 공표일로부터 30일이 경과하지 아니하면 쟁의행위를 재개할 수 없다(제77조). 중앙노동위원회는 법 제76조 제3항의 규정에 의한 통고를 받은 때에는 지체없이 조정을 개시하여야 하며(법 제78조), 만일 조정이 성립될 가망이 없다고 인정한 경우에는 중앙노동위원회의 위원장은 조정이 공익위원의 의견을 들어 그 사건을 중재에 회부할 것인가의 여부를 결정하도록 되어 있다(법 제79조). 중앙노동위원회는 당해 관계 당사자의 일방 또는 쌍방으로부터 중재신청이 있거나 제79조의 규정에 의한 중재회부의 결정을 한 때에는 지체없이 중재를 행하여야 한다(법 제80조).

사용자와 노동조합 간에 노동쟁의가 발생한 경우 쟁의행위가 시작되어 단체협약에 이르기까지의 과정은 [그림 5-2]와 같다.

[그림 5-2] 노동쟁의조정 체계도

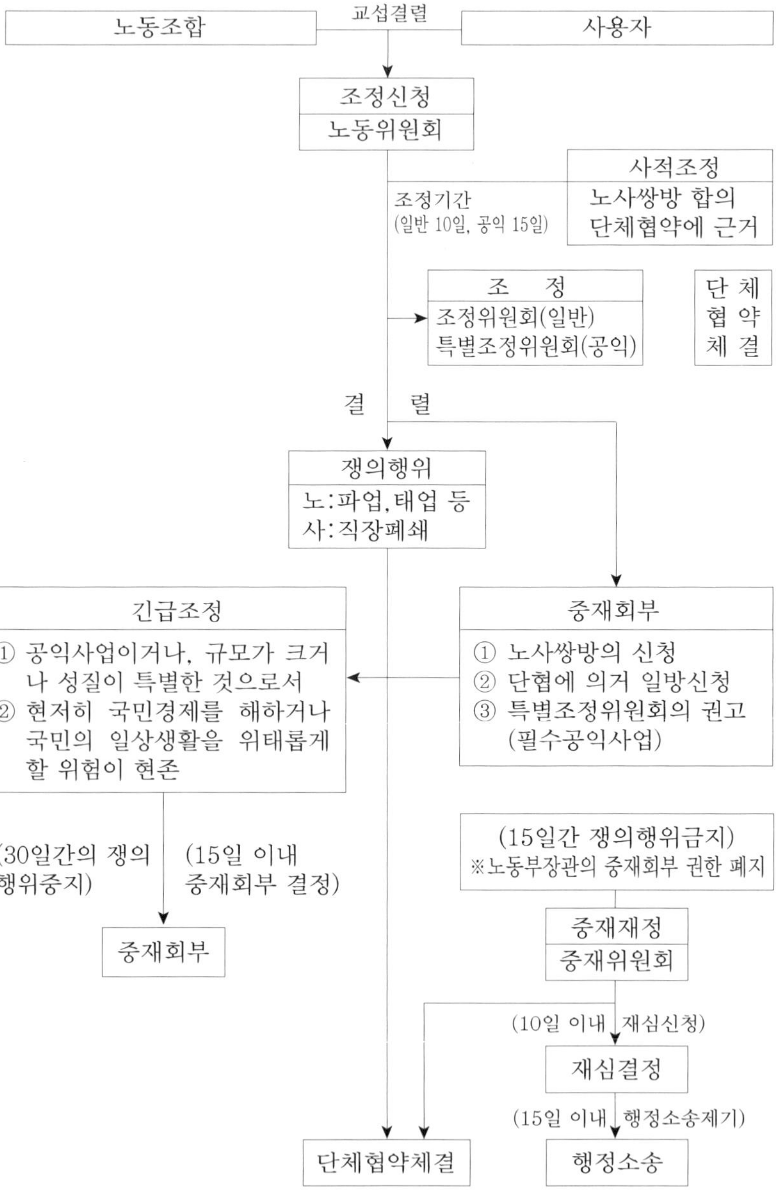

Ⅳ 결 론

대체적 분쟁해결제도는, 구체적인 적용분야에 따라 상이하지만, 사법적 분쟁해결의 단점과 결함을 보완해 주는 수단이 될 뿐만 아니라, 가령 계속적 관계의 파국을 회피하려는 분쟁당사자들의 요구나 분쟁해결의 전문성이 필요한 경우처럼 분쟁의 종류, 맥락에 따라서는 오히려 사법적 분쟁해결 보다 더 나은 결과를 가져올 수 있다는 점에서 법정책적 관심의 대상이 될 수 있다.

그동안 우리 사회는 급속한 발전을 거듭했으나 분쟁해결에 관한 한 후진국의 수준을 벗어나지 못하고 있다. 물론 급속한 사회변동을 겪으면서 분쟁해결의 후진성을 극복하기 위한 노력을 기울일 여유가 없었던 것이 사실이다. 그러나 이제 공공갈등과 분쟁의 실재를 정면에서 인식하고 그에 대한 처방을 강구하려는 적극적인 실천의지가 없이는 전사회적 소모와 낭비를 막을 수 없다는 견지에서 분쟁해결을 위한 적극적인 법정책적·법제도적 처방이 요구된다. 대체적 분쟁해결제도로서 분쟁조정제도가 소기의 성과를 달성할 수 있으려면 무엇보다도 그 이용율과 실효성을 확보하기 위한 실천방안을 마련하는 것이 중요하다. 이를 위해서는 제도를 잘 설계·재단하는 것도 중요하지만 그 제도가 관계당사자들에 의하여 수용될 수 있도록 광범위한 의견수렴과정을 거쳐 그 제도가 추구하는 목표와 방법에 대한 사회적 합의를 극대화해 나가려는 실천의지가 절실히 요구된다.

제 6 장　행정법상 재판외 분쟁해결법제

김　정　순*

최근, 사회변화에 따른 국민요구의 다양화와 그에 따른 행정의 다양화로 인하여 행정법상 분쟁해결에 있어서도 다양성이 요구되고 있다. 그러나 재판 절차의 구조적 결함, 시간적 경제적인 비용의 과다로 인하여 국민권익구제측면에서 재판이 갖는 역할에는 한계가 있기 때문에, 재판에 의한 분쟁의 해결보다는 상황에 적합한 분쟁의 유연한 해결, 그리고 신속하고 간이한 절차에 의한 분쟁해결수단의 적극적 활용에 의해 국민의 권익구제와 행정목적의 실현에 대한 요구가 증대하고 있다. 미국을 선두로 하여 각국에서 나타나는 재판외 분쟁해결수단에 대한 최근의 관심은 이러한 요청을 반영하는 것으로 볼 수 있다.

그런데 재판외 분쟁해결수단은 그 실체적 기준과 절차적 측면에서 재판과는 달리 사전에 정해진 법률의 엄격한 기속을 받지 않으며, 최종 결정도 법관이나 행정관료의 단독적 판단이 아닌 분쟁당사자들 간의 합의로 이루어진다는 점에서, 행정법 영역의 근본원리인

* 한국법제연구원 연구위원.

법치행정의 원칙과 상충되는 면이 있을 수밖에 없다.

그러나 최종적인 분쟁해결시스템은 재판제도로 하되, 재판제도가 해결하지 못하는 사례에 있어서 재판제도를 보완 또는 대체함을 표방하는 재판외분쟁해결수단의 이용이야말로 기본권보장의 확보라는 목적에 충실한 것이 되며 이는 실질적 법치주의에도 합치되는 것으로 궁극적으로는 법치주의를 확장하는 것이 된다고 할 수 있다.

따라서 재판외 분쟁해결수단의 이용이 법치주의의 정당화에 적극적으로 기여할 수 있는 영역을 찾아내어 그 이용의 확장과 활성화를 도모해 나갈 필요성이 있다.

이에 재판외 분쟁해결수단의 개념과 유형, 그리고 법치주의와의 정합성을 우선 살펴보고 아울러 각종분쟁조정위원회 등에 의한 재판외 분쟁해결법제현황, 행정결정과정에 있어서의 재판외 분쟁해결법제현황, 행정쟁송에 있어서의 재판외 분쟁해결법제 현황을 살펴본다. 제3장에서는 비교법적 분석을 통한 시사점을 얻기 위하여, 특히 최근 입법의 뒷받침을 받으며 행정 및 사법의 단계에서 국가가 적극적으로 그 이용을 주도하고 있는 미국의 행정분쟁해결법과 일본의 ADR기본법을 중심으로 살펴본다. 제4장에서는 제2장과 제3장에서의 결과를 토대로 바람직한 법제개선방향을 검토한다.

I 서 론

1. 연구의 목적

재판은 국가가 제공하는 대표적인 분쟁해결수단으로 구체적 분쟁해결영역에서 법치주의의 구현하는 핵심적인 수단으로서의 의미를 가진다.

그러나 재판 절차의 구조적 결함, 시간적 경제적인 비용의 과다로 인하여 국민권익구제측면에서 재판이 갖는 역할에는 한계가 있다.

최근, 사회변화에 따른 국민요구의 다양화와 그에 따른 행정의 다양화로 인하여 행정법상 분쟁해결에 있어서도 다양성을 요구하고 있는 바, 재판에 의한 분쟁의 해결보다는 상황에 적합한 분쟁의 유연한 해결, 그리고 신속하고 간이한 절차에 의한 분쟁해결수단의 적극적 활용에 의해 국민의 권익구제와 행정목적의 실현에 대한 요구가 증대하고 있다. 미국을 선두로 하여 각국에서 나타나는 재판외 분쟁해결수단에 대한 최근의 관심은 이러한 요청을 반영하는 것으로 볼 수 있다. 미국의 행정분쟁해결법(Administrative Dispute Resolution Act: ADRA), 일본의 「재판외분쟁해결절차의 이용의 촉진에 관한 법률」(ADR기본법, 2004년12월1일 법률 제151호)이 그 예이다.

그런데 재판외 분쟁해결수단은 그 실체적 기준과 절차적 측면에서 재판과는 달리 사전에 정해진 법률의 엄격한 기속을 받지 않으며, 최종 결정도 법관이나 행정관료의 단독적 판단이 아닌 분쟁당사자들 간의 합의로 이루어진다는 점에서, 행정법 영역의 근본원리인 법치행정의 원칙과 상충되는 면이 있을 수밖에 없으며, 이는 곧 참여민주주의, 협력적 행정의 사고와 법치행정원칙의 상충의 한 측면으로 볼 수도 있다

그러나 재판외 분쟁해결수단은 법관이 법률에 의한 재판을 통해 분쟁을 해결하는 것이 갖는 한계를 극복하려는 것이므로 오히려 기본권보장의 확보라는 목적에 충실한 것이 되며 이는 실질적 법치주의에도 합치되는 것이라 할 수 있다. 따라서, 국가의 최종적인 분쟁해결시스템은 재판제도로 하되, 재판제도가 해결하지 못하는 사례에 있어서 재판제도를 보완 또는 대체함을 표방하는 재판외분쟁해결수단의 이용이야말로 법치주의를 확장하는 것이 된다고 할 수 있다.

따라서 재판외 분쟁해결수단의 이용이 법치주의의 정당화에 적극적으로 기여할 수 있는 영역을 찾아내어 그 이용의 확장과 활성화를 도모해 나갈 필요성이 있다. 그리하여 법치행정의 체계하에 재판외분쟁해결수단의 적절한 자리매김이 이루어 질수 있을 것이다.

이에 본 연구에서는 외국의 사례, 우리나라의 법제현황을 살펴보고 바람직한 재판외분쟁해결제도의 개선방안을 모색하고자 한다.

2. 연구의 범위

본 연구는 Ⅱ에서 재판외 분쟁해결수단의 개념과 유형, 그리고 법치주의와의 정합성을 우선 살펴보고 아울러 각종분쟁조정위원회 등에 의한 재판외 분쟁해결법제현황, 행정결정과정에 있어서의 재판외 분쟁해결법제현황, 행정쟁송에 있어서의 재판외 분쟁해결법제 현황을 살펴본다. Ⅲ에서는 비교법적 분석을 통한 시사점을 얻기 위하

여, 특히 최근 입법의 뒷받침을 받으며 행정 및 사법의 단계에서 국가가 적극적으로 그 이용을 주도하고 있는 미국의 행정분쟁해결법과 일본의 ADR기본법을 중심으로 살펴본다. 법치주의의 진행이나 법문화가 상이한 우리나라에 그대로 적용될 수는 없으나, 향후 재판외 분쟁해결수단에 대한 우리의 규범을 정립해 가는 데 시사점을 얻을 수 있을 것이다. Ⅳ에서는 Ⅱ와 Ⅲ에서의 결과를 토대로 문제점을 검토하고 바람직한 법제개선방향을 모색해본다.

Ⅱ 관련법제의 현황과 문제점

1. 행정법상 재판외 분쟁해결제도의 의의

행정사건에 있어서의 재판외 분쟁해결수단은 좁은 의미로 공법적 성격을 지니는 행정법상의 분쟁에 대하여 재판외 분쟁해결수단으로 분쟁을 해결하는 경우를 말하는데 반하여,[1] 행정법상의 재판외 분쟁해결수단은 행정사건에 대한 재판외 분쟁해결수단에 국한하지 않고 행정절차단계에서 개입하거나 행정부가 사법(私法)상의 분쟁에 대하여 행정부가 제공하는 각종 분쟁조정위원회를 통하여 민사관계에 개입하여 조정자로서 등장하는 경우도 포함하게 된다. 이러한 관점에서 행정법상의 재판외 분쟁해결제도는 크게 행정절차에 있어서의 재판외 분쟁해결 수단, 행정부가 제공하는 각종 분쟁조정위원회

1) 김유환c, 법원에서의 행정사건에 대한 재판외분쟁해결제도, 「현대공법학의 과제」(청담 최송화 교수화갑기념 논문집), 2002, 739-740쪽.

등을 통한 재판외 분쟁해결수단, 행정심판 및 행정소송과 결부된 행정쟁송상의 재판외 분쟁해결조정으로 구분하여 검토할 수 있다.

행정절차에 있어서의 재판외 분쟁해결수단이 예방적 측면이 있는 반면에 각종 행정분쟁조정위원회 등을 통한 재판외 분쟁해결수단과 행정쟁송에 수반되어 행해지는 재판외 분쟁해결수단의 경우에는 사후적 분쟁해결로서의 특성을 지니게 된다. 또한 행정절차에 있어서의 재판외 분쟁해결수단이라든가 각종 분쟁조정위원회 등을 통한 재판외 분쟁해결수단은 국민참여적 성격의 제도라는 측면이 큰 반면에 행정쟁송에 수반되어 행해지는 재판외 분쟁해결수단에 있어서는 국민참여적 측면 보다는 사법제도의 효율적 운영이라고 하는 측면이 강조된다. 아울러 행정절차에 있어서의 재판외 분쟁해결수단과 행정쟁송에 있어서의 재판외 분쟁해결수단은 법률의 명문의 규정이 없이 사실상으로 이루어지는 측면이 있는 반면에, 행정부에서 제공하는 각종 행정분쟁조정위원회를 통한 재판외 분쟁해결수단은 개별법률의 명시적 근거에 따라 이루어지고 있다.

이러한 재판외 분쟁해결제도는 법규범이 흠결된 분쟁상황에서 여러기관의 상호작용으로 개별사안을 해결함으로써 법규범의 형성과정에 기여할 수 있다. 또한 불명확한 법규범이 존재하는 경우 법적용에 있어서 비례의 원칙을 적용하여 불평등한 대우를 받지 않도록 예측할 수 있게 하는 기능을 한다거나 법규범의 적용이 경직되어 있는 경우 법률에 반하지 않는 개별사안에 맞는 유연한 해결을 이끌 수도 있다. 이러한 점에서 재판외 분쟁해결수단이 법치행정과 상충되는 제도가 아니라 실질적 법치행정을 실현하는 것이라 할 수 있다.

1) 재판외 분쟁해결수단의 개념과 유형[2)]

(1) 개 념

가. 소거의 개념

재판외 분쟁해결수단에서 「재판외」는 「재판」을 소거 또는 배제하는 의미이다. 또한 「대체적」, 「alternative」라는 개념도 어떤 분쟁해결수단을 전제하고 그것을 대체하거나 또는 그것과 선택적 대안의 관계에 있음을 의미하는데 이때 전제된 분쟁해결수단은 통상 재판이 된다.

따라서 이러한 개념형식에 따르면, 재판외 분쟁해결수단에 해당되는 분쟁 분쟁해결수단들은 「재판」이 아니라는 점에서만 공통되고, 그러므로 재판이 아닌 모든 분쟁해결수단이 포함될 수 있는 개방적인 개념이 된다.

그러나, 본연구의 논의대상인 행정법상 재판외분쟁해결수단은 이렇게 확장된 개념이 아니므로 본연구의 대상인 재판외 분쟁해결수단의 개념범위를 제한하기 위해서는 먼저 「재판」의 개념을 확정하여야 할 필요가 있다. 「재판」의 개념도 상이한 관점에서 파악될 수 있기 때문이다.

특히 구별하여야 할 「재판」의 개념에는, ① 하나는 공적분쟁해결기관인 법원의 고유한 사법작용수단으로서의 재판, ② 다른 하나는 분쟁상황에 대한 특유한 결정방식으로서의 재판이 있다.

① 「법원」의 작용방식으로서의 재판

역사적으로 위와 같은 「재판」이라는 결정방식을 고유한 방법론

2) 이희정a, 법의 지배와 행정법상 재판외 분쟁해결수단 - 미국의 경우를 중심으로 -, 박사학위논문(서울대), 2004, 4-20쪽 참조.

으로 이용해 온 기관은 법원이다.

따라서 재판의 개념요소에 결정방식뿐만 아니라 「법원」이라는 이용주체를 포함하여 정의할 수 있고, 이때 「재판외」의 개념은 법원에서 재판으로 분쟁을 해결하는 이외의 방식을 의미하게 된다.

② 「결정방식」으로서의 재판과 재판외 분쟁해결수단

결정 방식으로서의 재판은 원칙적으로는 법원뿐 아니라 행정, 사인에 의해서도 이용될 수 있는 것이고, 이러한 의미의 재판을 전제로 한 재판외 분쟁해결수단은 이와는 다른 결정방식이라는 측면이 강조되는 것이라 하겠다.

본연구에서는 재판외 분쟁해결수단을 주로 이렇게 재판과는 다른 결정방식이라는 측면에서 파악하기로 한다.

나. 개념의 범주

본연구의 대상인 재판외 분쟁해결수단의 개념을 재판과는 다른 결정방식이라는 측면에서 파악한다면, 연구대상인 재판외 분쟁해결수단은 협의의 재판외 분쟁해결수단의 범주에 해당되게 된다.

재판외 분쟁해결수단의 개념은 다음과 같이 3가지 범주로 나누어 볼 수 있다.

① 광의의 재판외 분쟁해결수단

이는 법원에서의 재판을 제외한 모든 분쟁해결수단을 말한다.

따라서 재판적 방식에 의하더라도 기관이 법원이 아니면, 광의의 재판외 분쟁해결수단에 포함된다.

우리나라의 행정심판의 경우, 사법절차에 유사한 재판적 방식에 의하지만 주체가 다르므로 광의의 재판외 분쟁해결수단에 포함될 것이다.

② 협의의 재판외 분쟁해결수단

이는 합의에 의한 해결을 지향하는 재판외 분쟁해결수단을 말한다.

이에는 계약적 합의의 성립을 의미하는 화해와 컨센서스적 합의의 성립이 해당되고, 계약적 또는 컨센서스적 합의를 위한 당사자들간의 협상, 합의의 성립을 돕기 위한 제3자의 조력이 부가되는 조정, 사실이나 법적 쟁점에 대한 전문가의 평가 및 해결책 제안 등이 포함된다.

최종판정이 당사자를 구속하는 구속적 중재는 이질적이지만, 중재의 이용과 절차, 준거법 등에 대한 당사자의 합의를 최종 결과에 대한 합의와 유사한 뿌리를 가지는 것으로 본다면, 중재도 이에 포함시킬 수 있을 것이다.

이에 해당하는 구제적인 예로서 ① 행정청과 사인간의 직접적인 계약적, 컨센서스적 합의의 한 예인 행정청과 피규제자간의 규제준수에 대한 자발적협약, ② 현행법령상 다수 설치되어 있는 당사자의 합의를 조정성립의 요건으로 하는 각종 조정위원회의 조정을 들 수 있다.

③ 최협의의 재판외 분쟁해결수단

이는 제3자가 조정인으로서 분쟁해결에 조력하는 형태의 것으로, 당사자들간의 화해나 협상을 제외하고 제3자로서의 조정인, 중립인, 평가인 등이 참여하여 합의를 돕는 재판외 분쟁해결수단을 말한다.

조정, 중재, 사실이나 법적 쟁점에 대한 전문가의 평가 및 제안 등이 포함된다.

미국에서 행정청의 결정과정에 있어서의 재판외 분쟁해결수단의 이용을 수권하는 법률인 「연방행정분쟁해결법」상의 재판외분쟁해결수단은 이러한 의미에 해당한다.

우리나라의 경우, 현행법령상 다수 설치되어 있는 행정부가 관련하는 각종 분쟁조정위원회 등의 조정이 이에 해당되게 된다. 이러한 조정은 대부분의 경우 당사자들이 해결안을 형성하도록 돕는 형태가 아니라 조정부가 조정안을 제시하고 그 수락여부를 묻는 형태로 이루어진다.

(2) 유　　형

가. 기본유형

재판외 분쟁해결수단은 개방적 개념이므로 계속하여 새로운 유형의 절차가 만들어 질 수 있으나, 전통적으로 기본적인 형태로서 화해, 협상, 조정, 중재를 들 수 있다. 협상·조정·화해는 각각 독립된 재판외 분쟁해결수단으로서의 의미를 갖지만, 동시에 협상은 조정과 화해의 수단으로, 그리고 화해는 협상과 조정의 목적으로서의 의의를 갖는다.

① 화　　해

화해 또는 재판상 화해는 당사자 간의 합의에 의한 분쟁해결방법을 말한다. 재판외 분쟁해결수단을 통해 달성하고자 하는 종국적인 목표로서 재판외 분쟁해결수단은 화해를 효율적으로 이루어지게 하는 제도라 할 수 있다.

화해는 법원과 관계없이 행하여지는 私法上의 화해와 법원과 관련하여 행하여지는 재판상의 화해로 나누어진다.

사법상의 화해는 재판외의 화해로서, 당사자가 서로 양보하여 당사자 사이의 분쟁을 종료할 것을 약정하는 것으로(민법 제731조이하), 화해계약은 착오를 이유로 하여 취소할 수 없으나, 화해당사자의 자격 또는 화해의 목적인 분쟁이외의 사항에 착오가 있는 때에는 취하할 수 있다(민법 제733조).

재판상의 화해는 소송상 화해와 제소전 화해가 있으며, 소송상 화해는 소송이 개시된 이후에 당사자가 서로 양보하여 합의한 내용을 법관앞에서 진술하여 재판에 의하지 않고 소송을 종료시키는 것이다(민사소송법 제22조). 제소전 화해는 화해를 하고 싶은 당사자가 법원에 제소전 화해신청을 하여 법관앞에서 화해를 하여 분쟁을 종료시키는 것으로 소송계속을 전제로 하지 않는다는 점에서 소송상 화해와 차이가 있으나 그 효력에는 차이가 없다.

② 협 상

모든 재판외 분쟁해결수단의 기본 도구로서 설득을 목적으로 하는 의사소통행위이다. 제3자의 개입없이 쌍방의 합의로 법적 권리와 의무 및 경제적·심리적·사회적 이익의 맞교환과 타협을 수단으로 하여 쌍방에게 바람직스러운 법적 관계를 형성하기 위하여 기존의 차이점을 조정하는 과정을 말한다.[3]

당사자 사이에 협상이 이루어지면 사법상의 화해(재판외 화해, 민법 제731조)가 성립되거나 법원에서의 제소전 화해(민사소송법 제385조 이하)에 의하여 분쟁이 종결될 수 있고, 소송개시 이후라면, 재판외의 화해 및 소의 취하(동법 제266조), 소송상 화해(동법 제22조) 등으로 소송이 종료될 수 있을 것이다.[4]

③ 알 선

제3자가 단순히 당사자를 소환하거나 협상의 시기를 정하고 의사소통을 원활하게 하는 기능만을 수행하고 사건에 대한 실체적 평가를 하지 아니하고 구체적인 조정안도 제시하지 아니하는 것을 말

3) 사법연수원, 「ADR」, 2003, 49쪽 이하.

4) 유병현a, ADR의 발전과 법원외 조정의 효력, 「법조」, 제573호, 2004.6, 34쪽.

한다.[5]자주적인 교섭(의논)이 원활히 진행되도록 중개하여, 당사자의 상호 양보와 합의에 의한 해결을 도모하는 절차이다. 환경분쟁조정법 제27조 등에서 조정과 구분하여 알선을 규정하고 있다.

④ 조정(調停)

조정기관의 주재 하에 당사자를 설득하여 당사자간의 협상을 통하여 합의를 도출하는 분쟁해결방법이다.

(a) 미국의 재판외 분쟁해결수단관련 문헌에서 일반적으로 사용되는 조정의 개념

특정한 해결책을 부과할 권한을 갖지 않은 중립적인 제3자가 당사자들로 하여금 어떤 분쟁의 해결을 위한 합의에 이루도록 돕는 자발적 절차 또는 더 간략하게 제3자의 조력을 얻어 수행되는 협상이다.

제3자인 조정인의 주임무는 법적 문제의 해결에 있다기보다는 당사자들 간의 원활한 의사소통을 조언하고 대화의 틀을 잡아주어 양당사자가 수락할 수 있을 만한 지속가능한 합의를 스스로 형성하도록 하는 것이다.

(b) 우리 민사조정법상의 조정이나 기타 행정부 산하의 조정위원회에 의한 조정 등의 개념

법관과 조정위원회가 분쟁당사자를 중개하여 화해의 성립을 원조・협력하는 제도를 말한다(公的 조정).

조정인은 당사자들의 협상에 조력하기 보다는 주로 당사자들의 진술을 듣고 공평한 조정안을 작성하여 당사자들에게 제시하고 동의하도록 하는 유형이 대부분이어서, 조정인은 법관과 유사하게 실체적 판단을 제시함으로써 조정의 성립을 돕는다.

---

5) 사법연수원, 앞글, 8쪽.

민사조정법에 의한 조정은 조정담당판사 또는 조정위원회에 의하여 행하여지며, 조정위원회는 판사인 조정장과 민간인인 조정위원으로 구성된다. 법원은 계속중인 사건을 당사자의 동의없이도 항소심판결 선고 전까지는 직권으로 조정에 회부할 수 있으며(동법 제6조), 또한 이른바 '受訴法院調停制度'를 두어서 조정에 회부한 수소법원이 스스로 조정함이 상당하다고 인정하면, 스스로 조정위원이 되어 조정으로 처리할 수 있다(동법 제7조 제3항). 조정에 당사자가 동의하면 재판상 화해와 동일한 효력이 인정된다(동법 제29조).

법원이외의 조정위원회에 의한 조정에 당사자가 동의하면 법률에 따라 재판상 화해오 동일한 효력이 인정되는 경우도 있고, 민법상 화해와 같은 효력이 인정되는 경우도 있다.

調停은 용어상 '調整'과 구별되어야 한다. 환경분쟁조정법 등에서는 알선, 調停, 재정을 포함하는 의미로 調整이라는 용어를 사용하고 있다.

⑤ 재정(裁定)

절차의 개시에 당사자의 합의를 요하지 않지만 제3자가 제시한 판단을 수락하는 것에 의해 분쟁을 해결하는 절차이다. 즉 사전에 재정합의를 전제로 하지 않으며 절차 및 재정위원도 당사자가 선택할 수 있는 것도 아니라는 점에서 중재와 차이가 있다.

환경분쟁조정법은 재정에 대하여, 재정문서의 정본이 당사자에게 송달된 날부터 60일 이내에 당사자 쌍방 또는 일방이 소를 제기하지 않거나 소송을 철회하면 당사자 사이에 그 재정내용과 동일한 합의가 성립된 것으로 보고 있는 것(동법 제42조)처럼, 재정위원회의 재정은 중재판정과는 달리 당사자를 절대적으로 구속하는 것이 아니다.

⑥ 중　재

당자자의 중재합의에 의하여 선출된 중재인의 중재판정에 의하여 당사자간의 분쟁을 해결하는 절차를 말한다.

중재의 본질은 私的 재판이라는 데 있으며, 그 점에서 당사자의 양보에 의한 자주적 해결인 재판상 화해 및 조정과 다르다.

그러나 중재제도는 ㉠ 단심제이고, ㉡ 당사자들이 그 절차 및 준거법을 합의로 결정할 수 있으므로 법원의 재판에 비하여 분쟁이 신속하고 저렴하게 해결될 수 있고, ㉢ 관계분야의 전문가를 중재인으로 선정함으로써 분쟁상황에 맞는 분쟁해결을 할 수 있으며, ㉣ 비공개심리이기 때문에 비밀유지에 도움이 된다는 장점이 있다.

나. 분쟁의 성질에 따른 유형

이는 개별·구체적 분쟁해결을 위한 재판외 분쟁해결수단과 일반·추상적 규범정립을 위한 재판외 분쟁해결수단으로 나눌 수 있다.

① 소송에 대한 대안이라는 관점에서 보면, 재판외 분쟁해결수단은 개별구체적 분쟁에서 활용되는 것이 전형적이라고 할 수 있다.

② 그러나 당사자들이 계약 체결을 위해 협상을 하는 경우와 같이 당사자들이 장래 행위를 규율하는 규범을 정하기 위해서 협상이나 조정, 화해를 이용할 수도 있다. 구체적인 예로서, 미국의 경우, ㉠ 행정입법과 관련된 소송, 즉 시민이 행정청의 입법부작위를 다투거나, 규제대상자가 행정입법상의 기준을 다투는 소송을 제기한 경우 행정입법에 관한 화해가 이루어 질 수 있고, ㉡ 또한 연방행정절차법상 협상에 의한 규칙제정절차(negotiated rulemaking)가 있다. 우리나라의 예로서 최근 행정입법개정과 관련하여 협의체를 구성하고 개정안에 대한 합의를 이끌어 낸 예[6]가 있다.

2) 재판외 분쟁해결제도와 법치주의와의 정합성문제

재판외 분쟁해결수단이 공법적 분쟁에 있어서도 가능한 것인지의 문제와 관련하여, 종래의 통설적 관점에 의하면 행정법의 영역은 법치주의가 지배하고 행정절차와 행정심판과 행정소송 모두 법률적 구속으로 인해 조정이나 중재[7] 등 재판외 분쟁해결수단이 허용되지 않는 것으로 이해되어 왔다고 할 것이다. 행정사건과 관련한 제도화된 재판외 분쟁해결수단으로서는 환경분쟁조정제도, 지방자치단체분쟁조정제도 등이 있을 뿐 사법적 분쟁을 행정부가 제공하는 행정분쟁조정위원회에서 조정하는 것은 엄밀히 말하여 행정사건에 관한 재판외 분쟁해결수단은 아니라고 할 수 있을 것이다.[8] 이러한 관점에서 각종 행정분쟁조정위원회 등에 의한 분쟁해결방식이 민사분쟁을 해결하는 데 크게 기여한 점은 인정하지만 그 영역을 지나치게 확대하면 국민의 준법정신이나 법치주의의 이념을 퇴색시키고 국민의 재판을 받을 권리를 침해할 우려가 있다는 점에서 사법영역의 범위를 벗어난 공법영역에까지의 적용은 바람직스럽지 않다는 주장도 개진된 바 있다.[9] 그러나 행정법상 재판외 분쟁해결제도의 한계

---

6)「팔당상수원보호를 위한 특별대책지역 고시 개정안」(2003.5.19)에 대한「팔당호수질정책협의회」구성을 통한「특별대책지역고시개정 주민 · 지자체 · 정부합의안」의 성립

7) 현행 중재법은 사법사건에 한정되기 때문에 행정사건에 관한 한 중재법이 적용될 여지가 없다. 그러나 민간중재가 가능하고, 대상이 당사자가 처분할 수 있는 경우에는 행정사건에 있어서도 중재가 가능하다고 할 수 있다. 행정사건에 관한 중재를 허용하기 위해서는 몇 가지 요건을 구비하여야 한다. 법률이 중재를 허용하여야 하며, 적어도 양 당사자가 서면으로 중재를 신청하여야 하며, 당사자가 처분할 수 있는 내용으로서, 헌법적인 재판청구권을 침해하지 않아야 한다.

8) 김유환b, 행정사건에 대한 재판외분쟁해결제도,「법학논집」, 제6권 제2호, 2001, 76쪽.

9) 정동윤,「민사소송법」, 법문사, 1992, 18쪽.

로 작용하는 법치주의의 경우, 두 가지 관점에서 재판외 분쟁해결제도가 법치국가적 요청에 합치된다고 할 수 있다. 하나는 공행정이 질이라고 하는 관점과 다른 하나는 법치국가의 목적이라고 하는 관점이 그것이다. 공행정은 시민과 밀착하여 만족할 만한 행정서비스를 제공하여야 한다는 것이다.[10] 법에 근거하였다는 것만으로 행정이 그 소임을 다한 것이 아니며 재판으로만 모든 것을 해결할 수 없는 상황에서 시민적 분쟁해결을 위해 재판외 분쟁해결제도를 통한 조력장치의 인프라를 구축하는 것은 헌법적으로도 허용된다고 하는 것이다. 다른 하나는 법치국가의 의미가 행정과 법원이 법률에 기초하여 활동하여야 한다는 법률유보라는 측면만이 아니라 국민의 권리구제를 포괄적으로 보장하는 것을 의미하는 것이 실질적 법치국가에 합치된다고 볼 때 설사 법률의 근거가 없다고 할지라도 재판외 분쟁해결제도를 통하여 행정사건의 분쟁을 해결하는 것이 양 당사자에게 만족스러운 결과를 가져오고 법률에 반하지 않을 경우라면 오히려 기본권보장의 확보라는 목적에 충실한 것이 되어 우리 헌법상 법치주의에 반하는 것으로고 볼 수 없을 뿐만 아니라 재판외 분쟁해결수단의 이용으로 법치주의를 확장하는 것이 될 수 있다는 것이다. 그러나 행정법상 재판외 분쟁해결제도의 운영에 있어서는 법치국가적 요청이라든가 분쟁해결과정에 부당하게 제3자를 배제하거나 당사자만의 합의로 제3자에게 불리한 내용의 분쟁해결이 이루어지지 않도록 한다거나 평등의 원칙에 반하는 분쟁해결을 가져오는 경우를 경계하도록 하는 규범적 장치가 필요하다.

이러한 관점에서 오늘날 재판외 분쟁해결제도는 그 허용성의 문

10) 김용섭, 공행정의 질- 공법적 시각에서의 접근, 「경희법학」, 제32권 제1호(동석 김찬규교수 정년퇴임기념), 1997, 217쪽 이하.

제를 넘어서서 허용 범위의 문제가 주된 관심의 대상이 된다고 할 수 있다.

2. 각종분쟁조정위원회 등에 의한 재판외 분쟁해결법제

1) 현 황

현행법령상 분쟁조정위원회는 행정기관, 특수법인 또는 독립적인 조직으로 설치하고 있다. 이러한 분쟁조정위원회 중 몇몇 위원회를 중심으로 재판외 분쟁해결수단의 현황을 살펴본다.

최근 각종 분쟁조정위원회는 새로운 분야를 규율하는 특별법이 제정될 때마다 새로 설치되고 있는데, 그 특징은 행정부에 직접 설치되기 보다는 특수법인에 설치된다는 것이다. 예건대, 프로그램심의조정위원회(프로그램심의조정위원회), 전자거래분쟁조정위원회(전자거래진흥원), 개인정보분쟁조정위원회(한국정보보호진흥원) 등이 그 예이다.

이러한 행정부 산하 조정제도의 일부는 WTO 체제 등 특정분야에 대한 국제법적 규범을 담고 있는 재판외 분쟁해결제도의 설치 및 이용에 대한 합의 또는 권고를 반영하기 위한 것으로 보인다. 예컨대, 1977년 정부조달시장 개방 이후, 국제입찰에 의한 정부조달계약에 관한 분쟁해결을 위해 마련된 국제계약분쟁조정위원회나, 세계지적 재산권기구(WIPO)에서 지적재산분쟁에 관한 ADR 마련을 권장하고 있음을 배경으로 본 저작권심의위원회, 국경없는 전자상거래의 확대를 배경으로 한 전자상거래분쟁조정위원회 등이 이러한 예라고 할 수 있다.[11)]

11) 이희정b, 국민참여에 의한 행정분쟁해결, 「한국법학원 법학심포지엄」, 2004.10.13, 토론문, 84쪽.

현행법상 '조정'으로 검색되는 분쟁조정위원회만도 그 수가 많은데, 이들은 위원회의 구성, 절차, 조정안 수락시의 효력 등에서 다양한 입법양상을 띠고 있으나, 재판상 화해의 효력을 가지는 조정조서의 집행에 관한 사항[12]이외에는 통일적으로 규율되는 부분이 없다.

(1) 행정기관 소속하에 두는 분쟁조정위원회

가. 환경분쟁조정위원회

환경분쟁조정위원회는 環境紛爭調整法에 근거하여 조직된 위원회로서(제4조), 정부조직법상 합의제 행정기관이다. 다수의 기관 구성원의 합의에 기초하여 결정하기 때문에 신중하고 공정한 판단이 가능하고 의견수렴 절차가 공정하다는 이점을 누릴 수 있다.

환경분쟁조정법에서 "환경분쟁"이라 함은 「환경피해」[13]에 대한 다툼과 「환경기술개발및지원에관한법률 제2조 제2호의 규정에 의한 환경시설」[14]의 설치 또는 관리와 관련된 다툼을 말하며(법 제2조 제2

12) 「각종분쟁위원회등의조정조서등에대한집행분부여에관한규칙」(2002.6.28. 일부개정, 대법원규칙 제1768호)

13) "환경피해"라 함은 사업활동 기타 사람의 활동에 의하여 발생하였거나 발생이 예상되는 대기오염, 수질오염, 토양오염, 해양오염, 소음・진동, 악취, 자연생태계파괴, 일조방해, 통풍방해, 조망저해 그 밖의 대통령령이 정하는 원인으로 인한 건강・재산・정신에 관한 피해를 말한다(다만, 방사능오염으로 인한 피해를 제외한다.)(환경분쟁조정법 제2조 제1호).

14) "환경시설"이라 함은 환경오염물질 등으로 인한 자연환경 및 생활환경에 대한 위해를 사전에 예방・저감하거나 환경오염물질의 적정처리 또는 폐기물 등의 재활용을 위한 시설・기계・기구 기타 물체로서 환경부령이 정하는 것을 말하며(환경기술개발 및 지원에 관한 법률(일부개정 2006.10.4 법률 제8038호) 제2조 제2호), 이 경우, 동법 제2조 제2호에 따른 환경시설은, 1.법 제18조 제1항의 규정에 의한 방지시설업의 등록을 한 자가 설계・시공하는 환경오염방지시설, 2.「하수도법」 제2조 제2호에 따른 하수도, 3.「수질환경보전법」 제25조의 규정에 의한 폐수종말처리시설, 4.「오수・분뇨 및 축산폐수의 처리에 관한 법률」 제2조 제5호・제7호・제8호・제8호의2・제8호의3・제9호 및 제10호에 따른 오수처리시설・단독정화조・축산폐수처리시설・퇴비화시설・액비화시설・분뇨처리시설 및 축산폐수공공처리시설. 5.「자원의 절약과 재활용촉진에 관한 법률」 제2조 제6호의

호), "調整"이라 함은 환경분쟁에 대한 알선·調停 및 재정을 말한다(법 제2조 제3호).

① 법제현황

환경분쟁조정법은 환경분쟁조정위원회를 통하여 환경분쟁을 신속·공정하게 해결하고 그 실효성을 확보하기 위한 규정을 두고 있는데 그 내용은 조정대상의 지속적 확대, 환경단체에 대한 조정신청권 부여, 다수인관련분쟁의 조정제도 도입, 국가를 당사자로 하는 분쟁의 조정수행자 지정, 소송과의 관계에 관한 규정(재정중지 또는 소송중지), 시효의 중단, 국가배상법과의 관계에 관한 규정이 그것이다. 이를 구체적으로 살펴보면 다음과 같다.

i) 조정의 대상: 환경시설의 설치·관리에 관한 환경분쟁과 국가 또는 지방자치단체를 당사자로 하는 환경분쟁도 조정대상에 포함하고(1997.8.28 법률 제5393호), 나아가 새로운 환경공해요인인 통풍방해·조망저해를 분쟁조정대상 환경피해의 유발 범주에 추가하고, 환경피해의 범위에 정신적 피해를 추가하여 다양한 환경 피해의 효율적인 구제를 도모하며, 환경분쟁과 건축분쟁이 복합될 경우 조망 및 일조방해 등 건축분쟁에 대하여도 환경분쟁조정위원회에서 분쟁조정을 할 수 있도록 하고 있다(2006.3.24 법률 제7919호).

ii) 환경단체에 대한 조정신청권 부여: 일정한 요건을 갖춘 환경단체.[15]는 중대한 자연생태계파괴로 인한 피해가 발생하였거나 발생할 위험이 현저한 경우에는 환경분쟁조정위원회의 허가를 받아 분

규정에 의한 재활용시설, 6.「폐기물관리법」제2조 제7호의 규정에 의한 폐기물처리시설, 7.「수도법」제3조 제15호에 따른 수도시설을 말한다(환경기술개발 및 지원에 관한 법률 시행규칙 제2조).

15) ① 민법 제32조의 규정에 의하여 환경부장관의 허가를 받아 설립된 비영리법인, ② 정관에 의하여 환경보호등 공익의 보호와 증진을 목적으로 하는 단체, 그리고 ③ 기타 대통령령이 정하는 요건에 해당하는 환경단체를 말한다.

쟁당사자를 대리하여 조정을 신청할 수 있다(제26조).

iii) 다수인관련분쟁의 조정 : 다수인에게 동일한 원인으로 인한 환경피해가 발생하였거나 발생할 우려가 있는 경우에는 그 중의 1人 또는 數人이 대표당사자가 되어 조정을 신청할 수 있도록 하고 있다(제46조 이하). 나아가, 대표당사자의 감독 등에 관한 규정(제50조)을 두는 한편, 다수인관련분쟁조정신청의 공고(제51조), 이해관계자의 참가(제52조), 조정효력의 인적범위(제53조), 동일분쟁에 대한 조정신청의 금지(제54조), 조정결과 지급받은 손해배상금의 배분(제56조, 제61조) 등에 관한 규정을 두고 있다.

iv) 국가를 당사자로 하는 분쟁의 조정수행자 지정 : 국가를 당사자로 하는 조정의 경우 환경부장관이 국가를 대표하고, 조정절차는 당해 사건의 소관 행정청의 소속공무원이 수행할 수 있도록 하고 있다(제16조 제2항 : 2002.12.26 법률 제6831호).

v) 소송과의 관계에 관한 규정 : 일정한 경우 재정을 중지하거나 소송을 중지할 수 있도록 하고 있다(제45조).

vi) 시효의 중단 및 제소기간의 계산 : 조정이 성립되지 않아 조정종결의 통지를 받은 당사자가 30일 이내에 소송을 제기한 경우와 당사자가 재정에 불복하여 소송을 제기한 경우에 시효의 중단 및 제소기간의 계산에 있어서는 조정의 신청을 재판상의 청구로 본다(제35조 및 제44조).

vii) 국가배상법과의 관계 : 국가배상법의 적용을 받는 분쟁으로서 이 법의 규정에 의한 조정절차를 거친 경우(제34조 및 제35조를 포함한다)에는 국가배상법에 의한 배상심의회의 심의 · 의결을 거친 것으로 본다(제62조).

(a) 위원회 설치

환경분쟁조정위원회는 환경분쟁조정법에 근거하여 조직된 위원회로서 환경분쟁 등의 사무를 관장하기 위해 특히 환경분쟁을 조정(알선, 조정, 재정)하기 위하여 환경부에 중앙환경분쟁조정위원회를 설치하고, 특별시·광역시 또는 도에 지방환경조정위원회를 각각 설치하고 있다(제4조).

(b) 위원회 구성 등

ⓐ 위원장 및 위원

i) 위원수 및 임기

중앙환경분쟁조정위원회는 위원장 1인을 포함하는 9인의 위원으로 구성되며, 그 중 상임위원 3인 이내로 할 것을 규정하고 있다(제7조 제1항). 또한 지방분쟁조정위원회는 위원장 1인을 포함하는 9인 이내의 위원으로 구성하되, 그 중 상임위원은 1인을 둘 수 있다(제7조 제2항). 중앙과 지방 모두 위원들의 임기는 2년이며 연임할 수 있다(제7조 제3항).

ii) 위원장 및 위원의 자격과 임명

위원의 자격요건으로는 환경에 관한 학식과 경험이 풍부한 자로서 ㉠ 1급 내지 3급 상당의 공무원 또는 고위공무원단에 속하는 공무원으로 3년 이상 재직한 자, ㉡ 판사·검사 또는 변호사의 직에 6년 이상 재직한 자, ㉢ 공인된 대학이나 연구기관에서 부교수 이상 또는 이에 상당하는 직에 재직한 자, ㉣ 환경관계업무에 10년 이상 종사한 자 중에서 중앙조정위원회는 환경부장관의 제청에 의하여 대통령이 임명 또는 위촉하며, 지방조정위원회의 위원은 시·도시자가 임명 또는 위촉하며, 이 경우 둘 다 위 ㉡에 해당하는 자가 2인 이상 포함되어야 한다(법 제8조 제1항). 한편 중앙환경분쟁조정위원회의 위원장은 고위공무원단에 속하는 별정직 공무원으로 보하고, 지방조정위원회의 위원장은 부시장 또는 부지사 중에서 시·도지사가 임명하는 자로 한다.

iii) 위원의 결격사유 및 신분보장

제9조에서 위원이 될 수 없는 결격사유를 규정[16]하고, 위원은 결격사유에 해당되게 되거나 장기간의 심신쇠약 등으로 직무를 수행함에 현저히 부적당하다고 인정되는 때를 제외하고는 그 의사에 반하여 해임 또는 해촉되지 않도록 하고 있다.

ⓑ 사 무 국

위원회의 사무를 처리하기 위하여 사무국을 둘 수 있다(법 제13조 제1항). 또한 ㉠ 분쟁의 조정에 필요한 사실조사와 인과관계의 규명, ㉡ 환경피해액의 산정 및 산정기준의 연구·개발, ㉢ 기타 위원장이 지정하는 사항의 사무를 관장하기 위하여 심사관을 둔다(법 제13조 제2항). 그 외에 특정사건에 관한 전문적인 사항을 처리하기 위하여 사건별로 10인 이내의 관계전문가를 위촉할 수 있으며(법 제13조 제3항 및 영 제6조).

ⓒ 위원회의 소관사무 및 관할(법 제5조 및 6조)

중앙조정위원회 및 지방조정위원회는 ㉠ 환경분쟁(이하 "분쟁"이라 한다)의 조정(다만, 「건축법」 제2조 제1항 제9호의 건축으로 인한 일조방해 및 조망저해와 관련된 분쟁의 조정은 그 건축으로 인한 다른 분쟁과 복합되어 있는 경우에 한한다). ㉡ 환경피해와 관련되는 민원의 조사·

16) 제9조에서 위원이 될 수 없는 결격사유로서, 1. 금치산자·한정치산자 또는 파산선고를 받은 자로서 복권되지 아니한 자, 2. 금고 이상의 실형의 선고를 받고 그 집행이 종료(집행이 종료된 것으로 보는 경우를 포함한다)되거나 집행이 면제된 날부터 2년이 경과하지 아니한 자, 3. 금고 이상의 형의 집행유예 선고를 받고 그 유예기간중에 있는 자, 4. 법원의 판결 또는 법률에 의하여 자격이 정지된 자로 규정하고 있다.

분석 및 상담, ㉢ 분쟁의 예방 및 해결을 위한 제도와 정책의 연구 및 건의, ㉣ 환경피해의 예방 및 구제와 관련된 교육 및 홍보, ㉤ 기타 법령에 의하여 위원회의 소관으로 규정된 사항을 소관사무로 하며, 중앙조정위원회는 분쟁조정사무중 ㉠ 분쟁의 재정, ㉡ 국가 또는 지방자치단체를 당사자로 하는 분쟁의 조정, ㉢ 2 이상의 시·도의 관할구역에 걸치는 분쟁의 조정, ㉣ 제30조의 규정에 의한 직권조정, ㉤ 기타 대통령령이 정하는 분쟁[17]의 조정을 관할하고, 지방조정위원회는 당해 시·도의 관할구역안에서 발생한 분쟁의 조정사무중 ㉠ 분쟁의 재정 사무를 관할한다. 다만, 이 경우에는 일조방해, 통풍방해, 조망저해로 인한 분쟁을 제외하고 대통령령이 정하는 범위[18]에 한한다. 〈개정 2002.12.26, 2006.3.24〉

(c) 調整의 종류

현행법상 규정되어 있는 조정을 통한 분쟁해결방식으로는 알선·調停·중재의 세 가지가 있다(제16조 제1항).

ⓐ 알선(斡旋)

ⅰ) 알선의 성립

위원회의 3인 이내의 알선위원이 환경분쟁의 당사자가 스스로 분쟁을 해결할 수 있도록 당사자의 합의를 유도하여 분쟁을 해결하는 절차이다. 양 당사자가 합의하여 합의서를 작성하면 절차는 종료된다.

---

17) "기타 대통령령이 정하는 분쟁"이라 함은 관할 지방환경분쟁조정위원회가 스스로 조정하기 곤란하다고 결정하여 이송한 분쟁을 말한다(환경분쟁조정법 시행령 제3조 제1항).

18) 환경분쟁조정법 제6조 제2항 단서의 규정에 의하여 지방조정위원회가 관할하는 분쟁의 재정사무는 조정목적의 가액이 1억원 이하인 분쟁의 재정사무이다(환경분쟁조정법 시행령 제3조 제2항).

ii) 알선의 중단

알선은 알선위원이 알선으로 분쟁해결 가능성이 없다고 인정하는 때에는 직권으로 중단할 수 있고 또 알선 중인 분쟁에 대하여 조정 또는 중재신청이 있는 때에는 당해 알선이 중단된 것으로 본다(법 제29조).

ⓑ 조정(調停)

i) 의　　의

알선으로는 해결이 곤란한 사건에 대하여 조정위원회가 사실조사후 조정안을 작성, 양측에 수락을 권고하는 절차이다.

ii) 직권조정

신청에 의한 조정이외에도 중대한 환경피해가 발생하여 이를 방치하면 사회적으로 중대한 영향을 미칠 우려가 있다고 인정되는 경우의 분쟁으로서 대통령이 정하는 분쟁에 대하여는 당사자의 신청이 없는 경우에도 직권으로 조정절차를 개시할 수 있다(법 제30조).

iii) 절　　차

3인으로 또는 1인으로(대통령이 정하는 경미한 사건이 경우[19]) 구성된 조정위원회가 필요한 경우 사실조사 및 당사자의 의견을 들은 후 조정안을 작성하여 당사자에게 이를 통지하고, 30일 이상의 기간을 정하여 당사자에게 그 수락을 권고할 수 있다(법 제32조 및 제33조 제1항). 이 경우 이유를 붙여 당해 조정안을 공표할 수 있다(법 제33조 제3항).

iv) 효　　력

조정위원회의 조정안을 당사자가 수락하면 조정조서를 작성하며, 당사자간에 조정조서와 동일한 내용의 합의가 성립된 것으로 본다

19) 조정가액이 5천만원 이하인 분쟁사건(동 시행령 제24조)

(법 제33조 제2항).

ⓒ 재정(裁定)

i) 의의 및 성격

환경분쟁 중 알선·조정이 곤란한 손해배상사건에 대하여 제3자인 재정위원회가 서로 대립하는 당사자간의 분쟁에 대하여 사실조사 및 심문 등의 절차를 거쳐 법률적 판단(재정결정)으로 분쟁을 해결하는 준사법적 쟁송절차이다.

재정결정이 합의의 성립이기는 하나, 재정은 법원의 재판과 유사한 구조를 지닌다고 볼 수 있다. 그것은 재정위원회가 심문기일을 열어 양 당사자의 의견을 진술하도록 하고 있고(제37조 제1항), 또 재정위원회의 증거조사권을 명시하고 있고(제38조), 증거보전절차를 규정하는(제39조) 것에 비추어 재판에 유사한 것으로 파악할 수 있다.[20]

ii) 절 차

5인 또는 3인[21](대통령이 정하는 경미한 사건의 경우)으로 구성되는 재정위원회가 당사자의 의견진술을 듣는 심문절차 및 필요한 경우 증거조사 절차를 거쳐, 주문과 이유를 기재한 문서로 재정을 행한다.

iii) 효 력

재정문서는 지체없이 당사자 또는 대리인에게 송달하고, 당사자가 송달일로부터 60일 이내에 소송제기를 하지 아니하거나 소송이 철회된 때, 그리고 지방재정위원회가 소관하는 재정의 경우 60일 이내에 중앙환경분쟁조정위원회에 불복하지 아니한 경우는 당사자간에

---

20) 강정혜, 환경분쟁조정위원회의 구성 및 조정절차의 개선방안, 「환경분쟁조정제도의 기능강화를 위한 법적과제」, 환경법학회 세미나, 2006.4.8, 51쪽.

21) 조정가액이 중앙조정위원회의 경우에는 2억원 이하, 지방조정위원회의 경우에는 5천만원 이하인 분쟁사건을 말한다(환경분쟁조정법 시행령 제26조).

당해 재정내용과 동일한 합의가 성립된 것으로 본다(법 제42조 제2항).

(d) 調整절차 및 효력 등

ⓐ 절 차

조정의 절차는 위에서 살펴본 알선・조정・중재를 살피면서 언급된 부분이 있으나, 각 단계별로 세분하여 서술하면 신청서 작성 → 신청서 접수 → 위원지명 및 통지 → (사실조사 등 - 당사자 심문 - 재정위원회) → 송달에 이르는 과정이다. 이중 재정의 경우에는 사실 조사 등이 추가된다.

i) 먼저 조정을 신청하고자 하는 자는 관할 위원회에 각 알선・조정・재정신청서를 작성, 제출한다(제16조 제1항). 관할 위원회에 위 신청서가 접수되면, 위원회는 대통령령이 정하는 기간내에 (알선 3월, 조정 또는 재정 9월) 완료, 일정한 경우 1회에 한하여 위 기간내에서 연장할 수 있다(동법 시행령 제12조). 신청서가 접수된 날로부터 7일 이내에 위원장은 각 해당 위원을 지명하고, 지체없이 그 명단과 그 절차에 관여하는 심사관 명단을 신청인, 피신청인, 위 각위원, 심사관에게 통지한다(동법 시행령 제21조).

ii) 사실조사와 관련한 조사권은 조정과 재정에만 설치되어 있는 절차로서 조정위원회는 필요시 조정위원 또는 심사관으로 하여금 사건과 관련있는 장소에 출입하여 관계문서 또는 물건을 조사, 열람 또는 복사하도록 하거나 참고인의 진술을 들을 수 있다(제32조).

iii) 재정의 경우는 재정위원회는 필요시 당사자의 신청 또는 직권으로 당사자 또는 참고인에 대한 출석요구, 감정인의 출석 및 감정의 요구, 관련문서의 제출요구 및 유치 등의 행위를 할 수 있다(제38조 제1항).

iv) 사실조사 등 규명 및 연구와 관련하여 특정사건에 대한 전문적인 사항을 처리하기 위하여 관계전문가를 위촉할 수 있고(제13조 제3항, 동법 시행령 제6조), 실무상 심사관은 심사보고서를 작성하여 조정회의 또는 재정회의 전 위원회 위원에게 제출한다. 또는 심사관이 조정회의 재정회의에 출석하여 그 의견을 진술하기도 한다(동법 시행령 제19조).

v) 재정위원회는 심문기일을 정하여, 당사자에게 의견을 진술하게 할 수 있고(제37조), 조정위원회 및 재정위원회는 구성원 전원의 출석으로 회의를 개의하고, 구성원 과반수의 찬성으로 의결한다(제31조 제4항, 제36조 제4항). 조정위원회는 조정안, 조정조서를(제33조), 재정위원회는 그 의결을 재정문서로서 행한다(제37조). 이렇게 완결된 문서 등은 민사소송법 중 송달에 관한 규정을 준용한다(제40조).

ⓑ 효　　력

조정과 재정이 성립하면, 양 당사자간에 당해 조정 및 재정의 내용에 대하여 합의가 이루어진 것으로만 규정하고 있다. 이는 강제집행력을 배제하는 것을 의미하므로, 조정 및 재정이 성립한 후 당사자 일방이 이를 이행하지 않으면, 법원에 소송을 제기하는 것으로 이행을 강제할 수 있다.

(e) 다수인관련 분쟁의 조정

다수인관련분쟁에 대한 조정은 우리나라의 환경분쟁조정제도에서 특기할 만한 것으로, 단체소송에 준할 만한 것으로서 동일한 원인으로 인하여 다수인에게 환경적 피해를 입히거나 그럴 우려가 있는 경우에, 관할 환경분쟁조정위원회의 허가를 받아 그 중 1인 또는 수인이 대표당사자로서 조정신청을 행할 수 있도록 한 것이다(제46조).

그 외에 대표당사자의 감독 등에 관한 규정(제50조)을 두는 한편, 다수인관련분쟁조정신청의 공고(제 51조), 이해관계자의 참가신청(제52

조), 조정효력의 인적범위(제53조),[22] 동일분쟁에 대한 조정신청의 금지(제54조), 조정결과 지급받은 손해배상금의 배분(제56조, 제61조) 등에 관한 규정을 두고 있다.

그러나 다수인관련분쟁의 조정 또한 그 외의 사항들에서 그 성질에 반하지 아니하는 한, 분쟁조정에 관한 동법 제3장을 준용하도록 되어 있으므로(제55조) 본질적으로 앞의 조정절차와 다르지 않다[23] 하겠다.

나. 위원회의 조정 현황

중앙환경분쟁조정위원회가 설립된 '91.7.19～'06.6.30까지 총 1,780건을 접수하여 1,476건을 처리(재정, 조정, 중재합의)하였으며, 228건은 자진철회로 종결되었고, 76건은 현재 처리중이다. 다음 〈표 6-1〉에서 알 수 있듯이 이 중 2002년을 정점으로 이후의 신규 접수 건은 다소 감소된 모습을 보여주고 있다.[24]

22) 조정의 효력은 대표당사자와 제52조의 규정에 의하여 참가를 신청한 자에 대하여만 미치도록 하고 있다.

23) 김형진, 환경분쟁조정법의 제문제, 「법조」, 통권 제543호, 2001.12, 137쪽.

24) 환경분쟁조정위원회 홈페이지, http://edc.me.go.kr 2006년10월29일 방문.

〈표 6-1〉 환경분쟁조정위원회 환경분쟁조정 현황

구 분	접 수 현 황			처 리 현 황				자진 철회	처리중 (이월)
	계	접 수	전년 이월	계	재정 (裁定)	조정 (調停)	중재 합의		
합 계(건)	-	1,780	-	1,476	727	38	711	228	76
'06.6	148	74	74	63	28	1	34	9	76
'05	266	166	100	174	100	4	70	18	74
'04	372	195	177	223	101	1	121	49	(100)
'03	550	350	200	292	87	-	205	81	(177)
'02	493	440	53	263	118	2	143	30	(200)
'01	184	154	30	121	68	7	46	10	(53)
'00	100	70	30	60	39	3	18	10	(30)
'99	119	82	37	79	35	1	43	10	(30)
`'98이전	249	249		201	151	19	31	11	(37)

자료: 환경분쟁조정위원회 홈페이지, http://edc.me.go.kr(2006.6.29. 현재).

피해원인별로는 처리된 1,476건 중 소음·진동으로 인한 피해 1,274건(86%), 대기오염 119건(8%), 수질오염 55건(4%), 해양오염 9건(1%), 기타 19건(1%)으로 〈표 6-2〉, 일반 생활과 관련되는 소음 및 진동이 86%로 압도적인 비중을 차지하고 있으며, 나머지 대기오염, 수질 오염, 해양 오염, 기타 등이 차지하고 있다.

〈표 6-2〉 환경분쟁의 피해원인별현황

구 분	계	소음·진동	대기오염	수질오염	해양오염	기타*
계(건수) (%)	1,476 (100)	1,274 (86)	119 (8)	55 (4)	9 (1)	19 (1)
'06.6	63	58	3	-	-	2
'05	174	151	11	5	-	7
'04	223	206	8	3	1	5
'03	292	264	19	8	-	1
'02	263	229	26	4	-	4
'01	121	103	11	7	-	-
'00	60	49	7	4	-	-
'99	79	67	8	4	-	-
'98이전	201	147	26	20	8	-

자료: 환경분쟁조정위원회 홈페이지, http://edc.me.go.kr(2006.6.29. 현재).

그리고, 처리된 1,476건 중 재정사건은 1,438건이며, 이중 배상결정은 590건(41%), 기각 128건(9%), 방음대책 등 9건(1%), 중재합의 711건(49%)이며, 조정사건은 38건으로 이중 조정성립 14건(38%), 조정중단 22건(57%), 기각 2건(5%)임으로 배상결정을 얻어낼 수 있는 재정결정이 차지하는 비중이 여전히 줄지 않고 있음을 보여주고 있다.[25]

25) 환경분쟁조정위원회 홈페이지(http://edc.me.go.kr) 통계.

〈표 6-3〉 환경분쟁의 처리형태

구 분	처리건수	재정(裁定)사건					조정(調停)사건			
		계	재정회의			중재합의	계	조정성립	조정중단	기각
			배상결정	기각	방음대책등					
합계 (%)	1,476	1,438 (100)	590 (41)	128 (9)	9 (1)	711 (49)	38 (100)	14 (37)	22 (58)	2 (5)
'06.6	63	62	24	3	1	34	1	-	1	–
'05	174	170	74	24	2	70	4	1	3	–
'04	223	222	80	19	2	121	1	-	1	–
'03	292	292	66	19	2	205	-	-	-	–
'02	263	261	105	12	1	143	2	1	1	–
'01	121	114	59	8	1	46	7	3	4	–
'00	60	57	32	7	-	18	3	2	1	–
'99	79	78	32	3	-	43	1	1	-	–
'98이전	201	182	118	33	-	31	19	6	11	2

자료: 환경분쟁조정위원회 홈페이지, http://edc.me.go.kr(2006.6.29. 현재).

2) 지방자치단체분쟁조정(調整)위원회

(1) 법제현황

지방자치단체의 자율적 협의를 통하여 분쟁이 해결되지 않는 경우에 행정자치부 장관과 시·도지사에게 분쟁조정권(調整權)을 부여함으로써 재판절차에 의한 분쟁해결이전에 행정적 관여를 통하여 합리적 효과적으로 해결될 수 있도록 하는 것이 지방자치법상의 분쟁조정제도이다.[26]

1949년 지방자치법 제정당시에는 지방자치단체간 분쟁조정제도가 없었고, 1988년 지방자치법 전부개정(1988.4.4 법률 제4004호)시에 분쟁

---

26) 김철용 외, 주석 지방자치법, 한국사법행정학회, 1977, 464쪽.

조정에 대한 규정이 마련되었다(동법 제140조). 즉, 분쟁당사자의 신청에 의하여 행자부장관(당시 내무부장관)과 시·도지사가 분쟁을 조정하도록 하되, 미리 당사자의 의견을 듣고 중앙해정기관의 장과 협의하도록 하였다.

1994년 지방자치법 일부개정(1994.12.20 법률 제4789호)에서는 본격적인 지방자치시대에 대비하여 지방자치단체분쟁조정위원회를 설치하여 이 위원회의 심의도 거쳐서 조정결정을 하고, 또한 분쟁당사자인 지방자치단체의 장은 조정결정사항을 이행하여야 하며, 이를 이행하지 않는 경우에는 동법 제157조의2의 지방자치단체의 장에 대한 직무이행명령 규정을 준용할 수 있도록 하여 분쟁의 조정결정에 명문의 구속력을 부여함으로써 행자부장관과 시·도지사의 분쟁조정권이 강화되었다.

1999년의 지방자치법 일부개정(1999.8.31 법률 제6002호)에 의해 현행 분쟁조정제도가 유지되고 있다. 분쟁이 공익을 현저히 저해하여 조속한 조정이 요청되는 경우 행정자치부장관 또는 시·도지사는 당사자의 신청이 없어도 직권조정이 가능하도록 하고 있고, 또한 지방자치단체분쟁조정위원회의 기능을 심의기구에서 의결기구로 강화하여 행정자치부장관 또는 시·도지사는 위원회의 의결에 따라 조정결정을 하도록 하고 있다.

현행 지방자치단체분쟁조정위원에 관한 규정은 지방자치법 제140조, 제140조의2, 제140조의3 및 제146조가 있다.

가. 위원회의 설치

지방자치단체 상호간 또는 지방자치단체의 장(長) 상호간 사무를 처리함에 있어서의 분쟁(제140조 제1항)의 조정과 행정협의회에서 합의가 이루어지지 아니한 사항에 대하여 관계지방자치단체의 장으로부터 조정요청이 있는 때의 조정(調整)(제146조 제1항)에 필요한 사항을 심의·의결하기 위하여 행정자치부에 지방자치단체중앙분쟁조정위원회(이하 "중앙분쟁조정위원회"라 한다)와 시·도에 지방자치단체지방분쟁조정위원회(이하 "지방분쟁조정위원회"라 한다)를 둔다(제140조의2 제1항).

중앙분쟁조정위원회는 i) 시·도 또는 그 장(長) 간의 분쟁, ii) 시·도를 달리하는 시·군 및 자치구 또는 그 장간의 분쟁. iii) 시·도와 시·군 및 자치구 또는 그 장간의 분쟁, iv) 시·도와 지방자치단체조합 또는 그 장 간의 분쟁, v) 시·도를 달리하는 시·군 및 자치구와 지방자치단체조합 또는 그 장 간의 분쟁, vi) 시·도를 달리하는 지방자치단체조합 또는 그 장 간의 분쟁을 심의·의결한다(제140조의2 제2항).

지방분쟁조정위원회는 중앙분쟁조정위원회의 관할에 해당하지 아니하는 지방자치단체·지방자치단체조합 또는 그 장 간의 분쟁을 심의·의결한다(제140조의2 제3항).

나. 위원회의 구성 등

중앙분쟁조정위원회 및 지방분쟁조정위원회(이하 "분쟁조정위원회"라 한다)는 각각 위원장을 포함한 11人 이내의 위원으로 구성한다(제140조의2 제4항).

중앙분쟁조정위원회의 위원장 및 위원 중 5人은 i) 대학에서 부교수 이상으로 3년 이상 재직중이거나 재직한 자, ii) 판사·검사 또는 변호사의 직에 6년 이상 재직중이거나 재직한 자, iii) 기타 지방자치사무에 관한 학식과 경험이 풍부한 자에 해당하는 자중 행정자치부장관의 제청으로 대통령이 임명 또는 위촉하고, 대통령령이 정하는 중앙행정기관 소속공무원은 당연직위원이 된다.

지방분쟁조정위원회의 위원장 및 위원중 5人은 중앙분쟁조정위원회 임명 또는 위촉위원자격자 중에서서 시·도지사가 임명 또는 위촉하고, 조례로 정하는 당해 지방자치단체 소속공무원은 당연직위원이 된다(제142조의2 제6항).

공무원이 아닌 위원장 및 위원의 임기는 3年으로 하되, 연임할 수 있다. 다만, 보궐위원의 임기는 전임자의 잔임기간으로 한다(제142조의2 제7항).

다. 조정절차

① 조정신청과 직권조정 등

행정자치부장관 또는 시·도지사는 당사자의 신청이나 공익상의 필요에 따른 직권에 의하여 조정절차가 개시된다. 직권조정의 경우 당사지에게 이를 미리 통보하고, 관계중앙행정기관의 장과의 협의를 거쳐 조정위원회의 의결에 따라 조정한다. 또한 조정결정을 한때에는 이를 지체없이 관계 지방자치단체의 장에게 통보한다(제140조).

② 의견진술, 자료 및 의견제출요구

분쟁조정위원회의 위원장은 분쟁의 조정과 관련하여 필요하다고 인정되는 때에는 관계공무원, 지방자치단체조합직원 또는 관계전문가를 출석시켜 의견을 듣거나 관계기관 또는 단체에 대하여 자료 및 의견제출 등을 요구할 수 있다. 이 경우 분쟁의 당사자에게는 의견을 진술할 기회를 주어야 한다(제140조의3 제2항).

라. 조정의 효력

행정자치부장관 또는 시·도지사가 조정결정을 하면 이를 서면으로 지체없이 지방자치단체의 장에게 통보하여야 하며, 통지를 받은 지방자치단체의 장은 그 조정결정사항을 이행하여야 법적 의무가 발생한다(제140조 제4항).

마. 조정의 이행담보

조정결정의 효력을 담보하기 위하여 지방자치법 제140조 제7항에서 조정결정사항이 성실히 이행되지 않은 경우에 행정자치부장관 또는 시·도지사는 당해 지방자치단체에 대하여 지방자치법 제157조의 2를 준용하여 이를 강제이행하게 할 수 있다. 즉, 당해 지방자치단체의 장이 일정한 기간내에 조정결정사항을 이행하지 않을 경우에는 당해 지방자치단체의 비용부담으로 대집행하거나 행정·재정상 필요한 조치를 할 수 있다. 이 경우 대집행에 대해서는 행정대집행법을 준용한다.

바. 조정의 적법성 보장

지방자치단체의 장은 이행명령에 이의가 있는 때에는 이행명령서를 접수한 날부터 15일 이내에 대법원에 소를 제기할 수 있다. 이 경우 지방자치단체의 장은 이행명령의 집행을 정지하게 하는 집행정지결정을 신청할 수 있다(제157조의2 제3항).

(2) 위원회의 조정 현황

가. 중앙분쟁조정위원회의 조정현황

지방자치단체중앙분쟁조정위원회의 조정현황을 살펴보면, 2000년 4월 설치 후 총 7건이 조정신청 접수되어 의정부 경전철역사건립비 부담분쟁 등 4건이 조정 또는 신청취하되고 평택항개발 관련 경계분쟁 등 2건이 각하 결정되었으며, 현재 1건이 계류 중에 있다.

〈표 6-4〉 중앙분쟁조정위원회의 연도별 조정 현황[27]

(단위: 건 수)

구 분 \ 연 도	2000	2001	2002	2003	2004	2005	2006
조 정	2	-	-	-	-	-	-
각 하	2	-	-	-	-	-	-
신청취하		2	-	-	-	-	-
계 류	-	-	-	-	-	-	1
총 조정신청	4	2	-	-	-	-	1

조정이 결정된 예로는 ⅰ) 경전철 노선변경에 따른 환승역사 건립부담금 분쟁(경기 의정부시와 서울시간),[28] ⅱ) 아산만 방조제 및 담수호 경계분쟁(경기 평택시와 충남 아산시간)[29]이 있었고, 조정이 각하된 예로는 ⅲ) 아산국가공단항만 개발관련 경계분쟁(경기 평택시와 충남 당진군간),[30] ⅳ) 행정구역 개편에 따른 잡종재산 인계분쟁(경기 김

27) 행정자치부 내부자료

28) 경전철 노선변경에 따른 환승역사 건립부담금 분쟁(경기 의정부시↔서울시)은 1996년 10월 내무부 분쟁조정위원회에서 지하철 7호선 차량기지를 의정부내에 건설하는 것과 관련, 서울시에서 경전철 도봉산 환승역사 건립비용을 부담토록 결정(180억원)하였으나, 의정부시가 타당성을 조사하여 환승역사를 회룡역으로 변경함에 따라, 서울시에서는 그 부담을 거부함으로써 발생한 사안으로 의정부시에서 2000년 6월 15일에 중앙분쟁조정위원회에 조정신청을 하였다. 이에 대해 중앙분쟁조정위원회는 1996년 내무부 분쟁조정위원회에서 결정된 180억원을 기준으로 경기도의 과실을 적용(20%)하여 144억원을 서울시가 부담하도록 결정(2001.1.31)하였다.

29) 아산만 방조제 및 담수호 경계분쟁(경기 평택시↔충남 아산시)은 농업기반공사가 시행한 아산 방조제 설치공사가 1987.10에 준공되자 1993년 평택시와 당진군은 지적공부에 각각 별도의 기준으로 직권으로 방조제 및 담수호를 중복 등록하여 발생한 것으로서 평택시에서 중앙분쟁조정위원회에 조정신청(2000.3.2)을 하였다. 이에 대해 중앙분쟁조정위원회는 1971.6에 착공당시를 기준으로 방조제 경계를 조정하되, 방조제는 1971년 6월 방조제 착공 당시 지적공부에 등록되어 있는 토지를 기준으로 경계를 설정한다는 경기도 의견을, 담수호는 1958년 해면으로 포락된 부분은 토지로 인정할 수 없으므로 포락지를 제외한 상태에서 경계를 결정한다는 충남도 의견을 수용결정(2001.7.6)하여 조정하였다.

포시와 인천 계양구, 서구간)[31]이 있었다. 2001년도에 조정신청이 접수되었던 v) 자동차액화가스 충전소 설치관련 분쟁(인천 계양구 · 경기 부천시와 경기 김포시간)[32]과 vi) 자동차액화가스 충전소 설치관련 분쟁(서울 강동 · 송파구와 경기 하남시간)[33]은 당사자간의 자율적인 협약

30) 아산국가공단항만 개발관련 경계분쟁(경기 평택시↔충남 당진군)은 평택시에서 공단개발과 관련 항만시설의 일부가 준공됨에 따라 공유수면 매립으로 조성된 토지를 지적공부에 등록하자('98.3.23) 당진군에서도 국립지리원 발행 지형도상의 해상경계선을 기준으로 항만시설을 직권으로 등록('99.12.7)하여 문제가 된 것으로 평택시에서 2000년 3월 31일에 중앙분쟁위원회에 조정신청을 한 사안으로 동년 9월 충남 당진군에서 헌법재판소에 권한쟁의심판을 청구함에 따라 위원회에서 동 분쟁조정 신청을 각하(2001.1.31)하였고, 2004.9.23에 헌법재판소는 지형도상의 해상경계선을 공유수면에 대한 불문법상의 경계선으로 인정함으로써 공유수면 매립지는 당해 공유수면을 관할하는 자치단체에 귀속되었다.

31) 행정구역 개편에 따른 잡종재산 인계(경기 김포시↔인천 계양구,서구)와 관련하여서는 경기 김포시 검안면이 인천시 계양구와 서구로 편입되자 경기 김포시가 잡종재산을 인계하지 않아 분쟁이 발생(2000.9)한 사안으로 인천시 계양구와 서구가 지방자치법 제5조의 규정을 근거로 김포시에 잡종재산 인계를 요구하며, 2000.6.26 인천지법에 소유권이전등기절차이행 등에 대한 청구소를 제기하고 이에 대응하여 경기 김포시는 중앙분쟁조정위원회에 조정신청(2000.9.20)을 한 사안이다. 이에 대해 중앙분쟁조정위원회는 소유권이전등기절차이행 등에 대한 청구의 소가 제기되어 법원의 결정에 따르기로 하고 신청을 각하(2001.1.31)하였으며, 2001.1.10에 인천지방법원은 법률에 의한 관할구역 변경시 잡종재산도 승계대상이며, 매각한 재산도 그 금액을 반환해야 한다고 하여 인천시 계양구와 서구의 승소판결을 하였다.

32) 자동차액화가스 충전소 설치관련 분쟁(인천 계양구·경기 부천시↔경기 김포시)은 개발제한구역내 자동차 액화가스 충전소를 설치할 경우 5㎞이내의 인근 자치단체와 협의하여 배치계획을 수립해야 함에도 경기 김포시에서 인천 계양구 · 경기 부천시와 협의 없이 일방적으로 배치계획을 수립 · 고시하여 분쟁이 발생(2001.4)한 것으로 경기 부천시(2001.4.3), 인천 계양구(2001.4.10)에서 각각 분쟁조정을 신청하였다. 이에 중앙분쟁조정위원회는 자율·조정하도록 촉구(2001.4.17)하여 자치단체 당사자간 협약으로 통해 분쟁을 해결함으로써 분쟁조정 신청을 취하(2001.7.6)하였다. 협약의 내용은 인천 계양구, 경기도 부천시 그리고 경기도 김포시는 별도로 배치계획을 수립하고, 각각 상·하행 노선별 예비선정자 2인씩 총 6인을 선정하며 예비선정자 중에서 추첨을 통해 1인을 선정하여 배치노선을 결정하고 자치단체별로 1개의 충전소를 설치하도록 하는 합의하는 것이었다.

33) 자동차액화가스 충전소 설치와 관련한 분쟁(서울 강동 · 송파구↔경기 하남시)은 개발제한구역내 자동차충전소를 설치할 경우 5㎞이내의 인근 자치단체와 협의하여 배치계획을 수립해야 함에도 경기도 하남시에서 서울 강동 · 송파구와 협의 없이 배치계획을 수립 · 고시하자 발생('01.4)한 것으로 서울 강동구에서 중앙

과 행자부의 중재안 등의 수용 등을 통해 신청이 취하되었다. 현재로는 2006년 5월 vii) 사설납골시설 공설화 관련 분쟁 조정이 신청되어 위원회에 계류중에 있다.

나. 지방분쟁조정위원회

지방자치단체간 분쟁조정은 1999년 이후 총 5건이 접수되어 그 중 4건이 조정되고 1건이 각하되었다. 구체적으로 ⅰ) 분구(分區)전 지정기탁금의 신설구 승계 관련 분쟁(부산 북구와 사상구), ⅱ) 진주권 광역쓰레기 매립장 관련 분쟁(경남 사천시와 진주시), ⅲ) 행정구역 개편에 따른 공유재산승계 분쟁(경기 남양주시와 양주시), ⅳ) 자동차용 액화 석유가스 충전소 배치 관련 분쟁(인천 연수구와 남동구)이 조정 결정되었고, ⅴ) 율촌 제1산업단지 관할구역 조정 분쟁(전남 광양시와 순천시)의 경우는 각하되었다.

〈표 6-5〉 지방분쟁조정위원회 연도별 조정 현황

(단위: 건 수)

구 분 \ 연 도	1999	2001	2003	2004
조 정	1	1	1	1
각 하	-	-	1	

분쟁조정위원회에 조정신청(2001.4.30)을 한 사안이다. 이에 대해 중앙분쟁조정위원회에서는 관련 당사자와 4차례의 실무회의를 개최, 행자부에서 제시한 중재안을 3개 단체가 수용하도록 하여 분쟁조정 신청을 취하(2001.11.23)하였다. 중재안의 내용으로는 강동·송파구 관내 민원해소 및 안전사고 예방을 위해 신규 사업자를 우선 순위로 선정하고 하남시에서 배치계획을 수립, 3개 자치단체가 통합고시하며, 사업자 선정 등 세부사항은 동수의 위원이 참여하는 합동위원회를 구성·운영하여 결정하도록 하는 것이었다.

〈표 6-6〉 지방분쟁조정위원회의 사건별 조정현황

사 건 명	당사자	결정내용
分區전 지정기탁금의 신설區 승계 관련 분쟁	부산 북구 ↔ 사상구	조 정 (1999. 8. 5)
진주권 광역쓰레기 매립장 관련 분쟁	경남 사천시 ↔ 진주시	조 정 (2001.11.16)
율촌제1산업단지 관할구역 조정 분쟁	전남 광양시 ↔ 순천시	각 하 (2003.12.26)
행정구역 개편에 따른 공유재산 승계 분쟁	경기 남양주시 ↔ 양주시	조 정 (2003.10.27)
자동차용 액화 석유가스 충전소 배치 관련 분쟁	인천 연수구 ↔ 남동구	조 정 (2004.3.16)

(1) 검 토

지방자치단체분쟁조정위원회의 조정결정의 효력을 어떻게 이해해야 할 것인가의 문제가 있다. 조정결정은 그 구속력에 비추어 볼 때 일종의 중재판정의 성질을 갖는 것이라고 보는 견해가 있다.[34)]

현행 지방자치법상 분쟁조정제도는 지방자치단체가 지방행정의 주체로서 전통적 의미의 법치행정의 구현을 목적으로 하는 영역에서 일정한 법적 기준에 의한 해결이 가능하며, 법전문가들에 의한 일방적인 조정결정을 통한 해결이 적절한 분쟁을 전제로 하는 제도라고 할 수 있다. 따라서 법적 기준에 의한 일방적 선언의 형식보다는 대화와 합의에 의한 해결방식이 더 적절한 분쟁영역에서는 유효성이 떨어진다고 할 수 있다.[35)]

중앙분쟁조정위원회의 분쟁조정실적이 미비한 이유로는 분쟁이

34) 김철용, 앞 글, 467쪽.

35) 이희정c, 지방자치단체 상호간의 분쟁조정기능 강화를 위한 법제정비방향, 「지방자치법연구」, 제5권 제1호, 한국지방자치법학회, 2005. 6, 269쪽.

행자부 또는 위원회 등의 중재와 권고 등으로 인해 조정신청 전에 해결되는 경우가 많고, 최근 들어 각 지방자치단체들이 대화와 협의 등을 통한 분쟁의 조정보다는 권한쟁의, 행정소송 등의 사법기관을 통한 갈등해결을 선호하고 있는 경향으로 인한 것으로 보인다.

3) 하천관리위원회

(1) 법제현황

가. 설 치

「하천법」 제41조의 규정에 따라 댐등의 설치자, 하천점용허가를 받고자 하는 자, 기득하천사용자, 유수사용에 이해관계가 있는 지방자치단체에 해당하는 자가 유수의 사용에 관한 분쟁이 있는 경우에는 하천관리위원회에 조정을 신청할 수 있다. 하천관리에 필요한 중요한 사항을 심의하고, 지역간 및 하천유수의 이용자간의 분쟁을 원만하게 해결하기 위하여 하천관리위원회를 두는데, 국가하천에 관한 사항은 건설교통부의 중앙하천관리위원회에서, 지방1급하천 및 지방2급하천에 관한 사항은 시 · 도의 지방하천관리위원회에서 관할한다(동법 제60조 및 제61조).

나. 위원회의 구성

하천관리위원회는 동법 제62조에 의해 다음과 같이 구성된다.

① 중앙하천관리위원회

중앙하천위원회는 위원장 1인과 부위원장 1인을 포함한 20인이내의 위원으로 구성한다.

중앙하천관리위원회의 위원장은 건설교통부의 고위공무원단에 속하는 일반직공무원중에서, 부위원장은 건설교통부의 3급공무원 또는 고위공무원단에 속하는 일반직공무원중에서 건설교통부장관이 지명하는 자가 되고, 위원은 관계 행정기관의 공무원과 고등교육법에 의한 대학에서 하천공학·환경공학·수문학·수리학·경제학 또는 법률학을 가르치는 조교수이상의 직에 있거나 있었던 자, 판사·검사 또는 변호사의 자격이 있는 자, 수자원개발·하천·도시·환경·법률 및 경제에 관한 학식과 경험이 풍부한 자중에서 건설교통부장관이 임명 또는 위촉하는 자가 된다.

② 지방하천관리위원회

지방하천위원회는 위원장 1인과 부위원장 1인을 포함한 15인이내의 위원으로 구성한다.

지방하천관리위원회의 위원장은 당해 시·도소속 3급 이상 공무원중에서 시·도지사가 지명하는 자가 되고, 부위원장은 위원중 위원장이 지명하는 자가 되며, 위원은 관계 행정기관의 공무원과 중앙하천위원회와 동일한 위촉위원 자격자 중에서 당해 시·도지사가 임명 또는 위촉한 자가 된다.

③ 임 기

하천관리위원회의 위원중 공무원이 아닌 위원의 임기는 2년으로 하되, 연임할 수 있으며, 보궐위원의 임기는 전임자의 잔임기간으로 한다.

다. 조 정

① 조정 기간

위원회는 조정신청을 받은 날부터 90일이내에 이를 심사하여 조정안을 작성하여야 한다. 다만, 부득이한 사정이 있는 경우에는 하천관리위원회의 의결로서 60일의 범위내에서 그 기간을 연장할 수 있다(동법 제43조).

② 조사 및 의견청취권

위원회는 분쟁조정에 관하여 필요하다고 인정되는 때에는 건설교통부 또는 시·도 소속 공무원으로 하여금 관계 서류를 열람하게 하거나 관계 사업장에 출입하여 조사하게 할 수 있으며 당사자 또는 관계전문가로 하여금 하천관리위원회의 회의에 출석하게 하여 그 의견을 진술하게 할 수 있다(동법 제44조)[36].

③ 조정의 효력 등

위원회는 조정안을 작성한 때에는 지체없이 각 당사자에게 이를 제시하여야 하며, 조정안을 제시받은 당사자는 15일 이내에 그 수락여부를 통지하며, 각 당사자가 조정안을 수락한 때에는 위원회는 즉시 조정조서를 작성하여 위원장 및 각 당사자가 기명·날인하여야 한다. 각 당사자가 조정안을 수락한 때에는 당사자간에 조정조서와 동일한 내용의 합의가 성립된 것으로 본다(동법 제45조).

(2) 위원회의 조정현황

가. 개 관

중앙하천조정위원회의 경우 최근 5년간 총 19회의 위원회가 개최되어 55건의 안건을 검토하였으나 그 중 대부분인 총 54건이 하천 등 유수관리에 필요한 사항에 대한 심의였고 분쟁조정에 대한 것은 수자원공사와 서울시간의 청계천 유지용수에 관한 분쟁조정 1건에 불과했다. 청계천유지용수에 관한 수자원공사와 서울시간의 분쟁조정은 수자원공사가 「댐건설 및 주변지역에 관한 법률」 제35조 제1항의 규정에 따라 서울시에 댐 용수에 대한 사용료를 청구한 사

36) 동법 시행령 제34조 (의견청취의 절차) 하천관리위원회는 법 제44조 제1항의 규정에 의하여 당사자 또는 관계전문가로 하여금 회의에 출석하게 하여 그 의견을 듣고자 하는 때에는 회의개최 7일전에 서면으로 통지하여야 한다.

안으로 2005년 8월에 중앙하천관리위원회에 조정 신청하였으며, 2005년 9월 5일에 하천관리위원회는 청계천 유지용수의 공익성을 감안하여 수자원공사에 댐 용수의 사용료를 감면하여 받도록 조정 결정하였다.

나. 청계천 유지용수에 대한 중앙하천관리위원회의 검토의견[37]

청계천 유지용수에 대한 중앙하천관리위원회의 검토의견을 구체적으로 살펴보면 다음과 같다.

우선, 청계천 유지용수가 댐용수가 아니라는 주장에 대하여 위원회는 감사원, 법제처의 유권해석에 따라 댐용수임을 분명히 하였다.

따라서, 청계천 유지용수는 댐법 제35조에 따라 유수 사용료를 징수할 수도 있으나, 생태계 복원과 친수환경 조성을 위한 비영리사업인 점 등을 고려하고, 공익상 기타 특별한 사유가 있다고 인정될 때는 요금을 감면할 수 있다는 한국수자원공사 댐용수공급규정이 있는 바, 위원회는 청계천 용수가 공익성이 있다는 데 의견을 모았다.

이에 대해 청계천 유지용수는 인위적으로 취수하여 방류하는 것으로 하천법시행령 제30조와 댐법 제35조에 규정된 감면대상이라 볼 수 없다는 소수의견도 있었다.

나아가, 위원회는 서울시가 청계천 용수사용시에는 하천법상 유수 사용에 대한 점용허가 절차를 밟을 것을 촉구하였다. 그리고 법제개선사항으로서 하천유지용수에 대한 법률상 규정이 미흡하고 하천유지용수 목적의 취수에 대한 수요가 늘어나는 점을 감안, 유지용수 이용의 근거, 절차, 비용분담 등 적절한 제도적 장치를 마련할 필요가 있음을 지적하였다.

---

37) 중앙하천관리위원회 2005년도 제2차회의 심의결과(내부자료)

4) 건설분쟁조정위원회

건설공사는 계약서, 설계도면, 시방서 등에 상세히 규정하더라도 완공에 장기간이 소요되고 시공과정에서 불확실한 요인이 많기 때문에 발주자와 시공자간에 분쟁이 발생할 소지가 높다. 이러한 분쟁은 최종적으로 법원에 소송하게 되고 분쟁을 해결하는 방식에는 가장 확실한 방법이 될 수 있으나 소송기간이 장시일 소요되어 신속한 타결을 요하는 건설공사에는 부적합하다. 따라서, 행정기관에서 사전 조정단계를 거칠 경우 건설공사 등에 관한 전문성을 토대로 검토할 수 있어 소요기간의 단축, 비용의 절감 등의 효율성을 제고할 수 있으므로 건설산업기본법에 건설분쟁조정제도가 도입되고 있다.

(1) 위원회의 설치

건설산업기본법에 의거하여 건설업 및 건설용역업에 관한 분쟁을 조정하기 위하여 건설교통부장관소속하에 중앙건설분쟁조정위원회를, 시・도지사 소속하에 지방건설분쟁조정위원회를 둔다(법 제69조 제1항).

(2) 위원회의 구성

위원회는 위원장과 부위원장 각 1인을 포함한 15인 이내의 위원으로 구성하며. 공무원이 아닌 위원의 임기는 3년으로 하되, 연임할 수 있으며, 보궐위원의 임기는 전임자의 잔임기간으로 한다(법 제70조 제1・4・5항).

가. 중앙건설분쟁조정위원회(1989.12.29 설치)

① 위원장 및 부위원장

위원장은 건설교통부 고위공무원단에 속하는 일반직 공무원 중에서 건설교통부장관이 지명하는 자로, 부위원장은 위원회가 위원 중에서 선출한다(법 제70조 제3항).

② 위 원

위원은 당해 기관의 장이 지명하는 자로서 ㉠ 건설교통부의 3급 공무원 또는 고위공무원단에 속하는 일반직공무원 2인과 ㉡ 재정경제부·산업자원부·법제처·공정거래위원회 및 조달청의 3급공무원 또는 고위공무원단에 속하는 일반직공무원 각 1인 이외에, ㉢ 고등교육법에 의한 대학에서 공학이나 법률학을 가르치는 조교수 이상의 직에 있거나 있었던 자, ㉣ 판사·검사 또는 변호사의 자격이 있는 자, ㉤ 건설공사·건설업 또는 건설용역업에 대한 학식과 경험이 풍부한 자 중에서 건설교통부장관이 위촉하는 자로 한다(법 제70조 제2항 및 영 제68조 제1항).

나. 지방건설분쟁조정위원회

ⓐ 위원장은 시·도지사가 소속 2급 또는 3급공무원 중에서 지명하는 자가 되며, 부위원장은 위원회가 위원 중에서 선출한다(법 제70조 제3항).

ⓑ 위원은 당해 기관의 장이 지명하는 자로 ⅰ) 지방위원회가 설치된 당해 시·도의 3급 공무원, 4급 공무원 또는 고위공무원단에 속하는 일반직공무원 3인 및 ⅱ) 건설교통부·공정거래위원회 및 조달청 소속기관의 4급 이상 공무원 또는 고위공무원단에 속하는 일반직공무원 각 1인이외에, ⅲ) 고등교육법에 의한 대학에서 공학이나 법률학을 가르치는 조교수 이상의 직에 있거나 있었던 자, ⅳ) 판

사・검사 또는 변호사의 자격이 있는 자, v) 건설공사・건설업 또는 건설용역업에 대한 학식과 경험이 풍부한 자 중에서 건설교통부장관이 위촉하는 자로 한다(법 제70조 제2항 및 영 제68조 제2항).

(3) 분쟁심사·조정

중앙건설분쟁조정위원회와 지방건설분쟁조정위원회는 당사자의 일방 또는 쌍방의 신청에 의하여 i) 설계・시공・감리등 건설공사에 관계한 자간의 책임에 관한 분쟁, ii) 발주자와 수급인간의 건설공사에 관한 분쟁(다만, 국가를당사자로하는계약에관한법령의 해석과 관련된 분쟁을 제외한다.), iii) 수급인과 하수급인간의 건설공사의 하도급에 관한 분쟁(다만, 하도급거래공정화에관한법률의 적용을 받는 사항을 제외한다.), iv) 수급인과 제3자간의 시공상 책임등에 관한 분쟁, v) 건설공사의 도급계약의 당사자와 보증인간의 보증책임에 관한 분쟁, vi) 수급인 또는 하수급인과 제3자간의 자재의 대금 및 건설기계사용대금에 관한 분쟁, vii) 건설업양도에 관한 분쟁, viii) 수급인의 하자담보책임에 관한 분쟁, ix) 건설업자의 손해배상책임에 관한 분쟁을 심사・조정한다(법 제69조 제2항, 영 제65조, 제74조),

가. 중앙위원회의 심사·조정사항

ⓐ 분쟁당사자중 일방이 국가・지방자치단체・정부투자기관 또는 특별법에 의하여 설립된 법인인 경우

ⓑ 분쟁과 관련된 사업이 2이상의 시・도에 걸쳐있는 경우

ⓒ 지방위원회의 소관사항이라도 분쟁당사자 쌍방이 합의한 경우

나. 지방위원회의 심사·조정사항

- 당해 시・도의 구역안에서 이루어지는 사업에 관한 분쟁

(4) **위원회의 운영**(법 제71조, 제76조)

① 회의소집: 위원장

② 의결: 재적위원과반수의 출석과 출석위원 과반수의 찬성으로 의결

③ 조정부: 위원회에는 조정사건의 분야별로 5인 이내의 위원으로 구성되는 조정부를 둘 수 있으며, 조정부의 위원은 위원장이 임명하며, 조정부는 미리 조정사건을 심사한 후 조정안을 작성하여 위원회의 회의에 상정하여야 한다.

(5) **조정절차**

가. 조정신청

분쟁을 조정받고자 하는 자는 그 신청취지와 신청사건의 내용을 명확히 하여 서면(건설분쟁조정신청서)으로 위원회에 제출하여야 한다(영 제66조, 규칙 제35조 별지 제27호서식).

나. 조정신청의 통지

위원회는 당사자 일방으로부터 분쟁의 조정신청을 받은 때에는 그 신청내용을 상대방에게 통지하여야 하며, 상대방은 조정에 응할 것인지에 관한 의사를 위원회에 통지하여야 하는 것이 원칙이나, 국가·지방자치단체 또는 국가 또는 지방자치단체가 출자 또는 출연한 법인이 분쟁조정통지를 받은 때에는 분쟁조정에 응하여야 한다(법 제72조, 영 제69조의 2).

다. 조정의 거부 및 중지

① 위원회는 분쟁의 성질상 위원회에서 조정하는 것이 적합하지 아니하다고 인정되거나 부정한 목적으로 조정을 신청하였다고 인정되는 때에는 당해 조정을 거부할 수 있다. 이 경우 조정거부의 사유

등을 신청인인 당사자에게 통보하여야 한다(법 제73조).

② 위원회는 분쟁당사자중 일방이 조정을 거부한 경우에는 조정경위 · 조정거부이유 등을 상대방에게 서면으로 통보하여야 한다.

③ 위원회는 분쟁당사자중 일방이 소를 제기한 때에는 조정을 중지 하고 이를 당사자에게 통보하여야 한다.

라. 처리기간

위원회는 분쟁의 조정신청을 받은 날부터 60일 이내에 이를 심사하여 조정안을 작성하여야 한다(부득이한 사정이 있는 경우에는 위원회의 의결로써 60일의 범위내에서 그 기간을 연장할 수 있으며 기간연장의 사유 기타 기간연장에 관한 사항을 당사자에게 통보하여야 함)(법 제74조).

마. 조정전 합의

위원회는 분쟁당사자 쌍방이 분쟁의 해결에 관하여 합의한 때에는 합의한 내용에 따라 합의서를 작성하여야 하며, 위원장 및 분쟁당사자는 이에 서명 · 날인하여야 한다(법 제77조).

(6) 조정의 효력

위원회에서 작성한 조정안을 제시받은 당사자는 그 제시를 받은 날부터 15일이내에 수락여부를 위원회에 통보하여야 하며, 분쟁당사자가 조정안을 수락한 때에는 당사자간에 조정서와 동일한 내용의 합의가 성립된 것으로 본다(법 제78조).

(7) 비용의 분담

분쟁조정을 위한 감정 · 진단 · 시험등에 소요된 비용은 신청인이 이를 부담. 다만, 당사자간에 이에 대한 약정이 있는 경우에는 그 약정에 의한다(법 제79조).

[그림 6-1] 건설분쟁조정 절차 및 주요내용

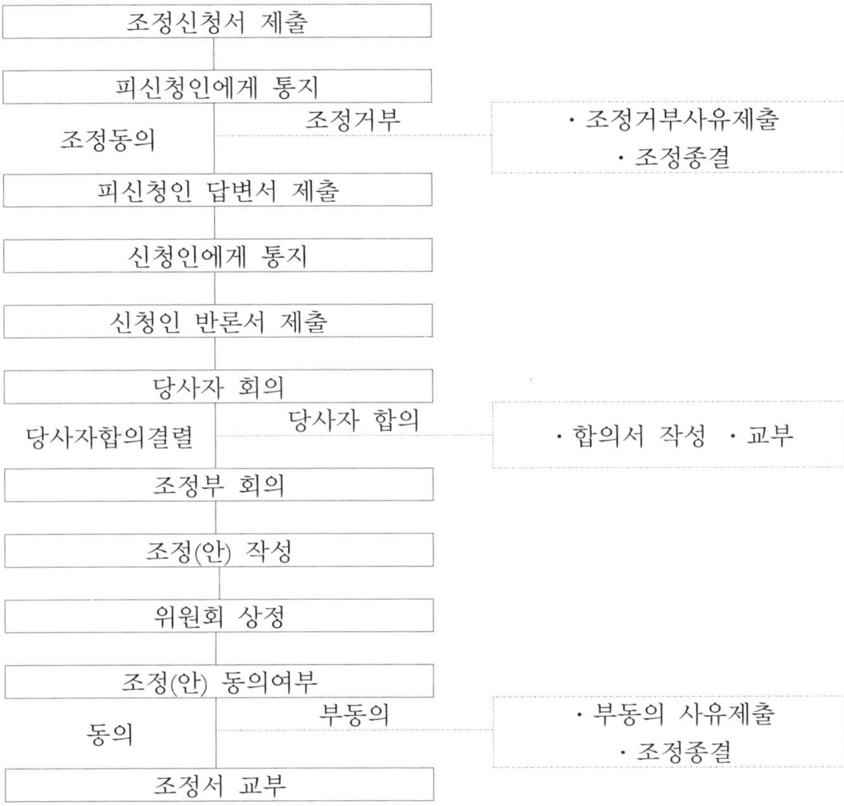

(8) 유사분쟁조정위원회

가. 건축분쟁조정위원회

① 설 치

건축법 제76조의2의 규정에 의하여 건축물의 건축등에 관한 분쟁(건설산업기본법 제69조의 규정에 의한 건설업에 관한 분쟁의 조정을 제외)[38]을 조정하기 위하여 건설교통부에 중앙건축분쟁조정위원회를

38) ① 건축관계자와 당해 건축물의 건축 등으로 인하여 피해를 입은 인근주민

두고, 특별시 · 광역시 · 도에 지방건축분쟁조정위원회를 둔다.

② 위원회 구성

(a) 위원임명 및 임기

중앙건축분쟁조정위원회와 지방분쟁조정위원회는 각각 위원장과 부위원장 각 1인을 포함한 15인 이내의 위원으로 구성하며 일정한 자격을 갖춘 자중에서 각각 건설교통부장관과 시 · 도지사가 임명 또는 위촉한다. 이 경우 판사 · 검사 또는 변호사의 직에 6년 이상 재직한 자가 2인 이상 포함되어야 한다(동법 제76조의 3). 공무원이 아닌 위원의 임기는 3년으로 하되 연임할 수 있으며, 보궐위원의 임기는 전임자의 잔여임기로 한다.

(b) 위원회의 관할

중앙조정위원회는 특별시장 및 광역시장이 허가권자인 사항에 대하여 관할하며, 지방조정위원회는 시장 · 군수 · 구청장이 허가권자인 사항에 대하여 관할한다(동법 제76조의 2).

(c) 조정위원회 및 재정위원회의 구성

조정은 3인의 위원으로 구성되는 조정위원회에서 행하고, 재정은 5인의 위원으로 구성되는 재정위원회에서 행한다. 조정위원회의 위원 및 재정위원회의 위원은 사건마다 건축분쟁조정위원회의 위원중에서 위원장이 지명한다(동법 제76조의 8).

(d) 사무국의 설치

위원회의 사무를 처리하기 위하여 위원회에 사무국을 둘 수 있다. 위원회에는 분쟁의 조정등에 필요한 사실조사와 인과관계의 규명 또는 피해액의 산정 및 산정기준의 연구 · 개발과 그 밖에 위원

간의 분쟁, ② 관계전문기술자와 인근주민간의 분쟁, ③ 건축관계자와 관계전문기술자간의 분쟁, ④ 건축관계자 상호간의 분쟁, ⑤ 인근주민 상호간의 분쟁, ⑥ 관계전문기술자 상호간의 분쟁, ⑦ 기타 대통령령으로 정하는 사항에 관한 분쟁이다.

장이 지정하는 사항의 사무를 분장하게 하기 위하여 심사관을 두며, 위원장은 특정사건에 관한 전문적인 사항을 처리하기 위하여 관계 전문가를 위촉하여 사무를 행하게 할 수 있다(동법 제76조의17).

③ 조정(調整)의 종류

(a) 調　停

조정에 대하여 직권조정(동법 제76조의15), 조정의 신청 및 조정기간(동법 제76조의6), 조사 및 의견청취(동법 제76조의9). 조정의 거부 및 중지(동법 제76조의7), 그리고 조정의 성립 및 효력(동법 제76조의10)에 대하여 규정하고 있다. 조정의 효력에 대하여 조정서와 동일한 내용의 합의가 성립된 것으로 본다.

(b) 재　정

재정신청의 방식(동법 제76조의 11), 재정신청 및 재정기간(동법 제76조의 6), 재정을 위한 조사권(동법 제76조의12), 시효의 중단(동법 제76조의14), 그리고 재정의 효력(동법 제76조의13)에 대하여 규정하고 있다.

시효의 중단과 관련하여 당사자가 재정에 불복하여 소송을 제기한 경우에는 시효의 중단 및 제소기간의 산정에 있어서는 재정의 신청을 재판상의 청구로 본다(동법 제76조의14).

재정의 효력에 대하여는 당사자간에 재정내용과 동일한 합의가 성립된 것으로 본다(동법 제76조의13).

나. 유통분쟁조정위원회

「유통산업발전법」 제36조에 근거하여 유통에 관한 분쟁[39]을 조

39) ① 대규모점포와 인근지역의 도·소매업자사이의 영업활동에 관한 분쟁(「독점규제 및 공정거래에 관한 법률」의 적용을 받는 사항 제외), ② 대규모점포와 중소제조업체 사이의 영업활동에 관한 사항(「독점규제 및 공정거래에 관한 법률」의 적용을 받는 사항 제외), ③ 대규모점포와 인근지역의 주민사이의 생활환경에 관한 분쟁을 말한다(유통산업발전법 제36조 제1항).

정하기 위하여 특별시 · 광역시 · 도 및 시 · 군 · 구에 각각 유통분쟁조정위원회를 둔다.

위원회는 위원장 1인을 포함한 11인 이상 15인 이내의 위원으로 구성하며, 위원장은 위원 중에서 호선한다. 공무원이 아닌 위원의 임기는 2년으로 하되, 연임할 수 있다. 소비자단체의 대표와. 당해 지방자치단체에 거주하는 소비자도 위원에 위촉하고 있다(제36조).

위원회가 작성한 조정안을 당사가가 수락하고 이에 따라 위원회가 조정서를 작성하여 위원장 및 각 당사자가 이에 기명날인한 때에는 당사자간에 조정서와 동일한 내용의 합의가 성립된 것으로 본다(제39조).

다. 시장분쟁조정위원회

「재래시장육성을위한특별법」 제33조에 근거하여 시장정비사업 및 시설현대화사업 등 시장활성화와 관련한 이해관계자간의 분쟁[40]을 조정하기 위하여 시 · 도에 시장분쟁조정위원회를 둘 수 있다.

위원회는 위원장 1인을 포함한 11인 이상 15인 이내의 위원으로 구성한다. 공무원이 아닌 위원의 임기는 2년으로 하되, 연임할 수 있다. 법조계와 교육계 경력자 이외에 감정평가사, 건축사무소의 등록을 한 건축사, 시민단체(비영리민간단체지원법 제2조의 규정에 의한 비영리민간단체)에서 추천하는 자, 그 밖에 토지수용 또는 시장활성화에 관한 학식과 경험이 풍부한 자가 위원의 자격요건이다(제34조).

위원회가 작성한 조정안을 당사가가 수락하고 이에 따라 위원회가 조정서를 작성하여 위원장 및 각 당사자가 이에 기명날인한 때

---

40) ① 시장정비사업과 관련한 동의 등에 관한 분쟁, ② 시장정비사업의 입점상인에 대한 대책과 관련한 점포소유자와 임차상인간의 분쟁, ③ 그 밖에 시장정비사업 · 시설현대화사업 등 시장활성화사업과 관련한 이해관계자간의 분쟁을 말한다(재래시장육성을위한특별법 제33조).

에는 당사자간에 조정서와 동일한 내용의 합의가 성립된 것으로 본다(제37조).

5) 「공공기관의 갈등관리에 관한 법률안」의 갈등조정회의

(1) 법안의 개요

「공공기관의 갈등관리에 관한 법률안」정부안[41]에 따르면 대규모 국책사업 등 공공정책을 시행할 기관장은 정책이 국민생활에 중대하고 광범위한 갈등을 유발할 우려가 있다고 판단될 때는 갈등영향분석을 실시(법안 제11조), 이를 제3자로 구성된 갈등관리위원회에서 심의해야 한다고 한다(법안 제12조). 또 갈등영향분석은 반드시 이해관계자의 확인과 의견 수렴내용, 관련단체 및 전문가 의견, 갈등유발요인 및 주요쟁점, 갈등해결을 위한 구체적인 계획 등을 담아야 한다고 정하고 있다(법안 제11조 제5항). 청문회, 공청회, 공람 등 기존의 참여제도로는 해결이 어려운 갈등사례가 발생하고 있으므로 이러한 제도의 범위를 넘어서 시민 등을 공공정책 결정과정의 동반자로 인식하면서 적극적으로 참여를 보장할 수 있는 참여적 의사결정방법의 활용(안 제15조)이 필요하며, 공공기관의 장이 공공정책 등으로 인하여 발생한 갈등을 조정하기 위하여 필요하다고 판단하는 경우에는 사안별로 사회적 합의촉진을 위한 갈등조정회의를 설치할 수 있도록 하고 있다(안 제20조). 그리고 갈등관리를 위한 조사・연구・교육훈련・전문가 양성과 공공기관의 갈등관리 지원 등을 위하여 갈등관리지원센터를 재단법인으로 설립한다고 규정하고 있다(안 제17조).

이하에서는 법안의 제5장에서 규정하는 갈등조정회의에 대하여

41) 2005. 5. 27.정부제안(의안번호 171876).

살펴본다.

(2) 갈등조정회의의 개요

가. 갈등조정회의의 설치(안 제20조)

공공기관의 장은 공공정책 등으로 인하여 발생한 갈등을 조정하기 위하여 필요하다고 판단되는 경우에는 사안별로 사회적 합의촉진을 위한 갈등조정회의를 둘 수 있으며, 조정회의의 구성과 운영에 필요한 행정적 지원을 하여야 한다.

나. 조정회의의 기본규칙 등(안 제21조)

ⅰ) 조정회의의 구성과 운영은 공공기관과 이해관계자(이하 "당사자"라 한다)간의 합의에 의하여 정하는 기본규칙을 따른다.

ⅱ) 당사자가 필요하다고 인정하는 경우 관련단체와 전문가를 조정회의에 참석시킬 수 있다.

ⅲ) 공동의 이해관계가 있는 다수의 당사자는 그 중 1인 또는 수인을 대표당사자로 선임할 수 있다.

ⅳ) 당사자 등은 상호존중과 신뢰를 바탕으로 공동의 이익이 되는 대안을 창출하기 위하여 적극적으로 협력하여야 한다.

ⅴ) 조정회의의 의장 또는 진행자는 중립성과 공정성을 바탕으로 당사자간에 합의가 도출될 수 있도록 지원하는 역할에 충실하여야 한다.

ⅵ) 그 밖에 조정회의의 기본규칙에 관하여 공통적으로 필요한 사항은 대통령령으로 정한다.

다. 합의의 효력 및 이행(안 제22조)

조정회의의 합의사항은 문서로 작성하고 당사자가 서명하여야 하며, 조정회의의 합의사항은 법령등에 위배되거나 중대한 공익을 침해하지 아니하여야 하며, 당사자는 합의사항을 신의에 따라 성실하게 이행하여야 한다.

(3) 검 토[42]

i) 「공공기관의 갈등관리에 관한 법률안」에 있어서 공공기관은 특정되지 아니하고 전 부처를 대상으로 하고 있으며, 갈등의 성격과 내용 역시 모호하여 법률로 규정하여야 할 구체성을 결여하고 있어 일반 법률로 규정하기에는 어려운 측면이 있다.

ii) 실제 이 제정안이 예상하고 있는 공공기관의 정책갈등과 그 해결내용은 기존의 행정절차법 등과 그 내용이 유사하고 그 법상으로 해결할 수 있으므로 갈등의 종합적 관리란 측면에서 별도의 법을 제정하기보다 기존 법률을 보완·개선하는 것이 보다 바람직한 것이다.

iii) 갈등해결을 위한 전반적인 기능을 수행하는 별도기구의 설립을 도모하는 것은 실제 개별법에 의한 각 기관의 분쟁해결기능을 활용하지 못하고 오히려 이 법에 따른 갈등해결기구로의 분쟁해결의 집중화를 강제하는 결과가 되어 이 법 제정에 따른 갈등해결 정책집행의 효율과 성과보다 자체기관의 기능축소를 가져올 우려가 있으며 또 한편으로 다양한 분야별 갈등전문가의 육성을 오히려 저해할 우려가 있다.

iv) 안 제22조에서는 당사자는 문서로 작성하여 서명한 합의사항을 신의에 따라 이행하여야 한다고 규정하고 있지만, 당사자가 이행하지 않을 경우 제재수단은 없으므로 조정결과 도출된 합의안은 지

42) 정순영, 공공기관의 갈등관리에 관한 법률안 검토보고서(2005.11), 국회정무위원회.

켜져야 한다는 의식과 실천력이 전제되어야 재판외해결제도인 갈등조정회의가 소기의 목적을 달성할 수 있을 것이다.

(4) 법인 소속하에 두는 분쟁조정위원회

가. 금융분쟁조정위원회

① 설 치

「금융감독기구의설치등에관한법률」 금융기관 등과 예금자 등 금융수요자 기타 이해관계인 사이에 발생하는 금융관련분쟁의 조정에 관한 사항을 심의·의결하기 위하여 금융감독원에 금융분쟁조정위원회를 둔다.

② 위원회의 구성

조정위원회 위원은 금융감독원의 원장이 그 소속 부원장보중에서 지명하는 자이거나, 판사·검사 또는 변호사의 자격이 있는 자중에서 원장이 위촉하는 자이거나, 소비자보호법에 의한 한국소비자보호원 및 소비자단체의 임원 또는 그 직에 있었던 자로서 원장이 위촉하는 자이거나, 금융기관 또는 금융관계기관·단체에서 15년 이상 근무한 경력이 있는 자로서 원장이 위촉하는 자이거나, 금융에 관한 학식과 경험이 있는 자중에서 원장이 위촉하는 자이거나, 전문의의 자격이 있는 의사 중에서 원장이 위촉하는 자이거나, 기타 분쟁의 조정과 관련하여 원장이 필요하다고 인정하여 위촉하는 자로 한다(동법 제52조 제2항).

③ 조 정

금융기관, 예금자등 금융수요자 및 기타 이해관계인은 금융과 관련하여 분쟁이 있는 때에는 원장에게 분쟁의 조정을 신청할 수 있으며, 금융감독원의 원장은 제1항의 규정에 의한 분쟁조정의 신청을

받은 때에는 관계당사자에게 그 내용을 통지하고 합의를 권고할 수 있다.[43]

금융감독원의원장은 분쟁조정의 신청을 받은 날부터 30일 이내에 제2항의 규정에 의한 합의가 이루어지지 아니하는 때에는 지체없이 이를 조정위원회에 회부하여야 하며, 조정위원회는 제3항의 규정에 의한 조정의 회부를 받은 때에는 60일 이내에 이를 심의하여 조정안을 작성하여야 한다. 당사자가 조정안을 수락한 경우 당해 조정안은 재판상 화해와 같다(동법 제55조).

나. 소비자분쟁조정위원회

소비자분쟁조정위원회의 근거법인 소비자보호법이 소비자기본법으로 개정되었다(2006.9.27 법률 제7988호, 2007.3.28.시행). 개정이유는 시장 환경 변화에 맞게 한국소비자원의 관할 및 소비자정책에 대한 집행기능을 공정거래위원회로 이관하도록 하며, 소비자피해를 신속하고 효율적으로 구제하기 위하여 일괄적 집단분쟁조정 및 단체소송을 도입하여 소비자피해구제제도를 강화하는 것 등이다.

개정소비자보호법 중에서 소비자분쟁조정과 관련한 가장 큰 특징은 한국소비자보호원의 명칭을 한국소비자원으로 바꾸고, 소비자분쟁조정위원회의 일괄적 분쟁조정 실시규정을 신설하는 것이다(소비자기본법 제68조). 구체적 내용은 (1) 소비자분쟁조정위원회가 다수의 소비자에게 발생하는 같거나 비슷한 유형의 피해에 대하여 일괄적인 분쟁조정을 실시할 수 있도록 하고, 분쟁조정 실시를 일정기간

43) 다만, 분쟁조정의 신청내용이 ① 이미 법원에 제소된 사건이거나 분쟁조정의 신청이 있은 후 소를 제기한 경우, ② 신청의 내용이 분쟁조정대상으로서 적합하지 아니하다고 인정되는 경우, ③ 신청의 내용이 관련법령 또는 객관적인 증빙등에 의하여 합의권고절차 및 조정절차진행의 실익이 없는 경우, ④ 기타 대통령령이 정하는 경우에 해당하는 경우에는 합의권고 또는 조정위원회에의 회부를 하지 아니할 수 있다.

이상 공고하도록 하는 등 기존 분쟁조정 절차의 특례를 규정하고, (2) 비용부담, 절차지연, 감정대립 등 소송으로 인한 부작용을 방지하고, 소액다수 피해발생이라는 특성을 지닌 소비자문제를 일괄적·효율적으로 해결하도록 하는 것이다.

① 설　치

「소비자보호법」 제34조의 규정에 의하여 소비자분쟁에 대한 조정결정등을 심의·의결하기 위하여 한국소비자보호원에 소비자분쟁조정위원회를 설치한다.

「소비자기본법」 제60조의 규정에 근거하여 소비자와 사업자 사이에 발생한 분쟁을 조정하기 위하여 한국소비자원에 소비자분쟁조정위원회를 둔다(2007.3.28. 시행).

② 위원회의 구성

조정위원회는 위원장 1인을 포함한 30인 이내의 위원으로 구성하며, 그중 2인은 상임으로, 그 외는 비상임으로 한다. 위원은 대학이나 공인된 연구기관에서 부교수 이상 또는 이에 상당하는 직에 있거나 있었던 자로서 소비자보호관련분야를 전공한 자이거나, 4급 이상의 공무원 또는 이에 상당하는 공공기관의 직에 있거나 있었던 자로서 소비자보호업무에 실무경험이 있는 자이거나, 판사·검사 또는 변호사의 자격이 있는 자이거나, 소비자단체의 임원의 직에 있거나 있었던 자이거나, 사업자 또는 사업자단체의 임원의 직에 있거나 있었던 자이거나 그밖에 소비자보호와 관련된 업무에 관한 학식과 경험이 풍부한 자중에서 대통령령이 정하는 바에 따라 원장의 제청에 의하여 재정경제부장관이 임명 또는 위촉한다(동법 제35조).

* **위원회의 구성**(2007.3.28. 시행)

(a) 위원의 자격 및 임기

위원회는 위원장 1인을 포함한 50인 이내의 위원으로 구성하며, 위원장을 포함한 2인은 상임으로 하고, 나머지는 비상임으로 한다. 위원회의 위원은 대학이나 공인된 연구기관에서 부교수 이상 또는 이에 상당하는 직에 있거나 있었던 자로서 소비자권익 관련분야를 전공한 자 또는 4급 이상의 공무원 또는 이에 상당하는 공공기관의 직에 있거나 있었던 자로서 소비자권익과 관련된 업무에 실무경험이 있는 자이거나 판사·검사 또는 변호사의 자격이 있는 자 또는 소비자단체의 임원의 직에 있거나 있었던 자 및 사업자 또는 사업자단체의 임원의 직에 있거나 있었던 자와 그 밖에 소비자권익과 관련된 업무에 관한 학식과 경험이 풍부한 자 해당하는 자 중에서 대통령령이 정하는 바에 따라 원장의 제청에 의하여 공정거래위원회위원장이 임명 또는 위촉한다. 위원의 임기는 3년으로 하며, 연임할 수 있다(동법 제61조).

(b) 위원의 신분보장

위원은 자격정지 이상의 형을 선고받거나 신체상 또는 정신상의 장애로 직무를 수행할 수 없는 경우를 제외하고는 그의 의사와 다르게 면직되지 아니한다(동법 제62조).

(c) 위원의 제척·기피·회피

위원회의 위원은, 위원 또는 위원의 배우자나 배우자이었던 자가 당해 사건의 당사자가 되거나 당해 사건에 관하여 공동권리자 또는 의무자의 관계에 있는 경우 또는 당해 사건의 당사자와 친족관계에 있거나 있었던 경우나 당해사건에 관하여 증언이나 감정을 한 경우 또는 당해사건에 관하여 당사자의 대리인으로서 관여하거나 관여하였던 때에 한하여 그 분쟁조정신청사건의 심의·의결에서 제척된다. 또한 당사자는 위원에게 심의·의결의 공정을 기대하기 어려운 사정이 있는 경우에는 기피신청을 할 수 있으며, 이 경우 원장은(위원장의 오기로 보입니다) 조정위원회의 의결을 거치지 아니하고 기피여부를 결정한다. 그 밖에도 조정위원이 제척·기피사유에 해당하는 때에는 스스로 그 사건의 심의·의결에서 회피할 수 있다(동법 제64조).

③ 조　　정

조정위원회는 동법 제43조의2 제1항의 규정에 의하여 분쟁조정신청을 받은 때에는 30일 이내에 분쟁조정을 하여야 한다. 부득이한 사정으로 그 기한 내에 분쟁조정을 완료할 수 없는 경우에 그 기한을 연장하고자 할 때에는 그 사유와 기한을 명시하여 당사자 및 대리인에게 통보하여야 한다. 한국소비자보호원의 원장은 피해구제청구[44]의 당사자에 대하여 피해보상에 대한 합의를 권고할 수 있다 소비자분쟁조정의 효력은 재판상 화해와 동일한 것으로 본다(동법 제45조 제4항).

＊ **조정**(2007.3.28. 시행)

(a) 조정의 기간

분쟁조정을 신청받은 때에는 그 신청을 받은 날부터 30일 이내에 그 분쟁조정을 마쳐야 하며, 부득이한 사정으로 30일 이내에 그 분쟁조정을 마칠 수 없는 경우에는 그 기간을 연장할 수 있다. 이 경우 그 사유와 기한을 명시하여 당사자 및 그 대리인에게 통지하여야 한다(동법 제66조).

---

44) 소비자보호법 제39조의 규정에 의하여 소비자는 물품의 사용 및 용역의 이용으로 인한 피해의 구제를 한국소비자보호원에 청구할 수 있다.

(b) 조정의 효력

분쟁조정의 통지를 받은 당사자는 그 통지를 받은 날부터 15일 이내에 분쟁조정의 내용에 대한 수락 여부를 조정위원회에 통보하여야 하며, 15일 이내에 의사표시가 없는 때에는 수락한 것으로 본다. 당사자가 분쟁조정의 내용을 수락하거나 수락한 것으로 보는 경우 조정위원회는 조정조서를 작성하고, 조정위원회의 위원장 및 각 당사자가 기명·날인하여야 한다. 다만, 수락한 것으로 보는 경우에는 각 당사자의 기명·날인을 생략할 수 있다. 당사자가 분쟁조정의 내용을 수락하거나 수락한 것으로 보는 때 조정은 재판상 화해와 동일한 효력을 갖는다.

＊ **조정의 특례 – 집단분쟁조정**(2007.3.28. 시행)

「소비자기본법」 제65조 제1항의 규정에 불구하고, 국가·지방자치단체·한국소비자원 또는 소비자단체·사업자는 소비자의 피해가 다수의 소비자에게 같거나 비슷한 유형으로 발생하는 경우로서 대통령령이 정하는 사건에 대하여는 조정위원회에 집단분쟁조정을 의뢰 또는 신청할 수 있다. 이 때 위원회는 집단분쟁조정의 당사자가 아닌 소비자 또는 사업자로부터 그 분쟁조정의 당사자에 추가로 포함될 수 있도록 하는 신청을 받을 수 있으며, 위원회의 의결로써 집단분쟁조정의 당사자 중에서 공동의 이익을 대표하기에 가장 적합한 1인 또는 수인을 대표당사자로 선임할 수 있다. 위원회는 사업자가 조정위원회의 집단분쟁조정의 내용을 수락한 경우에는 집단분쟁조정의 당사자가 아닌 자로서 피해를 입은 소비자에 대한 보상계획서를 작성하여 조정위원회에 제출하도록 권고할 수 있다(동법 제68조).

〈표 6-7〉 소비자분쟁조정위원회의 조정현황[45)]

연 도	2001	2002	2003	2004	2005
위원회 개최횟수	55 지방(8)	58 지방(9)	59 지방(10)	55 지방(6)	56 지방(6)
조정 처리건수	574	632	893	1,125	987

다. 전자거래분쟁조정위원회

① 법제현황

(a) 설　　치

「전자거래법」 제3의 규정에 근거하여 전자거래에 관한 분쟁을 조정하기 위하여 한국전자거래진흥원에 전자거래분쟁조정위원회를 둔다.

(b) 위원회의 구성

ⓐ 위원의 자격 및 임기

위원회는 위원장 1인을 포함한 15인 이상 50인 이하의 위원으로 구성하며, 대학이나 공인된 연구기관에서 부교수급 이상 또는 이에 상당하는 직에 있거나 있었던 자로서 전자거래관련 분야를 전공한 자나, 4급 이상 공무원(고위공무원단에 속하는 일반직공무원을 포함한다) 또는 이에 상당하는 공공기관의 직에 있거나 있었던 자로서 전자거래업무에 관한 경험이 있는 자, 판사・검사 또는 변호사의 자격이 있는 자, 비영리민간단체지원법 제2조의 규정에 의한 비영리민간단체에서 추천한 자, 그 밖에 전자거래와 분쟁조정에 관한 학식과 경험이 있는 자 중에서 산업자원부장관이 임명 또는 위촉한다. 위원은 비상임으로 하고 임기는 2년으로 하고 연임할 수 있다(동법 제32조).

45) 소비자분쟁조정위원회 안내, 한국소비자보호원 홈페이지(www.cpb.or.kr).

ⓑ 위원의 신분보장

위원은 자격정지 이상의 형의 선고를 받거나 심신상의 장애로 직무를 수행할 수 없는 경우를 제외하고는 그의 의사에 반하여 면직 또는 해촉되지 아니한다(동법 시행령 제17조).

ⓒ 위원의 제척・기피・회피

조정위원회의 위원은, 위원 또는 그 배우자나 배우자이었던 자가 당해 사건의 당사자가 되거나 당해 사건에 관하여 공동권리자 또는 의무자의 관계에 있는 경우, 위원이 당해 사건의 당사자와 친족관계에 있거나 있었던 경우, 위원이 당해 사건에 관하여 증언이나 감정을 한 경우와 위원이 당해 사건에 관하여 당사자의 대리인으로서 관여하거나 관여하였던 경우에는 당해 분쟁조정사건의 조정에서 제척된다. 또한 조정 당사자는 위원에게 공정한 조정을 기대하기 어려운 사정이 있는 경우에는 조정위원회에 기피신청을 할 수 있으며 위원장은 기피신청이 타당하다고 인정하는 때에는 기피의 결정을 한다. 조정위원은 제척・기피외에 위원장의 허가를 얻어 스스로 당해 사건의 조정을 회피할 수 있다(동법 시행령 제18조).

ⓓ 사무국의 설치

위원회의 업무를 지원하기 위하여 한국거래진흥원에 사무국을 둔다(동법 제32조 제5항).

(c) 조 정

ⓐ 조정기간

전자거래와 관련한 피해의 구제와 분쟁의 조정을 받고자 하는 자는 위원회에 분쟁의 조정을 신청할 수 있으며, 위원회는 분쟁조정신청을 받은 날부터 45일 이내에 조정안을 작성하여 분쟁당사자에게 이를 권고하여야 한다. 다만, 부득이한 사정으로 그 기한을 연장하고자 하는 때에는 그 사유와 기한을 명시하고 분쟁당사자에게 통보하여야 한다(동법 제33조).

ⓑ 조정전 합의권고

위원회는 당사자의 조정의 신청을 받은 때에는 지체없이 분쟁당사자에게 그 내용을 통지하고 조정전에 합의를 권고할 수 있다(동법 시행령 제20조).

ⓒ 조정의 불성립

분쟁조정의 신청이 취하되거나 분쟁당사자 일방이 분쟁의 조정에 불응하는 경우, 당사자가 위원회의 조정안을 거부한 경우, 당해 분쟁조정 사건에 대하여 법원에 소송이 제기된 경우, 사건의 성질상 위원회에서 조정함이 적당하지 아니하다고 인정되는 경우에는 조정이 성립하지 아니하고 위원회는 조정이 성립하지 아니하였음을 분쟁당사자에게 통지하여야 한다(동법 제36조).

ⓓ 조정의 성립 및 효력

당사자의 조정신청에 대한 위원회의 권고에 대하여 분쟁당사자가 동의하거나, 분쟁당사자가 위원회에 자체적인 조정합의서를 제출한 경우 위원회는 조정조서를 작성하고 분쟁당사자가 기명·날인하여야 함으로써 성립한다. 이 때의 조정조서는 당사자간 합의와 동일한 효력이 있다(동법 제35조).

② 위원회의 분쟁조정 현황

2005년 기준 전자거래분쟁조정위원회에 접수된 분쟁조정 건수는 총 1,750건으로 전년도의 1,032건에 비해 70% 가까이 증가한 것으로 보이며, 2003년과 같이 인터넷 쇼핑몰에서 급증하는 주문건을 감당하지 못해 발생한 다량의 계약불이행으로 인한 분쟁과 같은 특별한 사유가 없음에도 최근 2년간 꾸준히 분쟁조정 신청이 늘어나고 있다.

〈표 6-8〉 최근 5년간 접수된 분쟁조정 신청현황

구분 \ 연도	2001	2002	2003	2004	2005
분쟁조정 신청건수	457	854	1,151	1,032	1,750

전자거래 분쟁유형별 동향을 보면, 계약취소, 반품, 환불(계약취소 거부, 반품거부, 미환불/환불지연), 배송관련(배송지연, 미인도, 배송비, 재화유실 등), 기타(온라임 게임, 한글인터넷주소, 저작권 관련, 서비스불만, 시스템 오류, 개인정보보호 등) 등의 3가지 유형이 전체의 75.4%를 차지하는 것으로 나타났다.

〈표 6-9〉 분쟁유형별 조정신청 현황

(단위: 건 수)

분쟁유형 \ 연 도	2001	2002	2003	2004	2005
배송관련	183	120	154	149	289
계약취소 · 반품 · 환불	126	313	457	570	878
계약변경 · 불이행	20	116	266	48	103
상품정보오기	5	20	13	28	70
허위과장광고	18	29	14	29	80
기 타	105	256	249	210	·

접수된 분쟁조정의 처리현황을 보면, 신청철회, 조정불능, 기타 등 조정불가대상 664건을 제외한 조정가능대상 건수는 총 1,086건이었으며 그 중 조정부 구성 전 사무국의 알선을 통한 당사자 간 합의에 따라 조정이 종료된 사건은 총 874건으로 전체의 80.5%를 차

지하였고, 조정부 구성에 따라 조정이 종료된 사건은 51건으로 조정가능대상 전체의 4.7%를 차지하였다.

〈표 6-10〉 분쟁조정 년도별 처리 현황

(단위: 건 수)

구 분 \ 연 도	2001	2002	2003	2004	2005
위원회 합의 및 조정권고에 불응	6	28	91	154	161
조정안 불수락	9	11	13	13	27
조정안 수락	163	52	35	29	24
위원회 권고에 따른 당사자간 합의	186	530	410	409	874

조정가능대상 총 1,086건 중 당사자 간 합의가 이루어지거나 조정안이 수락된 경우는 총 898건을 차지함으로써 해결률이 82.7%에 달해 분쟁조정이 매우 활성화되고 있는 것으로 보인다.

(5) 독립적인 분쟁조정위원회

가. 노동쟁의조정 및 중재위원회

① 설　치

「노동조합 및 노동관계조정법」 제55조의 규정에 의하여 노동쟁의의 조정을 위하여 노동위원회에 조정위원회를 둔다. 공익사업[46]의 노동쟁의의 조정을 위하여 노동위원회에 특별조정위원회를 둔다(동

46) 이 법에서 "공익사업"이라 함은 공중의 일상생활과 밀접한 관련이 있거나 국민경제에 미치는 영향이 큰 사업으로서 ① 정기노선여객운수사업, ② 수도·전기·가스·석유정제 및 석유공급사업, ③ 공중위생 및 의료사업, ④ 은행 및 조폐사업, ⑤ 방송 및 통신사 사업을 말한다.

법 제72조). 노동위원회는 특정한 경우[47]에는 중재를 행하며, 노동쟁의의 중재 또는 재심을 위하여 노동위원회에 중재위원회를 둔다.

② 위원회의 구성

조정위원회는 조정위원 3인으로 구성하며, 조정위원은 당해 노동위원회의 위원중에서 사용자를 대표하는 자, 근로자를 대표하는 자 및 공익을 대표하는 자 각 1인을 그 노동위원회의 위원장이 지명하되, 근로자를 대표하는 조정위원은 사용자가, 사용자를 대표하는 조정위원은 노동조합이 각각 추천하는 노동위원회의 위원중에서 지명하여야 한다. 다만, 조정위원회의 회의 3일전까지 관계 당사자가 추천하는 위원의 명단제출이 없을 때에는 당해 위원을 위원장이 따로 지명할 수 있다(동법 제55조).

중재위원회는 중재위원 3인으로 구성하며, 중재위원은 당해 노동위원회의 공익을 대표하는 위원중에서 관계 당사자의 합의로 선정한 자에 대하여 그 노동위원회의 위원장이 지명한다. 다만, 관계 당사자간에 합의가 성립되지 아니한 경우에는 노동위원회의 공익을 대표하는 위원중에서 지명한다(동법 제64조).

특별조정위원회는 특별조정위원 3인으로 구성하며, 제2항의 규정에 의한 특별조정위원은 그 노동위원회의 공익을 대표하는 위원중에서 노동조합과 사용자가 순차적으로 배제하고 남은 3인 내지 5인중에서 노동위원회의 위원장이 지명한다. 다만, 관계 당사자가 합의로 당해 노동위원회의 위원이 아닌 자를 추천하는 경우에는 그 추천된 자를 지명한다(동법 제72조).

47) ①관계 당사자의 쌍방이 함께 중재를 신청한 때, ② 관계 당사자의 일방이 단체협약에 의하여 중재를 신청한 때, ③제71조 제2항의 규정에 의한 필수공익사업에 있어서 노동위원회 위원장이 특별조정위원회의 권고에 의하여 중재에 회부한다는 결정을 한 때이다.

③ 조　　정

노동쟁의의 조정은 재결형(중재)을 포함하고 있으며 그 효력은 단체협약과 동일한 효력이 있는 것으로 하고 있다(동법 제61조 제2항).

나. 언론중재위원회

① 설　　치

「언론중재 및 피해구제 등에 관한 법률」 제7조의 규정에 의하여 언론보도 또는 게재로 인한 분쟁조정 · 중재 및 침해사항을 심의하기 위하여 언론중재위원회를 둔다.

② 위원회의 구성

중재위원회는 40인 이상 90인 이내의 중재위원으로 구성하며, 중재위원은 중재위원 정수의 5분의 1 이상은 법관의 자격이 있는 자 중에서 법원행정처장이 추천한 자, 중재위원 정수의 5분의 1 이상은 변호사의 자격이 있는 자 중에서 대한변호사협회장이 추천한 자, 중재위원 정수의 5분의 1 이상은 언론사의 취재 · 보도 업무에 10년 이상 종사한 자, 그 밖에 언론에 관하여 학식과 경험이 풍부한 자중에서 문화관광부장관이 위촉한다(동법 제7조).

중재위원회에 위원장 1인, 2인 이내의 부위원장 및 2인 이내의 감사를 두되, 각각 중재위원 중에서 호선한다. 중재위원은 법률과 양심에 따라 독립하여 직무를 행하며, 직무상 어떠한 지시나 간섭도 받지 아니한다(동법 제8조).

③ 조정 (중재)

중재는 5인 이내의 중재위원으로 구성된 중재부에서 하되, 중재부의 장은 법관 또는 변호사의 자격이 있는 중재위원 중에서 중재위원회 위원장이 지명한다. 조정은 관할 중재부에서 행한다(동법 제18조).

이 법에 따른 정정보도청구·반론보도청구 및 추후보도청구와 관련하여 분쟁이 있는 경우 피해자 또는 언론사는 중재위원회에 조정을 신청할 수 있다.

피해자는 언론에 의한 피해의 배상에 대하여 제14조 제1항의 기간 이내에 중재위원회에 조정을 신청할 수 있다. 이 경우 손해배상액을 명시하여야 한다.

또한 당사자 쌍방은 정정보도청구등 또는 손해배상의 분쟁에 관하여 중재부의 종국적 결정에 따르기로 합의하고 중재를 신청할 수 있으며, 중재신청은 조정절차 계속중에도 할 수 있다.

언론중재위원회의 중재의 효력은 재판상 화해와 같으며, 중재결정은 확정판결과 동일한 효력이 있다(동법 제18조 제7항).

다. 프로그램심의조정위원회

① 법제현황

(a) 설　　치

「컴퓨터프로그램보호법」 제35조의 규정에 의하여 프로그램저작권 그 밖에 프로그램과 관련된 사항을 심의하고 이 법에 의하여 보호되는 권리에 관한 분쟁에 대하여 알선·조정하기 위하여 프로그램심의조정위원회를 둔다.

(b) 위원회의 구성

위원회는 위원장 1인을 포함한 10인 이상 20인 이하의 심의조정위원으로 구성하고, 위원은 3급 이상의 공무원의 직에 있거나 있었던 자이거나, 대학이나 공인된 연구기관에서 부교수급 이상 또는 이에 상당하는 직에 있거나 있었던 자로서 프로그램저작권 그 밖에 프로그램관련 분야를 전공한 자이거나, 판사 또는 검사의 직에 있는 자이거나, 변호사 또는 변리사의 자격이 있는 자이거나, 프로그램저작권 그 밖에 프로그램과 관련된 단체의 임원의 직에 있거나 있었던 자이거나, 그 밖에 프로그램 또는 프로그램과 관련된 사항에 대한 학식과 경험이 풍부한 자 중에서 정보통신부장관이 위촉하며, 위원장은 정보통신부장관이 위원 중에서 지명한다.

(c) 알 선

분쟁에 관한 알선을 받고자 하는 자는 알선신청서를 위원회에 제출하여 알선을 신청할 수 있으며, 알선이 성립한 때에 알선위원은 알선서를 작성하여 관계당사자와 함께 기명날인하여야 한다(동법 제36조의4).

(d) 조 정

ⓐ 조정부

위원회의 분쟁조정업무를 효율적으로 수행하기 위하여 위원회에 3인의 위원으로 구성된 조정부를 두되, 그 중 1인은 변호사의 자격이 있는 자로 한며, 분쟁의 조정은 조정부가 행한다(동법 제37조). 위원회는 조정신청이 있는 날부터 3월이내에 조정을 하여야 한다. 다만, 특별한 사유가 있는 경우에는 양 당사자의 동의를 얻어 1월의 범위내에서 1회에 한하여 그 기간을 연장할 수 있다. 이 기간이 경과한 경우에는 조정이 성립되지 아니한 것으로 본다.

ⓑ 조정의 성립과 효력

조정은 당사자사이에 합의된 사항을 조정조서에 기재함으로써 성립되며, 조정조서는 재판상의 화해와 동일한 효력이 있다(동법 제40조). 다만, 당사자가 임의로 처분할 수 없는 사항인 경우에는 그러하지 아니하다.

② 위원회의 조정현황[48)]

프로그램심의조정위원회의 연도별 분쟁조정신청 건수는 1995~2005년 기간 중 총 신청건수 175건이었고, 그 중 조정신청은 144건으로 전체의 82.3%에 해당하였으며, 알선신청은 31건 이었다. 조정신청대비 조정 성립률은 점진적으로 향상되는 추세를 보이고 있으며 2005년 기준 조정 성립률이 81.8%에 이른다.

〈표 6-11〉 연도별 분쟁 조정·알선 현황

구 분	'95~99	2000	2001	2002	2003	2004	2005	계
접수건수(알선접수)	26	13	16	20(2)	25(5)	35(11)	40(13)	175(31)
조정 성립률(%)	34.4	46.2	20	31.3	63.6	64	81.8	56

프로그램심의조정위원회가 접수한 조정과 알선신청의 분쟁원인을 살펴보면, 1995~2005년 기간 중 전체의 86%에 해당하는 150건이 컴퓨터 프로그램의 무단 개작·전송·배포 등의 행위를 포함한 불법복제와 관련된 분쟁이었으며, 나머지가 위탁개발, 무단등록 순이었다.

〈표 6-12〉 분쟁원인별 조정·알선 신청 현황

(단위: 건 수)

구 분	'95~99	2000	2001	2002	2003	2004	2005	계
불법복제	18	11	13	16	23	32	37	150(86%)
위탁개발	2	1	1	2	1	3	1	11(6%)
무단등록	3	1	2	2	-	-	1	9(5%)
기 타	3	-	-	-	1	-	1	5(3%)

48) 이학규, SW 분쟁 실태조사 및 SW조정·알선제도 경제적 효과 분석, 프로그램심의조정위원회 연구보고서, 2006, 29-30쪽.

③ 유사위원회(저작권심의조정위원회)

「저작권법」 제81조의 규정에 의하여 저작권에 관한 사항을 심의하고 이 법에 의하여 보호되는 권리에 관한 분쟁을 조정하기 위하여 저작권심의조정위원회를 둔다. 다만 알선제도를 독립적으로 두고 있지 않다.

저작권심의조정위원회의 조정현황[49]을 살펴보면, 2005년 기준 총 67건의 조정신청 가운데 취하 및 진행 중인 18건을 제외한 49건 중 35건의 조정을 성사시켰다. 이용 형태별 저작권 분쟁 조정 현황으로는 PC 이용이 전체 조정신청 중 39%로 가장 많았고 그 뒤를 이어 출판이용 26.9%, 복제판매 12%, 광고사용 6%, 전시이용 4.5% 및 기타 11.6% 순 이였고 분야별로는 어문 46.2%, 사진 19.4%, 미술 17.9%, 편집 8.9%, 음악 3%, 기타 4.6% 순이었다.

〈표 6-13〉 2005년 이용형태별 분쟁조정 현황

(단위: %)

이용 형태	PC 이용	출판 이용	복제 판매	광고 사용	전시 이용	기타
조정현황	39	26.9	12	6	4.5	11.6

〈표 6-14〉 2005년 분야별 분쟁조정 현황

(단위: %)

분 야	어 문	사 진	미 술	편 집	음 악	기 타
조정현황	46.2	19.4	17.9	8.9	3	4.6

조정 성립률을 보면, 저작물 종류별로 어문저작물 78.3%, 미술저작물 81.8%, 사진저작물 71.4% 등 각 저작물별로 고른 조정 성립률

49) 저작권심의조정위원회 보도자료, 보도자료(224), 저작권심의위원회 홈페이지 (www.copyright.or.kr)

을 보였으며, 인터넷 관련 분쟁의 경우에도 87.5%의 조정 성립률을 보였다. 이는 저작권 분쟁 조정에 있어 2005년 분쟁 조정 성립률이 72% 달하는 것으로 지난 88년 이후 총 778건의 분쟁을 처리해 연평균 약 50%의 성립률을 보인 것과 비교해 볼 때 크게 높아진 수치이다.

〈표 6-15〉 연도별 조정 성립률

(단위: %)

연 도	2002	2003	2004	2005
조정성립률	53.2	34.2	52.3	72

2) 문 제 점

현행법상 각종 분쟁조정위원회 등을 앞에서 살펴 본 것처럼, 대부분의 분쟁조정위원회가 사인간의 분쟁을 해결하기 위한 경우가 많다. 분쟁조정위원회는 행정기관, 특수법인 또는 독립적인 조직으로 설치하고 있다. 앞에서 서술한 것처럼 우리나라에서 행정기관 등에 의한 조정이 성행하는 이유 중의 하나는 분쟁이 발생하는 경우에 법원을 찾아가기 보다는 관할행정기관 등을 찾아가 민원이나 시위 등의 형식으로 해결을 구하면, 신속하게 처리되는 사례가 꽤 있기 때문이기도 하다. 이에 더하여 행정의 전문성 · 기술성에 의하여 법원의 사법적 기능의 결함을 보충할 수 있으며, 재판절차보다 간이 · 신속하게 처리된다는 점에서 전문분야에 있어서 분쟁조정제도를 많이 볼 수 있으며, 다른 나라의 경우에도 마찬가지이다. 이러한 제도는 대부분 무료 또는 저비용으로 이용할 수 있고 신속하게 결정한다는 점에서 분쟁당사자에게도 이점이 있다고 할 것이다. 분쟁조정제도의 해결방식에는 조정위원회의 구성, 조정위원회의 공정성 · 중립성을 확보하기 위한 제도(제척, 기피, 회피 등), 선정당사자등 절차적 규정 등은 거의 그 내용이 유사하게 발견되지만, 분쟁조정제도에 따라 개별적 차이가 있다. 아래에서는 각종 분쟁조정위원회제도의 문제점을 살펴본다.

(1) 법체계의 통일성 결여 – 규정방식의 차이 –

① 각종 분쟁조정위원회의 설치근거 법률에는 위원회의 설치 및 구성, 위원의 신분보장, 제척, 기피, 회피제도 등에 관한 사항, 분쟁조정의 효력 등에 관한 사항을 법률에서 상세히 규정하고 있으나, 위원의 결격사유라든가 시효의 중단 등 일부 사항에 대하여는 미비되어 있는 경우가 있다. 또한 분쟁조정위원회의 구성에 관한 중요한 사항을 대통령령에 위임하고 있거나, 대통령령에 위원회의 설치 운영의 근거조항이 마련되어 있는 것도 있다.

② 위원회에 상임위원을 두는 경우가 있는데 이 경우 그 인원수는 1~3명 등 다양하다.

③ 분쟁조정위원회나 사무국에 사실조사권을 부여하는 경우도 있고, 자료 요청권을 인정하는 경우도 있다.

④ 또한 사무국 설치 조항을 두고 있으나 조정부에 관하여는 따로 정하고 있지 않는 경우, 반면에 사무국을 두도록 함과 아울러 조정부를 설치하도록 규정하고 있는 경우, 나아가 사무국에 관한 규정은 없으나 3인의 조정부를 두도록 규정하는 경우도 있다. 조정부의 인원수도 다르다. 또한 심사관과 관계전문가를 함께 두는 경우와 심사관 또는 관계전문가만을 두는 경우 등이 있다. 위원회 이용이 활성화 되어 있고 운영체계가 정비된 위원회의 경우에는 근거법률에서 분쟁조정위원회에 사무국이나 조정부의 설치, 심사관이나 관계전

문가 등에 관한 사항을 규율하고 있다.

⑤ 재판외 분쟁해결수단으로서 알선, 조정, 재정을 규정하는 경우, 조정과 재정을 규정하는 경우, 조정만 규정하는 경우가 있다. 조정개시 전에 합의를 권고하는 규정 등을 두는 경우가 있으며, 이런 규정이 없다 해도 조정전 합의권고는 조정의 한 과정이라 할 수 있다.

⑥ 신청개시가 없어도 직권으로 조정이 개시되는 경우가 있으며, 환경분쟁조정위원회처럼 일정 환경단체에 조정신청권을 주는 경우도 있다.

⑦ 절차의 비공개를 명문규정으로 두는 경우도 있지만, 위원회관계자의 비밀유지의무에 관한 규정이 없다.

⑧ 분쟁조정위원회의 기능이 중립적 위치에 서서 원만한 협상진행을 유도하여, 결국에 가서는 조정안을 작성하는 것을 주안으로 하는 경우가 있는 반면에 조정안을 합의를 토대로 작성하는 경우도 있다. 조정안을 미리 작성하는 방식이 아니라 당사자간에 합의된 사항을 조서에 기재함으로써 성립되도록 규정하는 경우도 있다.

(2) 분쟁조정위원회의 위원자격: 국민참여의 문제

가. 중립적·전문적 제3자의 참여

분쟁조정위원회의 위원자격의 기본적 틀은 판사, 검사, 변호사 등의 법조인 그룹, 대학의 교수그룹, 행정부처 공무원그룹, 그리고 학식과 경험이 있는 해당분야 전문가그룹으로 구분되고 있다. 그 세부적 자격기준은 약간의 차이는 있지만 위원의 자격기준에 관한 기본 틀이라고는 할 수 있다. 최근에는 국민참여의 활성화 방안으로 비영리민간단체지원법 제2조의 규정에 의한 비영리민간단체에서 추천한 자를 위원으로 포함하는 경우가 있다. 그 예로는 시장분쟁조정위원회, 개인정보분쟁조정위원회 등을 들 수 있다.

위원회 운영의 중립성과 전문성을 확보하기 위해서는 각종분쟁조정위원회의 위원의 공평한 임명이나 위촉이 이루어져야 한다. 개별 법률에서는 해당 분야의 학식과 경험을 요하는 경우가 있는 반면에 어떤 경우에는 학식과 경험 외에 덕망을 요하는 경우도 있다. 그러나 보다 중요한 것은 조정능력을 갖춘 사람을 조정위원으로 임명하거나 위촉하는 것이라 할 수 있다.

나. 위원장의 선출방식

분쟁조정위원회의 위원장을 호선으로 정하는 경우, 위원회에서 선출하는 경우, 주무부처 장관이 임명하는 경우가 있으며, 최근에는 민간인이 위원회의 위원장이 되기도 하지만, 중요한 것은 누가 책임감을 가지고 위원장으로서 바람직한 의사결정을 도출해 낼 수 있는가라고 할 수 있다.

(3) 조정의 효력문제

재판외 분쟁해결수단의 효력문제는 재판에 대한 기대와 법원의 역할 등과 밀접하게 연결된 문제라고 할 것이다. 법원의 조정에 강제적 효력을 부여하는 근거가 재판권이 법원에 있기 때문이 아니라 그 경우에는 조정자로서의 법관에 대하여도 최종적인 효력을 인정하기 때문인데 일반적으로 행정분쟁조정위원회에 있어서도 그와 같은 효력을 인정할 것인가의 문제가 제기된다.

현행 행정분쟁조정위원회의 조정이 성립된 경우에 어떤 효력을 인정할 것인가와 관련하여서는 현행법은 ⅰ) 조정의 효력을 재판상 화해와 동일한 효력을 인정하는 입법방식, ⅱ) 조정의 효력을 당사자간의 합의와 동일하게 효력을 인정하는 입법방식, 나아가 iii) 조정의 효력에 관한 명문 규정없이 해석에 맡기는 입법방식 등이 있다.

이는 조정이 성립된 경우에 있어 어떤 효력을 인정하는 것이 바람직한 것인가의 문제이다. 요컨대, 조정에 화해계약과 같은 사법적 효력만 인정할 것인지 재판상 화해와 동일한 효력을 인정할 것인지이다.

재판상 화해는 원칙적으로 법원에서 이루어지는 화해를 말하며 여기에는 제소전 화해와 소송상 화해가 포함된다. 화해조서가 작성되면 그 효력은 확정판결과 동일하게 되어(「민사소송법」 제220조) 그 화해내용을 자발적으로 이행하지 않는 경우에는 이를 토대로 강제집행을 할 수 있는 점에서 재판외의 화해와 큰 차이가 있다.

그런데 현행법에서는 재판상 화해와 같은 효력을 부여하는 것이 전혀 불가능한 것은 아니다. 「컴퓨터프로그램보호법」 등에서는 조정의 효력을 재판상 화해와 동일한 효력을 인정하고 있다. 이는 확정판결과 같은 효력이 있으며 당사자 사이에 기판력이 생긴다. 따라서 재판상 화해가 있는 경우 신청인이 일단 동의한 경우에는 동의에 무효 혹은 취소사유가 있는 경우에도 당연무효가 아닌 한 재심의 소에 의하지 않고는 그 효력을 다툴 수 없게 된다.

이러한 분쟁조정위원회 등에서의 조정의 효력을 재판상 화해와 동일한 효력을 인정하는 데 비판적인 논거는 다음과 같다. 즉, 법원이 아닌 기구가 한 조정이 법원이 한 확정판결과 같은 효력을 갖게 되어 행정부가 법원만이 할 수 있는 판결을 한 결과가 되며, 나아가 행정위원회의 조정이 단순히 집행력에 그치지 않고 기판력까지 발생한다면 조정의 하자에 대해 법원에서 다툴 길이 봉쇄되어 '법관에 의한 재판을 받을 권리'의 침해라는 위헌문제가 생길 것이다[50]라는 것이다. 나아가 신청인의 동의가 있으면 심의회의 배상결정을 재판상 화해로 의제하는 국가배상법 제16조에 대해 법관에 의한 재판청구권을 침해한다는 것을 이유로 헌법재판소가 위헌결정을 한 예[51]를 논거로 든다. 다만, 여기서 주목할 점은 헌법재판소가 각종 중재·조정 절차와는 달리 배상결정절차인 심의회의 제3자성·독립성이 결여되어 있는 점과 심의절차의 공정성·신중성이 결여되어 있는 점 등을 지적하고 있는 점에서, 역으로 다른 조정·중재절차에서는 제3자성이나 독립성이 보장될 수 있음을 시사하고 있다고 할 수 있으므로 재판상 화해의 효력 부여도 가능하다는 해석이 가능할 수 있을 것이다.

---

50) 이시윤, 민사소송법, 박영사, 2001, 20쪽.

51) 국가배상법 제16조에 관한 위헌심판(헌법재판소 1995. 5. 25. 91헌가7)

국가배상법(國家賠償法) 제16조 중 "심의회(審議會)의 배상결정(賠償決定)은 신청인이 동의한 때에는 민사소송법(民事訴訟法)의 규정에 의한 재판상(裁判上)의 화해(和解)가 성립된 것으로 본다"라는 부분의 위헌 여부에 대하여 「이 사건 심판대상조항부분은 국가배상(國家賠償)에 관한 분쟁을 신속히 종결·이행시키고 배상결정(賠償決定)에 안정성을 부여하여 국고의 손실을 가능한 한 경감하려는 입법목적을 달성하기 위하여 동의된 배상결정(賠償決定)에 재판상(裁判上)의 화해(和解)의 효력과 같은, 강력하고도 최종적인 효력을 부여하여 재심(再審)의 소에 의하여 취소 또는 변경되지 않는 한 그 효력을 다툴 수 없도록 하고 있는 바, 사법절차에 준한다고 볼 수 있는 각종 중재(仲裁)·조정절차(調停節次)와는 달리 배상결정절차(賠償決定節次)에 있어서는 심의회(審議會)의 제3자성·독립성이 희박한 점, 심의절차(審議節次)의 공정성(公正性)·신중성(愼重性)도 결여되어 있는 점, 심의회(審議會)에서 결정되는 배상액이 법원의 그것보다 하회하는 점 및 불제소합의(不提訴合意)의 경우와는 달리 신청인의 배상결정(賠償決定)에 대한 동의에 재판청구권(裁判請求權)을 포기할 의사까지 포함되는 것으로 볼 수도 없는 점을 종합하여 볼 때, 이는 신청인의 재판청구권(裁判請求權)을 과도하게 제한하는 것이어서 헌법 제37조 제2항에서 규정하고 있는 기본권 제한입법에 있어서의 과잉입법금지(過剩立法禁止)의 원칙(原則)에 반할 뿐 아니라, 권력을 입법·행정 및 사법 등으로 분립한 뒤 실질적 의미의 사법작용인 분쟁해결에 관한 종국적인 권한은 원칙적으로 이를 헌법과 법률에 의한 법관(法官)으로 구성되는 사법부(司法府)에 귀속시키고 나아가 국민에게 그러한 법관(法官)에 의한 재판을 청구할 수 있는 기본권을 보장하고 자 하는 헌법의 정신에도 충실하지 못한 것이다.」라는 결정요지로 위헌심판을 하고 있다.

3. 행정쟁송에서의 재판외 분쟁해결법제

1) 개 관

공·사법 이원적 법체계를 갖는 우리나라의 경우 사법적 성격의 행정청의 행위에 대한 법원부속형 재판외 분쟁해결에는 현행법상 민사소송법중 화해에 관한 규정, 민사조정법, 중재법 등의 입법이 있지만, 공법적 성격의 행정청의 행위에 대한 법원부속형 재판외분쟁해결에 대해서는 일반법이 존재하지 않고 있다.[52]

행정심판법에서는 재판외 분쟁해결수단에 관한 법규정이 없다.

행정소송법에서는 "행정소송에 관하여 이 법에 특별한 규정이 없는 사항에 관하여는 법원조직법과 민사소송법의 규정을 준용한다"(제8조 제2항)라고 규정되어 있지만, 행정소송에 있어서 민사소송법 제225조의 화해권고결정 규정의 준용을 거의 인정하지 않고 있으며, 재판상화해의 허용여부에 대하여 학설도 나누인다. 한편, 민사조정법은 민사에 관한 분쟁에 적용하는 법이므로 행정사건의 조정에 적용할 수 없게 된다. 그러나 행정소송의 실무에서는 행정소송법에 명시적인 근거가 없음에도 불구하고 상당부분의 사건이 '사실상 조정'으로 종결되고 있고,[53] 또한 최근에는 국무총리행정심판위원회에서도 청구인과 피청구인인 처분청의 주장을 듣고 이를 조정하여 양당사자가 합의하는 경우에는 이로써 분쟁을 해결하는 '사실상 조

52) 김유환c, 앞 글, 741쪽.

53) 서울행정법원의 경우, 조정권고후 소취하가 되는 사건수는 1999년 27건이었던 것이 2000년 317건, 2002년 8월 31까지 602건에 이르러 폭발적인 증가를 보이고 있다. 법률신문, 2002년 1월 10일자, 1쪽. 김유환c, 앞 글, 주2 재인용.

정'제도를 운영하고 있다.[54)55)]

2) 행정소송의 화해 및 조정제도

(1) 행정소송과 화해제도

가. 현행 행정소송과 화해

민사소송법에는 화해권고결정에 관한 조항(제225조)를 위시하여 화해에 관하여 여러 조항을 두고 있다. 그에 비해, 행정소송법에는 화해에 관한 아무런 규정이 없다. 따라서 행정소송, 특히 항고소송과 관련하여 민사소송에서와 같은 화해(제소전 화해 및 소송상 화해)가 허용될 수 있는가 하는 것이 문제시되고 있다.

화해의 허용성 여부와 관련한 부정설과 긍정설은 다음과 같다.

① 학설은 대체로 부정적이라 할 수 있다.

부정설의 논거로서는 ⅰ) 항고소송의 심리에는 직권탐지주의가 지배한다. ⅱ) 항고소송의 대상인 행정처분은 고권적, 일방적 행위이기 때문에 사인과의 합의에 의해 발급되거나 취소·변경될 수 없다. ⅲ) 행정의 법률적합성이 침해될 우려가 있다. ⅳ) 행정처분은 공익에 관한 사항을 담고 있으므로, 당사자들이 임의로 처분할 수 없고, 재량행위인 경우에도 행정청의 재량권과 소송물에 대한 처분권은 구별되어야 한다. ⅴ) '재판상 화해'는 확정판결과 동일한 효력을 갖

---

54) 이와 같이 국무총리행정심판위원회는 「행정심판법」의 개정 없이 2003. 12. 15. 개최된 국무총리행정심판위원회의 소위원회에서 폐기물관리법위반과징금 부과처분취소청구사건을 조정하였고, 2004년 12월 기준으로 8건의 행정심판사건을 조정하였다. 황해봉, 우리나라와 독일의 행정심판의 기능 및 행정심판기관의 비교를 통한 우리나라의 행정심판기관의 발전방향, 행정심판제도개선연구 논문집(법제처), 2004, 358쪽.

55) 행정사건에의 재판외 분쟁해결수단의 도입에 대해서는 이용우, 행정사건에 대한 ADR의 적용에 관한 법이론적 고찰, 「중재연구」, 제13권2호, 한국중재학회, 2004, 459-488쪽 참조.

는데, 항고소송의 확정판결은 對世的 효력을 갖기 때문에, 당사자간의 합의만으로 대세적 효력을 가지는 '재판상 화해'를 대체할 수 없다 등이 들어지고 있다.

② 그러나 근래에는 긍정적 견해도 유력시되고 있는 바, i) 직권탐지주의는 '사실'의 심리에 관한 것인 반면, 재판상 화해는 '소송'에 관한 처분주의의 표현으로서, 직권탐지주의와 재판상 화해가 반드시 양립할 수 없는 것은 아니다. ii) 당사자의 처분권에 관해서는, 계쟁행정처분이 원고의 권리·이익에 속하는 한 원고의 처분권을 인정할 수 있고, 행정청은 소송계속 이후에도 당해 사건에 관한 직권취소·변경 등 처분권과 재량권을 가지고 있으므로 화해를 통해 이러한 권한을 행사하는 것으로 볼 수 있다. iii) 화해가 제3자의 권리에 영향을 미치거나 화해의 대상인 처분에 관해 관계행정청의 동의·승인·협의 등이 요구될 때에는 그 제3자 또는 관계행정청의 동의를 화해의 실질적 요건으로 삼으면 된다 등이 주요논거가 되고 있다.[56]

나. 「행정소송법 개정안」에서의 화해결정권고 규정 신설

대법원이 국회에 제출한 「행정소송법 개정안」(2006.9)에는 법원의 권고결정에 의한 소송상화해에 관한 규정(안 제35조)이 신설되었는데, 그 내용은 다음과 같다.

〈항고소송에서의 화해권고결정에 관한 규정 신설〉 (안 제35조)

이 규정은 직권에 의한 화해권고결정제도를 도입하고, 화해에 의하여 직접 권리 또는 이익의 침해를 받을 제3자 또는 화해의 대상인 처분 등에 관하여 동의·승인·협의 등의 법령상 권한을 가진

56) 박정훈, 행정소송에 있어서의 소송상화해, 「인권과 정의」, 제279호, 1999. 11, 11쪽 이하.

행정청이 있는 경우에는 그 제3자 또는 행정청의 동의 등을 받도록 하되, 만약 그러한 동의 등이 없는 경우에는 제3자 또는 행정청이 재심청구를 할 수 있도록 하는 취지를 가진다.

> 第35조 (법원의 권고결정에 의한 소송상 화해) ① 법원은 소송에 계속 중인 사건에 대하여 법적·사실적 상태, 당사자의 이익 그 밖의 모든 사정을 참작하여 적정하다고 판단하는 경우에는 당사자의 권리 및 권한의 범위 내에서 직권으로 사건의 해결을 위한 화해권고결정을 할 수 있다. 다만, 화해에 의하여 직접 권리 또는 이익의 침해를 받을 제3자가 있거나 화해의 대상인 처분 등에 관하여 동의·승인·협의 등의 법령상 권한을 가진 행정청이 있는 경우에는 그 제3자 또는 행정청의 동의가 있어야 한다.
>
> ② 제1항의 규정에 의한 화해권고결정에는 민사소송법 제225조 제2항 및 제226조 내지 제232조의 규정을 준용한다. 다만, 민사소송법 제226조 제1항에 정한 이의신청기간은 조서 또는 결정서의 정본을 송달받은 날부터 30일로 한다.
>
> ③ 제1항 단서의 제3자 또는 행정청이 화해권고결정에 동의를 하지 아니한 때에는 이를 이유로 확정된 화해권고결정에 대하여 재심의 청구를 할 수 있다.
>
> ④ 제3항의 규정에 의한 청구는 화해권고결정이 확정되었음을 안 날부터 30일 이내에, 화해권고결정이 확정된 날부터 1년 이내에 제기하여야 한다.
>
> ⑤ 제4항의 규정에 의한 기간은 불변기간으로 한다.

다. 외국의 입법례

① 독 일

재판상 화해(gerechtlicher Vergleich)를 명문으로 인정하고 있는 대표적인 나라가 독일이다.

연방행정법원법 제106조(화해의 허용성)는 「관계인은 소의 대상을 처분할 수 있는 경우에 한하여 주장에 관련된 청구의 일부 또는 전부를 해결하기 위하여 법원, 수탁판사 또는 수명판사의 調書에 기재하는 방법에 의하여 화해할 수 있다. 재판상의 화해는 관계인의 결정의 형식으로 행해진 법원, 재판장 또는 수명재판관의 권고안을 서면에 의하여 법원에 대해 동의하는 방법으로도 할 수 있다.」라고 규정하고 있다.

연방행정절차법 제54조가 '행정행위에 가름하는 공법계약(화해계약)'을 인정하고 있는 점에 대해서도 주목할 필요가 있다.[57)]

② 일 본

우리에 앞서 행정사건소송법을 개정하여 시행하고 있는 일본의 현행 행정소송법에는 우리의 '개정안'에 있어서와 같은 화해에 관한 조항이 없다.

(2) 행정소송과 조정제도[58)]

현행 행정소송법은 '민사소송법'을 준용할 수 있는 규정(제8조 제2항)을 두고 있으나, '민사조정법'을 준용하는 것에 대한 규정은 두고 있지 않다. '사실상의 조정'이 상당정도로 행해지고 있음에도 불구하고, 민사조정법의 준용에 대하여는 일반적으로 부정적이다.

만일에 '행정소송법 개정안'에서의 '소송상 화해'에 관한 규정(제35조)이 그대로 확정되는 경우, 동조항에 근거하여 조정이 행해질 수

---

57) 이에 관한 상세한 것은, 김남진 · 김연태, 행정법 I, 제9판, 2005, 333쪽 등 참조.

58) 행정소송에서의 조정제도에 대하여 자세한 것은 정남철, 대체적 분쟁해결 수단으로서 행정소송에서의 조정, 「司法行政」. 제46권 제4호(통권 제532호), 한국사법행정학회, 2005.4, 6-20쪽 참조.

있을 것이다. 화해가 조정을 통하여 이루어지는 경우가 많이 있기 때문이다. 물론 명확한 것은 행정소송법에 명문의 법적 근거를 두는 것일 것이다.

3) 행정심판과 조정제도

(1) 국무총리행정심판위원회는 2003. 12. 행정심판청구사건의 당사자간의 신속하고 자율적인 분쟁해결 등을 위하여 당사자의 타협으로 조정이 가능한 사건에 대하여는 위원회가 의결을 유보하고 사건 당사자간의 합의를 끌어내어 적정한 해결을 모색하는 재판상의 조정제도를 행정심판에 새로이 도입하여 운영하고 있다.

(2) 조정위원회의 구성에 관해서는 소위원회제도를 활용하되, 상임위원 2인과 위촉위원 1인 등 3인으로 구성되는 별도의 조정위원회를 구성하며, 현재의 위촉직위원 중에서 조정에 관한 전문지식과 덕망을 갖춘 위원 1인을 안건에 따라 지정한다.

(3) 조정제도 도입 분야는 행정청이 결정권을 행사함에 있어 재량이 인정되는 경우 ⅰ) 그 재량의 범위내에 법령상 감경사유가 있음에도 감경하지 않고 처분을 한 경우, ⅱ) 그밖에 법령상 감경사유는 없으나 감경이 허용됨에도 불구하고 정황을 고려하지 않고 일률적으로 처분을 한 경우, ⅲ) 철거대집행의 기한 등 집행시기를 조정할 필요가 있는 경우, ⅳ) 각종 인・허가에 대한 거부처분 등과 처분을 함에 있어서 절차에 흠이 있는 경우 등이다. 국무총리행정심판위원회는 이러한 조정 대상 사건들을 적극적으로 검토해 나감으로써, 일선행정의 신뢰제고 기여하고 행정심판사건의 심리의 내실화, 전문화를 기하게 됨은 물론 국민의 권익구제에도 만전을 기할 계획인 것으로 밝히고 있다. 위의 조정대상사건에 대하여 조정이 가능하고,

조정으로 해결하는 것이 보다 적절하다고 판단되면 조정소위원회를 개최하고, 양 당사자에게 출석하도록 통지하며, 조정안에 상호 동의할 경우 처분을 취소 또는 변경하게 하고, 청구사건을 취하하도록 하고 있다.

(4) 2003년 12월 15일 개최된 국무총리행정심판위원회의 소위원회는 폐기물중간처리업체가 회사차량에 지정폐기물 수집·운반표지를 하지 않았다는 이유로 2천만원의 과징금을 부과한 것은 부당하다는 이유로 낙동강유역환경청장을 상대로 낸 과징금부과처분취소청구사건에서 "피청구인은 과징금을 2천만원에서 1천만원으로 처분 변경하고, 청구인은 행정심판청구를 취하하라"는 사실상의 조정결정을 내린 바 있다. 이에 따라 피청구인은 과징금을 1천만원으로 감액한 새로운 처분을 내리기로 하는 한편, 청구인은 행정심판을 취하하기로 합의해 사건을 종결시켰다.[59] 이 결정은 행정심판위원회가 「행정심판법」의 개정 없이 행정심판사건을 조정으로 처리한 최초의 사건에 해당된다.

4) 소 결

행정쟁송에서의 재판외 분쟁해결수단의 현황에 대해서 살펴보았다. 행정쟁송에서의 재판외 분쟁해결수단의 채용은 사실상 행해지고 있으므로 이를 법제화하는 작업이 필요하다. 행정소송은 개정법안에서 화해권고결정제도의 도입을 명문화하고 있고, 조정제도에 대해서는 명문규정을 두고 있지 않다. 행정소송상 화해권고결정제도를 채용하더라고 화해 성립의 효력문제가 남는다. 이는 제3자에 대한 대세적 효력을 인정할 것인가의 문제로 직접적으로 대세적 효력을 인

59) 법률신문, 2003년 12월 22일자, 1쪽.

정할 것이 아니라 일정한 요건의 전제하에 인정하는 방안이 고려되어야 할 것이다.

그리고 행정소송의 개정움직임에 대응하여 행정심판법개정움직임도 있는 바, 여기에서는 행정심판상의 사실상 조정의 명문화에 대하여 논의가 이루어지고 있다. 2003년에 국무총리행정심판위원회가 사실상 조정제도를 채용했지만, 심판에 비하여 절차가 번거롭고, 신속하지 못한 경우가 있어서 최근에는 활용실적이 거의 없는 실정이며, 또한 행정심판제도상의 변경재결제도를 활용하면 조정의 효과를 거둘 수 있다는 장점이 대두되면서 행정심판법 개정에서는 조정제도의 도입이 그리 쉽지는 않을 것이라고 전망된다.

4. 행정결정과정에서의 재판외 분쟁해결법제

1) 개　　관

행정청이 행정작용을 하는 과정에서 처분이나 행정입법을 과거와 같이 단독으로 결정하여 일방적으로 부과 또는 제정하는 형식이 아니라, 당해 행정작용의 상대방 또는 이해관계인들을 참여시켜 협의 및 합의를 도출하는 수단으로 재판외 분쟁해결수단을 이용하는 사례가 최근의 참여 및 협력에 의한 행정의 요청과 함께 그 이용이 차츰 증가하는 것으로 보인다.

행정이 특정 규제에 대해 강력히 반대하는 피규제자들과 협의 및 합의를 통해 행정입법을 하는 경우 이는 피규제자의 입장에서는 협력적 행정의 수단이지만, 행정이 목적하는 공익의 귀속자들의 입장에서는 행정편의를 위해 공익이 타협될 위험을 의미한다. 이러한 위험은 우리와 같이 행정절차법상 행정입법절차가 아직은 다양한 이해관계인들이 실질적으로 영향을 미칠 수 있는 참여절차로 자리잡지 않은 상태일 때, 그리고 그러한 협의절차에 대해 법제적 규율이 없을 때 높아진다. 따라서 행정상 재판외 분쟁해결수단의 이용이 정당화되기 위해서는 과소법화의 문제를 해결하는 노력이 필요하다.[60]

2) 구체적 입법례

(1) 자발적 협약

자발적 협약은 우리나라의 행정규제와 관련하여 이용되고 있는 재판외 분쟁해결수단의 예로서 환경행정영역에서 이루어지고 있다. 이하에서 살펴본다.

가. 의 의

자발적 협약은 전통적 규제방식에 의하면 피규제자의 지위에 머무를 자가 자발적 또는 자율적으로 규제목적 달성에 기여할 수 있는 특정한 행위의무를 지는 대신 행정청은 일정한 혜택(인센티브)을 제공하기로 하는 상호협약을 체결하고 그 협약을 이행함으로써 규제목적을 달성하고자 하는 수단으로서, 기존의 명령적 규제를 대체하거나 보완하는 역할을 한다. 재판외 분쟁해결수단과의 관련성이라는 측면에서 이러한 자발적 협약이 가지는 의의는 다음과 같다.[61]

첫째, 행정결정과정에서 이용되는 재판외 분쟁해결수단은 법원에서의 재판이 아닌 결정방식으로서의 재판과 대비되는 합의에 의한 결정방식을 의미한다는 점이다.

---

60) 이희정a, 303-304쪽.

61) 앞 글, 304-306쪽.

둘째, 재판외 분쟁해결수단이 행정정의 정당화 조건으로 작용할 때의 기능 중 하나는 일반·추상적 규범 적용이 부정의하거나 부적절한 결과를 낳는 사안에서 개별적인 규율을 할 수 있다는 점이다.

셋째, 규제의 밀도를 심화하는 수단으로 이용되고 있다는 점 등이다.

에너지 절감, 1회용품의 사용억제, 페인트 중 휘발성유기화합물 저감의 경우, 모두 각 영역에 대한 법적 규제가 강도 높게 이루어지다가 이를 자발적 협약으로 유연화 하는 것이 아니라, 본격적인 법적 규제를 앞두고(에너지 절감, 휘발성유기화합물 저감), 또는 규제의 강도를 높이는(1회용품의 사용억제)시점에서 규제가 시장에 줄 충격을 완화하거나 여건을 준비하기 위해서 자발적 협약이 이용되는 것으로 보인다. 이러한 영역에서 우리 행정상 자발적 협약의 이용은 과도법화상태에서의 규제완화의 수단이라기보다는 과소법화 상태에서 규제의 밀도를 높여가는 수단으로서 이용되는 것으로 생각할 수 있다. 따라서 자발적 협약은 엄밀히 행정규제의 '순화'라고 할 수 있는 것이며, 행정규제의 '완화'라고는 할 수 없다.[62]

나. 법적 성질

자발적 협약의 법적 성질은 공법상 계약으로 보아야 할 것이다. 행정목적을 실현하기 위하여 복수당사자 사이의 반대방향의 의사의 합치로써 성립되며, 공법적 효과를 발생시키는 공법행위로 볼 수 있기 때문이다.

우리 행정법상 공법상 계약을 허용하는 일반적인 법률적 근거는 없으며, 미국에서와 같이 성질상 그 체결가능성이 당연시 되는 것도 아니다. 다만 국고행정과 비권력행정의 영역에서 공법상 계약이 허

62) 앞 글, 305-306쪽.

용된다는 점, 법률의 근거가 있는 경우에 허용된다는 점에 대해서는 이견이 없는 것으로 보인다. 따라서 권력행정의 영역에서 법률적 근거가 없는 경우의 공법상 계약의 가능성이 문제되는데 이를 공법상 계약의 자유성의 문제라고 한다.

이에 대한 독일의 입법태도를 보면, 행정행위에 갈음하는 공법상 계약을 일반적으로 허용하는 법률적 근거를 마련하고, 그 구체적인 범위에 대해서는 일정한 제한을 두는 방식을 취하고 있다. 즉, 독일 행정절차법 제54조 제1문은 공법영역에서의 법률관계는 다른 법규정에 반하지 않는 한, 계약에 의해 설정·변경·폐지될 수 있다고 하고, 제2문에서는 행정행위를 발동하게 되면 처분의 상대방이 될 사람과 행정행위 대신에 공법상 계약을 체결할 수 있다고 한다. 다만, 동법 제55조에서는 행정행위에 갈음하는 공법상 계약의 허용조건으로서, 사실관계 또는 법적 상태를 합리적으로 평가하더라도 불명확한 경우에, 행정청의 의무에 적합한 재량에 의해 그 불명확성을 상호 양보를 통해 제거하는 것이 타당하다고 판단하는 때에 공법상 계약을 체결할 수 있는 것으로 규정하고 있다.

우리 행정법 학설상 공법상 계약의 자유성에 대한 견해가 나뉘고 또한 구체적인 기준은 정립되어 있지 않은 현 상황에서, 독일 행정절차법상의 공법상 계약의 허용기준은 향후 우리 행정법상 공법상 계약의 허용기준을 정립하는 데 있어서 참고가 될 수 있을 것이다.

다. 사례별 유형

① 법률에 근거한 자발적 협약

(a) 에너지이용합리화법[63]상 에너지절약 자발적 협약

ⓐ 근거법

에너지이용합리화법은 1999년에 자발적 협약체결기업의 지원 등에 관한 명문규정(제12조의2)를 신설하여, 에너지사용자 또는 에너지공급자로서 에너지의 절약 및 합리적인 이용을 통한 온실가스의 배출을 줄이기 위한 목표와 그 이행방법 등에 관한 계획을 자발적으로 수립하여 이를 이행하기로 정부 또는 지방자치단체와 약속(이하 "자발적 협약"이라 한다)한 자가 에너지절약형 시설 기타 대통령령이 정하는 시설 등에 투자하는 경우에는 그에 필요한 지원을 정부는 할 수 있도록 하고 있다(동조 제1항).

자발적 협약의 목표, 이행방법의 기준 및 평가에 관하여 필요한 사항은 환경부장관과 협의하여 산업자원부령으로 정한다(동조 제2항).

자발적 협약의 구체적인 내용에 대해서는 산업자원부가 공고하는 「자발적 협약 운영규정」이 기본적 사항을 규율한다.[64] 이 규정의 성격은 형식적으로는 행정청을 수범자로 하여 자발적 협약을 운영하는 데 필요한 사항에 대해 지침을 주는 법규적 효력이 없는 행정규칙으로 보인다. 그러나 공법상 계약으로서의 자발적 협약에 대해서는 그 계약의 내용을 보충하거나 계약의 해석기준으로서 기능할 것이다.

---

63) 최근개정 2006.3.3 법률 제7860호(시행일 2006. 9. 4).

64) 산업자원부 공고 제2003-370호 「에너지 절약 및 온실가스배출감소를 위한 자발적 협약 운영규정」 제2조는 자발적 협약에 관하여 관계법령, 기타 따로 정하는 사항을 제외하고는 이 규정에 의한다고 하고 있다.

ⓑ 자발적 협약 계약의 내용 및 평가기준

에너지사용자 또는 에너지공급자가 수립하는 계획에는 i) 기준연도의 에너지소비현황, ii) 에너지를 사용하여 만드는 제품·부가가치 등의 단위당 에너지이용효율향상목표 또는 온실가스 배출감소목표(이하 "효율향상목표등"이라 한다) 및 이행방법, iii) 에너지관리체제 및 관리방법, iv) 효율향상목표 등의 이행을 위한 투자계획, v) 기타 효율향상목표 등을 이행하기 위하여 필요한 사항이 포함되어야 한다(에너지이용합리화법시행규칙 제6조의2 제1항).

자발적 협약의 평가기준은 i) 에너지절감량 또는 에너지의 합리적인 이용을 통한 온실가스의 배출감소량, ii) 계획대비 달성률 및 투자실적, iii) 자원 및 에너지의 재활용 노력, iv) 기타 에너지절감 또는 에너지의 합리적인 이용을 통한 온실가스의 배출감소에 관한 사항의 평가이다(동규칙 동조 제2항).

ⓒ 절 차

재판외 분쟁해결수단인 자발적 협약의 절차에 대해서는 자발성 내지는 자율성과 공정성이 기준이 되어야 할 것이다. 자발적 협약 운영규정상 절차를 보면, 협약참여 신청 및 선정 → 협약체결 → 이행계획의 제출 및 평가 → 이행실적의 보고와 평가·점검 → 협약의 변경·조정·종결 등이다.

(b) 수도권 대기환경 개선에 관한 특별법[65]상 자발적 협약

① 현행 대기환경보전법에 의한 제도만으로는 심각하게 오염된 수도권지역의 대기환경을 개선하기에는 한계가 있어 수도권지역에 있는 사업장의 대기오염물질배출량을 줄이기 위하여 오염총량관리제도를 도입하는 등 수도권지역의 대기환경을 효율적으로 개선하는

65) 제정 2003.12.31 법률 7041호.

데 필요한 제도를 마련하기 위하여 수도권대기환경개선에관한특별법이 2003년에 제정되었다.

② 이에 따라 자발적 협약체결기업에 대한 특례 등을 규정되고 있다. 그 내용을 살펴보면, 환경부장관은 총량관리사업자가 총량관리대상오염물질의 배출을 그 배출허용총량보다 더 줄이기 위한 계획을 수립하여 환경부장관과 협약(이하 "자발적 협약"이라 한다)을 체결한 때에는 ⅰ) 자발적 협약의 이행을 위하여 필요한 재원의 지원과, ⅱ) 부과금을 부과하는 경우 전년도에 할당된 배출허용총량보다 더 줄인 양에 해당하는 금액의 감액이라는 혜택을 부여할 수 있다(수도권대기환경개선에관한특별법 제22조 제1항).

③ 자발적 협약의 체결, 이행결과 보고 및 그 확인 등에 관하여 필요한 사항은 환경부장관이 산업자원부장관과 협의하여 환경부령으로 정한다(동조 제2항).

자발적 협약 이행결과 보고에는 ⅰ) 당해연도의 총량관리대상오염물질 배출량, ⅱ) 배출량 저감실적 및 저감목표의 달성 여부, ⅲ) 배출량 저감을 위한 투자실적, ⅳ) 저감목표 미달성 사유(저감목표를 달성하지 못한 경우에 한한다.)가 포함되어야 한다(수도권대기환경개선에관한특별법시행규칙[66] 제21조 제2항).

④ 위의 조항들의 시행일은 2007년 7월 1일이다.

(c) 기　　타

ⓐ 자연공원법상 자발적 협약

「자연공원법」상 자연보존지구 안에서 공원관리청과 거주민간에 자발적 협약에 따라 임산물채취행위를 허용하고 있다(「자연공원법」 제18조 제2항 제1호 사목, 동법 시행규칙 제6조 제4항 및 별표 1의2). 현재

66) 최근개정 2005.7.22 환경부령 제179호.

는 극히 예외적으로 임산물채취행위(고로쇠 수액 채취에 한정)를 허용하고 있으나, 향후 동 제도의 시행 결과에 따라 그 범위가 확대될 수 있을 것이다.

ⓑ 경관법(안)[67]상의 경관협정

현재 일부 지방자치단체에서 조례에 의하여 시행하고 있는 경관협정이 있다. 따라서 정부가 국회에 제출하여 계류 중인 「경관법안」에서 경관의 보전·관리·형성에 관하여 토지소유자 등 주민간의 자율적 규제인 경관협정의 체결 등에 대한 법률적 근거를 마련하고 지방자치단체가 이를 지원하도록 하고 있다(동 법안 제16조·제18조·제22조 등).

② 법규명령에 근거한 자발적 협약

－일회용품줄이기 자발적협약

－자원의절약과 재활용촉진에관한법률시행규칙 별표2. 비고9호

③ 법적 근거가 없는 자발적 협약

－페인트 중 VOC 저감 자발적 협약(2004.1)

이 자발적 협약의 특징은 휘발성 유기화합물에 대한 기존의 규제에서 공백으로 남아 있는 영역에 대한 규제수단으로 자발적 협약이 선택되었다는 점 및 그에 대해 장래 효력을 발생할 법률에 의한 규제가 예정되어 있는 상황에서 장래 의무이행이 원활하게 이루어지도록 사전준비 기능을 한다는 것이다. 즉 자발적 협약이 법적 근거의 문제 및 법적 규제의 간극을 메우는 기능을 하고 있다고 할 수 있다.[68]

67) 2006.7.26 정부제출안(의안번호 174646).

68) 이희정a, 앞 글, 330-331쪽.

(2) 협의에 의한 행정입법

가. 행정입법절차법제와 협의에 의한]행정입법

① 행정절차법상 행정입법절차

행정절차법은 행정상 입법예고(제41조) 및 의견제출(제44조), 공청회(제45조)와 같은 협의적 수단을 규정하고 있다.

행정법상 행정입법절차는 법률 및 상위법규명령에의 구속과 행정청의 전문적 판단만을 정당화조건으로 하고 있었고 참여의 조건은 거의 이용되지 않다가 행정상 입법예고제도가 도입됨으로써 참여의 조건이 활용되기 시작했다고 할 수 있다.[69])

행정절차법상 입법예고제도의 적용범위는 "법령 등"이나, 일정한 예외를 두고 있다. 즉, 행정청은 법령등을 제정 · 개정 또는 폐지(이하 "입법"이라 한다)하고자 할 때에는 이를 예고하여야 한다. 다만, ⅰ) 입법내용이 국민의 권리 · 의무 또는 일상생활과 관련이 없는 경우, ⅱ) 입법이 긴급을 요하는 경우, ⅲ) 상위 법령 등의 단순한 집행을 위한 경우, ⅳ) 예고가 공익에 현저히 불리한 영향을 미치는 경우, ⅴ) 입법내용의 성질 그 밖의 사유로 예고의 필요가 없거나 곤란하다고 판단되는 경우에는 예외이다(동법 제41조 제1항).

입법예고의 기준 · 절차(동법 제41조 제4항) 및 제출된 의견의 처리방법 및 결과통지에 관한 사항(동법 제41조 제5항)은 대통령령에 위임된다.

② 행정규제기본법상 행정입법절차

행정규제기본법[70])에 따르면 중앙행정기관의 장은 규제를 신설 또는 강화하고자 하는 경우에는 공청회, 행정상 입법예고등의 방법

---

69) 앞 글, 336쪽.

70) 최근개정 2005.12.29 법률 제7797호(시행일 2006. 6. 30).

으로 행정기관·민간단체·이해관계인·연구기관·전문가 등의 의견을 충분히 수렴하여야 하도록 하고 있다(동법 제9조). 즉, 국가 또는 지방자치단체가 특정한 행정목적을 실현하기 위하여 국민의 권리를 제한하거나 의무를 부과하는 내용의 법령등 또는 조례·규칙은 행정상입법예고를 비롯한 의견수렴절차를 거쳐야 한다. 여기서 "법령등"이라 함은 법률·대통령령·총리령·부령과 그 위임에 의하여 정하여진 고시등을 말하며(동법 제2조 제1항 제2호), 이에 따라 행정절차법상 행정상 입법예고가 요구되는 '법령'의 범위보다 넓은 행정입법을 대상으로 한다.

행정규제기본법상 공청회, 행정상 입법예고 등의 의견수렴절차는 규제적 내용의 행정입법과정에 다양한 재판외 분쟁해결수단의 기법을 이용할 수 있는 법적 근거로 해석된다.[71]

나. 팔당상수원 보호를 위한 특별대책지역고시의 협의에 의한 개정

① 절 차

ⓐ 입법예고 및 의견제출절차

환경부는 2003년 4월 1일 권역조정, 현지인 거주요건 강화, 오·폐수배출시설 추가입지제한 등에 대한 개선방안을 마련하여 관계기관회의에 이를 보고하여 의견을 수렴하고, 해당지역민간단체와 개정안에 대한 협의회를 개최하여(4월 25일), 2003년 5월 19일 「팔당·대청호 상수원수질보전 특별종합대책 고시 개정안」을 입법예고했다.

그러나 지역주민들은 이 고시개정안이 지역의견이 무시된 초법적 규제정책이며, 헌법상의 거주이전의 자유, 재산권, 행복추구권의 침해이므로, 현지인 거주요건 6개월 조항의 삭제를 포함한 개정의

71) 이희정a, 앞 글, 338쪽.

전면 백지화를 요구하면서 강력 반발하였다.

(b) 합의절차에 의한 합의

이에 환경부는 고시개정을 유보하고, 2003년 말에 「팔당호수질정책협의회」를 발족하여, 이를 중심으로 약 5개월간 주민대표 7명, 지방자치단체 담당자 7명, 협의회 및 환경부 관계자 등 20여명의 실무자들이 회의, 현장확인 등을 15차례 이상 거친 끝에 2004년 4월 13일에 제2차 협의회를 개최하여 「특별대책지역 고시개정 주민·지자체·정부 합의안」을 도출하고, 팔당호수질정책협의회를 당해 지역의 유역관리를 위한 상설협력기구로 운영하기 위한 제도적 장치로서 「팔당호수질정책협의회규정」을 환경부훈령으로 제정하기로 합의하였다.

환경부는 이 합의안을 규제개혁위원회의 심사를 거쳐 2004년 5월 20일 최종 확정하여 개정하였다.

② 검　토

(a) 합의 절차의 법적 근거

행정규제기본법에 따르면 규제의 신설·강화시의 절차는 규제영향분석 및 자체심사(동법 제7조), 의견수렴절차(동법 제9조) 그리고 규제개혁위원회의 심사(동법 제12조)이다. 이러한 행정규제기본법을 근거로 고시에 대해서 한 행정상 입법예고에는 행정절차법상의 절차가 준용된다. 환경부가 이렇게 행정절차법에 의한 의견수렴절차를 진행하던 중에 주민들의 강력한 반발에 부딪치자, 지역주민과 지방자치단체와의 협의회 구성과 합의안 도출이라는 새로운 행정입법절차를 적용하였다. 따라서 이러한 입법예고 이외의 재판외 분쟁해결수단을 이용한 국민의 입법의견수렴의 법적 근거는 행정규제기본법에서 찾아야 할 것이고, 행정규제법 제9조의 의견수렴절차가 입법예

고나 공청회이외의 절차에 대한 근거라고 해석할 수 있다.[72)]

(b) 합의 절차의 한계

법제업무운영규정에 의하면 입법예고 후 예고내용에 중요한 변경이 발생하거나 국민생활과 직접 관련되는 내용이 추가되는 경우 해당부분에 대한 입법예고를 다시 하도록 하고 있다(동규정 제14조 제3항). 따라서 환경부의 고시에 법제업무규정이 적용되는 경우라면, 협의회를 통해 합의한 개정안이 입법예고내용에 대해 중요한 변경을 한 부분이 있다면 이를 다시 입법예고해야 할 절차적 법적 의무가 인정된다고 할 수 있다. 그럼으로써, 행정청의 입법이 부분이익집단의 실력행사에 의해 공익이 왜곡될 가능성을 줄일 수 있을 것이다.[73)]

(c) 효 력

고시의 개정에 대한 합의안은 어떤 법적 효력을 갖는 것일까. 합의에 대한 계약성이 일반적으로 인정되지만, 법률이 위임한 내용을 구체화하는 임무가 더구나 재산권 및 거주이전의 자유를 제한하는 권력적 행위를 규정하는 법규명령의 효력을 가지는 행정입법행위에 대하여 계약의 성질을 인정하기는 곤란하다 할 수 있다. 따라서 고시의 개정에 대한 합의안에 대하여 행정청은 법적 구속력이 없다고 할 수 있다. 그러나, 행정청은 정책의 성공적 수행을 위하여 합의를 준수하여 고시를 개정할 사실상의 구속력을 가진다 할 것이다.[74)]

72) 앞 글, 344쪽.
73) 앞 글, 345쪽.
74) 앞 글, 350쪽.

III 외국의 관련법제 분석

1. 미　　국

1) 재판외 분쟁해결법제 개관

(1) 1990년대[75] 법제정 이전의 상황

전통적으로 소송에 의한 분쟁해결이 주를 이뤘던 미국에서는 20세기 들어서 비로소 재판외 분쟁해결(ADR)이 주목받기 시작하였다. 특히 1960년대부터 법원의 사건적체에 따라 소송 절차가 지연되는 일이 빈번하게 발생하고 법관수 증원, 시설확충 등으로도 해결되지 않자 사법부 및 학계를 중심으로 소송 절차에 의하지 않는 분쟁해결 수단을 모색하는 움직임이 생겨나게 되었다. 이것이 이른바 재판외 분쟁해결 운동(ADR Movement)이다. 1970년대부터 일부 지역에서 미국 변호사협회 등 여러 민간단체의 자생적 재판외 분쟁해결 프로그램이 등장하고, 행정부 혹은 민간차원에서 재판외 분쟁해결의 도입 실험이 행해졌다. 1976년 연방대법원장 워렌 버거는 "사법제도에 대한 불만요인 연구회의'[76]를 소집하여, 분쟁해결센터로서의 법원을

75) 미국의 재판외 행정분쟁해결법제를 개관함에 있어서 1990년대을 기준으로 삼는 이유는 1990년대가 미국 정부의 ADR 추진 역사 중에서 가장 생산적인 시기였다고 판단되기 때문이다. 즉, 1990년대에 재판외 행정분쟁해결에 관한 여러 법률이 제정됨으로써, 정부의 갈등 해결 방식이 소송중심에서 재판외 해결방식으로 변화되었다.

76) The National Conference on the Causes of Popular Dissatisfaction with the Administration of Justice(일명 Pound Conference) 법관, 변호사, 법원행정관, 법학교

확립하기 위해 중재제도를 연방차원에서 실시할 것을 제안하였다. 이에 따라 연방법원에서 재판외 분쟁해결의 이용이 활발해졌고, 1990년대에 이르러 각종 입법을 통해 법원, 행정기관 등에서 재판외 분쟁해결제도의 도입이 의무화되었다.[77]

(2) 1990년대 법제정에 따른 변화

재판외 분쟁해결의 확대는 1990년대에 제정된 세개의 입법을 통해 법원과 행정기관에서 그 제도화가 이루어졌다. 하나는 민사사법 개혁법(Civil Justice Reform Act)으로서 동법은 모든 연방지방법원에 '법원부속형 재판외 분쟁해결의 이용촉진을 위한 계획'을 의무적으로 수립하도록 하였다. 이것은 1998년 대체적 분쟁해결법(Alternative Dispute Resolution Act)의 제정으로 민사사건에 관하여 모든 연방지방법원에 재판외 분쟁해결의 도입이 의무화되었다. 다음은 행정분쟁해결법(Admini- strative Dispute Resolution Act)으로서 모든 행정기관에 행정분쟁 해결을 위해 재판외 분쟁해결제도를 이용할 것을 명하였다. 이것은 1996년 재수권을 통해 행정상 재판외 분쟁해결에 대한 포괄

수 등이 참석한 이 회의에서 하버드대학교의 Frank Sander 교수는 "분쟁해결센터"로서의 법원을 제시하면서, 법원이 다양한 유형의 분쟁해결절차를 마련함으로써 재판에 의하지 않아도 될 사건으로 인해 업무 마비가 되는 것을 막고 법원이 제역할을 다할 수 있도록 하자고 주장하였다. 당시 법무장관 Griffin Bell도 법원이 상대적으로 경미한 분쟁해결에도 전통적 소송방식을 적용하는 것은 지나치게 시간과 비용이 많이 든다는 점을 인식하고, 지역사회단위에서 대체적 분쟁해결수단을 제공하기 위해 최초의 상린분쟁해결센터(neighborhood justice center)에 대한 재정지원을 결정하였다. 이희정a, 앞 글, 164-165쪽 참조.

77) 1980년대 들어 재판외 분쟁해결의 장점을 인식하여 행정절차의 사법화 및 소송증가로 고전하는 행정기관이 재판외 분쟁해결수단을 활용하는 문제에 관심을 가졌던 곳이 미국행정협의회였다. 행정협의회는 연방정부내에 있어서 각행정기관의 절차의 개선방법을 모색하는 것을 목적으로 하여 설치된 행정기관으로서, 1990년법 및 1996년법의 제정에 관하여 다양한 권고를 행하고 행정기관에 의한 재판외 분쟁해결이용의 촉진에 대해 중심적인 역할을 해왔다. 大橋眞由美, 行政紛爭解決の現代的構造, 弘文堂, 2005, 206-207쪽.

적 수권법으로 현재까지 적용되고 있다. 마지막으로 전통적 규칙 제정 절차 외에 협상에 의한 규칙제정을 인정하는 협상에의한규칙제정법(Negotiated Rulemaking Act)이 마련됨으로써 행정입법에 있어서도 재판외 분쟁해결방법이 도입되기 시작했다.

한편, 대통령과 정부 역시 재판외 분쟁해결의 확대 움직임을 지원했다.[78] 1991년 부시 대통령은 정부 공무원에게 분쟁해결의 기법을 훈련시킬 것을 명하는 행정명령[79]을 발하였지만, 이러한 절차들은 비공식적인 협상이나 토론이 실패한 경우에만 이용될 수 있다는 다소 부정적인 태도를 취하였다. 그러나, 1996년 클린턴 대통령은 재판외 분쟁해결을 적극 지지하여 소송 담당 공무원은 재판에 회부되기 전에 분쟁을 신속하고 적합하게 해결하기 위해 재판외 분쟁해결방법을 이용할 수 있다고 판단되면, 법관은 당사자들에게 적합한 재판외 분쟁해결 기법 사용을 제안해야 한다는 행정명령[80]을 발하였다. 법무부장관이었던 Janet Reno도 행정기관에서의 재판외 분쟁해결 사용을 적극 찬성하여 1995년 법무부령[81]으로 모든 민사소송 변호사들을 훈련시키고 재판외 분쟁해결에 관한 정책보고서를 발간할 것을 명령하였다.

일반적으로 재판외 분쟁해결방법으로 제시되는 것은 알선, 조정, 중재로서 모두 제3자가 개입하여 분쟁해결을 도모한다는 특징이 있

78) 이에 대한 자세한 내용은 Jeffery M. Senger(a), Symposium : Turning the Ship of State, 2000 J.Disp. Resol. 79(2000), pp. 82-84 참조.

79) Exec. Order No. 12778, 56 Fed. Reg. 55195(1991).

80) Exec. Order No. 12988, 61 Fed. Reg. 4729(1996).

81) Memorandum from the Department of Justice to all Offices, Boards, and Divisions(Apr. 6, 1995). 이것은 다음의 웹사이트에서 찾아볼 수 있다: U.S. Department of Justice, Promoting the Broader Appropriate Use of Alternative Dispute Resolution Techniques(Apr. 6, 1995) 〈http://www. .usdoj.gov/crt/adr/ago-rder.html〉.

다. 이밖에도 미국에서는 약식심리, 사건평가, 분쟁해결회의, 약식배심원심리, 조기중립인평가 등 조정과 중재의 기법으로부터 파생된 다양한 방법이 채택되고 있다.

이하에서는 미국의 재판외 행정분쟁해결제도의 법적 근거가 되고 있는 세 가지 법률 즉, 행정기관의 재판외 분쟁해결 채택에 관한 행정분쟁해결법, 행정입법에 있어서 재판외 분쟁해결방식에 관한 협상에의한규칙제정법, 법원에서 재판외 분쟁해결 도입에 관한 대체적 분쟁해결법의 주요 내용에 대해서 살펴보기로 한다.

2) 행정분쟁해결법(Administrative Dispute Resolution Act)[82]

(1) 입법 연혁

가. 1990년 행정분쟁해결법의 제정

1960년대부터 시작된 재판외 분쟁해결 운동으로 인해 많은 주정부와 연방행정기관들은 이미 기존 법령을 적극적으로 해석하여 재결 대신에 합의와 제3자의 개입을 특징으로 하는 재판외 행정분쟁해결제도를 시행하고 있었다.[83] 이를 전국적으로 확대하기 위해 1990년 연방 의회는 행정부에 재판외 분쟁해결을 고려할 것을 요구하는 행정분쟁해결법(Administrative Dispute Resolution Act of 1990)을 제정하였다. 기존 행정절차의 형식화, 고비용화로 인해 분쟁해결이 어려워지자 수년간 사적 부문에서 이용되어온 재판외 분쟁해결수단은 신속, 저렴한 방법으로 훨씬 효과적이고 합리적인 결과를 도출할 수 있다는 인식하에 입법화가 이루어졌다.[84]

---

82) Pub.L. No-552, 104 Stat. 2736, (codified at 5 U.S.C, §§ 571-584 (1994& Supp. IV 1998)).

83) 선정원, 민원배심원제를 통한 민원처리혁신방안에 관한 연구, 「한국행정연구」, 통권 제12권 제1호(2003년 봄), 106쪽.

행정분쟁해결법의 제정목적은 연방행정기관이 조정, 화해, 중재 기타 비공식적인 분쟁해결기법을 이용하도록 권한을 부여하고 장려하는 데에 있다. 동법은 기존의 연방행정절차법(APA)을 개정하여 연방행정프로그램에 관해 발생한 행정 분쟁을 해결하기 위해 재판외 분쟁해결방법을 이용하는 데 당사자의 동의를 얻도록 한다. 행정기관의 재판외 분쟁해결제도 이용여부 결정은 완전한 재량사항이나, 동법은 적절한 재판외 분쟁해결기법 결정에 가이드라인을 제시함으로써 행정기관들이 동 제도를 이용하는데 통일성이 확보되도록 한다. 또한 동법은 각 기관이 공식적인 재판외 분쟁해결 정책을 마련할 것과 이에 관련된 인력을 충원하고 재판외 분쟁해결 방법에 대한 훈련을 제공할 것을 정하고 있다.

그러나 1990년의 행정분쟁해결법은 다음의 두가지 문제점을 가지고 있었다.[85] 우선, "중재결정은 모든 당사자들에게 통지된 후 30일 이내에는 효력을 발생하지 못한다"는 규정[86]으로 인해 중재판정을 내려진 경우에도 행정기관은 이를 무효로 할 수 있어서 그 종국적 구속력에 대한 의문이 제기되었다.[87] 구속적 중재가 적어도 정부에 관해서는 구속적 효력을 가지지 않았던 것이다. 둘째, 동법상 분쟁해결에 관한 의사소통의 비밀유지의무와 정보자유법상 공개의무의 충돌이 문제되었다. 협상과정에서의 의사소통은 동법에 따르면 비밀유지의 대상에 해당하였지만, 행정기록의 공개를 내용으로 하는 정

84) Congress findings.

85) Jefferey M. Senger(a), *op.cit.*, pp. 80-81.

86) 1990년 법의 5 U.S.C. § 580(b)(2).

87) 그럼에도 불구하고 이 규정이 도입된 것은 의회와 연방 법무부의 판단으로는 연방헌법의 공무원임명규정에 따를 때 공무원이 아닌 독립적 지위의 중재인이 내린 구속적 중재결정에 행정기관이 구속되는 것은 헌법적으로 금지되어 있다고 보았기 때문에 행정기관에 그 효력을 부인할 수 있는 권한을 주기 위한 것이라고 한다. 선정원, 앞 글, 107쪽.

보자유법의 면제대상이 되는지에 대한 규정을 두지 않아 일반 시민들은 그러한 기록의 공개를 요구할 수 있었다. 이러한 면제조항의 결여로 사인 및 기관 모두 원치 않는 정보공개를 두려워하여 ADR 이용을 꺼리게 될 것이므로 행정분쟁해결에 있어서 ADR 이용에 '냉각효과'를 가져올 것이라는 비판이 제기되었다.[88)]

나. 1996년 행정분쟁해결법의 재제정

동법은 원래 5년간 유효한 한시법으로 제정되었지만, 의회는 재판외 행정분쟁해결제도의 유용성을 확신하고 위와 같은 문제점을 보완하여 1996년에 항구적 수권을 부여한 법[89)]을 제정하였다. 즉, 1996년법은 행정기관이 중재인의 구속적 결정을 따르지 않을 수 있는 권한을 폐지하는 대신, 행정기관이 중재판정제도를 이용하는 경우에 연방 법무부와 사전협의하여 중재내용에 대한 지침을 발하도록 규정함으로써 구속적 중재판정의 내용에 제한을 가하고 있다.[90)] 그리고, 정보공개법상 공개대상이었던 당사자와 중재인과의 의사소통은 공개의 대상에서 제외시킴으로써 정보공개법과의 충돌문제를 해결하였다.[91)] 또한 동 개정법은 행정과정에서의 재판외 분쟁해결이 행정기관과 사인간 직접 교섭이 아닌 중립적 제3자에 의한 행정분쟁해결임을 확실히 하였다.[92)] 이하에서는 1996년 개정법을 기초로

---

88) Jonathan D. Mester, The Administrative Dispute Resolution Act of 1996: Will the new era of ADR in federal administrative agencies occur at the expense of public accountability?, 13 Ohio St. J. on Disp. Resol. 167(1997), p. 172.

89) Administrative Dispute Resolution Act of 1996, Pub. L. No.104-320, 110 Stat. 3870(1996), 5 U.S.C. § 571-584(1994 & Supp. IV 1998).

90) 5 U.S.C. § 575(c).

91) 선정원, 앞 글, 108쪽.

92) 1946년 연방 행정절차법에는 행정기관과 사인사이의 직접 교섭에 의해 행정분쟁을 해결하는 방식이 규정되었다가 1996년법의 제정에 의해 '재판외 분쟁해결'에 대한 정의에서 「화해교섭」(행정기관과 사인간의 관계에서 중립적 제3자를 개입시키지 않는 직접교섭)이 삭제되었다. 이는 1990년법에서 재판외 분쟁해결에

동법의 구체적 내용에 대해 살펴보기로 한다.

(2) 체 계

미국의 행정분쟁해결법은 미국연방법전(U.S.C.) 제5편 (정부기구와 공무원) 제5장 (행정절차) 제4절 '행정과정에서의 재판외 분쟁해결수단(alternative means of dispute resolution)'이란 제목 하에 규정되어 있다. '행정과정에서의 재판외 분쟁해결수단'이란 분쟁의 쟁점을 해결하기 위하여 사용되는 절차를 의미하며, 여기에는 조정(conciliation, mediation), 조정촉진(faciliation), 사실확인(fact finding), 약식심리(minitrials), 중재(arbitration) 그리고 옴부즈만(ombudsman)의 사용 또는 그들의 결합 등이 포함되고 이에 국한되지 아니한다고 한다.93)

동법의 체계를 간략히 살펴보면, 우선 제571조에서는 본법에서 사용되는 중요한 용어가 정의되어 있다. 이에 따르면 '분쟁해결절차'란 분쟁해결을 위하여 중립인이 선임되고, 특정당사자가 참여하는 분쟁사안을 해결하기 위해 재판외 분쟁해결수단이 사용되는 각각의 과정을 말한다고 한다. 제572조는 일반적 수권에 관한 규정으로서, 행정기관에 재판외 분쟁해결 이용에 대한 포괄적 권한을 부여하는 동시에 재판외 분쟁해결을 채택할 수 없는 예외적인 경우를 열거하고 있다. 제573조는 중립인의 선정, 역할, 보수에 관해 규정하며, 제574조는 중립인과 당사자에게 적용되는 비밀유지 의무에 관한 규정이다. 제575조부터 580조까지는 중재에 관해 규정되어 있다. 제575조

「화해교섭」이 포함됨으로써 행정기관측에 혼란이 발생한 점을 고려하여 개정된 것이다. 행정기관과 사인간의 직접교섭이 배제됨으로써 행정분쟁해결법에 의한 재판외 분쟁해결과 행정기관과 사인간의 직접교섭은 구별되게 되었다. 이는 중립적 제3자를 개입하는 재판외 분쟁해결방법을 보다 적극적으로 제정화하도록 하는 연방의회의 의도를 의미하는 것으로 보인다. 大橋眞由美, 앞 글, 205쪽.

93) 5 U.S.C. § 571 (3).

는 행정기관이 채택할 수 있는 '중재'의 권한을, 제576조는 중재합의, 제577, 578조는 중재인의 선정과 권한, 제579조는 중재절차, 제580조는 중재판정의 효력에 대한 것이다. 다음 중재판정 등에 대한 사법심사에 대해서는 제581조가 규정하고 있고, 제583, 584조는 행정기관의 재판외 분쟁해결 이용을 위한 지원서비스와 지출승인에 대한 규정이다.[94]

(3) 주요내용

가. 일반적 수권과 적용 예외

행정청은 당사자들의 동의가 있으면 재판외 분쟁해결절차를 이용할 수 있으며, 이러한 절차는 다른 가능한 분쟁해결수단을 제한하기보다는 보완하는 절차라고 할 수 있다. 다만, 다음의 경우에는 행정청은 재판외 분쟁해결절차를 이용하지 못한다. 즉, ⅰ) 어떤 사안이 선례로서의 가치(precedential value) 때문에 명확하고 권위 있는 해결이 필요한 경우 재판외 분쟁해결절차로서는 권위 있는 선례가 되기 어려울 때, ⅱ) 사안 자체가 연방정부의 정책에 관한 중대한 문제여서 최종적인 해결 이전에 추가적인 절차를 요구하는 경우에, 동 절차를 이용해서는 행정청의 유효한 정책수행에 기여하기 어려울 때, ⅲ) 확립된 정책의 일관성 유지가 특히 중요하기 때문에 개별 결정간에 차이가 없어야 하는 사안의 경우, 동 절차에 따르면 일관된 결론에 이르기 어려울 때, ⅳ) 사안이 당사자가 아닌 제3자 또는 조직에 중대한 영향을 미칠 때, ⅴ) 절차에 대한 공식적 기록이 중요한 경우 재판외 분쟁해결절차가 그러한 기록을 제공할 수 없을 때, ⅵ)

94) 1990년법의 정보의 편집(Compilation of information)에 관한 제582조는 1996년 10월 9일 재제정법에 의하여 삭제되었다.

행정청이 상황의 변화에 따라 사안의 처리를 변경할 수 있도록 관할권을 유지해야 하는 경우에 재판외 분쟁해결절차가 이러한 행정청의 이행을 방해하는 때이다.95) 여기에 해당되지 않는 행정분쟁에 있어서도 사인에 의한 의사결정과 공익 사이에 균형이 유지되도록 주의를 기울여야 한다.

나. 중 립 인

중립인(neutral)이란 "분쟁의 해결에 있어 분쟁의 쟁점과 관련하여 특별히 당사자들을 돕는 역할을 하는 개인"96)으로서, 연방정부의 영구적 또는 임시적 공무원 또는 피용자이거나 분쟁해결절차의 당사자들이 선출한 개인을 말한다.97) 행정사건에서의 분쟁은 공익과 사익이 충돌하는 것이 대부분이므로 독립적, 전문적인 중립인의 역할이 중요하다. 중립인은 각 당사자의 이해관계를 제시하거나 해결대안을 모색하면서 원만한 대화가 이루어지도록 배려하는 등 협상의 성공에 크게 기여한다.98) 중립인은 행정절차가 진행되기 전단계에 개입할 수도 있고, 행정청이 결정을 내리는 시점에 등장할 수도 있다. 동법상 중립인이 될 수 있는 자격은 일반적으로 ⅰ) 중립인 역할에 관련된 경험이 있고, ⅱ) 관련문제의 전문가이며, ⅲ) 사안의 집행절차 등과 무관하고, ⅳ) 사안과 이해관계가 없을 뿐만 아니라 사안에 대해 편견을 가질 위치에 있지 않아야 한다.99) 또한 한 사건에는 복수의 중립인이 있을 수 있고, 중립인은 대개 변호사인 경우가 많지만 판사나 행정청의 직원인 경우도 있고, 변호사가 아닌 전문가가

95) 5 U.S.C. § 572 (b).

96) 5 U.S.C. § 571 (9).

97) 5 U.S.C. § 573 (a).

98) 황해봉, 행정법상 분쟁조정제도와 국민참여에 의한 행정분쟁해결제도 2, 「법제」, 통권 제572호, 법제처, 2005. 8, 57쪽.

99) 5 U.S.C. § 573 (a).

될 수도 있다.[100)]

다. 비밀유지

① 중립인의 비밀유지 의무

분쟁해결절차에 참여한 중립인은 원칙적으로 다음의 경우를 제외하고 분쟁해결에 관한 자신의 의사소통 또는 자신에게 은밀히 제공된 어떠한 의사소통도 자발적으로 공개시킬 수 없고 지득이나 강제를 통하여 공개하도록 요구받지 아니한다.[101)] ⅰ) 분쟁해결절차의 모든 당사자와 중립인이 서면으로 동의하고, 만약 당사자가 아닌 참가인의 경우에는 그 역시 서면으로 동의한 경우, ⅱ) 분쟁해결에 관한 의사소통이 이미 공표된 경우, ⅲ) 제정법상 공개가 요구되는 경우, ⅳ) 법원이 의사소통의 공개가 장래의 사건에 있어서 당사자의 비밀성을 축소함으로써 일반적으로 분쟁해결절차의 완전성을 능가할 만큼 충분히 중대하게 a) 명백한 부정의(injustice)를 방지하기 위해, b) 법률 위반의 입증을 돕기 위해, 또는 c) 공중의 건강과 안전의 위해를 방지하기 위해 필수적이라고 판단한 경우에는 비밀유지의무가 적용되지 아니한다.

② 당사자의 비밀유지 의무

또한 분쟁해결절차의 당사자도 일정한 예외적인 경우를 제외하고는 어떠한 분쟁해결 의사소통도 자발적으로 공개시킬 수 없고 또는 지득이나 강제과정을 통해 공개시킬 것을 요구받지 아니한다.[102)]

100) 황해봉, 앞글, 57쪽.

101) 5 U.S.C. § 574 (a) 다만, 당사자들은 중립인에 의한 공개에 대한 대체적 비밀절차에 합의할 수 있으며, 또한 분쟁해결 의사소통에 관하여 인지 요청이나 다른 법적 과정을 통하여 공개에 대한 요구가 중립인에게 있을 때에는 중립인은 당사자들과 모든 이해영향이 있는 비당사자 참가자들(nonparty participants)에게 그 요구를 통지하여야 하고 15일 이내에 정보의 공개에 거절하지 않는 때에는 그것을 공개할 수 있다(동조 (d), (e)항 참조).

102) 5 U.S.C. § 574 (b).

즉, ⅰ) 당사자가 의사소통의 공개를 원하는 경우, ⅱ) 분쟁해결절차의 모든 당사자가 서면으로 동의한 경우, ⅲ) 분쟁해결에 관한 의사소통이 이미 공표된 경우, ⅳ) 제정법상 공표가 요구되는 경우, ⅴ) 법원이 의사소통의 공개가 장래의 사건에 있어서 당사자의 비밀성을 축소함으로써 일반적으로 분쟁해결절차의 완전성을 능가할만큼 충분히 중대하게 a) 명백한 부정의(injustice)를 방지하기 위해, b) 법률위반의 입증을 돕기 위해, 또는 c) 공중의 건강과 안전의 위해를 방지하기 위해 필수적이라고 판단한 경우, ⅵ) 분쟁해결 의사소통이 분쟁해결절차에 의해 이루어진 합의나 판정에 관련되어 있는 경우, ⅶ) 중립인의 의사소통을 제외하고 분쟁해결에 관한 의사소통이 모든 당사자에게 제공되었거나 입수 가능한 경우를 제외하고는 비밀유지 의무가 있다. 이를 위반하여 공개된 의사소통은 어떤 것이든지 그 분쟁의 쟁점과 관련한 절차에서 받아들여질 수 없다.[103)]

③ 예 외

그러나 이러한 비밀유지에 대해서는 중립인과 당사자에 대해 공통적으로 적용되는 다음과 같은 예외가 있다.[104)]

첫째, 다른 수단으로는 조사될 수 없는 증거는 비공개로 될 수 없다.[105)] 증거의 핵심부분이 조사가능한 것이라면 이를 대체적 분쟁해결절차에서 이용하였다고 하여 이를 소송절차에서 이용할 수 없게 되는 것은 아니다. 둘째, 대체적 분쟁해결절차에서 도달한 합의를 문서화하기 위한 정보의 공개 또는 중립인과 당사자간의 분쟁을 해결하기 위한 정보의 공개는 허용된다.[106)] 셋째, 특정 당사자와 쟁

103) 5 U.S.C. § 574 (c).

104) 한귀현, 행정상의 갈등해소를 위한 법제개선방안 연구, 연구보고 2004-3, 한국법제연구원, 2004, 62-63쪽.

105) 5 U.S.C. § 574 (f).

점이 식별 불가능한 한, 연구와 교육 목적을 위해 정보가 이용될 수 있다.[107] 넷째, 중립인과 당사자 또는 당사자가 아닌 참가자 사이의 분쟁을 해결하기 위해 분쟁해결절차상의 진술을 공개하는 것은 그 분쟁해결을 위해 필요한 범위에서 공개되는 한 금지되지 아니한다.[108]

④ 정보자유법의 적용 면제

이와 같이 중립인과 일방당사자 사이의 의사소통 중에서 행정분쟁해결법에 의해 공개금지된 것은 정보자유법(FOIA)에 근거한 공개의무에서 면제된다.[109] 정보자유법상 공개요구 대상이 되는 것은 '행정기록'이다.[110] 따라서 행정기록이 되지 않는 분쟁해결중의 의사소통은 정보자유법의 적용을 받지 않지만, 행정기록에 해당하는 의사소통은 동법의 적용을 받으므로 그것이 정보자유법의 적용 제외[111]에 해당하는지 여부를 먼저 검토한 후, 행정분쟁해결법상 제574조의 비밀유지의 예외 규정에 해당하는지 여부를 판단하여 공개여부를

106) 5 U.S.C. § 574 (g).

107) 5 U.S.C. § 574 (h).

108) 5 U.S.C. § 574 (i).

109) 5 U.S.C. § 574 (j): "중립인과 당사자 사이의 분쟁해결상의 의사소통과 본조에 의해 공개되지 않은 분쟁해결의 의사소통은 제552조(b)(3)의 공개에서도 면제된다."

110) 분쟁해결의 의사소통 중에서 정보자유법의 적용을 받는 것으로, ① 분쟁의 일방당사자로서 행정기관이 행한 의사소통 기록, ② 분쟁당사자 또는 당사자 외의 분쟁해결절차 참가인이 작성한 의사소통 기록으로서 행정기관에 제출되어 행정기관의 파일의 일부가 되는 것, ③ 행정기관에 고용되거나 그 관리하에 있는 중립적 제3자에게 분쟁당사자나 당사자 외의 참가인이 제출하여 중립적 제3자가 보유하는 문서, ④ 행정기관에 고용되거나 그 관리 하에 있는 중립적 제3자가 작성, 보유하는 문서를 들 수 있다. 大橋眞由美, 앞 글, 226쪽.

111) 정보자유법은 법률에 의해 공개가 면제되는 경우로서, 그러한 법률이 그 쟁점에 관해 아무런 재량권을 남기지 않는 방식으로 그 문제의 비공개를 요구하는 경우 또는 비공개의 특별한 기준이나 비공개 사안의 유형을 언급하고 있는 경우를 들고 있다. 5 U.S.C. § 552 (b)(3).

결정해야 한다. 이것은 분쟁해결상의 의사소통이 행정기록인 경우 그 공개 여부는 동법 제574조에 의해서가 아니라 정보자유법의 적용 여부에 따라 결정된다는 것을 의미하므로, 그 비밀유지에 불확실성을 제기한다는 점에서 재판외분쟁해결의 이용 확대에 부정적 효과를 가져올 수 있다는 지적이 있다.[112)]

라. 중 재

① 중재의 수권

당사자의 동의가 있으면 중재는 언제든지 대체적 분쟁해결수단으로 활용될 수 있으며, 그러한 동의는 분쟁의 쟁점이 명확해지기 전이나 후에 모두 가능하다.[113)] 그러나 행정청의 공무원이나 피용자는 해결 절차(settlement)를 개시할 권한이 있거나, 행정청에 의하여 명시적으로 수권받은 경우를 제외하고는 분쟁의 해결을 위하여 중재 활용을 제의할 수 없다.[114)]

② 중재인의 자격과 권한

당사자들은 중재인의 선정에 참여할 권리가 있으며, 중재인(arbitrator)은 동법 제573조의 기준에 적합한 중립인이어야 한다.[115)] 중재인의 자격요건은 보통 재판외 분쟁해결을 관리하는 주체에 의해 정해지며, 일반적으로는 중립인으로서의 역할에 관련된 경험이 있고, 관련 문제의 전문가이며, 사안의 집행절차 등과 무관하고, 사안과 이해관계가 없을 뿐만 아니라 편견을 가질 위치에 있지 않을 것이 요구된다. 중재인은 중재청문(arbitral hearings)의 진행과 행위를

112) Mark H. Grunewald, Freedom of information and confidentiality under the Administrative Dispute Resolution Act, 9 Admin. L. J. Am. U. 985(1996), p. 1004.

113) 5 U.S.C. § 575 (a).

114) 5 U.S.C. § 574 (b).

115) 5 U.S.C. § 577.

규율하고 선서나 확인을 관장하며, 제9편 제7조의 규정 하에 법률의 수권을 받은 범위에서만 청문에 있어서의 증인의 출석과 증거의 제출을 강요하고, 또한 판정을 내리는 등의 행위를 할 수 있다.[116)]

③ 중재의 절차

동법 제579조에 따르면, 중재인은 적어도 청문 5일 이전에 청문의 시간과 장소를 정하여 당사자에게 통지하여야 하며[117)], 청문은 비공식적으로 이루어져야 한다. 또한 중재인은 당사자의 동의하에 청문의 전부 또는 일부를 전화, 텔레비젼, 컴퓨터 또는 기타의 전자적 수단에 의하여 시행할 수 있으며, 어떠한 구두 또는 서면 증거도 받을 수 있다.[118)]

한편, 중재당사자는 청문을 받고 분쟁에 중요한 증거를 제출하고 청문에 나타난 증인을 반대심문할(cross-examine) 권리를 가진다.[119)] 그리고 중재인은 당사자가 다른 시간 제한에 동의한 경우 또는 행정청이 규칙에 의해 다른 시간 제한을 규정한 경우를 제외하고는 청문 종결 후 또는 중재인에 의해 공인된 요약된 서류완성일 후 30일 이내에 판정을 내려야 한다.[120)]

④ 중재판정과 효력

중재절차에서의 판정은 행정청이 달리 정하지 않는 한 요약, 판정의 사실적·법적 근거에 대한 비공식적 토론을 포함하여야 하지만, 공식적인 사실판단이나 법적 결론까지 요구되는 것은 아니다. 중재절차의 판정은 그것이 모든 당사자들에게 송달된 후 원칙적으

116) 5 U.S.C. § 578.

117) 5 U.S.C. § 579 (a).

118) 다만, 부적절하거나, 중요하지 않거나 불합리하게 중복적이거나 또는 비밀증거는 중재인에 의해 배척된다.

119) 5 U.S.C. § 579 (c)(1).

120) 5 U.S.C. § 579 (e).

로 30일 후에 확정되며, 행정청은 첫 번째 30일 기간이 종료하기 전에 모든 다른 당사자에게 기간 연장 통지를 함으로써 30일을 더 연장할 수 있다. 중재의 최종판정(final award)은 중재절차의 모든 당사자들을 구속한다.[121)]

그러나 중재절차의 판정은 해당 쟁점에 대한 다른 절차에서 금반언(estoppel)의 근거로 사용될 수 없으며, 또한 그러한 판정은 관련된 어떤 절차에서도 선례로 존중되지 않는다.[122)]

마. 분쟁해결 합의의 효력

중재를 제외한 재판외 분쟁해결 수단에 의해 당사자들이 합의에 도달한 경우, 그 효력에 대한 일반적인 규정이 존재하지 않으므로 일률적으로 말할 수는 없다. 중재판정은 전술한 바와 같이 절차의 모든 당사자들을 구속하지만, 그 효력은 당해 사안에 엄격히 제한된다.

바. 사법심사

분쟁해결절차를 사용할 것인지 여부에 대해서는 행정청의 재량에 맡겨져 있으므로 사법심사(judicial review)의 대상이 되지 않지만, 중재 판정은 사법심사의 대상이 된다. 즉, 동법의 다른 규정에도 불구하고 중재판정에 의하여 불리한 영향을 받거나 손해를 입은 자는 그러한 판정에 대해 소송을 제기할 수 있다.[123)]

(4) 행정과정에서 재판외 분쟁해결제도 이용의 문제점

가. 일반적 문제점

행정과정에서 재판외 분쟁해결방법을 채택하는 것은 헌법, 법률

---

121) 5 U.S.C. § 575 (c).
122) 5 U.S.C. § 580 (d).
123) 5 U.S.C. § 581 (a).

적 문제나 정책적 이슈들을 사적인 협상의 대상으로 삼아 새로운 정책이나 법해석을 창출하는 것이므로 국가권력의 행사방법과 적법절차 등과 관련한 법적 문제를 야기한다.[124] 또한 재판외 분쟁해결방식은 그 과정에 참여하지 않은 이해관계인을 배제한 채 분쟁을 이루어질 위험이 있으므로, 행정과정에서의 재판외 분쟁해결은 공공이익 또는 공동체 가치가 훼손되지 않고, 비참여 이해관계인의 이익이 심각하게 침해될 우려가 없는 경우에 한하여 채택되어야 할 것이다.[125] 결국 재판외 분쟁해결은 사인간 협의에 의해 새로운 정책이나 법해석을 창출하는 것이므로, 국가권력의 행사방식과 적법절차 등과 관련한 법적 문제를 야기할 수밖에 없다.[126] 동법이 재판외 분쟁해결의 적용 예외를 들고 있는 것도 이러한 이유 때문이다.

나. 중재에 관한 문제점[127]

한편, 행정사건에서의 중재는 중재인에 의해 이루어지는 사적 심판이므로, 국가권력의 행사방식과 관련된 연방헌법 제1, 2, 3조와 적법절차 위반 가능성 등의 문제가 지적될 수 있다.[128] 중재 이외의 다른 절차에서는 중립적 제3자의 결정에 종국성이 없고 그 결정에 따를 것인지 여부는 당사자가 자유롭게 선택할 수 있으므로 행정분쟁상의 결정을 개인에게 맡기는 것과 관련한 헌법상의 문제는 발생하지 않는다. 그러나 중재는 판정권한이 개인에 부여되고 특히 중

124) 김유환e, 국민참여에 의한 행정분쟁해결제도, 「저스티스」, 제37권 제5호, 한국법학원, 2004.10, 62쪽.

125) 앞 글, 62쪽.

126) 앞 글, 62쪽.

127) 김유환a, 미국에서의 행정사건에 관한 대체적 분쟁해결방법 - 우리 행정소송상의 화해제도와 관련하여 -, 「헌법규범과 헌법현실」(권영성교수정년기념논문집), 법문사, 1999, 604쪽; 한귀현, 앞 글, 79-82쪽.

128) Alfred C. Aman & William T. Mayton, Administrative Law(2nd ed.), ST. PAUL, MINN., 2001, p. 295.

재인의 판정이 종국성을 가지기 때문에 헌법상의 문제가 발생하게 된다.

① 헌법 제3조 위배 여부

행정청이 채택한 중재에 관해 특히 문제되는 것은 연방 법원에 부여된 심판권이 사인인 중재인에게 부여되었다는 점이다. 그러나 중재절차는 당사자의 합의에 의해 개시되는 것이 원칙이고, 제한된 범위에서라도 중재판정에 대한 사법심사가 가능한 점에 비추어 헌법 제3조에 위배된다고 할 수 없다고 할 것이다.

② 헌법 제2조 위배 여부

중재 판정은 또한 연방헌법 제2조와 관련된 문제도 야기한다. 즉 헌법상 행정부에 부여된 권한을 의회가 사인인 중재자를 임명하여 그에게 부여하는 것은 권력분립원리에 위배될 소지가 있고[129], 그러한 행정부의 권한을 행사하는 중재인은 헌법상 임명된 공무원이 아니므로 임명조항 위반의 가능성도 제기될 수 있다.[130] 기관분쟁(agency disputes)의 중재를 위하여 행정관이 아닌 중립적 제3자를 임명하는 것은 위헌적이게도 행정권한을 행정부의 통제 밖에 두는 것이 된다는 주장도 가능하다. 그러나, 중재판정이 새로운 선례나 정책을 형성하는 것이 아니라 순수하게 사실관계의 확정에만 관련되고, 중재를 이용할 것인지 여부는 궁극적으로 대통령이 헌법상 임명한 연방기관(행정기관)이 결정하는 것이므로, 제3자에게 중요한 영향을 끼치는 것이 아니라면 헌법 제2조 위반이라고도 할 수 없을 것이다.

---

129) 중재는 특히 중재자의 주된 역할이 사실발견(factfinding) 및 확립된 법원칙과 사실에 대한 정책을 적용하는 일에 국한될 때 가장 적당하다. Alfred C. Aman & William T. Mayton, *op.cit*, p. 296.

130) 한귀현, 앞 글, 81쪽.

③ 헌법 제1조와 적법절차 위배 여부

행정권한을 사인인 중재인에게 위임하는 경우에, 그 위임이 막연하거나 기준이 결여된(vague or without standards) 것일 때는 특히 연방헌법 제1조의 문제를 야기할 수 있다. 그러나 이것은 공무원이나 의회로부터 전혀 지도, 감독을 받지 않고 사인에게 전부 위임하는 것이 아닌 한 심각한 문제가 되지 않는다. 그리고 적법절차가 문제되는 것은 중재인이 중재대상과의 관련성이 의심되는 경우이다. 이 때에도 중재절차에 관하여 입법이나 행정청 등에 의한 기준과 지침이 주어지고, 중재 대상인 사안과의 이해관계가 인정되지 않는다면 헌법 제1조나 적법절차 위반이라고 할 수 없다.[131]

3) 협상에 의한 규칙제정법(NegotiatedRulemaking Act)[132]

(1) 제정 배경

가. 기존의 행정절차법상 규칙제정절차

1946년 연방 행정절차법(Administrative Procedure Act)[133]에 따르면, 행정청이 규칙을 제정하기 위해서는 원칙적으로 규칙안의 고지(notice)와 고지된 규칙안에 대한 서면 의견제출(comment), 그리고 확정된 규칙과 그 근거를 공표(publication)하는 약식의 제정절차를 거쳐야 하고, 법률이 청문을 거친 후 기록에 근거한 결정을 요구하는 경우에 한하여 정식의 청문(hearing)을 거쳐야 한다.[134] 그러나 1970년대

131) 김유환e, 앞 글, 62쪽.

132) Pub. L. No. 101-648, (codified at 5 U.S.C. §§ 561-570).

133) 60 State. 237(1946). 동법은 1966년에 미합중국 연방법전에 편입되어 5 U.S.C. §§ 551- 559, 701-706, 3106, 3344, 7521로 구성되어 있다. 여기에 프라이버시법(§ 552(a)), 정보자유법(§ 552(b)), 협상에의한규칙제정법(§ 561-570), 행정분쟁해결법(§ 571-584), 규제완화법(§ 601-612), 규칙제정에대한의회심사법(§ 801-808) 등이 APA에 부가되어 시행되고 있다.

134) 청문절차의 자세한 내용에 대해서는 5 U.S.C. 556-557 참조. 물론 청문을

이후 약식 규칙제정절차가 합리적이고 타당한 규칙을 도출하는데 부족하다는 인식이 지배적 인식에 따라 행정기관 스스로의 판단 또는 의회나 법원의 명령[135]에 의해 약식 절차를 기본으로 하면서도 정식 절차의 일부를 가미하는 소위 '혼합적 규칙제정'의 경향이 나타나기 시작하였다.[136]

나. 협상에 의한 규칙제정 절차 채택

그러나 이와 같은 혼합적 규칙제정절차 역시 그에 소요되는 시간과 인력, 비용 등 행정기관의 부담이 더욱 증대되고, 규칙에 대한 소송이 빈번하게 제기되었다.[137] 따라서 그 대안으로 행정부와 학계는 이해관계인들의 합의를 통한 규칙제정을 고려하게 되었고, Philip Harter 교수는 '협상에 의한 규칙제정'을 고안했다. 그는 규칙에 의하여 직접적으로 영향을 받는 당사자들이 함께 협상을 통하여 규칙안을 입안하는 절차를 제안하면서, 이를 통해 모든 당사자들은 규칙제정에 직접 참여할 수 있게 되므로 규칙의 정치적 정당성이 확보될 것이라고 주장했다.[138] 미국행정협의회(Administrative Conference of the

---

거치는 경우에도 그 전단계로서 제553조(b)에 의한 고지를 거치고, 청문이 끝난 후 제553조 (c),(d)에 의한 확정된 규칙의 공표도 필요하므로, 정식의 규칙제정절차는 고지와 청문 및 공표의 3단계로 이루어진다.

135) 의회가 법률로써 규칙 제정절차를 강화한 예로는 1974년 연방거래위원회 개혁법과 1977년 대기정화법 개정법률 등을 들 수 있고, 법원이 혼합적 규칙제정절차를 요구한 사건은 1973년의 모빌 석유회사 사건(Mobil Oil Corp. v. Federal Power Commission)이 대표적이다. 그러나 1978년 Vermont Yankee Nuclear Power Corp. v. Natural Resources Defense Council 판결에서 약간 쇠퇴하는 경향을 보였다.

136) 최영규, 협상에 의한 규칙제정 — 미국 행정입법절차의 한 단면 — , 「미국헌법연구」, 제13호, 미국헌법학회, 2002, 154-155쪽.

137) 환경보호청의 전행정관이었던 러클하우스에 따르면 환경보호청 소관규칙의 약 80% 이상에 대해 소송이 제기되었고, 그 소송에 의해 약 30%의 규칙이 변경되었다고 불평했다고 한다. Lawrence Susskind & Gerald McMahon, The Theory and Practice of Negotiated Rulemaking, 3 Yale J. on Reg. 133(1985), p. 134.

138) Philip Harter(a), "Negotiating Regulation: A Cure for Malaise", 71 Geo. L.

United States, ACUS)는 이러한 Harter의 제안을 수용하여 기존 규칙제정절차의 대안으로서 협상에 의한 규칙제정의 입법화를 권고[139]했고, 이에 따라 연방항공청, 환경보호청과 같은 몇몇 행정기관이 시험적으로 협상에 의한 규칙제정을 채택했다.[140]

다. 협상에의한규칙제정법의 제정

결국 연방의회는 1990년 협상에의한규칙제정법(Negotiated Rule-making Act)을 제정하여 협상에 의한 규칙제정을 법제도화하기에 이르렀다. 이것은 행정입법과정에서 이해관계인을 참여시킴으로써 분쟁 발생의 가능성을 미연에 방지하는 사전예방적 재판외 분쟁해결방법이라고 할 수 있다. 동법 역시 6년간 효력을 가지는 한시법이었으나, 1996년에 의회는 유효기간 조항을 폐지함으로써 영구적인 법이 되었다. 동법의 제정에 대해 의회는 협상에 의한 규칙제정 절차에 호의적이었고, 역대 행정부 역시 이를 찬성했다. 특히 클린턴 행정부는 1993년 집행명령 제12866호를 발하여 "모든 행정청이 규칙

J. 1(1982), pp. 1-134.

139) 행정협의회권고 86-3은 행정기관에 대하여 그 제정법상의 권한에 반하지 않는 한도에서 정식 및 약식의 양자를 포함한 재결, 규칙제정, 그리고 분쟁해결의 화해를 포함한 광범위한 문제의 해결에 대해 재판외 분쟁해결을 이용할 것을 촉구하고 있다. 나아가 이 권고는 연방의회 및 재판소에 대해 행정기관에 의한 재판외 분쟁해결이용에 방해가 되는 불필요한 절차를 요구하지 않을 것을 촉구한다. 또한 구속적 중재권한을 행정기관 공무원에 부여하는 한편, 행정절차법 외의 공식적인 절차로 통상 해결되는 사안에 대하여 중재절차를 이용할 권한을 각행정기관에 부여할 것을 연방의회에 요구하고 있다. 大橋眞由美, 앞 글, 208쪽.

140) 1984-85년 사이에 협상을 통해 제정된 대표적 규칙으로는 연방항공청(FAA)의 국내항공 조종사의 비행시간 제한과 휴식시간에 관한 규칙(Flight Time Limitations and rest Requirements for Flight Crew Members, 49 F.R. 12,136), 환경보호청(EPA)의 대기정화법상 배출기준 위반에 따른 제재기준(Control of Air Pollution from New Motor Vehicle Engines: Nonconformance Penalties for Heavy-duty Engines and Heavy-duty Vehicles, Including Light-duty Trucks, 50 F.R. 9204), 긴급시 신규 살충제의 안전시험 면제에 관한 규칙(Exemption of Federal and State Agencies for Use of Pesticides under Emergency Conditions, 50 F.R 13,944) 등이 있다. 최영규, 앞 글, 158쪽 각주 28에서 재인용.

을 입안함에 있어서 협상에 의한 규칙제정을 포함한 합의적 방법을 탐색하고 또한 적절한 경우에는 그것을 채용할 것"을 지시하면서 18개 행정기관을 지정하여 적어도 1건의 규칙을 동법 절차에 따라 제정할 것을 명했다.[141)]

종래 입법이 국민의 대의기관이나 그 기관의 위임자에 의해 일방적으로 이루어진 반면에, 수범자 또는 피규제자간의 협상을 통해 규칙제정이 이루어진다는 것은 놀랄만한 변화임에 틀림없다. 그러나 협상에 의한 규칙제정절차는 기존의 규칙제정절차를 대체하는 새로운 절차가 아니라 기존의 고지와 의견제출(notice and comment)에 의한 행정절차법상의 규칙제정절차를 보완하는 성격을 가지므로 협상이 이루어져 규칙의 내용에 대한 합의에 도달하였다고 하더라도 행정청은 별도로 고지와 의견 제출 절차를 밟아야 한다.

(2) 체계 및 주요내용

가. 개 요

동법은 협상에 의한 규칙제정에 관한 기본적인 법률상 요건을 규정을 규정하면서도 행정청이 실험과 혁신을 하도록 많은 융통성을 허용하고 있다.[142)] 우선 제561조는 동법의 목적이 행정기관이 비정식적인 규칙제정절차로서 협상에 의한 규칙제정절차를 이용할 것을 장려하기 위해서 협상에 의한 규칙제정 행위의 기본틀을 확립하는 것임을 밝히고 있다. 제562조에서는 동법의 중요한 용어들이 정

---

141) Memorandum for Executive Departments and Selected Agencies [and the] Administrator fo the Office of Information and Regulatory Affairs, 58 F.R. 52, 391(October 7, 1993)

142) 박수헌, 미국행정법상의 협상에 의한 규칙제정에 관한 고찰, 「공법연구」, 제30집 제1호, 한국공법학회, 2001. 12, 333쪽.

의되어 있고, 제563조에서 제567조까지 협상에 의한 규칙제정 절차에 대해 상세히 규정하고 있다. 제568조는 위원회 위원들이 주재자, 촉진자의 도움을 받을 수 있다는 점, 제569조는 협상에 의한 규칙제정을 장려하기 위해 행정기관간 위원회를 구성할 것, 마지막 제570조는 협상에 의한 규칙제정에 관한 행정기관의 행위는 사법심사의 대상이 되지 않음을 밝히고 있다.

나. 협상에 의한 규칙제정 절차

동법에 따라 협상이 이루어진 후 행정청은 협상안에 대하여 고지와 의견제출(법률이 정식절차를 요구하는 경우에는 청문) 등의 절차를 밟아야 한다. 협상에 의한 규칙제정은 다음의 단계를 거쳐 제정된다.

① 협상에 의한 규칙제정 여부의 결정

협상에의한규칙제정위원회의 자문절차를 활용할 것인가의 여부는 행정청의 재량에 속하는 것이기 때문에 동법의 절차를 개시하기 위해서는 먼저 행정청이 규칙제정위원회의 설치할 필요가 있는가에 대한 결정을 하여야 한다.[143] 이 때 행정청은 협상참여자의 규모, 균형있는 이익대표성, 지체없는 합의 가능성, 법적의무 위반가능성 등을 고려하면서 합의를 규칙제정의 근거로 삼을 것인지 등에 대한 검토를 하게 된다.[144]

이 과정에서 주재자는 위원회에 참여할 이해관계인을 파악하고 관련자와 토론 등을 통하여 쟁점을 추출하며 위원회의 설치의 적절성 등을 검토하게 된다. 주재자가 위원회 설치와 협상절차 개시가 적절하다고 판단하는 경우, 잠재적 참여자들의 협상절차에 대한 평

143) 김유환d, 미국 행정법에서의 협의에 의한 규칙제정, 「공법연구」, 제31집 제3호, 한국공법학회, 2003. 3, 557쪽.

144) 5 U.S.C. § 563 (a).

가를 분석하여 모든 당사자에게 협상절차가 가장 만족스러운 해결 방법이 될 수 있는지를 판단한다. 이러한 분석결과 협상에 의한 규칙제정이 타당한 문제해결방법이라고 판단되면 주재자는 행정청에게 협상에 의한 규칙제정절차의 채택을 권고한다. 그리고 행정청이 그 권고를 수락하면 협상에 의한 규칙제정위원회를 구성하게 된다.

② 협상의향의 고지(notice of intent) 및 의견제출

협상에 의한 규칙제정위원회를 설치하기로 결정하면, 행정청은 이 사실과 규칙안의 주제 및 관련된 쟁점, 관련이익, 일정, 행정청의 지원내용, 관련이익대표 및 행정청의 대변자로 추천된 자의 목록, 참여를 위한 안내 등을 연방관보 및 행정청이 인정하는 업계의 간행물 기타 전문 간행물에 공표하여야 한다[145].

그리고 규칙안에 의하여 중대한 영향을 받게 될 자로서 이익대표에 의해 자신의 이익이 충분히 대변되지 않는다고 판단하는 자는 스스로 위원이 되기를 신청하거나 다른 사람을 위원으로 추천할 수 있다[146]. 이익대변을 위한 신청과 의견제출을 위한 기간은 최소한 30일 이상이어야 한다.[147]

③ 협상에 의한 규칙제정위원회 설치

협상에 의한 규칙제정위원회는 연방자문위원회법(The Federal Advisory Committee Act)[148]의 적용을 받는 자문위원회의 일종으로서 비상설기관이다. 행정청이 협상에의한규칙제정위원회를 설치하게 되면 비로소 협상에 의한 규칙제정절차가 개시된다. 위원회는 원칙적으로 25인 이하로 구성되며 최소한 1인 이상 행정청 대표가 포함되

145) 5 U.S.C. § 564 (a).
146) 5 U.S.C. § 564 (b).
147) 5 U.S.C. § 564 (c).
148) Pub. L. No. 92-463, 86 Stat. 770 (1972).

어야 한다[149]. 행정청의 대표는 협상과정에서 행정청의 의견을 반영하고 규칙안이 행정청의 권한의 범위를 벗어나지 않도록 하지만 위원회의 구성원으로서 행정청을 구속하는 결정을 할 수는 없다.

④ 협상 및 결과보고

협상은 촉진자(facilitator)에 의해 진행되고, 행정청은 협상당사자 중의 하나로 협상과정에 참여할 뿐이다. 촉진자는 협상전문가로서 협상 또는 협상에 있어서의 토론을 불편부당하게 돕는 사람을 말한다.[150] 위원회는 합의에 의해 규칙안을 결정하는데 합의란 '협상에의한규칙제정위원회에서 대변된 제이익간의 만장일치(unanimous concurrence among the interests represented on a negotiated rulemaking committee)'를 의미한다.[151] 만일 위원회가 합의에 도달하지 못한다고 하더라도 행정청으로서는 이해관계인들의 입장을 반영하여 규칙제정에 참고할 수 있다.

위원회가 합의에 도달한 경우 위원회는 행정청에 이를 보고하여야 한다. 완전합의에 도달하지 못한 경우에는 합의에 도달한 일부에 대해서도 보고할 수 있다. 보고에는 부가자료를 붙일 수 있으며 위원은 개별적으로 추가자료를 첨부할 수 있다.[152] 위원회의 위원의 활동 경비는 자력이 부족한 경우를 제외하고는 자비부담이 원칙이다.[153]

⑤ 해　　산

협상에 의한 규칙제정위원회는 다른 규정에서 조기 해산을 정하

149) 5 U.S.C. § 565 (b).
150) *Id.*
151) 5 U.S.C. § 582 (2).
152) 5 U.S.C. § 566 (f).
153) 5 U.S.C. § 568 (c).

지 않는 한 최종규칙이 공포될 때 해산한다.[154)]

⑥ 행정절차법에 의한 절차 개시

협상에의한규칙제정위원회가 규칙안을 행정청에 보고하게 되면, 행정청은 행정절차법에 의한 고지와 의견제출의 절차를 밟게 된다. 그러나 협상을 통해 도출된 안일지라도 행정청이 법적으로 구속되는 것은 아니므로, 수정하여 고지할 수도 있다.

(3) 협상에 의한 규칙제정의 실태 및 성공요건

협상에 의한 규칙제정은 동법이 제정되기 전인 1983년부터 1996년 기간 동안 10여개의 연방 행정기관이 사용했고, 총 35개의 규칙제정이 제정된 것으로 보고되었다. 그러나, 이것은 전체 규칙제정 가운데 0.01%에도 못 미치는 것으로서,[155)] 협상에 의한 규칙제정절차는 동법 제정당시의 기대와는 달리 활발하게 이용되지 못했다는 지적이 있다.[156)] 이러한 점에서 Philip Harter가 협의에 의한 규칙제정 절차의 성공요건으로 아래와 같이 제시한 요건을 살펴보는 것은 의미가 있다 하겠다.[157)]

ⅰ) 협의에 참여하는 협상주체들은 협상이 자신에게 가장 바람직

154) 5 U.S.C. § 567.

155) Cary Coglianese, “Assessing the Advocacy of Negotiated Rulemaking: A Response to Philip Harter”, 9 N.Y.U. Envtl. L.J. 38692001), p. 392.

156) Cary Coglianese는 규칙제정의 실례를 실증적으로 분석하여 협상을 거치지 않은 규칙제정은 평균 3.1년이 소요되지만, 협상을 거치는 경우에는 규칙제정 협상에만 평균 2.8년이 소요되었고, 또한 협상을 거친 규칙에 대해 소송이 제기되는 비율도 협상을 거치지 않은 경우보다 결코 낮지 않음을 발견하였다. 이를 토대로 협상에 의한 규칙제정이 원래 기대와는 달리 시간 절약과 규칙에 대한 쟁송 감소라는 목표를 달성하는 데 실패하였다고 주장했다(*Ibid.*, pp. 414-415). 그러나, 이에 대해서는 Coglianese의 연구에는 중대한 결함이 있으므로 잘못된 것이라는 반론이 있다. 자세한 내용은 Philip J. Harter(c), Assessing the assessors: The actual performance of negotiated rulemaking, 9 N.Y.U.Envt.L.J 32(2000), pp. 39-44.

157) Lawrence Susskind & Gerald McMahon, *op.cit.* pp. 138-140.

한 결과를 가져올 것이라고 믿는 때에만 협상에 참여할 것이다.

ii) 분쟁해결과정으로서 협상의 수용가능성은 힘의 균형 정도에 따라 결정된다. 즉 당사자들이 상호 독립되어 있어서 의견일치에 대한 부담으로부터 벗어날 수 있는 경우에 비로소 협상이 이루어질 수 있다. 힘의 불균형이 너무 크면 힘이 약한 당사자는 협상이 아닌 다른 대안적 방법을 찾게 될 것이다.

iii) 협상에 의한 규칙제정에 있어서 가장 효과적으로 기능할 수 있는 것은 15명 이하일 때이다.

iv) 분쟁 대상인 문제는 명백히 드러나야 하고, 당사자들은 그것을 다룰 준비가 되어 있어야 한다는 '분쟁의 성숙성'이 요구된다.

v) 협상 대상은 신념이나 가치체계와 관련된 문제가 아니어야 한다.

vi) 기한이 존재하지 않으면 당사자들은 분쟁해결을 고의적으로 지연시키거나 실패로 끝날 수가 있기 때문에 기한 설정은 협상 성공의 요건이다.

vii) 최종 합의안의 이행방법은 모든 당사자가 수용가능하고 실행가능한 것이어야 한다.

(4) 협상에 의해 제정된 규칙의 사법심사

가. 사법심사기준

협상에 의해 제정된 규칙을 어떻게 보는가에 따라 그에 대한 사법심사기준에 대한 관점이 다를 수 있다. 즉 협상에 의한 규칙제정 옹호자들은 규칙이 이해관계인의 합의에 의해 제정된 것이므로 사법심사의 기준이나 강도가 완화되어야 함을 주장하나, 비판자들은 특별취급을 받을 필요가 없다고 한다. 협상에 의한 규칙제정의 선구자인 Harter는 법원이 “덜 엄격한” 사법심사기준을 사용할 것을 제안하였다.[158] 법원으로서는 규칙 제정이 자의적이거나 불합리하게 이루어진 것인지 여부를 검토하여야 한다고 한다. 반면에 Wald 판사를 중심으로 하는 반대파들은 정치적 협력을 통해 합의를 얻어냈다고 해서 심사를 완화할 수는 없고, 오히려 일부 이익대표자들에 의해 제정된 것이므로 더욱더 사법심사를 소홀히 할 수 없다고 한다.[159]

협상에 의한 규칙제정법은 협상에 의한 규칙제정위원회의 설치와 그에 대한 지원 및 해산은 사법심사의 대상이 되지 않지만, 그 외의 사항은 심사를 피할 수 없고, 그러한 규칙이 사법적 존중을 받지도 않는다고 규정[160]하고 있어서 동일한 사법심사 기준을 적용해야 한다는 Wald 판사의 견해를 따르고 있는 것으로 보인다.

나. 원고적격

이에 관해서는 협상에 참여한 이해관계인에게 원고적격을 인정할 것인지 여부가 문제되었다. 여기에서도 Harter는 협상 참여자들에게 원고적격을 인정하는 것은 당사자들로 하여금 협상에 참여하지 않고 소송으로 자신의 주장을 제기할 수 있도록 하는 유인이 되므로 인정할 수 없다고 주장하였다.[161] 이후에 그는 이들에게도 원고적격이 배제되지 않는다고 견해를 수정하였지만, 대신에 보다 엄격한 기준을 적용하여 부담을 가중시켜야 한다고 보았다.[162] 그러나 Wald 판사는 규칙에 의해 불이익을 입거나 행정청에 규칙에 대한

158) Philip Harter(a), *op.cit.*, p. 103.

159) Alfred C. Aman & William T. Mayton, *op.cit.*, p. 304.

160) 5 U.S.C. § 570.

161) Philip Harter(a), *op.cit.*, pp. 102-107.

162) Philip Harter(b), The Role of Courts in Regulatory Negotiation - A Response to Judge Wald, 11 Colum. J. Envtl. L. 51(1986), p. 67.

의견을 제출한 자들은 모두 원고적격을 인정해야 한다고 주장하였다.[163] 이에 대한 분명한 해답을 제시해주는 판례는 보이지 않는다.

(5) 규칙제정절차에서 재판외 분쟁해결 채택의 법적 문제점[164]

가. 위임의 원칙

우선 규칙 제정을 위해 사인들을 이용하는 것은 위임원칙 위반이 될 수 있다. 그러나 협상위원회는 자문기관일 뿐이고, 동법상 행정기관은 위원회의 규칙안에 구속되지 않으며, 위원회에는 행정기관 대표가 반드시 포함되어야 한다는 점에서 협상에 의한 규칙제정은 반드시 위임원칙에 저촉되는 것은 아니라고 할 것이다.

나. 일방적 접촉금지원칙

협상에 의한 규칙제정이 제기하는 또다른 문제는 일방적 접촉의 금지에 관한 것이다. 이것은 행정절차법상 청문 주재자에게 쟁점에 관하여 모든 당사자에게 참여할 기회를 주지 않는 한 일방 당사자와 접촉할 수 없도록 하는 원칙이다.[165] 사적 접촉으로 기록의 유지가 영향을 받을 수 있기 때문에 금지되는 것이다. 그러나 일방적 접촉 금지는 절대적인 것이 아니어서 순수한 정책결정의 성질을 가진 규칙제정의 경우에는 허용된다는 판례도 있고,[166] 특권 유지를 위해서 당사자들이 경쟁하는 경우에만 동 원칙이 적용된다는 판례[167]도 있는 점에 비추어, 행정청이 사실문제에 대한 기록을 완전히 유지하고 고지와 의견제출과정에서 이를 공개하는 경우, 사적 접촉이 순수

163) Patricia M. Wald, Negotiation of Environmental Disputes, A new Role for the Courts, 10 Colum. J. Envtl. L. 1(1985), p. 22.

164) 김유환d, 앞 글, 567-568쪽.

165) 최영규, 앞 글, 169-170쪽.

166) Sierra Club v, Costle, 657 F. 2d 402(D.C. Cir. 1981).

167) Action for Children's Television v. FCC, 564 F.2d. 458(D.C.Cir, 1977).

하게 정책문제에 해당하는 경우에는 동 원칙 위반이 문제되지 않는다고 할 것이다.[168]

다. 연방자문위원회법상 회의공개원칙

연방자문위원회법은 자문위원회의 회의를 공개하도록 규정하고 있으나, 규칙제정에 관한 협상은 비공개로 이루어진다. 우선 협상에 의한규칙제정위원회는 행정청의 규칙제정에 대해 자문기능을 수행하고, 행정기관에 의해 설립, 이용되는 것이므로 연방자문위원회법상 자문위원회에 해당하여 그 협상은 공개되어야 할 것이다. 이러한 문제를 해결하기 위해 동법은 촉진자가 협상위원회 회의록과 기타 기록을 유지하고 규칙안 보고시 함께 제출하도록 규정하고 있으나[169] 이것으로 연방자문위원회법상 회의공개원칙이 충족되었는지에 관해 의문이 있다.

4) 대체적 분쟁해결법(Alternative Dispute Resolution Act)[170]

(1) 제정배경

일반적으로 재판외 분쟁해결이라고 하면 법원 밖에서 이루어지는 것을 의미하지만, 재판외 분쟁해결 운동은 법원에까지 확대되어 1970년대부터 법원에서도 중재와 조정 기법이 채택되었다. 1980년대에는 약식심리와 조기중립인평가제도가 활용되었고, 1988년 의회가 10개의 지방법원에게 강제중재제도를 시행할 권한을 주고, 다른 10개 지법에 임의적 중재제도를 도입할 수 있도록 함으로써 더욱 확대되었다.[171] 1990년 제정된 민사사법개혁법(Civil Justice Reform Ac

---

168) Alfred C. Aman & William T. Mayton, *op.cit.*, p. 303

169) 5 U.S.C. § 566(d)(3).

170) Pub. L. No. 105-315, 112 Stat. 2998(codified at 28 U.S.C. §§ 651-658(Supp. V 2000)).

t)[172]은 연방의 모든 지방법원에 민사소송에서의 비용과 지연문제를 줄여나가도록 요구하였고, 재판외 분쟁해결을 동법이 권고하는 개혁방안의 하나로 제시하였다. 이로써 법원이 관리, 시행하는 재판외 분쟁해결이 점차 확대되었지만, 아직도 연방지방법원에서는 전면적으로 채택되지 않았었다. 따라서 연방 의회는 1998년 대체적 분쟁해결법(Alternative Dispute Resolution Act of 1998)을 제정하여 연방에 속한 모든 지방법원으로 하여금 중재, 조정, 약식심리, 조기중립인평가 그리고 이들 제도의 조합 등을 포함하는 재판외 분쟁해결 제도를 수립할 것을 명하였다. 동법은 법원이 관리, 시행하는 재판외 분쟁해결의 구체적 내용에 대해서는 법원의 재량에 맡기면서 비밀유지, 중립인, 중재인 등에 대한 기본적인 규율만을 하고 있다.

미국의 경우 행정결정에 대한 불복 사건은 연방항소법원의 관할이므로, 연방 지방법원에 재판외 분쟁해결의 채택을 촉구하는 입법은 일응 행정사건에 관한 한 의미가 없을 수도 있다. 그러나, 원칙적으로 행정소송은 민사소송의 형식으로 진행되므로, 행정결정에 대한 불복사건이 아닌 것으로서 지방법원이 시심적 심리를 하게 되는 행정사건의 경우에는 동법이 적용될 여지가 있기 때문에 행정사건의 재판외 분쟁해결 채택에 관한 입법으로서 그 의의가 있다고 할 것이다.[173]

171) The Judicial Improvement and Access to Justice Act 제901조(이 조항은 원래 1988. 11. 19부터 180일 후 발효하여 5년간 유효하도록 규정되어 1993.11.19 자동 실효됨).

172) Pub. L. No. 101-650, 104 Stat. 5089(1990)(codified at 28 U.S.C. §§ 471-482 (Supp. V 2000).

173) 김유환a, 앞 글, 610쪽.

(2) 체계와 주요 내용

가. 재판외 분쟁해결

동법은 모든 연방 지방법원에게 재판외 분쟁해결 프로그램을 발전시킬 것을 요구한다. 따라서 동법의 적용을 받는 법원들은 민사사건의 당사자들에게 재판외 분쟁해결을 고려할 것과 일정한 형태의 재판외 분쟁해결에 참여할 것을 요구할 수도 있다. 동법은 대체적 분쟁해결을 정의하고 있지만, 이러한 절차의 내용에 대해서는 전혀 규정하지 않고, 법원이 새로운 재판외 분쟁해결방식을 도입할 수 있도록 허용하고 있다. 이러한 내용은 제651조 정의와 제652조 관할권에서 규정되어 있다.

나. 중재 적용제외와 효력

법원은 당사자가 동의하는 경우에만 민사소송에서 중재회부를 할 수 있다.[174] 또한 제654조(a)에서 중재가 적용되지 않는 소송 세 가지를 규정하고, 중재판정에 대해 불복하는 당사자는 30일 이내에 전면 재심을 요구할 수 있다고 하여 중재판정에 구속력을 인정하지 않고 있다(제657조(c)). 만일 어느 당사자도 기간내에 재심사를 요구하지 않으면 중재는 법원의 판결로서 구속력이 있고 이에 대해 다시 상소할 수 없다. 이와 같이 동법이 중재에 대해 몇가지 분명한 절차를 제시하고 있음에도 불구하고 구체적 내용은 법원에 맡기고 있으므로 어떤 절차가 법원에 적합한지, 절차의 구체적인 내용, 절차의 임의성 여부 등을 결정해야 한다.

174) 동법은 조정이나 조기중립인평가에 대해서는 강제 회부를 인정하고 있지만, 중재와 약식배심원심리에 대해서는 당사자의 동의를 요구함으로써 이를 인정하지 않고 있다. Eileen Barkas Hoffman, The Impact of ADR act of 1998, 35-Jun Trial 30(1999), p. 32.

다. 기타 규정

동법은 또한 법원에 분쟁해결 관련 의사소통의 비밀유지의무(제652조(d)), 재판외 분쟁해결절차의 적용 예외 사안 규정(제652(b)), 당사자들이 중재의 구속거부를 이유로 처벌받지 않도록 보장할(제654조(b)) 책임을 부여하고 있다. 그러나 동법은 중립인의 훈련, 자격, 보수에 관하여 실질적인 요건을 규정하고 않고 있으므로, 결국 법원은 스스로 재판외 분쟁해결 프로그램의 수준을 유지하고, 분쟁당사자에게 이익을 보장할 만한 제도를 수립할 의무가 있게 된다.[175)]

(3) 법원에서 채택되어 온 재판외 분쟁해결제도 유형

연방 지방법원들이 채택할 수 있는 재판외 분쟁해결의 유형에는 중재, 조정, 약식심리, 조기중립인평가, 분쟁해결회의, 사건평가, 약식배심원심리, 분쟁해결주간, 복수선택ADR 등이 있다.

(4) 법원에서 재판외 분쟁해결 시행상의 문제점

가. 재판외 분쟁해결절차에 대한 구체적 지침 결여

우선 동법은 민사소송 절차에서 법원이 소송 당사자들에게 적어도 하나의 재판외 분쟁해결방식을 제공할 것을 규정하면서, 채택가능한 각 절차의 내용은 법원의 재량에 맡길 뿐 자세히 규정하지 않고 있다. 이것은 입법자보다는 법관이나 행정부 공무원들로 하여금 그 구체적 내용을 구성하게 하는 것이 재판외 분쟁해결 활용에 유연성을 부여하는 등 재판외 분쟁해결의 정신에 더 부합한다고 여기기 때문이다.[176)] 그러나, 훈련과 식견이 부족한 공무원이나 중립인이

175) Caroline Harris Crowne, The Alternative Dispute Resolution Act of 1998: Implementing a New Paradigm of Justice, 76 N.Y.U.L.Rev. 1768(2001), p. 1795.

176) Caroline Harris Crowne, *op.cit.*, pp. 1795-1796.

사안을 빨리 해결하기 위해 재판외 분쟁해결을 채택하는 경우 부실한 조항은 아무런 지침을 제시하지 못함으로써 분쟁당사자에게 정의뿐만 아니라 재판외 분쟁해결상의 이익도 제공할 수 없다는 문제가 있다.

나. 중재의 구속력 부인

또한 동법이 중재의 구속력을 부인하고 있는 것은 중재의 효과적인 이행을 방해한다. 즉 중재의 구속력을 부정하고 당사자에게 이에 불복하는 경우 전면재심사 청구권을 인정함으로써 30일의 기간동안 그 효력을 확정하지 않고 있는 것은 신속한 중재 결정을 무력화시킨다.[177]

다. 중재 면제규정의 불명확성

다음으로 동법 제654조 (a)는 헌법상 보장된 권리 위배에 관한 소송, 민권소송, 소송액이 15만불을 초과하는 고액 소송은 중재에 회부할 수 없다고 규정하고 있다. 그러나 이것이 면제 대상이 되는 타당한 이유를 제시하지 않음으로써 재판외 분쟁해결의 적절한 역할에 대한 기준을 애매하게 만들고 있다. 만일 정부 권한에 관한 소송에서 공익을 배제한 채 비공개의 사인들간의 협상에 해결을 맡기는 것이 부적절하기 때문이라면, 그것은 앞의 두 가지에만 타당한 이유이다. 또는 위의 세가지가 중요한 사건이어서 중재가 적용되지 않는다고 한다면, 재판외 분쟁해결은 중요하지 않은 사건에만 적용되는 것임을 스스로 인정함으로써 법원에서의 재판외 분쟁해결의 위상을 격하시키는 결과를 가져올 것이다.[178] 그리고 법원에 중재면

177) 이에 대해 구속력을 인정하지 않을 것이라면 중재보다는 조정절차를 택해야 하는 것이 더욱 타당하며, 중재는 결정절차로서 구속력을 인정해야 한다는 견해가 있다. *Ibid.*, p. 1797.

178) *Id.*

제대상에 추가권한을 부여하면서 아무런 기준을 제시하지 않고 있는 것은 재판외 분쟁해결의 효과에 대한 두려움으로 인해 당사자들에게서 재판외 분쟁해결 이익을 빼앗는 제한이라고 볼 수 있다.[179)]

따라서 법원에 광범위한 권한을 제공하는 반면 그에 대한 지침을 거의 제시하지 않고 오히려 제한을 설정함으로써 법원에서의 재판외 분쟁해결 활용에 장애요인을 제공하고 있다. 동법을 집행하는 법원은 재판외 분쟁해결을 명확하고 타당한 분쟁해결 수단이 되도록 노력해야 한다. 이것은 분쟁당사자들에게 정의를 보장하기 위해 재판외 분쟁해결 절차를 선별하고, 재판외 분쟁해결의 특성을 저해하지 않으면서 공익을 달성하는 방식을 확립하고, 재판외 분쟁해결 제도의 목적과모순되지 않는 통제의 매커니즘을 도입함으로써 달성되어야 할 것이다.[180)]

2. 일 본

1) 서 론

일본의 재판외 행정분쟁해결제도는 우리나라의 경우와 많은 점에서 유사한 면이 있다. 그러나 「재판외분쟁해결절차의 이용의 촉진에 관한 법률안」(이른바 「ADR기본법」)이 2004년 12월 1일에 공포되면서 새로운 장을 맞고 있다. 또한 내년 2007년 4월 1일 본격적인 시행을 앞두고, ADR기본법의 시행령(2006년 정령 제186호, 2007.4.1.시행) 및 시행규칙(2006년 법무성령 제52호, 2007.4.1 시행), 그리고 실시지침 (법무성대신관방사법법제부, 2006. 6. 20 제정, 2007.4.1. 시행)이 제정되었다.

179) *Ibid.*, p. 1798.

180) *Id.*

그동안 일본에서도 공해등조정위원회, 건설공사분쟁심사회, 소비생활센터 등과 같이 다수의 행정형 재판외 분쟁해결수단은 물론 법원의 민사조정, 가사조정과 같은 사법형 재판외 분쟁해결수단과 제조물책임센터, 변호사회 중재센터 등의 민간형 재판외 분쟁해결수단이 운용되고는 있었다.

그러나 재판외 분쟁해결수단이 재판에 못지 않은 유용한 분쟁해결수단이라는 점이 재인식되면서 재판외 분쟁해결수단이 국민의 입장에서 보아 재판에 필적하는 매력적인 선택대상이 되도록 확충·활성화를 도모해 가기 위하여 사법제도개혁추진본부사무국(2001년 12월에는 「ADR검토회」를 설치)에서는 이른바 ADR기본법의 제정을 목표로 검토가 시작되었고, 이 심의에 기초해서 중의원(2004년11월 9일 가결), 참의원(2004년 11월 19일)에서 각기 전원일치로 가결성립된 법안이 「재판외분쟁해결절차의 이용의 촉진에 관한 법률」이다.

아래에서는 일본의 재판외 분쟁해결제도의 하나인 공해등분쟁조정위원회의 법제현황을 살펴보고, 나아가 최근 제정된 「재판외분쟁해결절차의 이용의 촉진에 관한 법률」이 성립하기까지의 논의과정과 주된 법률 내용을 살펴보고자 한다.

2) 공해등분쟁조정위원회

공해등조정위원회와 관련한 법제로서는 공해등조정위원회설치법과 공해분쟁처리법 등이 있다. 아래에서는 관련법제현황을 살펴보고 나아가 위원회의 현황을 개괄해보기로 한다.

(1) 관련 법제 현황

가. 설치근거

1973년 7월1일에 토지조정위원회와 중앙공해심사위원회를 통합하여 설치된 공해등조정위원회는 국가행정조직법 제3조에 기초하여 총무성 외국으로 설치된(공해등조정위원회설치법 제2조) 행정위원회이다. 주요한 임무는 공해에 관련된 분쟁을 신속하고 적정하게 해결하는 것을 도모하고, 광업, 채석업 또는 사리(私利)채취업과 일반공익 또는 농업, 임업 그 외의 산업과 조정을 도모하는 한편, 토지 그 외 물건, 지상권 그 외 권리 이용과 사용에 관한 절차에 기여하는 것을 임무로 한다(공해등조정위원회설치법(이하 「설치법」이라 한다.) 제3조).

한편 도도부현에는 조례에 따라 심사회가 설치되어 운용된다(공해분쟁처리법(이하 「처리법」이라 한다.) 제13조).

나. 위원회의 구성 등

① 위원장 및 위원

위원회는 위원장 및 위원 6인(이중 3인은 비상근)으로 조직되어 있고(설치법 제6조) 위원장은 국회 양의원의 동의를 얻어 수상이 임명한다(제7조). 위원장 및 위원의 임기는 5년이며, 재임할 수 있다. 위원장의 소집으로 위원회 회의가 개최되며, 위원장 3인 이상의 위원이 출석하지 않으면, 회의를 개최하여 의결할 수 없다. 또한 위원회의 의사는 출석자 과반수의 의결로 결정하고, 가부동수이면 위원장이 결정한다(설치법 제12조).

한편, 위원회에는 전문적인 사항에 대해 조사가 필요할 때 이를 위해 전문위원 30인 이내로 둘 수 있다. 비상근직인 전문위원은 위원회의 신고로 총무대신이 임명하며, 당해전문사항과 관련한 조사가 종료되면 해임된다(설치법 제18조).

② 사 무 국

위원회의 사무를 처리하기 위하여 사무국을 둘 수 있다(설치법 제19조 1호). 사무국 직원 중에는 변호사 자격이 있는 자를 두어야만 한다(설치법 제19조 2호). 사무국 내에는 상근・비상근의 심사관과 조사관을 두고 있다.

다. 공해분쟁 조정의 종류

현재 행해지고 있는 조정제도는 모두 당사자의 신청으로 이루어지며, 그 종류에는 알선, 직권알선, 조정, 중재, 재정이 있으며 각각의 특징 및 운용은 아래와 같다.

① 알선(斡旋)

공해등조정위원회나 도도부현공해심사회가 당해자의 자주적인 해결을 원조하고 촉진하는 것을 목적으로 양당사자의 중개를 통해 해결을 도모하는 것이다. 알선위원은 공해등조정위원회 위원장 및 위원 또는 공해심사회의 위원 등 중에서 지명된 3인 이내의 위원이 중개하고 지원한다(처리법 제28조). 그 외에 당해 분쟁을 방치할 때는 사회적으로 중대한 영향이 있다고 인정되는 때에 공해등조정위원회 또는 공해심사회의 직권으로 개시되는 절차인 직권알선 제도가 있다(처리법 제27조의2).

② 조정(調停)

ⅰ) 조정은 당사자의 대화를 적극적으로 유도하여 쌍방이 양보하게 하여 합의를 유도, 해결하는 것으로 가장 많이 이용되고 있다. 조정위원회는 3인으로 구성되며, 위원장이 지명한다(조치법 제38조). 필요할 때에는 조정을 위해 출두(조치법 제32조) 및 문서제출 등을 요구하거나 공장, 사업장 등에 출입하여 검사할 수 있다(조치법 제33조).

ii) 당사자간에 합의가 성립하기 어려울 때에는 양당사자를 고려한 조정안을 작성하여 양당사자에게 30일 이내의 기간을 정해 그 수락을 권고할 수 있다. 이때 조정안은 조정위원 과반수의 의견으로 작성되어야 한다. 기간이 지나도 수락하지 않는다는 의사표시가 없으면 수락한 것으로 본다(조치법 제33조).

iii) 조정안이 당사자에게 수락되어도 집행력을 갖는 집행권원이 되는 것은 아니지만 의무불이행시에 공해등조정위원회가 의무의 이행을 권고하는 제도를 두고 있다(처리법 제43조).

iv) 동위원회에서는 조정의 경우 특별한 요건(소송요건 등)을 부가하지 않도록 하는데[181] 이는 민사상의 분쟁에 해당하지 않는다는 이유로 바로 각하하지 않겠다는 방침으로 받아들여진다.

v) 또한 골프장 사건과 같이 농약에 의한 지하수 오염의 구체적인 우려가 있는 것을 이유로 우려공해의 단계에서 공해신청을 하는 예가 증가하고 있는데, 이처럼 아직 발생하지 않은 공해의 단계에서의 조정신청에 대해서도 동위원회는 수리하는 입장이다. 따라서 조정은 청구권의 존재와 관계없이 모든 형태의 청구가 가능하다[182].

vi) 조정절차를 원활하게 진행시키고 당사자간의 합의형성을 용이하게 하기 위해서 조정의 절차는 비공개이지만(조치법 제37조), 조정안의 수락권고 및 조정안은 공표한다(처리법 제34조 · 제34조의2).

vii) 당사자의 합의가 성립되면 이는 조정조항에 따른 권리의무와 관계되는 것은 화해계약의 성질을 갖는다.

viii) 조정이후에 장래 위자료 등의 변경이 타당하다고 인정될 때

181) 김상수, 환경분쟁해결을 위한 재판과 ADR의 역할분담, 2006. 4. 8, 「환경분쟁조정제도의 기능강화를 위한 법적 과제」, 환경법학회 세미나, 2006. 4. 8, 78쪽.

182) 앞 글, 78쪽.

에는 동위원회의 조정을 거쳐 금액변경을 인정한다.

ix) 그 외에 이행의 확보를 위해 의무이행을 권고할 수 있고, 해당사항의 이행상황을 요구할 수 있고, 조사할 수 있다(처리법 제43조의2). 이것은 조정, 중재, 재정 모두에 해당한다.

③ 중　　재

중재는 재판소에서 재판받을 권리를 포기하고 공해등조정위원회(공해심사회)에서의 판단을 따르겠다고 합의(중재계약)하고 그 판단에 따라 해결을 시도하는 것이다. 중재위원회는 위원장이 지명한 3명의 중재위원으로 구성되며, 이중 1인은 변호사법 제2장에 의해 변호사 자격을 가진 위원이 포함되어야 한다(조치법 제39조 이하).

④ 재정(裁定)

i) 재정은 손해배상책임의 유무, 배상액에 관한 법적 판단(책임재정)이나, 피해와 공해간의 원인관계에 관한 법적 판단(원인재정)을 통해 해결을 모색하는 것이다.

위원장 및 위원 중에서 지명된 3인 또는 5인으로 구성되는 재정위원회가 민사소송에 준하는 증거조사 등의 절차를 거쳐 법적 판단을 하는 일종의 행정심판(처리법 제42조의2 내지 33)을 의미하고, 재정이라고 할 때는 보통 책임재정을 의미한다. 다른 조정과 달리 재정은 공해등조정위원회만 행할 수 있고 공해심사회에서는 행할 수 없다.

ii) 원인재정은 상대방을 특정하지 않고 신청이 가능한데(처리법 제42조의28) 공해와 관련된 피해와 관련된 피해에 관한 민사소송에서 수소법원으로부터 공조위에 원인재정을 촉탁하는 제도도 설치되어 있다(처리법 제42조의32).

iii) 책임재정은 재정서의 정본이 송달된 날로부터 30일 이내에 당해 책임재정과 관련있는 손해배상에 관한 소가 제기되지 아니할 때 또는 그 소가 취하된 때는 그 손해배상에 관해 당사자간에 당해 책임재정과 동일한 내용의 합의가 성립한 것으로 간주된다(처리법 제42조의 20 제1항).

ⅳ) 또한 책임재정 및 그 절차에 의해 이루어진 행위에 대해서는 민사소송을 제기할 수는 있지만 행정사건소송법에 의한 소를 제기할 수는 없으며(처리법 제42조의21), 원인재정에 대해서는 위의 규정을 준용하는 것 외에 행정불복심사법에 의한 불복신청을 할 수 없다(처리법 제46조의2). 이처럼 처분과 같은 성질을 갖는 행위로 보이지만, 구속력은 인정되지 아니하며, 당사자간의 합의로 의제되는 것이다.

ⅴ) 한편 재정위원회는 필요하다고 인정되는 때에는 재정사건을 직권으로 조정에 회부할 수 있다.

(2) 위원회의 조정 현황

ⅰ) 공해등분쟁조정위원회가 취급하는 공해사건은 환경법 제2조3항에서 규정하는 것으로(처리법 제2조) 대기오염, 수질오탁, 토양오염, 소음, 진동, 지반침하 및 악취(전형 7개 공해)를 원인으로 하는 것에 한정하고, 일조, 통풍, 전파방해, 식품공해, 약품공해 등은 포함하지 않는다. 또한 그 절차가 간소하여 비용부담이 경감(조정신청수수료는 민사조정신청의 3분의 1, 책임재정신청의 수수료는 민사소송제기의 4분의 1 정도, 그 밖에 참고인, 감정인 등의 비용은 국고부담), 전문적 지식의 활용(전문위원제), 직권에 의한 자료수집과 조사, 행정이 가지고 있는 지식이나 노하우를 활용하여 공해방지책에 반영할 수 있다(공해분쟁처리법 제48조).

ii) 이러한 공해등분쟁조정위원회는 공해분쟁처리법이 제정된 이후 2005년말 현재까지 접수된 공해분쟁사건은 총 779건이다. 그 중 알선 3건, 조정 702건, 중재 1건, 재정 70건(책임재정사건 49건, 원인재정사건 21건) 및 의무이행권고신청사건 3건 등이다. 그 중 종결된 것은 알선 3건, 조정사건 701건, 중재사건 1건, 재정사건 60건(책임재정사건 45건, 원인재정사건 15건) 및 의무이행권고신청사건 2건으로 총 767건이다[183](아래 〈표 6-16〉 참조).

〈표 6-16〉 일본 공해등조정위원회의 분쟁처리현황(1970-2005년)

알선		조정		중재		재정		의무이행권고	
접수	종결	접수	종결	접수	종결	접수	종결	접수	종결
3	3	702	701	1	1	70(21)	60(15)	3	2

* 재정의 ( )의 수치는 원인재정.

iii) 최근의 경향은 재정사건이 증가하고 있는데, 이는 재정제도의 유효성이 확인되어 활용이 높아졌다고 보는 것이며, 또 하나는 토양오염 등 인과관계가 밝혀지지 않는 대상들에 대한 접수가 늘었다는 것이다. 이 모두 재정제도가 가지고 있는 전문성에 대한 기대로 이해되고 있다. 또 민사소송과의 관계에서 종래에는 공해분쟁처리절차를 마친 후 민사소송을 하거나, 이 두가지를 병행하는 예가 있었으나 최근에는 오사카 고등재판소에서 성립된 화해조항의 이행 등을 둘러싼 알선신청사건으로서 공해등조정위원회에 회부한 사건, 수소법원에서 어업피해에 관한 인과관계 해명을 위탁한 사례 등 새로운 동향이 생긴 것으로 이해된다.

iv) 한편 공해분쟁처리제도의 운용이 유연하게 이루어진 것도 한

183) 공해등조정위원회 홈페이지(www.soumu.go.jp).

가지 요인이다. 즉 종래에는 전형적인 7개 유형의 공해에 한정되어 있었으나 최근에는 저주파음에 관한 분쟁, 삼목구역에 불연쓰레기중단시설건강피해원인재정신청사건과 같은 화학물질에 의한 분쟁 등 그 대상이 다양해지면서 기존의 유형과 다른 것에도 불구하고 분쟁해결 해결이 가능한 경우에는 대상을 넓게 받아들여, 사회의 요구에 대응하는 제도의 유연한 운용을 도모하고 있기 때문이다.

ⅴ) 그 외에도 공적 기관을 당사자로 하는 사건이 증가하고 있다. 국가나 지방공공단체 등 공적 기관이 당사자가 되는 사건이 증가하면서 그에 따라 규모도 크고 인과관계를 규명하기 어려운 사례가 늘어나고 있어 전문적인 지식이 필요하고 성의껏 사건을 풀어나가는 자세를 보이고 있는 것이다. 동시에 공적 기관이 당사자이므로 공정중립적인 자세로 분쟁을 해결하려는 노력이 절실해 진 것에 기인하는 것이기도 하다[184]는 것이다.

3) ADR기본법의 제정논의

일본의 ADR기본법의 제정 경위를 이해하기 위해서는 일본의 사법제도개혁의 과정을 살펴보아야 한다.

1999년 7월 내각에 설치된 사법제도개혁심의회는 2001년 6월 최종의견서를 제출한후 2001년 11월 사법제도개혁추진법의 성립에 따라 같은해 12월 사법제도개혁추진본부를 내각에 설치하게 된다. 이 본부의 사무국에 설치된 「ADR 검토회」가 활동을 시작하여 「ADR의 확충 활성화를 위한 ADR의 제도 기반의 정비를 중심으로」 2002년 2월 5일부터 2004년 11월 8일까지 총 38회의 검토회를 개최하며

184) 2005년 연차보고서 http://www.soumu.go.jp/kouchoi/knowledge /nenji/index.html

논의를 진행하였다.185)

검토회는 「사법제도개혁심의회」가 제안한 ADR이 국민의 입장에서 보아 재판에 대등한 매력적인 선택사항이 되도록 그 확충, 활성화를 도모해야 한다는 의견을 수용하고 이를 위해 「관계기관 등의 연대강화의 촉진」과 「종합적인 ADR의 제도기반 및 중재법제의 정비」 두가지 과제를 추진하게 되었다.

(1) 종합적인 ADR의 제도기반 및 중재법제의 정비기반 확보

'사무국'에서는 이 의견에 따른 검토작업을 진행하여 왔다.186) 「ADR 검토회」(2001년 12월 설치)에서 종합적인 ADR의 제도기반 정비와 관련하여 관계자의 의견청취 등을 통한 결과 ADR의 건전한 발전을 촉2진하는 관점에서 총론적으로는 다음과 같은 의견이 중론이었다.

ADR이 제기능을 못하는 것은 ADR의 존재 혹은 그 의의에 대한 국민 인식 및 의식이 부족하고, 민간 ADR에 대한 정보가 부족하고, ADR을 적극적으로 이용할 시에 지장이 되는 제도상의 제약이 있다는 것이다.

이에 대응해서 검토회는 ADR의 장점을 살리면서 나아가 활성화시키기 위해서는 ADR에 관한 기본이념이나 국가의 책무를 정하는 것, ADR의 공정성 신뢰성을 확보하기 위하여 ADR 기관이나 ADR의 담당자가 준수해야 할 원칙을 분명히 정하는 것, ADR에 관한

185) http://www.kantei.go.jp/jp/singi/sihou/enkaku.html

186) 「관계기관 등의 연대강화의 촉진」에 관해서는 ADR의 확충·활성화 관계성청등연락회의(2002년 6월 설치)에서 관계성청 등이 관계기관 등의 연대를 강화하기 위해 당면 횡단적·중점적으로 대응하여야 한다고 생각되는 시책을 「ADR의 확충·활성화를 위한 관계기관 등의 연대강화에 관한 액션 플랜(행동강령)」(2003년 4월)으로서 정리한 바 있다.

제도상의 제약을 해소하기 위한 ADR의 이용 촉진이나 재판절차와의 제휴촉진에 기여하는 법제의 정비를, 국제적동향을 감안하여 조정 알선 절차에 관해서도 일반적인 절차 규범을 정하는 바의 법제 정비 등에 대한 논의가 필요하다는 인식하게 되었다.

'종합적인 ADR의 제도 기반정비에 대해'라는 검토회의 중간보고서[187]는 2003년 8월 ADR에 관한 기본적인 법제를 정비하는 경우의 검토사항 전반을 정리한 것이었으며, 그 외에도 국민의 의견 수렴을 위한 각종 설명회와 관련단체의 의견을 청취하는 노력을 기울였다. 그리하여 ADR의 공정성 적정성을 확보하기 위한 수단으로서 국가에서 적정함을 확인해주는 인증제도의 도입도 채택되기에 이르렀다. 또한 속칭 'ADR 법안'이 마련되어 2004년 10월 12일, 제161회(임시) 국회에 제출되었고, 같은 해 11월 9일에 중의원, 11월 19일에 참의원에서 각각 가결되어 같은 해 12월 1일 「재판외분쟁해결절차의 이용의 촉진에 관한 법률」이 공포되었다.

(2) ADR에 있어서의 인접 법률전문직종의 활용

ADR의 제도 기반 정비 사업의 일환으로 사법제도개혁심의회는 "변호사 법의 재검토[188]와 각 직종마다의 시정을 감안할 필요가 있다"는 의견을 밝힌 바 있다. 인접 법률전문직종을 포함하여 비법조 전문가들을 활용할 수 있게 하기위해 제기된 이와 같은 의견은 개별법에서 정하지 않은 경우마저도 ADR법 자체 규정에 의해서 인증

187) http://www.kantei.go.jp/jp/singi/sihou/pc/0729adr/seibi.html

188) 일본 변호사법 제72조는 "변호사 또는 변호사법인이 아닌 자는 보수를 얻을 목적으로 소송사건, 비송사건 및 심사청구, 이의제기, 재심사청구 등 행정청에 대한 불복제기사건 기타 일반 사건에 관해서 감정, 대리, 중재 혹은 화해 그밖의 법률사무를 취급하거나 또는 이를 주선하는 것을 업으로 할 수 없다. 다만, 이법률 또는 다른 법률에 특별한 규정이 있는 경우에는 그러하지 아니하다"고 규정.

요건을 구비함으로써 자격을 취득할 수 있게 되었다.

(3) 관계 기관 등의 제휴 강화

사무국은 ADR의 제도 기반정비라는 대명제 뒤에 가려진 관계기관과의 제휴의 일환으로 'ADR의 확충 활성화 관계 부처 등 연락회의'를 설치하여 관계 부처간 논의를 진행했다. 그 결과 'ADR의 확충 활성화를 위한 관계기관 등의 제휴 강화에 관한 실행계획[189]'이 마련되었고, 이를 통해 ADR에 대한 국민의 이해촉진, ADR 기관 등에 대한 접근성 향상, 담장의 확보·육성, 관계기관 연락협의회 정비지원 등의 내용을 담은 관계부처에 대한 일종의 행정지침이 만들어졌다.

(4) ADR법의 구조 및 내용

「재판외 분쟁해결 절차의 이용촉진에 관한 법률」은 2007년 4월 1일부터 시행된다. 또한 이 법률 시행 후 5년을 경과한 경우에 이 법률 시행상황에 관하여 검토를 하도록 되어 있으므로(부칙 2조) 일본 정부는 그 후 제도를 점검하는 한편 필요한 조치를 취할 수 있는 개선의 여지를 두고 있다. 시행될 법의 구조와 내용을 살펴보면 다음과 같다.

가. 일본 ADR법의 구조

ADR법은 분쟁의 해결을 도모하는데 적합한 절차의 선택을 용이하게 하여 국민의 권리·이익의 적절한 실현에 기여하는 것을 목적으로 한다. 재판외 분쟁해결 정차에 대한 기본이념 등을 정함과 동시에 민간분쟁해결절차(민간사업자가 행하는 이른바 조정·알선)의 업무

189) http://www.kantei.go.jp/jp/singi/sihou/pc/0729adr/seibi.html

에 관하여 인증제도를 설치하고, 시효중단 등에 관한 특례를 정하여 그 편의의 향상을 도모하는 것을 기본 취지로 하고 있다.

전체적인 구조는 제1장 총칙, 제2장 인증분쟁해결절차의 업무, 제3장 인증분쟁해결절차의 이용에 관한 특례, 제4장 잡칙, 제5장 벌칙으로 구성되어 있다.

나. ADR법의 주요내용

① 목적, 기본이념 및 국가의 책무

이 법률은 ADR의 기능을 충실히 하여 분쟁당사자가 그 분쟁의 해결을 도모하는데 적합한 절차를 선택하는 것을 용이하게 하고, 국민의 권리·이익의 실현에 기여하는 것을 목적으로 하고 있다(제1조).

구체적으로는 ADR의 기본이념을 정하는 것, ADR에 관한 국가 등의 책무를 정하는 것, ADR 중에 민간 사업자가 실시하는 화해의 중개(조정·알선)의 업무에 대해 그 업무의 적정을 확보하기 위한 일정한 요건에 적합한 것을 법무성장관이 인증하는 제도를 제정하는 것, 인증을 받은 민간 사업자의 화해의 중개의 업무에 대해서 시효의 중단, 소송절차의 중지 등의 특별한 효과가 주어지는 등을 주요 내용으로 하고 있다.

ADR의 기본이념은 ADR이 법에 의한 분쟁해결을 위한 절차로서 분쟁당사자의 자주적 분쟁해결 노력을 존중하면서 공정·적정하게 실시되고, 전문적인 식견을 반영하여 분쟁의 실정에 맞는 신속한 해결을 도모하는 데 있으며, ADR을 실시하는 자는 이러한 기본이념에 따라 상호 제휴를 도모하면서 협력하도록 노력하여야 한다(제3조).

또한 ADR 이용의 촉진을 위해 국가는 ADR에 관한 국내외 동향, 그 이용 상황 기타의 사정에 대한 조사 및 분석과 함께 정보의 제공 기타 필요한 조치를 강구하여, ADR,에 대한 국민의 이해를 증진시키도록 노력하여야하며, 지방공공단체는 국가와의 적절한 역할분담을 해나가면서 ADR에 관한 정보의 제공 기타 필요한 조치를 강구하도록 노력하여야 한다(제4조).

② 민간분쟁해결절차의 업무에 관한 인증제도

(a) 인증제도의 도입배경

민간사업자가 실시하는 ADR은 일부를 제외하고 제대로 활용되고 있지 못하는 것이 현실이다. 그것은 민간사업자의 ADR에 대한 정보가 충분하지 못할 뿐만이 아니라, 이용자로서는 공인되지 않은 것에 대한 불안감이 작용하기 때문이기도 하며, 제도상의 제약(변호사법, 시효중단효과가없는 등)으로부터 자유롭지 못하기 때문이기도 하다. 이 같은 문제를 해결하기 위해서는 이용자에게 선택가능한 정보를 충분히 제공하는 한편 제도적으로 제약을 풀어주는 정책이 필요하다고 하겠다.

그러나 이러한 완화조치가 무작정하게 적정한 업무수행 능력이 없는 사업자에게까지 허용되는 경우 오히려 국민에게 유해한 제도가 될 수 있다는 판단에 따라 민간 사업자에게 ADR에 대한 적정요건을 정하고 국가가 그 적합성을 확인(인증)하는 구조를 채택하게 된 것이 ADR법의 인증제도라 하겠다. 인증을 받지 못한다고 하여도 종전과 마찬가지로 민간사업자는 ADR 업무를 할 수 있기 때문에 인정신청 여부는 각 민간사업자의 판단에 따르게 된다.

(b) 인증제도의 개요

인증제도는 ADR 중 화해의 중개업무를 실시하는 민간 사업자가 신청하면 법무성장관이 ADR법이 정하는 일정요건을 충족하고 있음을 인증하는 것으로, 인증을 받은 민간사업자에게는 인증 업무인 것을 독점해 표시할 수가 있고, 인증분쟁해결사업자는 변호사법 제72조의 예외로서 변호사 또는 변호사법인이 아니어도 보수를 얻어 화해의 중개 업무를 실시할 수가 있다.

또한 인증분쟁해결사업자가 실시하는 화해의 중개 절차에 있어서의 청구에 의해 시효가 중단되(다만, 화해 중개의 절차 종료후 1개월 이내의 제소가 조건이다.[190]) 인증 분쟁해결 사업자가 실시하는 화해의 중개 절차가 소송이 병행하고 있는 경우에, 법원의 판단에 의해 소송절차를 중지할 수가 있다(제25조, 제26조).

인증 분쟁해결 사업자는 업무의 내용이나 실시 방법에 관한 일정한 사항을 사무소에 게시하여야 하고(제11조 제2항), 이용자인 분쟁의 당사자에게 절차의 실시자(조정인, 알선인)에 관한 사항이나 절차의 진행 방식 등을 미리 서면에서 설명하여야 할 의무가 있다(제14조). 법무성장관은 인증 분쟁해결 사업자의 명칭·소재지·업무의 내용이나 실시 방법에 관하여 일정한 사항을 공표할 수 있는 것으로 하여(제11조 1항), 이용자가 충분한 정보를 제공받을 수 있도록 하고 있다.

(c) 인증제도의 구체적 내용

ⓐ 법무성장관의 인증

민간분쟁해결절차[191]를 업으로 하는 자는 그 업무에 관하여 법무성장관의 인증을 받을 수 있다(제5조).

190) 중재업무는 인증의 대상에 포함되어 있지 않다. 그것은 중재에 대해서는 중재법에 의해 시효의 중단 등의 법적 효과가 규정되어 있으므로 별도의 인증에 의해 법적 효과를 부여할 필요가 없기 때문이라고 한다(裁判外分爭解決手續の移用の促進に關する法律(ADR法)について, http://www.moj.go.jp/).

191) 민간분쟁해결절차라 함은 분쟁당사자가 화해를 할 수 있는 민사상 분쟁에 대해, 민간사업자가 분쟁당사자 쌍방으로부터 의뢰를 받아 당해 분쟁당사자와 사이의 계약에 기해, 화해의 중개를 하는 재판외분쟁해결절차를 말한다(제2조 제1호).

인증의 신청은 법무성장관에게 신청서와 첨부서류를 제출하여 하여야 한다(제8조). 신청자가 법인인 경우에 법무성장관은 당해 법인의 소관 부처 장관과 협의를 하여야 하며, 인증심사참여원[192]의 의견을 들어야 한다(제9조).

ⓑ 인증의 기준

인증의 기준에 대해서는 적극적 기준과 소극적 기준으로 나누어 상세히 규정하고 있다.

ⅰ) 신청자가 민간분쟁해결절차에 관한 업무를 하는데 필요한 지식 및 능력과 함께 경리적 기초를 가지고 있어야 하고, 그 업무가 다음의 기준에 적합하여야 한다(제6조 제1호 내지 제16호).

- 그 전문적인 식견을 활용하여 화해의 중개를 할 분쟁의 범위를 정하고 있을 것
- 위의 분쟁의 범위에 대응하여 개개의 민간분쟁해결절차에서 화해의 주개를 하는데 적합한 사람을 절차실시자[193]로 선임할 수 있을 것
- 절차실시자의 선임 방법 및 절차실시사자가 분쟁당사자와 이해관계를 가지는 자 기타 민간분쟁해결절차의 공정한 실시를 방해할 우려가 있는 사유가 있는 경우에 당해 절차실시자를 배제하기 위한 방법을 정하고 있을 것
- 신청자의 실질적 지배자 등(신청자의 주식을 소유, 신청자에 대한 융자 기타의 사유를 통하여 신청자의 사업을 실질적으로 지배하거나 그 사업에 중요한 영향을 주는 관계에 있는 자로서 법무성령이 정하

192) 인증심사참여원은 민간분쟁해결절차에 관한 전문적인 지식경험을 가지는 자 중에서 법무성장관이 임명하는데 임기는 2년이고 재임이 가능하며 비상근직이다(제10조).

193) 절차실시사라 함은 민간분쟁해결절차에서 화해의 중개를 실시하는 사람을 말한다(제2조 제2호).

는 자를 말한다)을 분쟁당사자로 하는 분쟁에 관하여 민간분쟁해결절차 업무를 하고 있는 신청자인 경우, 당해 실질적 지배자 등 또는 신청자가 절차실시자에 대해 부당한 영향을 주는 것을 배제하기 위한 조치가 강구되어 있을 것

- 절차실시자가 변화사가 아닌 경우 민간분쟁해결절차의 실시에 있어서 법령의 해석 · 적용에 관하여 전문적 지식을 필요로 하는 때에는 변호사의 조언을 받을 수 있도록 하기 위한 조치를 정하고 있을 것
- 민간분쟁해결절차를 실시함에 있어서 통지에 관한 상당한 방법을 정하고 있을 것
- 민간분쟁해결절차 개시부터 종료까지의 표준적인 절차 진행에 관하여 정하고 있을 것
- 분쟁당사자가 신청자에 대해 민간분쟁해결절차의 실시를 의뢰하는 경우의 요건 및 방법을 정하고 있을 것
- 신청당사자가 분쟁의 일방당사자로부터 민간분쟁해결절차 실시의 의뢰를 받은 경우에 분쟁의 타방당사자에 대해 신속하게 그 취지를 통지함과 동시에 당해 분쟁의 타방당사자가 이에 따라 민간분쟁해결절차의 실시를 의뢰할 것인가 여부를 확인하기 위한 절차를 정하고 있을 것
- 민간분쟁해결절차에서 제출된 자료의 보관, 반환 기타의 취급 방법을 정하고 있을 것
- 민간분쟁해결절차에서 진술된 의견 또는 제출되거나 제시된 자료에 포함된 분쟁당사자 또는 제3자의 비밀에 대해, 당해 비밀의 성질에 따라 이를 적절히 보호하기 위한 취급 방법을 정하고 있을 것

- 분쟁당사자가 민간분쟁해결절차를 종료시키기 위한 요건 및 방법을 정하고 있을 것
- 절차실시자가 민간분쟁해결절차에 의해서는 분쟁당사자 사이에 화해가 성립할 가망이 보이지 않는다고 판단한 때에는 신속하게 당해 민간분쟁해결절차를 종료하고, 그 취지를 분쟁당사자에게 통지할 것을 정하고 있을 것
- 신청자(법인의 경우에는 그 법인, 법인이 아닌 단체로서 대표자 또는 관리인이 정해져 있는 경우에는 그 대표자 또는 관리인), 그 대리인, 피용인 기타 종업자 및 절차실시자에 대해, 이러한 자가 민간분쟁해결절차 업무에 관하여 알게 된 비밀을 확실히 보호하기 위한 조치를 정하고 있을 것
- 신청자(절차실시자를 포함한다.)가 지불받는 보수 또는 비용이 있는 경우에는 그 액 또는 산정방법, 지불방법 기타 필요한 사항을 정하고, 이것이 현저히 부당한 것이 아닐 것
- 신청자가 하는 민간분쟁해결절차 업무에 관한 고충의 취급에 대해 정하고 있을 것

ii) 이러한 기준을 갖추었다고 하여도 신청자가 다음과 같음 결격사유에 해당하는 경우에는 인증을 받지 못하도록 규정하고 있다(제7조 내지 제12호).

- 성년피후견인 또는 피보좌인
- 민간분쟁해결절차의 업무에 관하여 성년자와 동일한 행위능력을 가지지 못한 미성년자
- 파산자로서 복권을 얻지 못한 자
- 금고 이상의 형에 처해진 경우, 그 형의 집행을 종료하거나 형의 집행을 면제받은 날로부터 5년을 경과하지 아니한 자

- 이 법률 또는 변호사법의 규정에 위반하여 벌금형에 처해진 경우, 그 집행을 종료하거나 집행을 면제받는 날로부터 5년을 경과하지 아니한 자
- 인증을 취소당한 경우, 그 취소일로부터 5년을 경과하지 아니한 자
- 인증분쟁해결사업자로소 법인인 자가 인증을 취소당한 경우에 그 취소일 전 60일 이내에 그 임원이었던 자로서 그 취소일로부터 5년을 경과하지 아니한 자
- 「폭력단원에 의한 부당한 행위의 방지 등에 관한 법률」 제2조 제6호에서 규정하는 폭력단원(이하 '폭력단원'이라 한다) 또는 폭력단원에서 벗어난 날로부터 5년을 경과하지 아니한 자(이하 '폭력단원등'이하 한다).[194]
- 그 임원 또는 정령에서 정하는 피용인 중에서 위의 어느 하나에 해당하는 자가 있는 법인
- 정령에서 정하는 피용인 중에서 위의 어느 하나에 해당하는 자가 있는 법인
- 폭력단원등을 그 민간분쟁해결절차의 업무에 종사시키거나 당해 업무의 보조자로서 사용할 우려가 있는 자
- 폭력단원등이 그 사업활동을 지배하는 자

이 가운데 '폭력단원에 의한 부당한 행위의 방지 등에 관한 법률 제2조 제6호에서 규정하는 폭력단원 또는 폭력단원에서 벗어난 날로부터 5년을 경과하지 아니한 자', '폭력단원등이 그 사업활동을 지배하는 자'에 해당하는 사유의 유무에 관해서는 법무성장관이 경찰

194) 폭력단원이라 함은 집단적으로 또는 상습적으로 폭력적 불법 행위등을 실시하는 것을 조장할 우려가 있는 단체의 구성원을 말한다(폭력단원에 의한 부당한 행위의 방지 등에 관한 법률 제2조 참조).

청장의 의견을 듣도록 하고 있다(제8조 제2항).

ⓒ 인증의 공시 및 변경

법무성장관은 인증분쟁해결사업자의 성명 또는 명칭 및 주소를 관보에공시하여야 하며, 인증분쟁해결사업자는 인증분쟁해결절차를 이용하거나 이용하고자 하는 자에게 적정한 정보를 제공하기 위해 인증분쟁해결사업자라는 취지, 인증분쟁해결절차 업무의 내용 및 그 실시방법에 관한 사항 등을 사무소에 게시하여야 한다(제11조 제2항).

인증분쟁해결사업자가 아니 자는 그 명칭 중에 인증분쟁해결사업자라고 오인될 우려가 있는 문자를 사용하거나 그 업무에 관하여 인증분쟁해결사업자라고 오인될 우려가 있는 표시를 해서는 안된다(제11조 제3항). 만약 이에 위반한 경우에는 100만엔 이하의 벌금형에 처해진다(제32조 제3항).

또한 인증분쟁해결사업자는 그 인증분쟁해결절차 업무의 내용 또는 그 실시방법을 변경하고자 하는 때에는 법무성장관의 변경의 인증을 받아야 한다(제12조).

ⓓ 인증분쟁해결사업자의 의무

i) 인증분쟁해결사업자의 의무

인증분쟁해결사업자는 폭력단원 등을 업무보조자 등으로서 사용해서는 안된다(제15조). 또한 이용신청자에게 절차실시자의 선임에 관한 사항 등을 설명함과 동시에 실시한 절차에 관하여 소정의 사항을 기재한 서류를 작성・보존하여야 한다(제14조, 제16조).

ii) 보고 등

인증분쟁해결사업자는 사업년도마다 사업보고서 등 일정 서류를 작성하여 법무성장관에게 제출하여야 한다(제20조).

인증분쟁해결업무의 적정한 운영을 확보하기 위하여 법무성장관은 일정 요건 하에서 인증분쟁해결사업자에 대해 보고의 징구, 검사, 업무에 관하여 필용한 조치를 취하는 취지의 권고·명령, 인증의 취소를 할 수 있다(제21조 내지 제23조).

이때, 법무성장관은 보고의 징구 등에 대해서는 이용자와의 신뢰관계에 기초하여 성립하는 것이라는 점 등 민간분쟁해결절차 업무의 특성에 대한 배려를 하여야 한다(제24조).

ⓔ 인증분쟁해결절차의 이용에 관한 특례

i) 시효중단

ADR이 실패로 끝난 경우 그 분쟁사건을 원활하게 재판절차로 이행시키기 위해 고려해야 할 중요한 문제가 시효에 관한 취급이다.

ADR 절차에 의한 시효중단의 조치가 없고 ADR에서 합의할 수 없는 경우에 다시 소송을 제기하려고 하면 이미 소멸시효 등이 완성되어 청구할 수 없는 결과가 되어 시효기간이 임박한 경우에 당사자로서는 안심하고 ADR에 의한 교섭을 진행하지 못하고 이는 결국 ADR의 이용을 기피하게 만드는 요인이 될 수 있다. 이러한 의미에서 ADR의 개시로 인하여 시효진행의 장해를 어느 정도 인정할 필요성은 있다고 하겠다. 그러나 신청 후 곧 시효중단을 인정하는 것은 다른 제도와의 형평에도 맞지 않을 것이므로 ADR 실패후 일정기간 내에 소를 제기한 경우에 ADR 절차개시시에 제소가 있었던 것으로 보는 시효중단제도 도입이 타당하다는 의견이 제기되었다.

이에 따라 ADR법은 분쟁당사자간에 화해가 성립할 가망이 없음을 이유로 절차실시자가 당해 인증분쟁해결절차를 종료한 경우에, 당해 인증분쟁해결절차의 실시를 의뢰한 당해 분쟁당사자가 그 취지의 통지를 받은 날로부터 1월 이내에 당해 인증분쟁해결절차의 목적이었던 청구에 관하여 소를 제기한 때에는 시효의 중단에 관해서 당해 인증분쟁해결절차에 있어서 청구시에 소가 제기된 것으로 본다는 규정을 두게 되었다(제25조 제1항).

ii) 소송절차의 중지

분쟁당사자가 화해를 할 수 있는 민사상 분쟁에 관하여 당해 분쟁당사자 사이에 소송이 계속되는 경우에 당해 분쟁에 관하여 분쟁당사자 사이에 인증분쟁해결절차가 실시되어 있거나 또는 당해 분쟁당사자 사이에 인증분쟁해결절차에 의해 당해 분쟁의 해결을 도모하는 취지의 합의가 있고 당해 분쟁당사자의 공동 신청이 있는 때에는, 수소법원은 4월 이내의 기간을 정하여 소송절차를 중지하는 취지의 결정을 할 수 있다(제26조 제1항).

소송절차의 중지기간을 '4월 이내'로 제한한 것은 분쟁당사자의 재판받을 권리를 보장한다는 의미와 함께 ADR 기관의 신속한 처리를 촉구한다는 의미를 가지는 것으로 이해된다.[195)]

iii) 조정전치에 관한 특례

소 제기 전에 법원의 조정을 거쳐야 하는 사건 중 일정 사건에 대해, 소 제기 전에 인증분쟁해결절차를 거치는 등 일정요건을 충족한 경우에는 원칙적으로 조정전치를 요하지 아니한다.

iv) 기　　타

인증분쟁해결사업자(인증분쟁해결절차에 있어서 절차실시자를 포함한다)는 분쟁당사자 또는 분쟁당사자 이외의 자와의 계약에서 정한 바에 따라 인증분쟁해결절차 업무를 하는 것에 관하여 보수를 받을 수 있다(제28조).

벌칙으로는 허위 기타 부정한 수단으로 인증 또는 변경의 인증

195) 山本和彦, ADR基本法に關する-試論-ADRの分爭解決機能の强化に向けて, ジュリスト1207호(2001년 9월), 33쪽.

을 받은자는 2년 이하의 징역 또는 100만엔 이하의 벌금에 처하도록 하고 있고, 폭력단원 등을 인증분쟁해결절차 업무에 종사시키거나 당해 업무의 보조자로서 사용한 자는 1년 이하의 징역 또는 100만엔 이하의 벌금에 처하도록 하고 있다(제32조 제1항, 제2항) 또한 인증 신청서나 첨부서류 등에 허위의 기재를 하여 제출한 자에게 100만엔 이하의 벌금에 처하도록 규정하여(제32조 제3항) 부당한 인증 신청에 대한 제재수단을 두고 있다.

5) ADR법에 대한 검토

위에서 살펴본 일본의 ADR법은 2007년 4월 1일에 시행되며, 부칙에서 규정하고 있듯이 법 시행후 5년이 경과되면 시행상황에 대해 검토해야만 한다.

ADR의 기본법으로 이해되는 이 법은 총칙 부문과 민간의 분쟁해결 업무를 대상으로 한 인증제도를 도입하는 부분으로 되어 있는데, 이 법률의 시행후 인증 ADR 뿐만이 아니라, 사법형 ADR, 행정형 ADR을 포함하여 여러 ADR이 제도간 경쟁에 의해 각각의 질을 향상시킬 것[196]인바 발전논의는 지속적으로 행해질 것이므로 이 법의 시행이야말로 ADR의 활성화의 계기가 될 것으로 이해되고 있으며, 이러한 작업은 내각에 설치되는 '사법제도개혁추진본부'과 법무성의 '사법제도개혁실시추진회'가 뒤를 이어 수행할 것으로 기대되고 있다.

한편 ADR 검토회에서 논의되었던 내용 중 향후 검토과제[197]로

196) 정영수, 일본의 ADR법에 관한 소개, 「중앙법학」, 제7집 제1호, 중앙법학회, 2005.2, 405쪽.

197) 青山善允, 日本におけるADRの將來に向けて－ADR 檢討會 座長 レポ-ト－(2004. 11. 30) http://www.kantei.go.jp/jp/jp/singi/sihou/kouhyo/041206adr.html

삼아야 할 것을 정리하면 아래와 같다.

(1) 재판외분쟁해결절차에 대한 국민의 이해 증진

ADR의 확충 및 활성화를 위해서 국민의 이해가 증진되어야 함은 말할 필요가 없을 정도이다. 국민을 위해 존재하는 재판과 재판외의 분쟁해결 수단에 대해서 국민이 보다 가까이 존재하는 ADR을 인지하고 그 절차 및 내용에 대해 잘 알고 있어야 보다 유익하게 활용할 수 있기 때문이다. 그것은 기초적 지식을 이해하는 것과 동시에 분쟁해결에 필요한 윤리가 양성되는 것까지 포함하는 것까지를 내용으로 한다고 보고 있다.

민간 ADR에서는 개별적으로 홍보노력을 기울여왔지만, ADR법에 기초해 국가 및 지방자치단체에 대해서도 ADR에 대한 국민의 이해를 증진시키도록 책무로서 규정하고(제4조) 있어서 이후에 국가 및 지방자치단체 그리고 「종합법률지원법」(2004년 법률 제74호)에 의해 설치되는 일본사법지원센터 등과 같은 다양한 관계 기관을 통해서도 적극적인 홍보활동이 이루어져야 한다는 것이다.

또한 국민에 대한 법교육이 뒤따라야 하는데, 특히 초등학교 등에서 분쟁해결의 본연의 자세를 가르침으로서 ADR의 중요성을 어려서부터 교육하여 상식으로 만들어가는 노력이 필요하다. 또한 학문적으로도 중재법학회 등의 연구 심화로 국제적 동향과 실태 등도 이루어지길 제안하고 있다.

(2) ADR 기관의 질 향상

ADR 각 기관에서는 개별적으로 자체의 업무 질 향상을 위해서 전력하는 것이 과제라 하겠다. 존재하는 수많은 ADR 기관들이 모두 활발한 것은 아닌 것에서 알 수 있듯이 그 활성화를 위해서 ADR법의 이념(제3조 1항)에 따라 '법에 따르는 분쟁의 해결을 위한 절차로서 분쟁의 당사자가 자주적으로 분쟁을 해결하려는 노력을 존중하고 공정하고 적정하게 실시되는 한편 전문적인 의견을 반영해 분재의 실정에 맞는 신속한 해결을 도모할 수 있도록' 진지하게 검토하고 개선하려는 시도로 신뢰를 구축해야 한다는 의견이다.

또한 ADR 기관은 그 절차뿐만이 아니라 이용자의 요청, 해당기관의 실적이나 시례등을 ADR이 비공개인 것의 특장을 해지치 않는 범위내에서 가능한한 정보를 공개해야 한다. 이러한 자발적인 점검과 정보공개를 통해서 기관자체에서 지속적으로 자기개혁을 시도한다면, 이용자에게 이해하기 쉽고 신뢰할 수 있는 ADR 기관으로 성장할 수 있을 것이다. 이것이 곧 ADR이 발전할 수 있는 중요한 요건으로 이해하고 있다.

(3) 재판외분쟁해결절차의 관계기관 간 제휴

해당 기관에서는 자체적으로 ADR에 종사하는 인재의 육성이나 노하우 축적을 이루어가고 있으나 ADR 전반이 확충되고 활성화되기 위해서는 관계 기관이 횡적인 제휴를 제안하고 있다.

변호사회나 인접 법률전문직종 등이 ADR기관을 포함하여 넓은 관점에서 분쟁해결에 대한 지식 및 경험이 축적되고 업종의 경계를 넘어 횡적인 논의 및 정보수집이 가능해진다면 그만큼 이용당사자인 국민의 이해도 증진되는 결과를 얻게 되는 것이다.

횡적 제휴로는 행정형 ADR과 민간형 ADR의 제휴도 중요하다. 예컨대, 소비생활센터에 상담을 요청하는 경우 분쟁해결을 실시하고 있는 보다 적절한 기관을 소개해주는 것과 같은 것이다. 이를 위해

이 둘을 제휴해 줄 수 있는 연락협의회의 설치도 생각해볼 수 있겠다. 특히 일본사법지원센터가 실시하는 변호사회, 인접법률전문직종의 단체나 ADR기관과의 제휴·협력에 덧붙여 인증업무를 담당하는 법무성, ADR기관을 소관하는 관계부처 등이 행정형 ADR 기관과 협력해 ADR의 확충 및 활성화가 가능하도록 'ADR의 확충 및 활성화를 위한 관계기관 등의 제휴 강화에 관한 실행계획'에 근거하여 구체적 시책을 전개할 수 있는 방법을 모색해볼 수 있다. 시스템이 안정되면 장기적으로는 불만처리에 대해서도 횡적보충 체제를 기대할 수 있다는 의견이다.

(4) 재판외분쟁해결절차의 담당자

담당 인력의 육성이야말로 가장 중요한 과제이다. 개별적으로 ADR 기관마다 행하고 있는 바이지만, 제휴협력 체제를 구축하여 국가기관에 대해서도 강사를 파견하는 등의 측면 지원하는 것이 바람직하다. 이와 관련해 일본 변호사연합회를 사무국으로 설립하여 중재인의 양성을 주된 목적으로 하는 '일본 중재인 협회'가 가능하지 않겠느냐는 의견이다.

ADR 검토회에서는 'ADR士'라고 하는 전문자격제도의 창설에 대해서도 의견이 있었는데, 장기적으로 검토해 볼 수 있는 과제로 제안하고 있다. ADR사의 소양으로는 법적 능력, 분쟁분야의 전문지식뿐만 아니라 대화를 촉진하는 능력이 중요하며, 아울러 대화를 이끌어가는 능력과 적절한 상담을 할 수 있는 상담사로서의 능력도 겸비해야 할 것이다.

(5) 법률정비의 필요성

ADR 검토회에서는 유보했지만, 장기적으로 세계 각국의 법정비 상황을 지켜보면서 조정 절차법적인 측면의 법정비의 검토를 전망하고 있다. UNICITRAL 국제상사조정모델법 혹은 국제표준화기구(ISO)에서 ADR 규격 등의 검토를 고려하고 있는 것을 예시하며 세계적인 동향까지 아우르는 법률정비이어야 함을 강조하고 있다.

(6) 법적효과로서의 집행력 부여

ADR법에 있어서 시효중단효과 등의 법적 효과는 부여되어 있지만 집행력의 부여는 보류되었다.

일반적으로 합의시에는 당사자간에 이행의사가 있을 것으로 보이고 실제적으로도 임의이행 가능성이 높은 것이 일반적이지만, 장기간의 변제 등의 합의에 있어서는 당사자가 의사를 바꿀 가능성 또한 높기 때문에 집행력이 있는 편이 합의의 성립을 용이하게 할 수 있다는 데에 근거하고 있다.[198] 그러나 이에 대한 찬반이 팽팽하다. 따라서 ADR의 실효성 확보 차원에서 ADR법 시행으로부터 5년의 기간의 경과후로 예정되어 있는 재검토시에 인증 ADR기관의 이용 실정과 이용자의 권리보호까지 배려하여 채택여부에 신중을 기해야 한다는 입장을 보이고 있다.

(7) 법률부조의 적용

ADR 기관에 대한 법률부조도 중요한 과제로서 재판받을 권리를 실질적으로 보장하는 제도로서의 의미를 생각한다면, 자력이 부족한 국민이 ADR을 이용하여 분쟁을 해결할 수 있도록 하는 것이 국가

198) 정영수, 앞 글, 408쪽.

의 책무라고 할 것이다.

장기적으로 예산이 확보된다면, 중재를 포함한 ADR 전반에 대한 법률부조 확대애 대해서도 검토해보아야 함을 지적하고 있다.

(8) 기　　타

ADR법에 따라 ADR 기관에 대한 인증제도가 도입되었다. 인증신청이 기관의 의지에 달려있으므로 어느 정도가 신청할지는 미지수이지만, 인증받은 기관은 ADR법의 인증 기준에 따라 운영되고 법무부 장관의 일정한 감독을 받게 되어 질적 향상을 기대할 수 있으나, 인증받지 않은 기관에 대해서는 자발적인 노력에 걸려있는 체제가 되었다. 이러한 기관에 대해서도 질적 향상을 재촉할 수 있도록 하는 것이 향후의 과제로 남아있다.

그 외에 인터넷 거래나 금융거래 등의 국제거래에서의 ADR 선택 및 제휴, 그리고 구조적으로 분쟁당사자 사이에 힘이 불균형한 경우에 행정이 적극적으로 ADR을 이용해 관여하는 것도 장기적 과제로 남겨두고 있다.

3. 요약 및 시사점

이상에서 행정상의 갈등해소법에 대한 비교법적 관점에서 미국과 일본의 법제를 검토하였는데, 그것을 요약하면 다음과 같다.

우선 미국의 경우에는 효율적인 행정분쟁의 해결을 위해 민간부문에서 광범위하게 활용되고 있는 제3자(중립인, 중재인)의 개입을 통한 재판외분쟁해결(Alternative Dispute Resolution: ADR) 방법이 다양하게 이용되고 있는 것이 우선 특징적이다. 즉, 연방행정기관이 조정,

화해, 중재 기타 즉각적이고 비공식적인 분쟁해결기법을 이용하도록 권한을 부여하고 장려하기 위한 목적으로 1990년에 이른바 행정분쟁해결법(Administrative Dispute Resolution Act: ADRA)이 제정되고 1996년에 그 개정법이 성립되었다. 우리나라에서 행정과정에서 재판외 분쟁해결제도를 검토함에 있어서 다양한 수단의 활용과 이에 따르는 여러 법적 문제를 해결하는 데 참고가 될 것이다..

일본의 경우도 여러 가지 점에서 우리의 현행 법제와 유사성을 가지고 있으나 행정분쟁의 해결과 관련하여 특히 주목되는 것은 이른바 ADR기본법의 제정이라 하겠다. 즉, 일본에서는 2001년 6월에 제출된 사법제도개혁심의회 의견에서는 ADR이 국민의 입장에서 보아 재판못지 않는 제도가 되도록 재판외 분쟁해결제도의 확충, 활성화를 도모해 가야 한다는 전제 위에서 기본적 사항, 일반적 사항, 조정절차법적 사항, 특례적 사항을 포함하는 ADR기본법을 제정하고 2007년 시행을 앞두고 있다. 이 법이 비롯 민간영역에서의 재판외 분쟁해결수단에 관한 사항을 대상으로 하고 있지만, 우리나라에서 앞으로 민간영역에서의 재판외 분쟁해결제도를 정비하는 데 참고가 될 것이라고 생각한다.

IV 행정법상 재판외 분쟁해결법제의 개선방안

1. 각종 분쟁조정위원회 등에 의한 재판외 분쟁해결법제의 개선방안

1) 입법방식: 통일 근거법 제정

앞에서 본 바와 같이 분쟁조정위원회를 설치하는 경우의 기본적인 사항은 법률로 규정하는 것이 바람직하다. 그러나, 위원회의 설치, 구성, 조정절차, 조정의 효력 등에 관한 통일적인 규정을 적시한 법체계를 가지지 못하는 현 상황에서는 국민의 혼란방지를 위하여 각종 분쟁조정제도를 위하여 규정하여야 할 사항을 추출하여 기본법률을 만들거나 표준입법모델을 만들어 통일적 규율을 할 필요가 있다. 즉, 통일법을 기본으로 하면서, 개별법에 근거하여 설치되는 조정위원회가 해당 분야의 특수성을 고려할 필요가 있는 경우 개별법에 몇가지 사항만을 추가하거나 또는 달리 규정하는 입법방식을 검토할 수 있겠다. 구체적으로 입법하는 경우에 고려대상이 되는 사항을 대략 검토해보면 아래와 같다.

2) 중립성, 전문성, 신뢰성 및 국민참여 확보를 위한 제도적 장치

(1) 위원회의 구성문제

가. 위원회의 정원

위원회의 정원을 어떻게 정할 것인가에 대하여, 위원회 업무의 내용과 규모 등을 기준으로 고려하여 최소 9인에서 시작하여 15인, 30인, 50인 등의 위원회 정원 방안을 제시할 수 있다. 위원회 개최수가 많은 등 규모가 큰 위원회의 경우는 위원들의 전문성 확보를 위하여 2교대나 3교대방식을 채택할 수도 있을 것이다.

나. 상임위원

위원회운영의 안정성, 전문성 및 효율성 확보를 위하여 상임위원을 두는 문제도 위원회 업무의 내용 및 규모 등을 기준으로 1인, 2인, 3인 등을 상정할 수 있다.

다. 중앙 및 지방 위원회 설치

현재도 같은 위원회를 중앙정부와 지자체에 두는 경우가 많은데, 중앙정부와 지자체에에 같은 위원회를 두는 방안의 경우도 일정한 기준에 따라 행해져야 할 것이다. 현재도 법정 지방위원회의 경우 조정 등의 실적이 미미하여 폐지하여야 한다는 주장도 있다. 그러나 지역주민의 편의성과 신속성을 고려해 주어야 하는 문제가 있다.

라. 사무국 또는 조정부의 설치

업무의 전문성 및 효율성을 위하여 사무국이나 조정부를 설치하는 경우도 일정한 기준을 정하고 그에 따라 규정여부를 결정하도록 하며, 또한 심사관과 관계전문가를 두는 경우도 마찬가지이다.

(2) 위원의 임기

위원의 임기가 2년 또는 3년으로 규정되어 있는데, 2년 임기에 1차에 한하여 연임할 수 있도록 통일시키는 것이 바람직하다고 생각한다. 위원으로 장기간 참여하는 경우에 관련 조정업무에 능숙하고 전문성을 높일 수 있는 장점이 있는 반면에 타성에 젖어서 업무를 수행하게 되는 단점도 있다.

(3) 위원의 제척, 기피, 회피제도

조정사안과 신분, 권리의무 및 증언, 감정 등의 의무이해관계가 있어서 공정함을 유지하기가 어려운 경우에 제척, 기피, 회피를 할 수 있는 제도를 규정하고 있는데, 이는 조정의 중립성 확보를 위하여 규제기준과 함께 반드시 필요한 규제대상이다.

(4) 위원자격: 국민참여의 확대 등

각종 분쟁조정위원회의 위원 자격을 보면 앞에서 본 바와 같이 그 세부적 자격기준은 약간의 차이가 있지만 기본적 틀은 판사, 검사, 변호사 등의 법조인 그룹, 대학의 교수그룹, 행정부처 공무원그룹, 그리고 학식과 경험이 있는 해당분야 전문가그룹으로 구분되고 있다. 여기에다 관련 비영리법인이 추천하는 그룹의 추가가 최근의 경향이라 할 수 있다.

조정의 경우에 법조인 그룹이 반드시 필요하며 어떤 경우에는 최저 인원수도 법정하는 경우가 있다. 조정이 재판은 아니지만 국민의 권익 내지는 공익보호에 재판과 유사한 기능을 한다고 한다면 조정의 전문성 확보를 위하여 법조인이 조정위원이 되는 것은 필수적이라 할 수 있을 것이다. 그리고 학식과 경험이 있는 해당분야 전문가 그룹도 그러하며, 행정부처 공무원그룹의 경우도 관련행정실무의 전문가인 이상 마찬가지이다. 그러나, 위원회 인원수 비율에 있어서는 공무원 그룹이 과반에 미달하는 것이 민·관의 힘의 균형을 이루어 보다 공정하고 중립적인 조정이 이루어지고 또한 다양한 국민참여의 기회를 확대시키는 결과를 가져올 수 있을 것이라 생각한다. 그리고 비영리법인 추천그룹이외에도 시민배심원제도와 같이 건전한 일반상식을 갖고 있는 지역 주민을 조정위원으로 할당하는 방안도 국민참여확대의 차원에서 고려할 만하다 할 수 있겠다.

(5) 조정인력의 양성

재판외 분쟁해결제도의 성공의 관건은 조정인의 능력과 신뢰성이다. 각종 분쟁조정위원회 등이 신속하고 정확한 조정업무의 수행을 통한 재판외 분쟁해결제도를 활성화하기 위해서는 능력있는 조정인력의 양성 및 확보가 필요하다. 이를 위하여 각 분쟁조정위원회 나름의 프로그램을 시행하고 있는 곳도 있지만, 이를 제도화하여 공적 지원을 받는 방안도 고려할만 하겠다.

(6) 의사 표시 등의 소송에서의 이용제한과 비밀보호

재판외 분쟁해결절차에서 당사자가 한 의사표시 등의 이용제한 및 비밀보호는 재판외 분쟁해결절차 이용자의 신뢰성을 확보하기 위한 중요한 장치이다. 각종 분쟁조정위원회 관련 개별법에서 이러한 의무를 규정하는 경우를 드물다. 그러나 재판외 분쟁해결절차에서의 의사표시 등의 이용제한 및 비밀보호는 당연한 것이므로 명문의 규정을 두는 것이 합당하다 하겠다. 그리고 이러한 이용제한 등의 인정여부는 재판외 분쟁해결절차에서 분쟁해결에 실패한 후 제기된 소송에서 큰 문제가 된다 하겠다. 예컨대, 재판외 분쟁해결절차에서 일방당사자가 조정안 수락을 전제로 책임을 인정하는 의사표시를 했는데 그것이 나중에 소송절차에서 임의로 원용된다고 한다면, 재판외 분쟁해결절차에서 솔직한 의견교환이나 교섭을 행하는 것이 곤란하게 되어 재판외 분쟁해결절차의 이용을 막는 결과를 가져온다.

우리나라 민사조정법 제23조는 조정절차에서의 당사자 또는 이해관계인의 진술은 민사소송에서 원용하지 못한다고 규정하고 있다. 그러나, 한편으로는 재판외 분쟁해결절차 과정이 쟁점이 되는 소송도 있을 수 있으므로, 특히 재판외 분쟁해결절차에서의 당사자의 의사표시 등을 이용할 필요가 강한 경우에 한하여 예외적으로 이러한 제한을 면제해주는 방안을 고려할 필요가 있을 것이다.

구체적으로, 이용제한의 대상으로서는 재판외 분쟁해결절차과정에서의 당사자의 합의안 수락의 의사표시, 사실에 관한 자백, 합의안의 내용, 당사자의 신청 등이 검토대상이 된다. 그러나 절차과정에서 제출된 자료가 소송에서 이용제한 대상이 되는지의 문제에 대해서는 재판외 분쟁해결절차에서 제출되었다고 하는 이유만으로 소송절차에서 제외되는 것은 부당하기 때문에, 소송에서는 제출의무가 없는 서증 등이 재판외 분쟁해결절차에서 제출된 경우에는 미묘한 문제도 생길 수 있다. 이용제한의 예외가 되는 소송유형으로서는 재판외 분쟁해결절차에 기초한 화해의 무효확인소송이나 재판외 분쟁해결절차의 담당자에 대한 책임추궁소송 등이 검토될 수 있는데, 입법론적으로 조정인・대리인의 책임을 추궁하는 경우나 소송에서 이용하는 이익이 큰 경우 등을 이용제한의 면제 대상으로 하는 것을 고려할 수 있다.[199]

(7) 재판외 분쟁해결제도 담당자의 비밀유지의무·증언거부권 등

재판외 분쟁해결절차 담당자가 절차과정 중에 지득한 비밀의 보호의무에 대하여 각종분쟁조정위원회 개별법에서 명문으로 규정하는 경우가 있다. 또한 민사조정법은 조정위원이 조정과정 등을 누설하

199) 김상찬, ADR기본법의 입법론에 관한 연구, 「중재연구」, 제13권 제2호, 한국중재학회, 2004. 2, 165쪽.

거나 직무 비밀을 누설한 경우 범죄로 처벌하고 있고(민사조정법 제41조), 조정위원 등의 소송에 있어서의 증언거부권도 인정되고 있다(민사소송법 제315조 제1항).

따라서 이러한 비밀유지의무 및 증언거부권에 관한 규정을 각종 분쟁조정위원회 등 재판외 분쟁해결절차에 일반적으로 도입할 필요가 있다. 입법론상 통일법을 작성할 때 이러한 재판외 분쟁해결 담당자의 비밀유지의무에 관하여 형벌에 의하여 담보하는 방안이나 증언거부권을 명시하는 것을 검토할 필요가 있을 것이다.

재판외 분쟁해결절차 담당자가 절차과정에서 알게 된 사항을 공개하는 일이 발생하게 된다면, 결국 절차에 참가하는 분쟁 당사자가 안심하고 주장이나 입증을 하는 것은 거의 불가능한 일이 되어 버리고, 결과적으로 재판외 분쟁해결의 성립이 곤란하게 될 것이기 때문이다.

그리고 재판외 분쟁해결절차 담당자가 나중에 계속되는 소송에서 재판외 분쟁해결절차 당사자 일방의 소송대리인으로 참가하는 경우도 문제가 된다. 이 경우 소송대리인 적격을 부정하는 방안도 검토의 대상이 되어야 한다. 주로 변호사가 재판외 분쟁해결절차 담당자였던 경우가 문제가 되며, 이 경우는 변호사 윤리의 문제로서 해결할 여지가 있지만(변호사법 제31조 제3호 참조), 입법론적으로 정비하는 방안도 고려하는 것이 바람직하다 하겠다. 또한 기타 이해관계있는 전문직에 있는 자도 포함하여 입법적 정비를 할 필요가 있다.[200]

---

200) 앞 글, 166쪽.

3) 조정의 수락기간의 정비

재판외 분쟁해결수단으로서 조정은 분쟁해결의 결정권을 제3자가 갖는 것이 아니라 당사자가 갖는다는 점에 중요한 특징이 있으며 이러한 점에서 중재나 재정과 구별된다. 따라서 조정이 성립하기 위해서는 조정안에 대한 당사자의 명시적인 동의가 필요하다. 그러나 소비자분쟁조정위원회의 경우에는 당사자가 조정안을 받은 때부터 명시적으로 서면으로 수락거부의 의사표시를 하지 않은 한 수락한 것으로 보고 있는데(소비자보호법 제45조 제3항 및 동법시행령 제39조 제1항), 이는 조정의 성립에 대하여 당사자의 명시적인 동의가 없어도 가능하다는 입법례로서 조정의 본질상 논란의 여지가 많다.

그러나 각종 분쟁조정위원회에 관한 법률은 당사자가 조정 문서를 받은 때부터 일정한 기간 안에 조정안에 대한 수락의 의사표시를 하지 않으면 조정은 성립되지 않는다는 입법태도를 보이고 있다. 그렇지만 조정이 성립하기 위한 조정수락기간은 법률에 따라 제각각인데 건설분쟁조정위원회(건설산업기본법 제78조 제2항), 건축분쟁조정위원회(건축법 제76조의10, 제2항), 유통분쟁조정위원회(유통산업발전법 제39조 제2항), 시장분쟁조정위원회(재래시장육성을위한특별법 제58조), 공제분쟁조정위원회(여객자동차운수사업법 제 66조의6, 제2항), 개인정보분쟁조정위원회(정보통신망이용촉진및정보보호등에관한법률 제38조 제2항) 등의 경우는 조정안을 받은 때부터 15일로 규정하고 있다. 금융분쟁조정위원회의 경우에는 20일(금융감독기구의설치에관한법률시행령 제21조 제2항), 환경분쟁조정위원회의 경우에는 30일(환경분쟁조정법 제33조 제1항)이다. 조정수락기간에 대한 규정은 15일이 주류를 이루고 있다. 통일법 입법론상 조정수락기간은 15일, 20일, 30일 중 하나를 선택

하여 규정할 필요가 있다고 본다.[201]

4) 조정의 효력 및 제3자 보호

조정의 효력에 대하여 일률적으로 정하는 것에 예외가 필요하다고 본다. 왜냐하면 정보법 분야와 같이 신속한 해결이 필요한 분야라든가 기술 분야 등 전문가에 의한 해결이 오히려 법관에 의한 해결보다 바람직한 경우에는 재판상 화해와 동일하게 보아야 할 필요성이 인정되지만, 그렇지 않은 경우에는 사법상의 화해와 동일한 효력을 인정하여 대세적 효력을 인정하지 않는 것이 제3자보호 및 조정의 본래의 취지에 합치되기 때문이다.

또한 입법실무상으로도 예전에는 대체로 조정의 효력을 재판상 화해와 같은 효력이 있는 것으로 규정하였으나, 이는 헌법상 재판을 받은 권리가 침해될 소지가 있다고 하여 최근에 제정되는 특별법에 의한 각종분쟁조정위원회의 조정의 효력은 "당사자의 합의와 동일한 효력"으로 하고 있다.[202] 따라서 "당사자간에 합의와 동일한 효력"으로 통일적으로 규율하는 것이 입법론적으로 바람직할 것이다. 그럼에도 불구하고 조정실무자는 조정의 활성화를 위하여 조정의 강력한 효력을 선호하는 경향이지만 강력한 효력의 인정은 오히려 조정의 이용을 기피하게 만들 수 있다. 적어도 조정에 동의하는 의사결정에 흠이 있다면 이를 다툴 수 있도록 하는 것이 조정의 본질에 부합한다고 생각한다. 조정의 효력이 재판상 화해와 같은 효력을 가지도록 규정하고 있는 법률 규정은 정비대상이 되고 있다.[203]

---

201) 유병현a, 앞 글, 68쪽.

202) 김승열, 국민참여에 의한 행정분쟁 해결, 한국법학원 심포지움(2004. 10. 13), 토론요지, 77쪽.

203) 앞 글, 77쪽.

따라서 권력분립과 국민의 재판받을 권리의 침해여부에 대한 논란을 불식하기 위해서, 부득이하게 조정 및 중재가 재판상 화해와 같은 효력을 갖기 위해서는 조정 및 중재기구가 독립성과 중립성이 보장되어 있는 준사법기구적 성격을 가져야 하며, 조정과 중재 절차가 거의 사법절차에 준할 정도로 보장되어야 할 것이다.

5) 조정의 집행력 부여

재판외 분쟁해결수단인 조정에 재판상 화해와 같은 효력이 있는 경우에는 결국 확정판결과 같은 효력이 인정되므로(민사소송법 제220조), 조정서에 법원의 집행문부여를 받아 강제집행을 할 수 있다.[204] 그러나 조정에 민법상 화해와 같은 효력을 인정하는 경우에는 집행력이 없으므로 강제집행을 위해서는 별도의 집행권원을 얻어야 하는 문제가 발생한다. 따라서 별도로 조정조서에 기초하여 공증인한테 집행증서를 얻거나(민사집행법 제56조 제4호), 법원에 제소전 화해를 신청하거나 소를 제기하는 절차가 필요하게 된다(민사소송법 제385조 이하 및 제220조, 민사집행법 제56조 제5호 및 28조 제1항).

행정법상 재판외 분쟁해결수단 중 조정에 의한 분쟁해결이 이루어 진 후 조정성립의 효력을 어떻게 할 것인가와 관련하여 재판상 화해가 아니라 민사상 화해와 같은 효력을 인정하는 경우에 결국 위에서와 같은 번거로운 절차가 필요하게 되므로, 재판외 분쟁해결 절차를 활성화하고 실효성을 담보하기 위하여 재판외 분쟁해결수단에 기초한 합의에 집행력 부여 여부가 문제가 된다. 따라서 입법론적으로 조정서에 집행력을 인정하는 방안을 신중하게 검토할 여지

---

204) 이를 위하여 대법원은 '각종분쟁조정위원회의조정조서에대한집행문부여규칙'(대법원규칙 제1558호)을 마련해두고 있다.

가 있으며 이 경우 조정서에 집행력을 인정하는 독일의 민사소송법 제794조 제1항 제1호가 참고가 될 수 있을 것이다.205) 그러나, 일본에서도 ADR검토회가 ADR의 실효성 확보를 위하여 법원이 조정절차의 적절성을 검토하여 집행결정을 하면 집행력이 부여되는 방안을 검토하였으나, 이 경우 분쟁의 자율적 해결이라는 ADR의 본질에 반한다는 의견이 많을 뿐만 아니라, ADR기본법 시행 5년후에 재검토를 하는 규정을 두고 있으므로 그 때에 인증 ADR기관의 이용 실정과 이용자의 권리보호 등을 고려하여 신중하게 검토하는 것으로 하여 조정에 직접 집행력을 부여하지 않는 것으로 하였다.

6) 시효의 중단효 등의 도입

재판외 분쟁해결절차에 의한 시효의 중단·정지의 조치가 없다면 재판외 분쟁해결절차에서 합의가 성립되지 않은 경우에 새로 소송을 제기하려면 이미 소멸시효 등이 완성되어 소제기가 불가능하게 된다. 이에 따라 재판외 분쟁해결절차에 의한 분쟁해결이 실패로 끝나는 경우에 대비하여 원활하게 사건을 재판절차로 이행시키는 방도로서 시효의 중단이나 정지문제가 중요하게 된다.

재판외 분쟁해결절차의 이용을 활성화하여 안심하고 교섭을 진행시키기 위해서는 재판외 분쟁해결절차의 개시에 기초하여 시효진행을 막는 제도적 장치가 필요하게 되는데 이는 재판외 분쟁해결절차개시 신청으로 시효중단을 인정하는 방법으로 해결될 수 있다.

환경분쟁조정위원회의 경우에는 조정신청과 재정신청에(환경분쟁조정법 제46조 제4항 및 제44조), 산업재산권분쟁조정위원회와 반도체배치설계심의조정위원회의 경우에는 조정신청에 시효중단과 제소기

205) 유병현a, 앞 글, 66-67쪽.

간준수 또는 시효중단의 효력이 인정되고 있다(발명진흥법 제29조의7, 반도체집적회로의배치설계에관한법률 제32조 제2항).

이러한 규정은 입법론상 다른 분쟁조정위원회의 경우에도 규정할 필요성이 있다. 일본의 경우에도 ADR기본법의 제정을 논의하면서 중요한 쟁점 중의 하나가 ADR의 신청에 시효중단효를 인정하는 문제였는데, 결국 시효중단효를 인정했다. 우리의 경우에는 시효중단을 명문으로 규정하고 있는 개별법이 있으므로 이를 참조하여 다른 경우에도 조정신청 또는 재정신청에 시효중단효를 인정하는 규정을 두는 방안을 생각할 수 있다.[206]

또한 재판외 분쟁해결수단에 의한 분쟁해결이 성립되지 않은 경우 불성립 후 일정기간 내에 소를 제기한 때에는 재판외 분쟁해결절차개시 때에 제소가 있었던 것으로 보는 시효정지제도의 도입이 일부 조정위원회에서 채용하고 있는 바(건축분쟁조정위원회의 재정신청(건축법 제76조의14)), 다른 조정위원회에서도 적용하도록 입법적 고려가 필요하다.[207]

7) 재검토 조항의 신설

기본적인 사항을 통일적으로 규율하는 법을 제정하고 시행한 후에 반드시 일정기간, 예컨대 5년이내에 각종 분쟁조정위원회 등의 현황을 파악하여 제도개선을 하도록 법정화하는 것이 살아있는 재판외 분쟁해결제도를 만드는 지름길의 하나라 할 수 있다. 따라서, 일정한 규모나 실적 등의 기준에 의하여 위원회의 정원과 조직구성 등이 달라질 수 있는 경우에는 주기별로 현황 실태조사를 실시하여

206) 앞 글, 67쪽.
207) 김상찬, 앞 글, 164쪽.

그 결과를 반영하여 위원회의 조직 및 정원 등의 유지 및 축소여부를 결정할 수 있는 방안도 검토의 필요성이 있다 하겠다. 그러나 효율성을 너무 중시하면 국민의 편의성을 소홀히 할 수도 있으므로 이를 잘 조화시킬 필요가 있다.

2. 행정쟁송에 있어서의 재판외 분쟁해결법제의 개선방안

1) 행정쟁송법에 화해 및 조정제도 명문화

행정쟁송에 관한 법에는 재판외 분쟁해결수단을 규정하는 법이 없다. 그렇지만 재판외 분쟁해결제도는 법의 흠결을 보충해주는 기능을 하는 바, 행정쟁송에서의 재판외 분쟁해결수단의 이용이 불가능한 것은 아니다. 실제도, 소송실무에서는 행정소송법에 명시적인 근거가 없음에도 불구하고 상당부분의 사건이 사실상 화해 또는 조정으로 종결되고 있고, 또한 최근에는 국무총리행정심판위원회에서도 청구인과 피청구인인 처분청의 주장을 듣고 이를 조정하여 양당사자가 합의하는 경우에는 이로써 분쟁을 해결하는 사실상의 조정제도를 운영하고 있다. 따라서 실제로 운용되는 제도를 공식화할 필요가 있을 것이다. 가장 바람직한 방법은 관계법에 화해와 조정에 관한 규정을 두는 것이라고 할 수 있다.

최근 대법원이 마련한 행정소송법 개정안(2006.9)에는 화해권고결정제도를 항고소송의 경우에도 이용할 수 있도록 하고 있다. 행정소송법 개정이 이루어지고 또한 행정심판법 개정도 이어지게 되면, 재판외 분쟁해결수단으로서의 화해 · 조정의 이용 확대 및 다양한 절차의 발전을 가져올 방안이 계속적으로 모색되고 채택되어질 것이다.

2) 절차비참가자인 제3자의 보호

① 행정쟁송에서의 행정분결해결수단의 입법적 채택에는 조정 및 화해의 효력문제, 즉, 재판상 화해의 효력을 인정할 것인지, 당사자 사이에 합의가 성립된 것과 동일한 효력을 인정할 것인지, 그리고 집행력을 인정할 것인지, 기판력도 인정할 것인지의 문제, 나아가 이러한 각 효력들을 인정했을 때의 각각의 문제점은 무엇이며 이를 실무적으로 또는 입법기술적으로 어떻게 해결해 나갈 것인지 등의 문제에 대한 대비가 있어야 할 것이다. 그러나, 그 어떤 경우에도, 법치주의의 기본원칙, 절차에 참가하지 않은 제3자의 보호 등은 제도개선에 있어서 기본적인 고려사항이 되어야 하는 것은 너무나 당연한 것이다.

② 이러한 입법적 고려사항을 입법기술적으로 어떻게 해결할 것인가를 검토해본다. 즉, 민사소송법 제220조는 화해에 확정판결과 동일한 효력을 인정하고 있다. 그런데 동법 제461조에서 화해조서는 준재심으로만 취소될 수 있다고 규정하고 있다. 판례가 화해에 기판력을 인정하는 결정적인 논거는 동법 제461조이다. 따라서 입법론상 행정소송법에서 화해를 허용하는 방법으로는 명문으로 민사소송법 제220조만 준용하고, 제461조는 준용하지 않는 방법을 생각할 수 있다. 이 경우, 화해에 집행력을 인정하는 문제는 저절로 해결되며, 제3자에게 판결의 효력이 미치는 문제도 해결된다. 이것은 화해권고결정제도를 도입하는 경우에도 마찬가지이다. 참고로 독일은 화해에 집행력만 인정하고 있다(독일민사소송법 제794조 제1항 제1호).[208]

---

208) 유병현b, 국민참여에 의한 행정분쟁해결, 한국법학원 법학심포지엄, 2004. 10. 13, 토론문, 82쪽.

③ 대법원의 행정소송법개정안은 위에서 기술하는 바와 같은 입법기술적 문제해결방식을 채택하고 있다. 즉, 화해에 의하여 직접 권리 또는 이익의 침해를 받을 제3자 또는 화해의 대상인 처분 등에 관하여 동의·승인·협의 등의 법령상 권한을 가진 행정청이 있는 경우에는 그 제3자 또는 행정청의 동의 등을 받도록 하되, 만약 그러한 동의 등이 없는 경우에는 제3자 또는 행정청이 재심청구를 할 수 있도록 하고 있으며, 또한 개정안의 화해권고결정에 대한 민사소송법의 준용규정에서도 민사소송법 제461조는 포함되고 있지 않다(행정소송법 개정안 제35조). 이렇게 함으로써 법치주의의 기본원칙과 절차에 참가하지 않은 제3자의 보호 등의 입법상 기본고려사항이 관철되어서 바람직한 입법안이라 할 수 있다.

3. 행정결정과정에서의 재판외 분쟁해결 법제의 개선방안

1) 기업의 영업비밀에 대한 정보공개의 예외 인정

협약체결의 사실자체는 공개된다. 기본적인 협약서는 행정정이 미리 마련해 둔 협약서를 이용하므로 공통적인 내용이고, 이는 사전에 공개되어 있다.

또한 자발적 협약은 투명성 제고차원에서 협약기업에 대한 평가결과를 공표하거나, 자발적 협약의 촉진을 위한 홍보 차원 및 소비자에 대한 기업이미지 제고를 위한 공개 등이 있다. 이러한 공개는 제3자의 참여의 기반을 넓히는 것이라 할 수 있다. 그러나 제3자의 참여의 기반으로서 자발적 협약에 대한 정보공개의 한계가 문제되는 바, 자발적 협약에 대하여 “공공기관의 정보공개에 관한 법률”이

원칙적으로 적용되지만 협약과 관련하여 취득한 정보 중 공개할 경우 당해 협약기업에 불이익이 발생할 수 있는 정보는 공개하지 않도록 하는 영업비밀에 대한 공개성의 예외를 계속적으로 인정해야 할 것이다.

2) 제3자의 보호 및 실질적 절차 참여 확대

행정과정에서의 재판외 분쟁해결수단은 장래 행정영역에서 활발히 이용될 수 있을 것으로 예상된다. 그런데 자발적 협약이 행정청과 피규제자에 의한 결탁으로 공익을 침해하지 않도록 자발적 협약 자체에 대한 법적 통제가 필요하다.

자발적 협약에 참가하지 않는 제3자에 대해 협약이 직접 또는 간접적으로 구속력을 발생하지 않도록 하거나 구속력을 배제할 수 있는 사후적 기회를 부여하는 것이 필요하다. 그러나 이러한 제3자의 보호를 강화하는 것은 자발적 협약의 촉진을 저해할 수도 있는 측면이 있다.

우리나라에서 자발적 협약에 있어서의 참여는 피규제자에 국한하는 것 같고, 그 규제에 의해 영향받는 제3자의 참여기회는 자발적 협약의 형성과정이나 이행평가과정 등의 직접적 절차에서는 부여되지 않고 있다. 자발적 협약에 대한 법적 근거규정을 마련하는 과정에서 법령안 입법예고절차가 행해지는 경우에 의견진술기회를 이용하는 정도이다. 또한 이것도 자발적 협약의 채택여부에 대한 의견제출정도에 머무르고 자발적 협약의 구체적 내용에 대한 의견제출은 사실상 가능하지 않다. 따라서 자발적 협약의 사안에 따라 이에 영향받는 제3자의 실질적인 참여기회가 제도적으로 보장되는 방향의 입법이 필요하다.

예컨대 에너지 절약 자발적 협약과 관련하여 보호되어야 할 대표적인 제3자로는 협약대상 사업장 주변지역의 주민을 들 수 있다. 또한 에너지 자발적 협약의 직접적 계기가 세계적인 환경위험으로부터 기후변화가능성에 대한 대책임을 감안할 때, 이러한 사안의 결정에 참여할 수 있는 역량을 가진 환경단체가 있다면 그 참여도 고려될 수 있다.

그런데 사전적 참여의 측면에서 보면 현재의 에너지 절약 자발적 협약의 경우에 지역주민이나 환경단체 등 제3자가 참여할 수 있는 기회가 마련되어 있지 않은 바, 참여 기회의 제도적 보장을 검토하여야 한다. 그리고 사후적 참여의 측면에서 보면, 공법상 계약으로서 자발적 협약은 행정청과 협약기업이라는 협약당사자들만을 구속한다고 본다면 제3자에게 미치는 효력은 법적 효력은 아니라고 할 것이다. 따라서 이 경우 제3자가 자발적 협약과 관련된 행정청의 일련의 행위에 대하여 행정쟁송을 제기 할 수 있기 위해서는 원고적격이 인정되어야 하는 문제가 있다. 이는 행정쟁송상의 원고적격의 확대의 문제로 입법론적인 선결적인 해결이 필요한 부분이다.[209)]

V 결 론

분쟁이 발생한 경우 일반적으로 사법판단으로 해결하는 것이 종국적이라 할 수 있다. 그럼에도 불구하고 재판외 분쟁해결제도가 오늘날 선호되는 것은 재판절차의 복잡함과 사법기능의 흠결도 한 역

209) 이희정a, 322쪽.

할을 함을 부인할 수 없다. 또한 우리 사회가 정식절차나 수단에 의해 문제를 해결하기 보다는 행정기관에의 민원이나 시위를 통하여 해결하려는 경향도 또한 무시못하는 이유가 된다.

재판을 통해서든 재판외 수단을 통해서든, 분쟁을 신속하고 저비용으로, 개별사안에 가장 적절하게 해결해 주는 것이 국민의 권익을 실현하는 것이고 그것이 바로 법치행정의 구현이라고 할 수 있다.

그러나 당사자 사이의 합의로 기존의 결정을 변경한다거나 하는 것은 제3자의 권익을 침해하거나 법적 안정성을 해할 우려가 있다.

이에 따라 재판외 분쟁해결수단을 활용하는 데 있어서는 위법한 상황을 발생시키거나 제3자의 이익을 침해하지 못하도록 분쟁해결제도를 운영하는 데 있어서 전문성, 중립성, 다양한 참여를 확보할 필요가 있다.

따라서 행정법상 재판외 분쟁해결법제를 개선해 나감에 있어서 다음의 문제들을 염두에 두어야 할 것이다.

먼저, 재판외 분쟁해결제도 자체의 일반적인 역기능을 어떻게 해소할 수 있는가가 문제이다. 그것은 당사자 합의의 원칙에도 불구하고, 공권력이 강제되는 경우의 구제책, 분쟁당사자간의 힘의 불균형으로 인해 약자의 일방적인 양보의 가능성, 재판을 받을 권리의 침해에 관한 문제이다.

두 번째로, 재판외 분쟁해결수단의 이용으로 얻어진 결과를 이행하지 않을 경우 집행력을 담보하는 제도를 마련하여야 할 것인가의 문제이다.

셋째로, 재판외 분쟁해결 대상의 범위를 확대하는 문제이다. 법원이 기능할 수 없는 모든 분야에 「재판외 분쟁해결수단이 활용되어야 할 것인가의 문제이다. 재판외 분쟁해결수단의 활용은 결국 법원의 부담을 덜어주는 것이지만, 그 만큼 그 부담이 다른 부문, 예컨대 행정이나 사회에 넘겨지게 되는 것이다. 부담의 파이가 하나라면 부담의 분배를 어떻게 할 것인가가 문제가 된다. 결국 법원, 행정, 사회가 공동으로 부담해 가야 할 과제라 하겠다.

참 고 문 헌

[국내문헌]

강이수, 전자거래 분쟁해결 제도에 관한 소고 — 분쟁해결기관을 중심으로 —, 「중재연구」, 제13권 2호, 한국중재학회, 2004, 69-102쪽.

강정혜, 환경분쟁조정위원회의 구성 및 조정절차의 개선방안, 「환경분쟁조정제도의 기능강화를 위한 법적과제」, 환경법학회 세미나, 2006. 4. 8, 49-64쪽.

김태한, 미국의 재판외 분쟁해결제도, 「중재연구」, 제13권 2호, 한국중재학회, 2004, 181-209쪽.

이용우, 행정사건에 대한 ADR의 적용에 관한 법이론적 고찰, 「중재연구」, 제13권 2호, 한국중재학회, 2004, 459-488쪽.

김경배, 대체적 분쟁해결제도(ADR)의 활성화 방안에 관한 고찰, 「중재연구」, 한국중재학회, 2002 .8, 171-205쪽.

김남진 · 김연태, 행정법 I , 제9판, 2005, 법문사.

김남진, 행정소송상의 화해와 조정. 「법률신문」, 2006. 2. 20, 15쪽.

김상수, 환경분쟁해결을 위한 재판과 ADR의 역할분담, 2006. 4 .8, 「환경분쟁조정제도의 기능강화를 위한 법적 과제」, 환경법학회 세미나, 2006. 4. 8, 65-86쪽.

김상찬, ADR기본법의 입법론에 관한 연구, 「중재연구」, 제13권 제2호, 한국중재학회, 2004. 2, 157-179쪽.

김승열, 국민참여에 의한 행정분쟁 해결, 「한국법학원 심포지움」, 2004. 10. 13, 토론문.

김 열, 자치시대의 환경정책: 참여와 협상을 통한 규칙제정, 「한국행정학보」, 제29권 제4호, 1995. 12, 1153-1170쪽.

김용섭, 행정법상 분쟁해결수단으로서의 조정, 「저스티스」, 제81호, 2004. 10, 5-39쪽.

김유환a, 미국에서의 행정사건에 관한 대체적 분쟁해결방법 — 우리 행정소송상의 화해제도와 관련하여 —, 「헌법규범과 헌법현실」(권영성교수정년기념논문집), 법문사, 1999, 598-622쪽.

김유환b, 행정사건에 대한 재판외분쟁해결제도, 「법학논집」, 제6권 제2호, 이화여자대학교 법학연구소, 2001, 75-108쪽.

김유환c, 법원에서의 행정사건에 대한 재판외 분쟁해결제도, 「현대공법학의 과제」(청담 최송화 교수 화갑기념논문집), 2002, 738-757쪽.

김유환d, 미국 행정법에서의 협의에 의한 규칙제정, 「공법연구」, 제31집 제3호, 한국공법학회, 2003. 3, 549-571쪽.

김유환e, 국민참여에 의한 행정분쟁해결제도, 「저스티스」, 제37권 제5호(통권 제81호), 한국법학원, 2004. 10, 40-74쪽.

김준한, 행정부와 대체적 분쟁해결제도, 「한국행정학보」, 제30권 제4호, 1996.

김형진, 환경분쟁조정법의 제문제, 「법조」, 제543호, 2001. 12, 137쪽.

김철용 외, 주석 지방자치법, 한국사법행정학회, 1977.

류지태, 행정소송법에서의 화해, 청구포기 및 청구인락, 「고시계」, 제543호, 2002. 5, 68-77쪽.

박수헌, 미국행정법상의 협상에 의한 규칙제정에 관한 고찰, 「공법연구, 제30집 제1호(2001. 12), 한국공법학회, 329-348쪽.

박정훈, 행정소송에 있어 소송상 화해, 「인권과 정의」, 제279호, 1999. 11, 8-24쪽.

백윤기, 행정소송제도의 개선, 「행정법원의 좌표와 진로」, 서울행정법원, 1999.

선정원, 민원배심원제를 통한 민원처리혁신방안에 관한 연구, 「한국행정연구」, 통권 제12권 제1호(2003년 봄), 94-129쪽.

송상현, 재판에 의하지 아니한 분쟁해결방법의 이념과 전망, 「인권과 정의」, 1994년 7월호.

안순철 · 최장섭, 대안적 분쟁해결(ADR)의 이론과 실제: 미국의 경험과 한국사회에의 적용, 「분쟁해결연구」. 제1권 제1호(2003. 겨울), 단국대학교 분쟁해결연구소, 5-38쪽.

유병현a, ADR의 발전과 법원의 조정의 효력, 「법조」, 제53권 제6호(통권 제573호), 2004. 6, 27-72쪽.

유병현b, 국민참여에 의한 행정분쟁해결, 「한국법학원 법학심포지엄」, 2004. 10. 13, 토론문.

이규진, 미국 재판외 분쟁해결에 비추어 본 우리나라의 재판외 분쟁해결, 「계간 중재」, 제296호(2000. 6), 25쪽 이하.

이시윤, 민사소송법, 박영사, 2001.

이용우, 행정사건에 대한 ADR의 적용에 관한 법이론적 고찰, 「중재연구」, 제13권 제2호(2004. 2), 한국중재학회, 459-488쪽.

이학규, SW 분쟁 실태조사 및 SW조정 · 알선제도 경제적 효과 분석, 프로그램심의조정위원회 연구보고서, 2006.

이희정a, 법의 지배와 행정법상 재판외분쟁해결제도 — 미국의 경우를 중심으로 — , 서울대학교 대학원 박사학위논문(2004. 8).

이희정b, 국민참여에 의한 행정분쟁해결, 「한국법학원 법학심포지엄」, 2004. 10. 13, 토론문.

이희정c, 지방자치단체 상호간의 분쟁조정기능 강화를 위한 법제정비방향, 「지방자치법연구」, 제5권 제1호, 한국지방자치법학회, 2005. 6, 252-275쪽.

전병서, 대체적 분쟁해결제도(ADR)의 방향, 「변호사」, 제32집, 2002, 136-154쪽.

정남철, 대체적 분쟁해결수단으로서 행정소송에서의 조정, 「司法行政」. 제46권 제4호(통권 제532호), 한국사법행정학회, 2005. 4, 6-20쪽.

정순영, 공공기관의 갈등관리에 관한 법률안 검토보고서(2005. 11), 국회정

무위원회
정영수, 일본의 ADR법에 관한 소개, 「중앙법학」. 제7집 제1호, 중앙법학회, 2005. 2, 389-411쪽.
최영규, 협상에 의한 규칙제정 — 미국 행정입법절차의 한 단면 —, 「미국헌법연구」, 제13호, 미국헌법학회, 2002, 149-176쪽.
한국행정연구원, 국내외 갈등관련 법제도 분석과 효율적 운영방안, 「경제인문사회연구회 협동연구총서 05-02-03」, 2005. 12, 한국여성개발원.
한귀현, 행정상의 갈등해소를 위한 법제개선방안 연구, 연구보고 2004-3, 한국법제연구원, 2004.
______, 행정분쟁해결과 재판외분쟁해결법제의 최근 동향: 일본의 경우를 중심으로, 토지공법연구」, 제26집(2005. 6), 한국토지공법학회, 475-503쪽.
황해봉, 우리나라와 독일의 행정심판의 기능 및 행정심판기관의 비교를 통한 우리나라의 행정심판기관의 발전방향, 행정심판제도개선연구 논문집, 법제처, 2004.
______, 행정법상 분쟁조정제도와 국민참여에 의한 행정분쟁해결제도 1, 「법제」, 통권 제571호, 법제처, 2005. 7, 5-33쪽.
______, 행정법상 분쟁조정제도와 국민참여에 의한 행정분쟁해결제도 2, 「법제」, 통권 제572호, 법제처, 2005. 8, 55-72쪽.

[외국문헌]
大小島武司, 裁判外紛爭處理と法の支配, 有斐閣, 2000.
寺田友子, 現代の行政紛争 小高剛先生古稀祝賀, 成文堂, 2004.
橋眞由美, 行政紛爭解決の現代的構造, 弘文堂, 2005.
山本和彦, ADR基本法に關する-試論-ADRの分爭解決機能の强化に向けて, 「ジュリスト」, NO.1207, 2001. 9.
内堀宏達, ＡＤＲ法(裁判外紛争解決手続の利用の促進に関する法律)概説とＱ＆Ａ(別册ＮＢＬ), 商事法務, 2005. 4.
裁判外分爭解決手續の移用の促進に關する法律(ＡＤＲ法)について, http://www.moj.go.jp

青山善允, 日本におけるADRの將來に向けて - ADR檢討會座長レポ-ト(2004. 11. 30) http://www.kantei.go.jp/jp/jp/singi/sihou/kouhyo/041206adr.html

http://www.soumu.go.jp/kouchoi/knowledge/nenji/index.html

http://www.kantei.go.jp/jp/singi/sihou/enkaku.html

http://www.kantei.go.jp/jp/singi/sihou/pc/0729adr/seibi.html

Aman. Jr., Alfred C. /Mayton, William T., Administrative Law, Second Edition, ST. PAUL, MINN., 2001.

Coglianese, Cary, "Assessing the Advocacy of Negotiated Rulemaking: A Response to Philip Harter", 9 N.Y.U. Envtl. L.J. 386, 2001, pp. 386-447.

Crowne, Caroline Harris, The Alternative Dispute Resolution Act of 1998: Implementing a New Paradigm of Justice, 76 N.Y.U.L.Rev. 1768, 2001, pp. 1768-1811.

Grunewald, Mark H., Freedom of information and confidentiality under the Administrative Dispute Resolution Act, 9 Admin. L. J. Am. U. 985, 1996, pp. 985-1005.

Harter(a), Philip, "Negotiating Regulation: A Cure for Malaise", 71 Geo. L. J. 1, 1982, pp. 1-134.

Harter(b), Philip, The Role of Courts in Regulatory Negotiation - A Response to Judge Wald, 11 Colum. J. Envtl. L. 51(1986), p. 67.

Harter(c), Philip J., Assessing the assessors: The actual performance of negotiated rulemaking, 9 N.Y.U.Envt.L.J 32(2000), pp. 32-59.

Hoffman, Eileen Barkas, The Impact of ADR act of 1998, 35-Jun Trial 30, 1999, pp. 30-34.

Mester, Jonathan D., The Administrative Dispute Resolution Act of 1996: Will the new era of ADR in federal administrative agencies occur at the expense of public accountability?, 13 Ohio St. J. on Disp. Resol. 167, 1997, pp. 167-197.

Senger(a), Jeffrey M., Symposium : Turning the ship of state, 2000 J. Disp. Resol. 79, 2000, pp. 79-95.

Susskind, Lawrence & McMahon, Gerald, The Theory and Practice of Negotiated Rulemaking, 3 Yale J. on Reg. 133, 1985, pp. 133-165.

Wald, Patricia M., Negotiation of Environmental Disputes, A new Role for the Courts, 10 Colum. J. Envtl. L. 1, 1985.

Riskin, Leonard L. /Westbrook, James E., Dispute Resolution and Lawyers, Second Edition, West Group, 1997.

Senger(b), Jeffrey M., Federal dispute resolution: using ADR with the United States government, Jossey-Bass, 2004.

제 7 장 환경분쟁조정제도

홍 준 형*

I 문제의 제기

환경분쟁조정법에 의한 환경분쟁조정제도는 「구제에서 조정으로」 라는 인식의 전환[1]을 배경으로 도입된,[2] 가장 대표적인 재판외적 분쟁해결제도로서, 적은 비용과 간편한 절차를 통하여 신속·공정하고 효율적으로 분쟁을 해결해 환경을 보전하고 국민의 건강 및 재산상의 피해를 구제한다는 것을 목적으로 한다.[3] 환경분쟁조정제도는 분쟁의 신속한 해결, 피해사실 입증에 있어 기술적, 경제적 부담의 경감, 비용과 시간의 절감, 전문성과 과학적인 지식 · 정보의 활

* 서울대학교 행정대학원 교수.

1) 南博 方, ジュリスト, 1992/9, 二○周年を迎えた公害調整委員會, p. 30.

2) 법률의 연혁과 제도의 개요에 관해서는 홍준형, 환경법, 박영사, 2005, 402-433쪽을 참조.

3) 김상호, "환경피해구제를 위한 환경분쟁조정제도", 나라경제 2005년 6월호, 96-98쪽, 96.

용 등에서 소송제도에 대한 비교우위를 목표로 설계된 제도라 할 수 있다.[4] 그러나 과연 환경분쟁조정제도가 그 제도취지에 걸맞게 환경분쟁을 실효적으로 해결하고 있는가, 또는 적어도 그 해결에 기여하고 있는가 하는 의문이 제기된다. 우리는 그러한 의문의 실체가 무엇이며 그로 인한 문제점이 식별될 수 있다면 어떤 법정책적 대안들을 강구해야 하는가 하는 문제를 논의하고자 한다. 이를 위하여 먼저, 현행 환경분쟁조정제도의 현황과 문제점을 살펴보고 이러서 환경분쟁조정제도의 실효성을 그 개념과 영향요인 중심으로 논의한 후, 그 실효성 제고를 위한 유인구조의 설계를 통해 바람직한 정책대안을 모색해 보기로 한다.

Ⅱ 환경분쟁조정의 문제점

환경분쟁조정제도는 조정결정에 대한 승복률이 상대적으로 높고, 조정결정에 대한 구속력이 없음에도 불구하고 법원이 사실관계를 인정하여 조정결과를 받아들이는 경우가 적지 않다는 점에서 환경소송에 대한 대체적·보완적 분쟁해결제도로서 비교적 성공적인 기능을 수행하고 있는 것으로 평가되고 있다.[5]

환경분쟁조정제도는 조정결과의 합의율이 상대적으로 높고, 조정결정이 구속력이 없음에도 불구하고 법원이 사실관계 인정 등과 관

4) 김홍균, "환경오염 피해에 대한 책임체계의 정비방안", 2001.12 (http://edc.me.go.kr/bunjang/report_data/20020001/response.hwp), 43.

5) 설계경, 環境關聯 集團訴訟制度에 관한 立法論的 考察, 「법제」, 2006. 2(통권 제578호), 19-40쪽, 21.

련하여 조정결과를 받아들이는 경우가 적지 않기 때문에 환경소송에 대한 대체적·보완적 분쟁해결제도로서 비교적 성공적으로 기능하고 있다고 판단된다.

그럼에도 불구하고 여전히 제도적 개선을 요하는 적지 않은 문제점이 지적되고 있다.6) 가령 분쟁조정위원이 비상근, 임기 2년으로 되어 있어 전문성·독자성이 약하고 공신력의 발휘가 어려우며, 환경분쟁의 특성상 전문가의 지원을 가능케 할 기구가 없고, 분쟁처리방식의 소극성, 피동성, 절차적 복잡성 등 문제점을 지니고 있다는 비판이 제기된 바 있다.7) 또한 환경분쟁조정제도는 대량의 분쟁을 간이하고 획일적인 절차와 방식에 따라 처리하기 때문에, 피해자가 개별적인 환경피해를 낱낱이 주장하여 충분히 구제받기 어렵다는 점, 또 그만큼 배상액이 낮게 인정될 가능성이 크다는 점, 그리고 어느 한 당사자가 조정결과를 이행하지 않을 때 환경분쟁조정 결과에는 법원의 판결과 같은 효력이 인정되지 않기 때문에 그것을 강제할 방법이 없다는 점 등이 단점으로 지적되기도 한다.8) 사실 조정

6) 이에 관한 문헌목록은 길다. 대표적인 것으로는 김형진, "환경분쟁조정법의 제문제", 「법조」 50권 12호, 2001. 12, 128-149쪽; 김세규, "환경분쟁조정제도에 관한 연구", 「환경법연구」 제24권 1호, 2002. 9, 한국환경법학회, 294-319쪽; 김홍균, "환경분쟁조정제도의 개선방향", 「환경문제연구총서」 9권, 대한변호사협회, 2001, 107-109쪽; 전영길, "환경분쟁조정제도의 현황과 앞으로의 개선과제", 「인권과 정의」 제219호, 1994. 11, 62; 최송화, "환경분쟁조정제도의 개발에 관한 연구", 「법치행정과 공익」(청담 최송화교수 화갑기념논문집), 2002, 530-540; 전경운, 환경분쟁조정제도의 현황과 문제점 「환경법연구」 제26권 3호, 2004. 9, 한국환경법학회, 219-242쪽 등이 있다.

7) 가령 설계경, 같은 곳; 허남오, '환경법 이념구현을 위한 집단소송제도', 동아법학 제19호, 동아대학교 법학연구소, 1995, 238-239쪽 등을 참조. 참고로 이러한 지적은 종래 環境保全法상의 紛爭調停制度에 대하여 당초의 기대와 달리 실제 이용률이 극히 미미했던 원인으로 지적되었던 바와 대동소이한데(全炳成, "환경오염피해분쟁조정법", 司法行政, 1992, 2, 45), 이는 그러한 문제점들이 여전히 남아 있다는 사실을 시사해 준다.

8) http://ecolaw.or.kr/new_html/board/data05/405_info.php.

과 재정의 경우 조정조서 또는 재정문서에 강제집행을 위한 채무명의로서의 효력이 부여되지 않고 단지 당사자간 합의 성립의 효력만 인정되기 때문에 현실적으로 가해자가 합의 내용을 이행하지 않을 경우 새로이 민사소송을 제기해야 한다는 데 본질적인 한계가 있다.[9] 이처럼 종국적 분쟁해결 수단이 될 수 없는 한계 때문에 환경분쟁조정제도가 자칫 민사소송 제기를 위한 전 단계로 단지 승소가능성을 예측하는 수단으로써만 활용될 소지가 있고, 오히려 피해구제가 지연되는 결과가 초래될 수 있다는 점이 지적된다.[10] 그 밖에도 분쟁조정위원회는 분쟁의 조정에 있어서 환경피해의 제거 또는 예방을 위하여 필요하다고 인정하는 경우에는 관계행정기관의 장에 대하여 환경피해의 원인을 제공하는 자에 대한 개선명령, 조업정지명령 또는 공사중지명령 등 필요한 행정조치를 취하도록 권고할 수 있을 뿐 직접 사업을 중지 내지 금지시키는 등 적극적 조치를 할 수 없으므로 골프장 공사나 댐 건설 등 환경에 크게 영향을 미치는 공사를 궁극적으로 저지하는데 일정한 한계가 있고, 지역지구의 지정에 따라 빈번히 발생되는 분쟁 등이 조정대상에서 제외되어 있으며, 인과관계의 규명, 담보제공, 당사자의 정보제공 및 열람권 및 배상액 산정기준 등과 관련한 규정을 결여하고 있는 등 적지 않은 문제점이 있다고 지적하면서 그러한 문제점들이 이용률 저하로 귀결될 것이라고 경고하기도 한다.[11]

생각건대, 수차례 법개정을 통하여 일조권, 전자파피해 관련 분

---

9) 유지태, "환경책임법 연구", 공법연구 제22집 제3호(1994. 6), 357; 조현권, 환경법 - 이론과 실무, 법률문화원, 1999, 348쪽; 김홍균, 앞의 글, 43쪽.

10) 참고로 1991년부터 1999년까지 조정, 재정 결과에 불복, 민사소송을 제기한 사건은 총283건 중 47건으로 16.6%에 이르는 것으로 나타났다. 김시평·이윤섭, 환경분쟁조정판례분석, 한국경제서적, 2000, 23쪽.

11) 김홍균, 앞의 글, 43-44쪽.

쟁 등이 분쟁조정대상에서 제외되어 있었고, 지방환경분쟁조정위원회의 기능이 활성화되지 못했다는 점 등 종래 제기되었던 문제점들은 상당히 해소된 것은 사실이지만,[12] 현행 환경분쟁조정법에 의한 환경분쟁조정제도는 여전히 적지 않은 문제점을 안고 있다. 무엇보다도, 조정(調整)이 손해배상여부에 관한 재정 위주로 행해지고 있어 제도 시행상 심각한 편향이 나타나고 있다는 점을 지적하지 않을 수 없다. 재정제도는 간편하고 신속한 환경분쟁해결수단으로서 존재이유를 가지지만, 재정위주로의 사건처리는 실제 조정제도의 본질인 양당사자의 자유의사에 의한 합의를 유도하는 것이 아니라, 일방적인 결정의 내용을 당사자에게 수용할 것을 강요하는 형식이 되므로 법관이 아닌 자에 의하여 재판을 받는 것과 유사한 결과를 가져온다.[13]

실제로 알선의 경우 당사자간의 합의조성을 위한 준비행위 이상의 의미를 갖지 못해 거의 이용되지 않았고, 조정의 경우에도 당사자가 조정안을 수락하지 않으면 효력이 없고 또 당사자가 조정안을 받아들여 합의가 성립되어도 그 합의는 집행력을 갖지 못하므로 합의사항이 이행되지 않은 경우 그 이행을 강제하기 위해서는 별도의 민사소송등을 거쳐야 하는 한계 때문인지 실제상 거의 활용되지 못

12) 특히 2006년 3월 24일의 법개정(공포후 6월 후부터 시행)으로 환경피해의 유발범주에 통풍방해·조망저해를 포함시키고, 현행 시행령에 규정된 일조방해를 법률로 상향조정하며, 환경피해의 범위에 정신적 피해를 추가하였고(제2조 제1호), 환경분쟁과 건축분쟁이 복합될 경우 조망 및 일조방해 등 건축분쟁에 대하여도 환경분쟁조정위원회에서 분쟁조정을 할 수 있도록 하여 환경분쟁조정위원회 소관사무를 조정하였으며(제5조 제1호), 일조방해, 조망저해, 통풍방해에 대한 분쟁의 재정은 고도의 기술과 전문성이 요구되고 재정결정의 객관성과 신뢰성이 확보되어야 한다는 점을 고려하여 신청가액에 관계없이 중앙환경분쟁조정위원회가 관할하도록 하였다(제6조 제2항). 또한 지방환경분쟁조정위원회의 기능도 이미 앞에서 살펴 본 바와 같이 점차 활성화되고 있다.

13) 전경운, 앞의 글, 239.

하고 있는 형편이다. 이미 앞에서 본 바 있듯이 조정유형별 현황에 따르면, 재정사건이 97.4%를 차지하고 있고(1,413건 중 1,376건), 조정(調停)사건은 2.6%(37건)에 불과하다. 그나마 조정이 성립된 경우는 14건, 1%를 넘지 못하고 있는 실정이다.[14] 주지하듯이 재정은 중앙환경분쟁조정위원회에 의하여 그 위원 5인으로 매 사건마다 구성되는 재정위원회가 환경오염의 피해로 인한 손해배상의 책임을 판정하는 절차이다. 재정은 대심구조와 당사자의 구술변론권이 보장된 준사법적 쟁송절차로서의 성격(법 제37조, 제39조, 제40조, 제45조)을 띤다는 점에서 조정이나 알선과 뚜렷이 구별된다.[15] 물론 법제도상으로는 재정의 범위 안에서 손해배상에 갈음하는 원상회복도 불가능하지는 않고(법 제41조), 처리현황도 방음대책 등이 8건(1%), 중재합의가 677건(49%)으로 나타났지만, 분쟁조정의 이용상황이 재정 위주이고 조정이 거의 활용되지 못하고 있다는 점[16]은 환경분쟁조정제도의 ADR로서의 효용을 크게 약화시키는 대체적 분쟁해결제도의 사법종속화 경향을 의미하는 것으로서 정책적 관심을 기울일 필요가 있다. 환경분쟁조정제도가 그 자체 독자적인 의의를 갖는 분쟁해결절차로 발전하기보다는 손해배상에 대한 임시적·대체적 분쟁해결

---

14) 물론 처리된 1,413건 중 중재합의 677건(49%) 가운데 상당수는 조정절차를 거치지지는 않았을지라도, 실질적으로 분쟁의 조정이 이루어져 합의에 이른 것으로 볼 수 있는 경우라는 점도 고려할 수 있겠지만, 그 내역에 관한 정확한 파악이 어렵고, 또 당사자들이 환경분쟁조정법상의 조정절차를 이용한 것으로 볼 수도 없기 때문에 이를 조정 성립 케이스로 분류할 수는 없을 것이다.

15) 그렇다고 민사조정과 같이 법원에서 하는 사법형 ADR이 아니라 어디까지나 행정형 ADR을 넘어 서는 것이 아님은 물론이다.

16) 이와 관련하여 한국노동연구원, 「사회적 갈등해소를 위한 노동제도 활용방안」(2004.11)은 노동위원회제도와 환경분쟁조정제도를 비교분석한 결과 우리나라 분쟁조정제도들이 판정이나 재정 등 판결식 접근을 중심으로 삼고 있다는 지적을 참조할 필요가 있다(www.kli.re.kr/kli/html_kor/report/notesdown.asp?seq=6085&cover=0&file=0).

기능에 머무름으로써 사법종속적인 예비심급(test instance)로 전락할 우려가 있기 때문이다.

둘째, 앞에서 피해원인별・피해내용별 처리현황에 관한 통계에서 살펴 본 바와 같이 환경분쟁조정제도가 소음진동으로 인한 정신적 피해구제 위주로 흐르고 있다는 점도 문제이다. 이처럼 환경분쟁조정제도가 일종의 환경소액사건(environmental small claims)에 대한 재정 위주의 사법종속적 분쟁해결서비스로 일관하는 현상은 이 제도가 대규모 환경분쟁, 집단적 환경분쟁이나 사회적 환경갈등을 해결하는 데 거의 기여가 없다는 저간의 비판과 결코 무관하지 않다.

그 밖에도 앞서 본 다양한 견해들에 의해 지적된 바와 같이, 환경분쟁조정제도의 공신력을 좌우하는 전문성 및 전문인력 확보 문제, 효과적인 대체적 분쟁조정 기법의 활용 문제 등 제도의 질적 업그레이드를 필요로 하는 요소들이 많지만, 상세한 논의는 생략한다.

Ⅲ 환경분쟁조정제도의 실효성 제고를 위한 정책대안의 모색

1. 환경분쟁조정제도의 실효성

1) 실 효 성

실효성(Wirksamkeit, Effektivität)의 개념은 종종 모호하게 사용된다. 그것은 주로 어떤 법률이나 법규범과 연관되어 '법의 실효성'이란 의미로 사용되는 경우가 많다. 그 경우 실효성이란 개념은 사실상의 효력(tatsächliche Geltung)을 말한다. 즉, 어떤 법규범이 현실적으로 지켜지고 있을 때 실효성이 있다고 할 수 있다. 어떤 법규범이 국가에 의해 제정되고 관철될 수 있을 때 인정되는 법률상의 효력(juristische Geltung)이 규범적 효력(Soll-Geltung)이라면, 이것은 사실적 효력(Ist-Geltung)에 해당한다. 법복종의 동기를 묻지 아니 하고 그 사실적 측면에만 관심을 기울이므로 그 정도나 크기를 측정할 수 있다(meßbar).[17)]

경우에 따라 법률적 효력은 가지지만 사실상 효력이 없거나 미약하거나 또는 불충분한 법규범들이 있다. 법률적 효력을 가진 법규범이 사실상 효력을 발휘하지 못하는 데에는 여러 가지 이유가 있을 수 있지만, 도덕적 효력(moralische Geltung)이 결여에 기인하는 경우가 적지 않다. 도덕적 효력이란 어떤 법규범이 국민으로부터 승인 또는 확신을 받고 있는 힘(Anerkennungs- und Überzeugungsgeltung) 또는 수용(Akzeptanz)으로서 법복종(Rechtsgehorsam)의 도덕적 토대가 된다. 어떤 법규범이 법적 확신에 따라 자발적으로 준수된다면 그런 의미의 도덕적 효력을 가진다고 할 수 있다.[18)]

한편, 사실적 효력이란 의미에서의 실효성 개념은 어디까지나 법률이나 법률의 규정 등 법규범 자체의 준수 여부와 정도에 초점을 둔 것이기 때문에 우리의 관심사인 환경분쟁조정제도의 실효성 문

17) Bernd Rüthers, Rechtstheorie, 1999, München, Verlag C.H. Beck, pp. 190-191.

18) 법의 효력 문제는 법개념의 정의 문제와 직결되어 있다. 법률적 효력은 법규범이 법질서에 의해 정해진 입법절차를 통해 제정된다는 데 근거를 두며, '효력 있는 법'(geltendes Recht)이란 국가에 의해 재정되고 관철되는 법규범을 말하는 것으로 보는 실증주의적 법개념(positivistischer Rechtsbegriff)에 따른다. 반면 사실적 효력(faktische Geltung)은 일종의 사회학적 범주로서, 제정 · 공포된 법규범이 현실적으로 준수되는지 여부, 그리고 그 정도를 측정해주는 개념이다. 도덕적 효력이란 어떤 법규범이 법에 복종하는 국민들로부터 받는 내적 수용 또는 용인(innere Akzeptanz)을 말한다(앞의 책, 192쪽).

제에 그대로 적용하기에는 부적합하다. 우리의 관심은, 실정법의 하나로서 환경분쟁조정법이란 법률 또는 그 중 어느 개별 법조항이 사실상 효력을 가지고 있는가 또는 실제로 잘 준수되고 있는가 하는 것이 아니라, 환경분쟁조정법에 의한 환경분쟁조정제도가 과연 그리고 얼마나 실효적으로 환경분쟁의 해결에 기여하고 있는가를 규명하는데 있기 때문이다. 여기서 말하는 실효성이란 '실제로 효과를 나타내는 성질'을 뜻하는 일반적·사전적 의미와 더 가깝다고 할 수 있다. 실제로 이러한 의미의 실효성 개념은 어떤 법이나 제도가 그 목적에 비추어 현실로 실행되고 있는지를 알려주는 도구개념으로서 더 광범위하게, 법규범이나 규정들에 관련해서도, 더 빈번하게 사용되고 있다.[19] 이러한 의미의 실효성 개념은 이를테면 법이론상의 사실적 효력을 입법학 또는 법정책학의 관점에서 확장시킨 개념으로서 법률이나 그 법조항 등 법규범 자체의 준수(following)나 순응(compliance)보다는 더 넓고 결과지향적인 개념이라 할 수 있다. 이러한 의미에서 환경분쟁조정제도가 실효성이 있다고 하는 것은 그 제도가 본래의 목표를 실효적으로 달성하고 있다는 것 또는 그 제도가 본래의 취지대로 효과를 달성하고 있다는 것을 의미한다.

2) 환경분쟁조정제도의 실효성

앞서 지적한 바 있듯이 실정법의 하나로서 환경분쟁조정법이란

19) 오늘날의 법률은 기대된 효과뿐 아니라 의도하지 않은 효과나 자주 역효과도 발생하며, 법률의 적절성은 이들 각종 효과의 밸런스에 의존한다고 인식되고 있다. 그리하여 입법자는 법률을 목적달성도라는 유효성의 시점에서 바라보게 되고 이를 평가하려는 사고를 확대하고 있다고 한다(Dieter Strempel, Perspektiven der Rechtswirkungdforschung, in: Hagen Hof/Gertrude Lübbe-Wolff(Hrsg.), Wirkungsforschung zum Recht Ⅰ. Wirkungen und Erfolgsbedingungen von Gesetzen, Baden-Baden 1999, S. 627f. 이상 박영도, "실험법률에 관한 고찰", 「법제」, 2003. 6, 53쪽에서 재인용).

법률 또는 그 개별 법조항들의 실효성을 구명하는 것은 이 글의 관심사는 아니다. 또한 환경분쟁조정법에서 제공하고 있는 알선, 조정, 재정 등 구체적인 환경분쟁조정유형이나 개개의 사례에 있어 분쟁조정의 실효성을 논하는 것도 논의의 목적은 아니다. 관건은 환경분쟁조정법에 의한 환경분쟁조정제도가 그 본래 취지에 비추어 실효적으로 작동하고 있는지, 다시 말해 환경분쟁조정제도가 환경분쟁을 실효적으로 해결하고 있는지, 또는 환경분쟁의 해결에 실효적으로 기여하고 있는지, 그리고 어느 정도로 그렇게 작동하고 있는지를 밝히고 그 결과에 따라 제도의 실효를 높일 수 있는 방안을 찾아내는 데 있다.

그러나 이러한 의미에서 환경분쟁조정제도의 실효성을 나타내 주는 객관적인 근거나 자료, 또는 이를 알 수 있게 해 주는 이론적 연구결과는 거의 찾아보기 어렵다. 중앙환경분쟁조정위원회에서 수시로 관련 통계자료를 집계하여 공표하고 있으나, 환경분쟁의 총량을 추정하기 어렵기 때문에 환경분쟁조정제도가 전체 환경분쟁 중 얼마나 많은 부분을 포착하여 해결하고 있는지 불분명하다. 가령, 중앙환경분쟁조정위원회의 통계에 따르면 분쟁조정 접수건수는 2000년에서 2003년까지 지속적으로 증가하다가 2004년에 이르러 감소세로 돌아섰지만, 이를 근거로 우리나라에서 발생하는 전체 환경분쟁의 총량 변화를 읽을 수는 없을 것이다. 환경분쟁의 경우 범죄통계와 마찬가지로 암수(hidden number; Dunkelziffer)가 클 것으로 예상되므로 그 총량을 추정하기가 더욱 어렵다. 따라서 접수건수나 처리건수의 변화만 가지고 환경분쟁조정제도의 이용률이나 환경분쟁의 포착률을 알 수 없다는 데 근본적인 한계가 있음을 부인할 수 없다. 분쟁조정 접수나 처리 건수의 증감에 영향을 미치는 변수들은 다양할 것이다. 가령 환경분쟁의 총량이 증가할 경우 그것이 자연스럽게 분쟁조정 접수건수의 증가를 가져올 수도 있다. 반면 환경분쟁조정제도에 대한 인식 수준, 적용범위의 제한 등으로 인한 그 분쟁해결수단으로서의 효용이나 평판 등이 바뀜에 따라 접수건수가 변화할 수도 있고,[20] 경우에 따라 환경분쟁 총량이 증가했는데도 낮은 인식이나 효용, 신뢰의 결여 등으로 인해 분쟁조정 접수건수는 오히려 감소할 수도 있다. 2003년부터 2004년까지 접수건수가 감소세로 나타난 것은, 매우 불확실하지만, 같은 기간 환경분쟁의 총량 감소를 뒷받침해줄 증거를 찾기 어려운 이상, 오히려 그 같은 요인들로 인한 이용률 저하를 나타내는 것은 아닐지 의심해 볼 여지가 있다. 또한 경우에 따라 환경분쟁조정제도의 이용률 제고를 목표로 접수건수를 확대하려는 정책의지에 따라 변화가 생길 여지도 배제할 수 없다는 점도, 접수건수의 변화를 환경분쟁 총량의 변화나 분쟁조정제도의 이용률 변화와 연결시킬 수 없게 하는 이유가 된다.

반면 우리나라에서 발생하는 전체 환경분쟁의 총량과 그 변화를 알 수 없다는 제약 때문에 역설적으로 분쟁조정의 접수 및 처리현황에 초점을 맞출 수밖에 없다. 다만, 그 경우 통계자료가 가지는 의미는 매우 제한적일 수밖에 없다. 즉 환경분쟁조정제도에 도달한 접수건수를 대상으로 하여 어떤 원인으로 인한 분쟁들이 얼마나 어떻게 처리되었으며 또 어떠한 결과로 이어졌는지를, 투입(input)과 산

20) 종래 環境保全法상 紛爭調停制度가 당초의 기대와 달리 실제로 이용률이 극히 미미했던 원인으로 ① 분쟁조정위원이 비상근·임기 2년으로 되어 있어 전문성·독자성을 기할 수 없었으므로 공신력을 발휘하지 못한 점, ② 환경분쟁의 특성상 제3자 전문가의 지원을 가능케 할 기구가 없었다는 점, ③ 분쟁처리방식의 소극성·피동성, ④ 분쟁조정신청의 절차적 복잡성 등을 지적한 바 있는데(全炳成, "환경오염피해분쟁조정법", 司法行政, 1992, 2, 45), 이 역시 이용률에 영향을 미치는 요인들로 이해될 수 있다.

출(output)이라는 측면에서 환경분쟁조정제도의 운영현황을 보여주는 자료로만 다루어야 할 것이다. 물론, 그 같은 통계의 한계를 유보한다면, 조정 결과 높은 수준의 합의율(83%)을 보인 점은, 비록 그것이 분쟁조정대상으로 접수된 환경분쟁의 궁극적 해결에 얼마나 기여했는지를 객관적으로 확인할 수는 없을지라도, 대단히 고무적이다. 특히 현행 환경분쟁조정제도의 적용범위가 제한되어 있다는 점을 감안할 때, 적어도 현행법상의 환경분쟁조정제도 자체는 접수・처리된 분쟁에 관한 한 매우 효과적으로 작동되고 있다고 볼 수 있을 것이다. 그러나 이미 앞에서 본 바와 같이 현행 환경분쟁조정제도가 소음진동으로 인한 정신적 피해구제를 위한 재정 위주의 제도로 운영되어 왔고, 그 결과 일종의 환경소액사건에 대한 재정위주의 사법종속적 분쟁해결서비스로 변질하고 있다는 점은 그 제도 자체의 실효성에 대한 의문을 이유 있게 만드는 요인이다. 더욱이 분쟁조정제도에 의해 처리된 환경분쟁사건들에 대한 생애주기 추적조사와 그 결과 분석이 이루어지지 않고 있어, 과연 분쟁조정제도를 통해 그 사건들이 해결 또는 종식되었는지를 확인할 길이 없다. 분쟁조정제도의 분쟁해결효과에 관한 한, 아직 우리가 객관적으로 신뢰할 만한 조사분석 결과를 얻을 수 없는 이상, 그 실효성 자체도 확인하기 어렵다고 할 수밖에 없다.

아울러 환경분쟁조정제도의 실효성에 대한 의문이 비교적 폭 넓게 공유되고 있음에도 불구하고 그것을 실증적으로 확인시켜 주는 근거나 자료를 찾을 수 없고, 또 여전히 많은 종류의 환경분쟁들이 분쟁조정제도 밖에서 발생하거나 그것에 의해 포착되지 못하고 있다는 점도 그 실효성 논의의 근본적 한계로 작용한다. 이렇게 볼 때, 이미 앞에서 제시한 바와 같은 의미에서 환경분쟁조정제도의 실효성을 파악하려면, 중앙환경분쟁조정위원회의 통계에만 의존할 것이 아니라, 그 실효성에 영향을 주는 요인들을 찾아내어 각각의 요인들에 대한 보다 실증적인 분석과 검증이 필요하다는 결론에 도달한다.

2. 환경분쟁조정제도의 실효성에 영향을 미치는 요인들

위와 같이 이해된 환경분쟁조정제도의 실효성에 영향을 미치는 요인들은 무엇인가. 대체적·재판외적 분쟁해결수단으로서 법원에 의한 소송제도에 대한 비교우위의 약속에 따라 설계된 제도가 환경분쟁조정제도라면, 바로 그 비교우위의 구성요소들이야말로 그 실효성에 영향을 미치는 요인들이라고 할 수 있을 것이다. 가령 ADR의 특징인 非形式性(informalization), 法外化(Delegalization), 非法曹化(Deprofessionalization)가 환경문제에서 빛을 발한다고 말한다면,[21] 바로 그와 같은 소송에 대한 비교우위를 지칭하는 것과 다르지 않다. 그러나 이미 앞에서 지적한 바 있듯이 환경분쟁조정제도의 실효성에 영향을 미치는 요인들은 매우 다양하다. 그 중 가장 중요한 요인들은 경제성(효율성), 전문성(타당성), 공정성, 그리고 신뢰성, 네 가지로 집약될 수 있다. 즉, 첫째, 저렴한 비용과 간편한 절차를 통하여 분쟁을 해결할 수 있어야 하며(경제성·효율성), 둘째, 분쟁해결이 공정하게 이루어져야 하고(공정성), 셋째, 자격(전문성, 공정성 및 신뢰성 등)을 갖춘 분쟁조정기구와 조정전문가들에 의해 적정타당한 해결책이 도출될 수 있어야 하며(전문성·타당성), 끝으로 이 모든 요소들에 대한

21) ADR의 특징에 관해서는, 강현중, 민사소송법, 1998, 51; Martin A. Frey, ALTERNATIVE METHODS OF DISPUTE RESOLUTION, Thomson Delmar Learning, 2002 등을 참조.

신뢰와 기대가능성이 현실적으로 확인될 수 있어야 한다는 것이다.

3. 환경분쟁조정제도의 실효성 제고를 위한 유인구조의 설계

1) 유인구조 설계의 전제조건

환경분쟁조정제도의 실효성 제고를 위한 유인구조(incentive structure)를 설계하기 위해서는 우선 환경분쟁조정제도의 실효성에 영향을 미치는 요인들을 객관적으로 측정할 수 있는 근거와 자료, 그리고 이론적 분석모델을 구축하는 것이 필요하다. 이를 위해서는 현재 중앙환경분쟁조정위원회가 수집, 제공하고 있는 통계 DB를 확충·개선하여 적어도 현행제도의 실효성에 대한 객관적 모니터링과 측정이 가능하도록 하는 것이 중요하다. 무엇보다도 재정, 조정합의 등 분쟁조정의 결과와 불복제소의 관계, 분쟁조정이 실질적으로 분쟁의 해결에 기여했는지 등 실효성에 영향을 미치는 요인들을 측정할 수 있어야 하는데, 그러려면 계량적 조사뿐만 아니라 환경분쟁에 대한 실체적인 생애주기 추적조사 및 분석을 실시해야 할 것이다. 또한 환경분쟁조정제도의 실효성 여하를 확인하기 위한 다양한 조사방법을 활용할 필요가 있다. 가령 환경분쟁조정제도의 실효성 여하 및 그 원인, 해결방안 등을 관련전문가, 분쟁조정위원회 위원등 분쟁조정관여 경험자, 환경분쟁의 당사자 그 밖의 분쟁조정 참가경험자, 소제기경험자, 일반시민 등 대상 그룹별로 차등화하여 조사·분석하고, 환경분쟁조정제도의 개별 문제점과 실효성 간의 상관관계, 인과적 연관을 파악하는 방안을 강구해 볼 필요가 있다. 아울러 현행 환경분쟁조정제도에 대한 인지도, 이용성향 및 이용률, 분쟁해결에의 기여도, 소 제기율, 분쟁해결수단으로서의 성가 또는 평판 · 만족도 등을 조사하고 환경분쟁조정제도의 실효성 제고방안에 대해서도 적절한 조사 · 분석이 필요할 것이다. 나아가 현행제도의 대상 및 적용범위에 해당하지 아니 하는 환경분쟁에 대해서도 객관적인 측정이 가능하도록 이론적인 조사 · 분석 모델을 구축하여 적용해 나가야 할 것이다.

2) 환경분쟁조정제도의 실효성 제고방안: 대체적 분쟁해결을 위한 대안?

(1) 인식의 개선: 사회심리적 접근

환경분쟁조정제도의 실효성 제고방안은 제도의 이용률을 높이는 데서 출발한다. 제도의 이용자는 물론 환경분쟁의 당사자라 할 수 있으나, 사회구성원 모두가 잠재적인 이용자라는 전제가 필요하다. 그러한 관점에서 환경분쟁조정제도의 존재가치에 대한 인식과 신뢰를 제고하기 위한 사회심리적 접근이 우선적으로 요구된다.

인식 개선이 요구되는 대상은 대체적 분쟁해결방법으로서 환경분쟁조정제도의 존재 자체, 존재이유 및 가치, 효용 및 신뢰가능성, 절차 · 비용 등의 저렴성 · 효율성, 조정위원, 재정위원 등의 면모, 분쟁조정과정의 공정성, 분쟁조정 결과의 공정타당성 등 분쟁조정절차의 신뢰성 요소들이다. 정부, 특히 환경부와 중앙 및 지방 환경분쟁조정위원회는 이러한 요소들에 대한 효과적인 홍보 및 이미지 확산 전략을 세워 추진할 책임을 다 해야 할 것이다.[22] 그러나 인식의 개선은 단지 피상적인 홍보나 이미지 조성 작업만으로는 이루어지지 않으며, 그것을 뒷받침해 주는 실질적인 행정적 토대가 수반되어야

22) 김홍균, 앞의 글, 45쪽.

한다. 가령 환경분쟁조정제도의 효용을 가시화하여 보여줄 수 있는 성과지향적 분쟁 관리시스템, 분쟁조정이 결과 분쟁조정결과에 불복하여 소송으로 간 사례 등에 대한 정책지식관리시스템의 구축·운영이 필요할 것이다. 무엇보다도 절차를 더욱 고객지향적으로 개선하고 그 조정의 전문성과 공정성을 강화하기 위한 가시적인 노력을 기울임으로써 환경분쟁을 재판을 통해 해결하는 것보다 환경분쟁조정제도를 통해 해결하는 것이 비용효율적이고 합리적이라는 사회적 기대가 성립할 수 있도록 하는 것이 필요하다.

(2) 비용과 편익

환경분쟁조정제도의 실효성 제고방안 중 가장 광범위하게 지지될 수 있는 접근은 비용편익분석에 의거한 처방일 것이다. 이를테면, 환경분쟁조정제도를 이용할 경우 기대되는 편익이 그 비용보다 크다면 그 이용이 촉진될 것이라는 가설, 동일 또는 유사한 목표를 달성하기 위하여 법원에 소를 제기하는 경우와 비교하여 상대적으로 비용이 저렴하다면 이용이 촉진되리라는 가설, 소를 제기하는 경우에 비해 비용과 편익의 비율면에서 비교우위가 있다면, 소송에 비해 분쟁조정제도를 더 많이 이용하리라는 가설 등을 생각해 볼 수 있을 것이다. 또는 좀더 근본적인 법경제학적 배경에서 환경분쟁 해결에 드는 비용을 최소화하기 위하여 환경분쟁조정제도의 도입 및 강화가 필요하다는 주장이 제기되기도 한다. 이에 따르면, 환경소송은 환경 침해에 대해 억지력을 발휘함으로써 환경자원을 보다 효율적으로 사용하게 하는 효과가 있다고 한다. 다시 말해서, 환경문제는 "소송을 통한 억지(deterrence through litigation)"가 필요한 대표적인 경우지만,[23] Mancur Olson이 그의 초기 저서[24]에서 갈파한 바 있듯이, 개인은 공공재가 가지는 소비의 非競合性(non-rivalry)과 非排除性(non-excludability)으로 말미암아 集合的 利益(collective interest)의 생산에 자발적으로 기여할 아무런 유인을 갖지 않기 때문에 불행하게도 환경소송을 제기할 유인이 없거나 부족하게 되어 소송이 사회적으로 적정한 수준보다 과소하게 제기되는 過少訴訟(under-litigation)의 경향을 띤다는 것이다. 따라서 이를 극복하기 위하여 무엇보다도 환경분쟁 해결에 드는 비용을 최소화하기 위해 ADR로서 환경분쟁조정제도를 도입할 필요가 있다는 것이다.

ADR로서 환경분쟁조정제도가 가지는 비용면에서의 비교우위는 가장 중요한 정책적 착안점이라 할 수 있다. 그러나 가령 환경분쟁조정제도를 비용최소화의 관점에서 적절히 설계하여 소송 대신 이용할 수 있도록 할 경우, 전체 사회의 관점에서는 가능한 한 그 분쟁조정제도를 이용함으로써 기대되는 비용면에서의 비교우위를 극대화시키는 것이 바람직하겠지만, 비용 측면에서의 비교우위가 어떤 수준부터 비로소 소송대신 분쟁조정제도의 선택을 촉발시킬 것인지는 여전히 미지수이다. 또한 소송과 분쟁조정 중 어느 하나를 선택함에 있어 작동하는 비용편익 비교형량의 메커니즘에 관한 한, 전체 사회의 관점과 환경분쟁 당사자 개인의 관점이 서로 불일치할 수 있다는 가능성도 염두에 둘 필요가 있다. 아무튼 비용의 저렴성, 상대적 경제성이야말로 환경분쟁의 당사자들로 하여금 환경분쟁조정제도를 이용하게 만드는 가장 결정적인 유인이자 ADR의 일종으로서 환경분쟁조정제도가 소송제도에 비해 가질 수 있는 비교우위의 핵심임에는 틀림이 없다. 분쟁당사자 개인, 특히 분쟁해결을 바라는

23) W. Kip Viscusi, ed., Regulation through Litigation, 2002.

24) Mancur Olson, The Logic of Collective Action: Public Goods and the Theory of Groups 1, 1965.

피해자의 입장에서는 분쟁조정으로 소요되는 비용은 최대한 낮은 수준으로 유지될 필요가 있다. 다시 말해 분쟁당사자의 입장에서 비용은 낮을수록 좋고, 아무리 높아도 소송으로 갈 때 예상되는 비용의 수준을 넘을 수 없을 뿐만 아니라 그 비용보다 분쟁조정제도를 선호하도록 할 만큼 충분히 저렴해야 한다. 반면, 환경분쟁조정의 질 또한 환경분쟁의 해결에 중요한 영향을 미친다. 환경분쟁조정의 결론이 충분히 근거지워진 사실조사와 법적 논증을 통해 분쟁당사자들로부터 납득할 수 있는 해결책으로 수용될 때 비로소 환경분쟁의 해결이나 종식을 기대할 수 있을 것이다. 환경분쟁조정의 결론뿐만 아니라 그 과정 역시 분쟁당사자들의 승복을 이끌어 낼 수 있을 정도의 적정한 것이어야 한다. 편파성은 물론이고 피상성이나 형식주의 등도 환경분쟁조정의 신뢰를 손상함으로써 그 결과에 대한 승복률을 저하시키는 결과를 가져올 수 있다. 이와 같이 결과나 과정 모든 면에서 환경분쟁조정의 질을 확보하려면 충분한 시간과 비용 그 밖의 자원이 투입되어야 한다. 이 일반적인 지혜에 비추어 볼 때, 앞서본 피해자 개인의 요구와는 달리 환경분쟁조정의 비용을 소제기시 예상되는 소송비용에 대한 비교우위가 보장되는 가능한 범위 안에서 최대한으로 투입하도록 하는 것이 바람직하다는 결론이 나온다. 그렇다면, 결국 분쟁조정의 비용과 품질은 서로 상호교환적 관계(trade-off)에 놓여 있음을 알 수 있다. 그런데 비용을 당사자부담으로 할 경우, 종종 피해자로 등장하는 다수의 사회적 약자인 개인의 입장에서는 분쟁조정의 품질을 보장하는 수준의 비용부담이 어렵게 될 가능성이 크기 때문에 정부의 보조가 소망스러울 수도 있다. 그러나 당사자 대등성을 원칙으로 하는 분쟁조정절차에 대하여 무한정으로 그 같은 보조를 확대하기는 곤란하다는 데 피치 못할 한계가 있다. 현행 환경분쟁조정법은 제63조 제1항에서 조정비용의 부담원칙으로서 당사자부담주의를 채택하였다. 이에 따르면 위원회가 행하는 조정절차에 필요한 비용은 대통령령이 정하는 사항을 제외하고는 각 당사자가 이를 부담하여야 한다. 따라서 정부가 별도의 예산상의 지원조치를 강구하지 아니 하는 한, 당자자의 비용부담에 의존하여 분쟁조정의 질을 개선하는 데에는 한계가 있을 수밖에 없다. 반대로 분쟁조정의 품질이 보장되지 못할 경우, 종종 가해자 측에서 분쟁조정을 '염가의 이급 정의'(cheaper, second class justice)로 취급하며 참여나 협력을 꺼리는 결과가 초래될 수도 있고, 그 결과 조정결과의 집행을 강화하기도 어렵게 된다.

(3) 비합리성: 내면화·상황·집단의 영향·전략적 행동

개인은 규범준수에 대한 의사결정에 있어 합리적인 비용편익분석(rational cost-benefit analysis)에 의거하여 행동하는가 아니면 다소간에 자동적으로 또는 내면화된 가치를 토대로 하여 판단을 내리는가에 관해서는 논란이 있다. 내면화된 가치의 문제를 비용편익분석의 관점에서 도덕적 규범 위반에 따른 죄책감을 죄책감의 벌(penalty of guilt)로 내면적 편익을 만족 또는 정직의 즐거움(pleasure of rectitude)으로 번역한다고 해서 내면화된 가치의 영향을 변질시킬 수는 없으며, 합리적인 비용편익분석으로는 설명되기 어려운 내면화된 가치판단 또는 요인에 의해 규범 순응여부에 대한 의사결정이 이루어지는 경우가 있을 수 있다는 것은 부인하기 어려운 사실이다. 그 밖에도 상황논리, 집단의 영향, 사회적 역할 등에 의해 규범순응에 관한 의사결정이 영향을 받을 수 있다.[25] 특히 주목해야 할 점은 종종 합리

25) Lynne L. Dallas, Law and Public Policy-a sociological approach, 2005, 182ff.

성이나 비용편익분석과는 무관한 전략적 행동(strategic behavior)이 심지어는 기획소송 등의 형태로 소송에서조차도 규범순응 또는 분쟁해결제도의 선택적 이용에 영향을 미치는 경우가 나타난다는 사실이다. 가령 최근 대법원이 판결을 선고한 새만금소송[26]에서 피해어민 등 소송당사자들이나 환경단체들은, 비록 그들이 승소를 간절히 염원했다 할지라도, 합리적인 비용편익분석에 입각하여 소송을 제기하거나 수행했다기보다는 새만금개발사업의 환경적 문제에 대한 국민적 여론을 환기·동원하고자 하는 보다 포괄적인 정치적 의도에 따라 움직였다고 보아야 할 것이다. 천성산 도롱뇽사건에서 지율스님이 보인 저항의 행태 역시 합리적인 비용편익분석에 따른 것이라고 볼 수는 없을 것이다.[27]

(4) 제도 내용의 개선

환경분쟁조정제도의 실효성과 관련하여 또 하나 빼 놓을 수 없는 실효성 인자는 제도의 내용이다. 요컨대 분쟁조정제도의 내용이 개선되면 그 이용률 또한 높아질 가능성이 크다고 할 수 있다. 이미 앞에서 지적한 바와 같이 분쟁조정제도를 바라보는 잠재적 이용자들의 시각에 결정적인 영향을 미칠 수 있기 때문이다. 그 동안 논의되거나 주장되어 왔던 환경분쟁조정제도의 개선방안들은 대개 다음 몇 가지 유형들로 나뉜다. 그 첫 번째는 환경분쟁조정제도의 대상을 확대하여야 한다는 주장이다. 일조권이나 조망권 등 환경권의 내용으로 새로이 대두되는 권리와 관련된 분쟁을 환경분쟁조정의 대상

26) 대법원 2006.3.16. 선고 2006두330판결(정부조치계획취소등).

27) 도롱뇽소송의 법리적 문제에 관하여는 홍준형, '도롱뇽소송'의 적법여부에 대한 고찰, 「한국공법이론의 새로운 전개」, 목촌김도창박사팔순기념논문집, 2005를 참조.

으로 삼아야 한다는 주장은 최근의 법개정으로 이미 반영된 바 있지만, 다른 법령과 관련하여 발생하는 분쟁(예컨대, 자연공원, 상수원보호구역, 개발제한구역 등 지역지구지정과 관련한 분쟁)도 환경피해와 직·간접으로 관련이 있을 때 또는 「폐기물처리시설 설치촉진 및 주변지역 지원등에 관한 법률」에 의한 폐기물처리시설 설치와 관련된 분쟁도 환경분쟁조정제도의 대상으로 포함시킬 필요가 있다는 주장이 제기된다.[28] 둘째, 집단분쟁, 공공분쟁 등 대규모 사회적 분쟁에 대한 대응수단을 강화하여야 한다는 주장이 제기되고 있다. 구체적으로는 조정절차 이용을 확대하기 위한 유인체계를 재정비함으로써 조정의 기능과 절차유형을 강화·확대하는 방안, 조정과정에서 참여적 의사결정수단 등 다양한 갈등관리기법을 적용할 수 있는 연결고리를 법제 수준에서 구체화하는 방안 등이 제시되고 있다. 반면 환경분쟁조정제도의 적용범위(coverage)를 확대하기보다는 '공공갈등관리법'과 같은 공공갈등에 적합한 새로운 법제도적 메커니즘을 도입하는 것이 필요하다는 주장도 나오고 있다.[29]

셋째, 중앙환경분쟁조정위원회의 기능 확대(예컨대, 직접적인 공사중지명령 등 조치권의 부여) 못지않게 지방자치화시대의 지역환경분쟁을 효과적으로 해결하기 위하여 지방환경분쟁조정위원회를 활성화하여야 한다는 주장이 나오고 있다.[30] 2002년 12월 26일의 환경분쟁조정법 개정법률은 지방조정위원회의 활성화와 주민불편을 해소한다는

28) 가령 김홍균, 앞의 글, 44쪽.

29) 이에 관해서는 Hong, Joon Hyung, Law, Policy and Institutions for Alternative Dispute Resolution in Korea, 『Comparative Studies in Public Conflict Resolution』(KDI School of Public Policy and Management, 2005); 홍준형, 갈등관리와 공적해결 시스템, 『공공갈등관리의 이론과 기법(下)』(대통령자문지속가능발전위원회편), 2005, 514-547쪽 등을 참조.

30) 김세규, 앞의 글, 310쪽; 김홍균, 같은 곳; 김시평, "우리나라 환경분쟁조정제도의 현황과 발전방향", 환경법연구 제21권, 1999, 98-99쪽 등.

취지에서 지방조정위원회에서도 재정위원회를 구성하여 재정을 할 수 있도록 하였다. 개정법은 재정결정의 통일성을 확보하기 위하여 지방조정위원회의 재정위원회가 행한 재정에 불복이 있는 당사자는 재정문서의 정본이 송달된 날로부터 60일 이내에 중앙조정위원회에 재정을 신청할 수 있도록 하였으나(제42조 제1항), 이에 대해서는 행정형 조정제도에서 강제적인 것은 아니지만 이러한 불복절차를 거치도록 한 것이 타당한지 의문이 표명되고 있다.[31] 한편, 환경분쟁조정위원회의 기능 확대와 전문성 제고라는 관점에서 환경분쟁조정제도를 행정소송의 전치절차로 연계하는 방안 또는 법원에 소를 제기하기 이전에 반드시 분쟁조정위원회의 調整을 거치도록 하는 조정전치주의의 도입이 주장된 바 있으나,[32] 현재 행정소송법상 행정심판전치주의가 원칙적으로 폐지된 이상 더 이상 논의의 실익은 크지 않은 것으로 보인다.

넷째, 환경분쟁조정제도의 집행(enforceability)을 강화함으로써 종국적인 분쟁해결이 가능하도록 하여야 한다는 주장이 제기되어 왔다. 구체적으로는 분쟁의 궁극적 해결을 통한 환경분쟁조정제도의 실질화를 위하여 조정조서 또는 재정문서에 강제집행을 위한 채무명의로서의 효력을 부여하여야 한다는 견해이다.[33]

당초 환경분쟁조정법상의 재정은 그 준사법적 특성 때문에 활용될 것으로 기대되었지만, 재정의 구속력이 인정되지 않았기 때문에 널리 활용되지 못했다는 것이 중론이다. 1995년 12월 29일의 개정법은 제40조

31) 전경운, 앞의 글, 239쪽.

32) 김세규, 같은 곳; 최정주, 환경오염피해분쟁조정제도의 개선방향, 입법조사월보(국회사무처), 1994. 6, 63쪽 등.

33) 이상규, “환경오염분쟁조정제도의 법적 성격”, 인권과 정의 제219호(1994. 11), 36쪽; 이경환, “환경오염피해분쟁조정제도(개선방안을 중심으로)”, 저스티스 제25권 제2호(1992. 12), 253, 270쪽 등.

제1항에서 재정위원회가 재정을 행한 경우 재정문서의 정본이 당사자에게 송달된 날부터 60일이내에 당해 재정과 관계되는 손해배상에 대하여 소송이 제기되지 아니하거나 그 소송이 취하된 때에는 그 손해배상에 대하여 당해 재정문서는 재판상 화해와 동일한 효력을 가진다고 규정함으로써 재정의 효력을 보강했었지만,[34] 그러나 이 규정은 그후 1997년 8월 28일 전면개정된 현행환경분쟁조정법(법률 제5393호)에 의해 삭제되었다. 그 대신 법은 제42조에서 "재정문서의 정본이 당사자에게 송달된 날부터 60일 이내에 당사자 쌍방 또는 일방으로부터 당해 재정의 대상인 환경피해를 원인으로 하는 소송이 제기되지 아니하거나 그 소송이 취하된 때에는 당사자간에 당해 재정내용과 동일한 합의가 성립된 것으로 본다"는 1996년 법개정 이전의 규정(제40조)을 부활시켰다. 이것은 국가배상법 제16조 중 "심의회의 배상결정은 신청인이 동의한 때에는 민사소송법의 규정에 의한 재판상의 화해가 성립된 것으로 본다"라는 부분이 위헌이라는 헌법재판소 1995년 5월 25일의 결정[35]에 따라 위 조항 역시 위헌시비에 휘말릴 우려가 있다는 점을 고려한 결과라고 알려지고 있다. 그러나 위 헌법재판소의 결정은 각종 중재・조정 등 준사법적 성격을 지닌 절차 일반에 대하여 그 결정에 재판상 화해와 동일한 효력을 부여하는 것 자체를 위헌으로 본 것은 아니었다. 즉, 헌법재판소는 "이 사건 심판대상조항 부분은 국가배상에 관한 분쟁을 신속히 종결・이행시키고 배상결정에 안정성을 부여하여 국고의 손실을 가능한 한 경감하려는 입법목적을 달성하기 위하여 동의된 배상결정에 재판상의 화해의 효력과 같은, 강력하고도 최종적인 효력을 부여하여 재심의 소에 의하여 취소 또는 변경되지 않는 한 그 효력을 다툴 수 없도록 하고 있는바, 사법절차에 준한다고 볼 수 있는 각종 중재・조정절차와는 달리 배상결정절차에 있어서는 심의회의 제3자성・독립성이 희박한 점, 심의절차의 공정성・신중성도 결

---

34) 그러나 당사자가 재정에 불복하여 소송을 제기함으로써 그 구속을 벗어날 수 있는 것은 종전과 다름이 없었다(§ 40 ①). 이것은 중재법상의 중재판정이 확정판결과 동일한 효력(중재법 § 12)을 가지는 것과 대조되는 점이었다.

35) 헌법재판소 1995.5.25 선고 91헌가7결정(국가배상법 제16조에 관한 위헌심판: 헌공, 10).

여되어 있는 점, 심의회에서 결정되는 배상액이 법원의 그것보다 하회하는 점 및 불제소합의의 경우와는 달리 신청인의 배상결정에 대한 동의에 재판청구권을 포기할 의사까지 포함되는 것으로 볼 수도 없는 점을 종합하여 볼 때, 이는 신청인의 재판청구권을 과도하게 제한하는 것이어서 헌법 제37조 제2항에서 규정하고 있는 기본권 제한입법에 있어서의 과잉입법금지의 원칙에 반할 뿐 아니라, 권력을 입법·행정 및 사법 등으로 분립한 뒤 실질적 의미의 사법작용인 분쟁해결에 관한 종국적인 권한은 원칙적으로 이를 헌법과 법률에 의한 법관으로 구성되는 사법부에 귀속시키고 나아가 국민에게 그러한 법관에 의한 재판을 청구할 수 있는 기본권을 보장하고자 하는 헌법의 정신에도 충실하지 못한 것"이라고 판시하였기 때문이다. 이러한 헌법재판소의 결정취지에 비추어 본다면, 재정은 국가배상법상의 배상심의절차와는 달리 준사법적 쟁송의 성질을 띠고 있고 또 불복제소의 기회가 봉쇄되어 있는 것도 아니기 때문에 그 효력을 재판상 화해와 동일한 것으로 강화시킨다고 해도 재판청구권침해 등 위헌의 문제는 생기지 않는다고 볼 수 있었다. 따라서 정부가 환경분쟁조정법의 전면개정을 추진하는 과정에서, 종래 조정의 구속력이 확보되지 못해 생긴 문제점을 해소하기 위하여 1년전에 신설되었던 구법 제23조 제3항을 삭제한 것이 해석론이나 입법정책의 견지에서 옳았는지는 의문스럽다.

반면, 분쟁조정문서에 재판상 화해조서와 같은 효력을 인정하는 것은 권력분립주의, 사법권 독립주의, 국민의 재판받을 권리 등을 침해하는 것으로써 위헌의 소지가 있고, 집행력을 인정하는 것이 오히려 분쟁조정제도 활용을 위축할 소지가 있으므로 섣불리 재판상 화해조서와 같은 효력을 인정하기는 곤란하다는 반론이 제기되고 있다.[36] 그 대신 중재법상 중재판정과 같이 중재계약을 전제로 그

36) 김홍균, 앞의 글, 44쪽; 또한 집행분야에 전문성이 약한 위원회가 작성한 재정문서는 집행불능의 가능성도 있으므로 재정문서의 효력에 민법상 합의정도의 효력을 인정함이 타당하다는 견해로는 조현권, 『환경법-이론과 실무』, 법률문화

집행력을 인정하고 취소사유를 제한적으로 인정하는 방안도 검토해볼만 하지만, 환경분쟁도 중재법에 따른 중재가 가능하고 또 일본에서 그 활용도가 낮았다는 점을 고려하여 환경분쟁조정법에 별도로 중재제도를 둘 실익은 적다고 한다.[37]

생각건대, 분쟁조정 결과의 구속력 또는 집행을 강화해야 한다는 주장은 일견 환경분쟁조정제도의 실효성을 강화하는 방안으로 여겨질 수도 있으나, 분쟁당사자별로 피해자 및 환경단체 등과 가해자 및 기업 등의 선호함수가 각기 상이하다는 점을 고려한다면, 반드시 일률적으로 판단할 문제는 아니라고 생각된다.

먼저, 구속력을 강화하면 그것을 염려한 가해자측의 참여 거부로 인해 오히려 이용률이 저하될 우려가 있다. 전치주의 제도화 역시 분쟁조정제도의 이용률을 확보해줄 수는 있겠지만, 전치요건 준수에 따른 기간지연 등 자칫 분쟁조정제도의 효용과 그에 대한 신뢰를 떨어뜨리는 요인으로 작용할 우려가 있다. 그러므로 조정이나 재정의 구속력이나 절차요건을 강화하는 것만이 능사는 아니라고 보아야 할 것이다. 환경분쟁조정제도를 M. Olson이 말하는 '집단행동의 딜레마'에 대한 대응수단으로서 환경분쟁의 피해자 측에 대한 사회정책적 배려라고 이해할 경우, 그 절차요건이나 조정결과의 구속력을 강화하는 것이 조직되지 않은 다수의 피해자에게 더 유리한 결과를 보장해 주는 길이라고 볼 수도 있겠지만, 반대로 가해자 측의 입장에서는, 그러한 분쟁조정에 대한 부응 또는 협력의 유인을 상실시키는 요인으로 여겨질 가능성이 크다는 점도 고려하지 않으면 안 된다. 만일 분쟁조정기구의 불편부당성과 전문성, 조정절차의 공정성

원, 1999, 348쪽 등을 참조.

37) 김홍균, 같은 곳.

이 보장되어 재판 못지않은 분쟁해결결과를 기대할 수 있게 된다면 가해자측 또한 기꺼이 가용자원을 동원하여 그 우월성을 관철하고 자신에게 유리한 조정결과를 얻고자 시도할 것이다. 그와 동시에 분쟁조정비용은 증가할 것이고 부담능력이 적은 당사자들에게 분쟁조정에 대한 참여의 계속을 어렵게 만드는 압력으로 작용할 여지도 배제하기 어렵다. 반대로 분쟁조정제도가 그 기구의 구성이나 조정절차, 기법 등 여러 가지 측면에서 '이급 정의'(second class justice), 또는 '분쟁해결의 바겐세일'(bargain sale of dispute resolution) 기회를 제공하는데 그친다면, 우월한 자원을 가진 가해자측은 그 자원의 우월을 최대한 활용하기 위하여 소송을 선택할 가능성이 크고 그 경우 분쟁조정제도는 사회적 약자 또는 사회적 약자임을 자처하는 사람들, 그들만의 성토장으로 전락할지도 모른다.

끝으로, 절차의 간이, 접근용이성, 저렴성 등 ADR의 장점을 극대화시키는 방향으로 분쟁조정절차를 더욱 효율적으로 개선할 필요가 있다는 주장이 제기되고 있다. 구체적인 방안으로는 증거조사 등 사실조사기능의 강화방안(가령 공정한 감정을 담보하기 위한 감정기관의 지정방안), 분쟁당사자의 정보제공 및 열람권 등의 도입방안, 전문적인 배상액 산정방법 채택, 합리적인 배상액 산정기준 설정(예컨대, 위자료액의 증가), 적정한 소요기간의 산정 및 관리 방안 등이 제시되고 있다.[38)]

38) 김시평, 우리 나라 환경분쟁조정제도의 현황과 발전방향, 98~99쪽; 김세규, 앞의 글, 311; 김홍균, 앞의 글, 44-45쪽 등

4. 소결: 잠정적 대안

앞에서 본 바와 같이 환경분쟁조정제도의 실효성에 영향을 미치는 요인들은 매우 다양할 뿐만 아니라 일률적으로 작용하는 것도 아니어서 그로부터 보편타당한 정책대안을 도출하기 어렵다고 생각된다. 이 점을 감안하면서 정책적 우선순위를 판단해 본다면, 우선 환경분쟁조정제도의 효용에 대한 인식을 제고하고 이용률을 향상시키는 것이 중요하다. 물론 전제조건이 있다. 분쟁조정제도가 현실적으로 효용을 발휘하도록 만들어야 한다는 것이다. 그 효용의 핵심요소 중 첫 번째 것은 소송보다 훨씬 저렴하고 간편하게 분쟁을 해결할 수 있다는 소송에 대한 사회경제적 비교우위일 것이다. 그러나 그 분쟁조정 결과의 전문성과 신뢰성이 확보되지 않으면 비교우위는 성립될 수 없다. 그렇다면, 단기적으로 이용률을 크게 제고시키지 못하거나 개개의 분쟁해결 또는 전체적인 환경분쟁의 해소에 큰 진전이 없을지라도, 일단 분쟁조정의 전문성과 신뢰성을 확보하는데 최대한 정책적 노력을 기울일 필요가 있다. 이를 위해서는 특히 재정의 경우, 증거조사 등 사실조사기능을 강화하고 배상액 산정방법 및 산정기준을 적정화하는 등의 제도개선이 요구된다. 재정절차를 법원의 재판과 연계시키는 방안도 검토해 볼 수 있으나, 그 경우 일단 소송제기가 선행되어야 하고 또 실제로 법관들이 소송사건을 환경분쟁조정절차에 회부할 만큼 환경분쟁조정제도를 신뢰할 것인지 여부가 미지수라는데 한계가 있다. 조정절차의 활용을 위하여 특히 다양한 조정모델의 개발, 적용과 함께 조정위원회의 기능 강화 등이 필요함은 물론이다. 이와 같이 분쟁조정의 전문성과 신뢰성이 괄목

하게 개선될 수 있다면 결국 장기적으로도 분쟁조정의 사회경제적 비교우위와 인식의 제고라는 두 마리 토끼를 모두 잡을 수 있을 것이라는 결론에 이른다. 이러한 결론을 실현하려면, 의당 정부의 정책적 의지와 자원투입의 확대가 불가피하다.

Ⅳ 맺는 말

이제까지 우리는 현행 환경분쟁조정법에 의한 환경분쟁조정제도가 그 취지에 걸맞게 환경분쟁을 실효적으로 해결하고 있는지, 또는 그 해결에 기여하고 있는지 하는 물음에 답하기 위하여 그 문제제기의 틀과 문제점, 바람직한 법정책적 대안들을 검토해 보았다. 이를 위하여 현행 환경분쟁조정제도의 현황과 문제점을 살펴보고 이러서 환경분쟁조정제도의 실효성을 그 개념과 영향요인 중심으로 논의한 후, 그 실효성 제고를 위한 유인구조의 설계를 통해 바람직한 정책대안을 모색하고자 시도하였다. 결론적으로 현재와 같은 문제상황에서는 문제를 해결하기보다는 더 많은 문제를 제기한 것에 불과할지도 모른다. 그럼에도 이러한 논의를 통해 환경분쟁조정제도의 실효성 문제를 좀 더 진지하게 고민해야 하며, 그 문제의 인식이나 정책대안의 설계에 있어 객관적인 실사구시의 자세와 접근이 절실하다는 점을 부각시킬 수 있었기를 바란다.

참고문헌

[국내문헌]

강현중, "대체적 분쟁해결제도", 1994, 고시계.

______, 『민사소송법』, 박영사, 1996.

국민고충처리위원회, 1995년 제2차년도 운영상황 보고서, 1996.

권영설, "언론분쟁의 소송외적 방법에 의한 해결" 법학논문집 제13집, 중앙대학교 법학연구소, 1998.

권오승, "의료분쟁조정법안의 문제점과 개선방안", 법학 제36권 1호, 서울대학교 법학연구소, 1995.

김광수, "상사중재제도에 관한 비교 고찰", 중재 통권 278호, 대한상사중재원, 1995.

김영미, "노동위원회제도의 개선방안에 관한 연구", 고려대학교 경영정보대학원, 1996.

김유환, "공공갈등관리를 위한 제도정비방향", 『공법연구』(한국공법학회) 제33집 제1호, 2004.

김종순, "환경행정에 있어서 중앙과 지방의 역할 분담"(환경정책학회, 국제화시대의 환경정책의 과제와 진로에 관한 한·독 국제세미나발표문). 1995.5. 23-24쪽.

김태기, 『노동위원회제도 개선방안 연구』. 한국노동연구원, 1992.

민경식, "노사분쟁의 소송외적 방법에 의한 해결". 법학논문집 제13집, 중앙대학교 법학연구소, 1988.

반흥식, "소송외적 분쟁해결제도". 전북대학교 대학원 석사학위논문, 1992.

石川明, "ADR(재판외의 분쟁처리)의 문제점". 사법행정, 1991.

송상현, "한국에 있어서의 재판외 분쟁처리 절차 개관". 사법행정, 1991.

______, "재판에 의하지 아니한 분쟁해결방법의 이념과 전망". 『人權과 正

義』, 1994/7: pp. 8-18.
양병회, “독일에서의 재판에 의하지 아니한 분쟁해결방법”. 『人權과 正義』. 1994/7: 36-42쪽.
유병화 · 정동윤 · 박노형, “대학학사중재위원회 설치 방안에 관한 연구”(1992년도 교육부 학술연구조성비지원연구), 1992.
이달곤, “중앙정부와 지방정부간의 기능 및 역할분담”, 『환경과 생명』, 1994, 26-35쪽.
______, “환경문제와 국가정책－성장, 환경 그리고 분배”, 『공간과 사회』, 1993/12(통권 제3호), 150-172쪽.
______, 협상론: 협상의 구조, 과정 그리고 사례분석, 법문사, 1994.
이동찬, “옴부스만 제도에 관한 일반적 고찰”, 법학연구 제18집, 전북대학교 부설 법학연구소, 1991.
이상돈, “소송외적 방법에 의한 분쟁해결” 법학논문집 제13집, 중앙대학교 법학연구소, 1988.
______, “소송외 방법을 통한 분쟁의 해결-미국에서의 ADR에 관한 논쟁을 중심으로” 대한변호사협회지, 1989.
______, “조정, 중재, 심판제도의 개관”, 저작권 제10호, 1990.
이시윤, 『민사소송법』, 박영사, 1996.
임중호, “소비자분쟁의 소송외적 방법에 의한 해결” 법학논문집 제13집, 중앙대학교 법학연구소, 1988.
장문철, “재판에 의하지 않은 분쟁해결방식(ADR)”. 『人權과 正義』. 1994/7, 19-26쪽.
______, “변호사단체의 재판외적 분쟁해결절차 도입의 의의”. 『시민과 변호사』, 1996/7, 105-123쪽.
全炳成, “우리나라 환경법의 발전과 환경정책기본법의 제정”, 『環境法研究』 제14권, 1992.
전재경외, 『환경문제와 관련된 갈등해소방안』, 한국법제연구원, 1996.
전홍렬, 『증권거래법 해설』, 한국상장회사협의회, 1994.
정갑규, “미국법원에 있어서 ADR의 제도화”, 재판자료 제58집, 법원행정처,

1990.
총무처, 『위원회편람』, 1990
최 광, “환경오염과 국민경제”, 생태계 위기와 한국의 환경문제, 1992.
崔炳善, 『政府規制論』, 法文社, 1992.
한국은행·은행감독원 금융지도국 분쟁조정실(1994). 『금융분쟁조정사례집』.
洪準亨, “환경분쟁조정제도의 실효성 및 실효성 제고방안에 대한 고찰”, 『環境法硏究』 第28卷 제1호(2006.5.15), 2006, 356-382쪽.
______, 『環境法』, 박영사, 2005.
______, “갈등관리와 공적해결 시스템”, 『공공갈등관리의 이론과 기법(下)』(대통령자문지속가능발전위원회편), 2005, 514-547쪽.
______, “중앙정부와 지방자치단체간 환경정책의 조율을 위한 법제정비의 방향과 과제 — 지방자치시대의 환경정책과 환경법의 진로모색 —”, 『環境法硏究』 제17권, 1995.
______, “집단분쟁의 실태와 분쟁해결의 문제점”, 『법과 사회』 제12호, 1995, 16-45쪽.
홍천룡, “환경오염피해의 구제”, 『環境法硏究』 제14권, 1992.
環境部, 環境白書, 1994/1995/1996.
황명찬 · 김종순, 『환경행정의 조직과 기능배분에 관한 연구』, 건국대학교 행정문제연구소 아시아재단연구보고서, 1994.
황적인, “소송외적 분쟁해결”, 중재 제17권 8호 통권 258호, 대한상사중재원, 1993.

[일본문헌]

小高 剛, 『行政法各論』, 有斐閣, 1992.
三木浩一, “あめりか 合衆國聯邦地裁における 訴訟付屬型 ADR”, 國際商事法務 Vol.23 No. 10, 1995.
南博方, 『紛爭の行政解決手法』, 東京: 有斐閣, 1993.

[구미문헌]

Abel, Richard, L.(Ed), The Politics of Informal Justice, Academic Press, 1982.

Aubert, V., Courts and Conflict-Resolution, in Journal of Conflict Resolution, Vol. 11, 1967, pp. 40-51.

Bedikian, Medical Malpractice Arbitration Act: Michigan's Experience with Arbitration, A. J. Law & Med., Vol. 10, 1984.

Bender/Sparwasser, Umweltrecht, 2.Aufl., 1990.

Bercovitch, J., Social Conflicts and Third Parties: Strategies of Conflict Resolution, Boulder: Westview Press, 1984.

Bevan, Alexander, Alternative Dispute Resolution. London: Sweet & Maxwell, 1992.

Bingham, Lisa B., Mediation Employment Disputes: Perceptions of Redress at the United States Postal Service. Review of Public Personnel Administration 17(2): 1997, pp. 20-30.

Blümel, W., Neuere Entwicklung im deutschen Umweltrecht, 1994(원문 『環境法研究』 제16권, 230이하, 1994.

Breuer, R., Umweltschutzrecht, in: I.v.Münch(hrsg), Besonderes Verwaltungsrecht, 9.Aufl., 1992.

Breyer, Stephen, Regulation and its Reform, 1982.

Cannon, Mark W., Judicial Administration to the 21st Century. Public Administration Review 45(5): 1985, pp. 679-685.

Cappelletti, M., Vindicating the Public Interest through the Court: A Comparativist's Contribution, Buffalo Law Review Vol. 25, 1976.

______ Ed., Access to Justice and the Welfare State, Sijthoff, 1981.

______/Garth, B.(Ed.), Access to Justice: A World Survey 6, 9(Alphen aan den Rijn/Milan, Sijthoff and Noordhoff/Giuffrè), Vol. I of the Florence Access-to-Justice Project Series, 1978.

Cappelletti, M./Weisner, J.(Ed.), Access to Justice: Promising Institutions 595 (Alphen aan den Rijn/Milan, Sijthoff and Noordhoff/Giuffrè), Vol. II of the Florence Access-to-Justice Project Series, 1978/1979.

Carnevale, D.G., Alternative Dispute Resolution: An Illustrative Case in the US Postal Service, Public Administration Review, Vol. 14, No. 1, 1989.

______, Root Dynamics of Alternative Dispute Resolution: An Illustrative Case in the U.S. Postal Service. Public Administration Review 53(5): 1993, pp. 455-461.

Carpenter, Susan L. and W.J.D. Kennedy, Managing Public Disputes: A Practical Guide to Handling and Reaching Agreements, Jossey-Bass Publisher, San Francisco, 1988.

Dale, J. H., Pollution, Property and Prices, 1968.

Deutsch, M., The Resolution of Conflict: Constructive and Destructive Processes, New Haven: Yale University Press, 1973.

Dobson, A./Lucardie, P., The Politics of Nature, Routledge, 1993.

Donahey, M. Scott., "International Mediation and Conciliation", The Alternative Dispute Resolution Practice Guide, Lawyers Cooperative Publishing, 1993.

Edwards, Alternative Dispute Resolution: Panacea or Anathema, Harvard Law Review, Vol. 99, 1986,

Felstiner, Influences of Social Organization on Dispute Processing, 9 Law and Society Review 63, 1974.

Feltcher, Privatizing Securities Disputes through the Enforcement at Arbitration Agreements, Minn. L. Rev. Vol. 71, 1987.

Fisher R./Ury, W., Getting to Yes: Negotiating Agreement Without Giving In, Penguin Books, New York, 1981.

Fiss Owen, M., Against Settlement, The Yale Law Journal, 93, pp. 1073-90, in: Alternative Dispute Resolution(ed. by Freeman), 1984, pp. 285-302.

Folberg, J./Taylor, A., Mediation: A Comparative Resolving Guide to Conflicts Without Litigation, San Francisco: Jossey-Bass Publishers, 1986.

Freeman, Micahel, Alternative Dispute Resolution, Dartmouth, 1995.

Goldberg, S.B./Green, E.D./Sander, F.E.A., Dispute Resolution, Boston, Mass.: Little, Brown, 1985.

Hensler, Deborah R. A Research Agenda: What We Need to Know about Court-Connected ADR. Dispute Resolution Magazine 6(1): 1999, p. 15.

Hoffmann-Riem, W., Ökologisch orientiertes Verwaltungsverfahrensrecht - Vorklärungen, AöR 1994, p. 590.

Hong, Joon Hyung, Law, Policy and Institutions for Alternative Dispute Resolution in Korea, 『Comparative Studies in Public Conflict Resolution』 (KDI School of Public Policy and Management), 2005.

Hucke, Jochen, "Regulative Politik, Das Beispiel Umweltschutz", in: Abschied vom Recht ?(hrsg. v. Rüdiger Voigt), ed. suhrkampf, 1983, pp. 50-66.

ILO, Voluntary Arbitration of Interest Disputes: a practical guide, Geneva, 1984.

Jacquelline, Nolan-Haley, Alternative Dispute Resolution, West Pub., 1992.

International Encyclopedia of the Social Sciences, Vol. 3, 「Conflict」(Lewis A. Coser, "social aspects"), pp. 232.

Kanowitz, L., Alternative Dispute Resolution, 1990 Supplement, 2Vols. West. Kloepfer, M., Umweltrecht, 1989.

Loventheim, P., Mediate, Don't Litigate: How to Resolve Disputes Quickly, Privately, & Inexpensively Without-, Mcgraw-Hill, 1989.

Mackie, K. J.(Ed.), A Handbook of Dispute Resolution, Routledge and Sweet & Maxwell, 1991.

Mandelbaum, L., Alternative Justice: The Potential for Local Mediation Center in the State of Washington, Washington State Institute for Public Policy, 1984.

Martin A. Frey, Alternative Methods of Dispute Resolution, Thomson Delmar Learning, 2002.

Matthews, R.(Ed)., Informal Justice?, London Sage, 1988.

Mazadoorian, Harry N., For-Profits Take Firm Hold on Field, Bar Leader,

1988.

Minnery, J. R., Conflict Management in Urban Planning, Vermont: Gower Publishing Company, 1985.

Moore, Christopher, The Mediation Process: Practical Strategies for Resolving Conflict, Jossey Bass, San Francisco, CA, 1996.

Morel, D./Magorian, C., Siting Hazardous Waste Facilities: Local Opposition and The Math of Preemption, Cambridge: Harper & Row, 1982.

Nabatchi, Tina, The Institutionalization of Alternative Dispute Resolution in the Federal Government, *Public Administration Review;* July/August 2007, pp. 646-661.

OECD, Economic Instruments for Environmental Protection, 1989, Paris, 1989.

O'Leary, Rosemary/Raines, Susan Summers, Lessons learned from two decades of alternative dispute resolution programs at the U.S. Environmental Protection Agency, *Public Administration Review;* Nov/Dec 2001, Vol. 61, No. 6, 2001, pp. 682-692.

Riskin, L.L./Westbrook, J.E., Dispute Resolution and Lawyers, West Publishing; 1987.

Rose, Carol M. Given-ness and Gift: Property and the Quest for the environmental ethics, Environmental Law, Vol. 24:1, 1994, 1-31.

Sander, Frank E.A., The Future of ADR. Journal of Dispute Resolution 2000(1): 2000, pp. 3-10.

Senger, Jeffrey M., Turning the Ship of State. Journal of Dispute Resolution 2000(1): 2000, pp. 79-98.

______, Federal Dispute Resolution: Using ADR with the United States Government. San Francisco: Jossey-Bass, 2004.

Stein, P., Legal Institutions: The Development of Dispute Settlement, Butterworth, 1984.

Sunstein, Cass R., After the Rights Revolution－Reconceiving the Regulatory

State－, 1990.

Susskind, L., Overview of developments in public participation. In Public Participation in Environmental Decision-making, E.C. Lichtenstein and W.T. Dunn, eds. Washington, D.C.: ABA Standing Committee on Environmental Law, Division for Public Services, American Bar Association, 1994.

Talbot, A., Setting Things, Washington D.C.: Conservation Foundation, 1983.

Thomasic, R./Feeley, M.M.(Ed.), Neighborhood Justice: Assessment of an Emerging Idea, Longman, 1982.

Thompson, M.L., The Evolution of Dispute Resolution: A Contemporary Anaysis, 1993.

Thompson, M. L. et.al., IOWA Mediation Service Mediation Manual, 1993.

Tyler, T. R., The quality of dispute resolution processes and outcomes: measurement problems and possibilites, Denver University Law Review 66, 1989, pp. 419-36.

______, Why People Obey the Law: Procedural Justice, Legitimacy and Compliance, Yale University Press, 1990.

ABA Section of Dispute Resolution, What You Need to Know about Dispute Resolution: The Guide to Dispute Resolution Processes, 2006 (http://www.abanet.org/dispute/draftbrochure.pdf: accessed on Jan. 9, 2008).

U.S. Office of Personnel Management, Alternative Dispute Resolution: A Resource Guide, 2001(http://www.opm.gov/er/adrguide/toc.asp accessed on Jan. 9, 2008).

The Department of Economic and Social Affairs of the United Nations Secretariat, Participatory Dialogue: Towards a Safe, Stable and Just Society for All, 2007(http://www.un.org/esa/socdev/prtcptry-dlog/prtcptry_dlg(full_version).pdf).

〈부록 1〉 공공기관의 갈등관리에 관한 법률안

제1장 총　　칙

제1조(목적) 이 법은 공공기관의 갈등 예방과 해결에 관한 역할·책무 및 절차 등을 정함으로써 공공기관의 갈등 예방과 해결능력을 향상시키고 사회통합에 이바지함을 목적으로 한다.

제2조(기본이념) 이 법은 공공기관과 국민 상호간에 대화와 타협 그리고 신뢰회복을 통한 합의의 틀을 구축하고 참여와 협력을 바탕으로 갈등을 원만하게 예방·해결함으로써 민주사회의 지속가능한 발전에 이바지함을 기본이념으로 한다.

제3조(정의) 이 법에서 사용하는 용어의 정의는 다음과 같다.

1. "갈등"이라 함은 공공기관이 법령 또는 자치법규(이하 "법령 등"이라 한다)를 제정 또는 개정하거나 구체적 사실에 관하여 법령 등을 집행하는 과정 또는 정책·사업계획을 수립하거나 추진하는 과정에서 발생하는 이해관계의 충돌을 말한다.
2. "공공기관"이라 함은 국가행정기관·지방자치단체 그밖에 공공단체 중 대통령령이 정하는 기관을 말한다.
3. "공공정책 등"이라 함은 공공기관의 장 및 제11조제4항의 규정에 의한 민간사업자(이하 "공공기관의 장등"이라 한다)가 행하는 법령 등의 제정 또는 개정 및 정책·사업계획을 말한다.
4. "갈등영향분석"이라 함은 공공정책 등을 수립·추진함에 있어서 공공정책 등이 사회에 미치는 갈등의 요인을 예측·분석하고 예상되는 갈등에 대한 대책을 강구하는 것을 말한다.
5. "갈등관리"라 함은 공공기관이 갈등을 예방하고 해결하기 위하여 수행하는 모든 활동을 말한다.

제4조(공공기관의 책무)

① 국가 및 지방자치단체는 사회 전반의 갈등예방 및 해결 능력을 강화하기 위하여 종합적인 시책을 수립하여 추진하여야 한다.

② 국가 및 지방자치단체는 갈등의 예방 및 해결과 관련된 법령 등을 이 법의 취지에 따라 정비하여야 한다.

③ 공공기관은 갈등을 신속하고 효율적으로 해결할 수 있는 다양한 수단을 발굴하여 적극 활용하여야 한다.

④ 공공기관은 소속 직원에 대하여 갈등의 예방과 해결능력 향상에 필요한 교육훈련을 실시하고 갈등관리능력을 기관의 인사운영의 중요한 기준으로 설정·반영하여야 한다.

제5조(다른 법률과의 관계) 갈등의 예방과 해결에 관하여 다른 법률에 특별한 규정이 있는 경우를 제외하고는 이 법이 정하는 바에 따른다.

제2장 갈등 예방 및 해결의 원칙

제6조(자율해결과 신뢰확보)

① 공공기관의 장등과 이해관계자는 대화와 타협으로 갈등을 자율적으로 해결할 수 있도록 서로 노력하여야 한다.

② 공공기관의 장은 공공정책 등을 수립·추진함에 있어서 이해관계자의 신뢰를 확보할 수 있도록 노력하여야 한다.

제7조(참여와 절차적 정의) 공공기관의 장은 공공정책 등을 수립·추진함에 있어서 이해관계자·일반시민 또는 전문가 등의 실질적인 참여와 절차적 정의가 보장되도록 노력하여야 한다.

제8조(이익의 비교형량) 공공기관의 장은 공공정책 등을 수립·추진함에 있어 달성하고자 하는 공익과 이와 상충되는 다른 공익 또는 사익을 비교·형량하여야 한다.

제9조(정보공개 및 공유) 공공기관의 장은 이해관계자가 공공정책 등의 취지와 내용을 충분히 이해할 수 있도록 관련정보를 공개하고 공유하도록 노력하여야 한다.

제10조(지속가능한 발전의 고려) 공공기관의 장은 공공정책 등을 수

립・추진함에 있어서 미래의 세대에게 발생하는 편익・비용과 함께 경제적으로 계량화하기 어려운 가치도 고려하여야 한다.

제3장 갈등의 예방

제11조(갈등영향분석)

① 공공기관의 장은 대통령령이 정하는 공공정책 등을 수립・시행・변경함에 있어서 국민생활에 중대하고 광범위한 영향을 주거나 국민의 이해 상충으로 인하여 과도한 사회적 비용이 발생할 우려가 있다고 판단되는 경우에는 해당 공공정책 등을 결정하기 전에 갈등영향분석을 실시할 수 있다.

② 공공기관의 장은 제1항의 규정에 의한 갈등영향분석을 위하여 대통령령이 정하는 바에 따라 갈등영향분석서를 작성하여 제12조의 규정에 의한 갈등관리심의위원회에 심의를 요청하여야 한다.

③ 국가행정기관 및 지방자치단체의 장은 「사회기반시설에 대한 민간투자법」 제2조제7호의 규정에 의한 사업시행자 그 밖에 대통령령이 정하는 공공사업을 시행하는 사업자에게 갈등영향분석을 실시하게 할 수 있다.

④ 제3항의 규정에 의하여 갈등영향분석을 실시하는 사업자(이하 "민간사업자"라 한다)는 대통령령이 정하는 바에 따라 갈등영향분석서를 작성하여 동 사업을 소관하는 공공기관의 장에게 제출하여야 한다. 이 경우 제출된 갈등영향분석에 대한 심의절차는 제2항의 규정을 준용한다.

⑤ 제2항의 규정에 의한 갈등영향분석서에는 다음 각 호의 사항이 포함되어야 한다.

1. 공공정책 등의 개요 및 기대효과
2. 이해관계자의 확인 및 의견조사내용
3. 관련단체 및 전문가의 의견
4. 갈등유발요인 및 예상되는 주요쟁점

5. 갈등의 예방·해결을 위한 구체적인 계획
6. 그 밖에 갈등의 예방·해결을 위하여 필요한 사항으로서 대통령령이 정하는 사항

⑥ 그 밖에 갈등영향분석에 관하여 필요한 사항은 대통령령으로 정한다.

제12조(갈등관리심의위원회의 설치 등)

① 공공기관 소관 사무의 갈등관리와 관련된 사항을 심의하기 위하여 대통령령이 정하는 바에 따라 공공기관에 갈등관리심의위원회를 둔다.

② 갈등관리심의위원회는 위원장을 포함하여 11인 이내의 위원으로 구성한다.

③ 공공기관의 장은 소속 관계직원과 갈등의 예방과 해결에 관한 학식과 경험이 풍부한 자 중에서 위원을 임명 또는 위촉하되, 위원장은 위촉위원 중에서 위촉한다.

④ 갈등관리심의위원회의 위원은 중립적이고 공정한 입장에서 활동하여야 한다.

⑤ 그 밖에 갈등관리심의위원회의 구성·운영에 관하여 필요한 사항은 대통령령으로 정한다.

제13조(갈등관리심의위원회의 기능) 갈등관리심의위원회는 다음 각 호의 사항을 심의한다.

1. 제4조제1항의 규정에 의한 종합적인 시책의 수립·추진에 관한 사항
2. 제4조제2항의 규정에 의한 법령 등의 정비에 관한 사항
3. 제4조제3항의 규정에 의한 다양한 갈등해결수단의 발굴·활용에 관한 사항
4. 제4조제4항의 규정에 의한 교육훈련의 실시에 관한 사항
5. 제11조의 규정에 의한 갈등영향분석에 관한 사항
6. 갈등의 예방·해결에 관한 민간 활동의 지원에 관한 사항
7. 그 밖에 갈등의 예방·해결에 관하여 공공기관의 장이 필요하다고 인정한 사항

제14조(심의결과의 반영) 공공기관의 장등은 정당한 사유가 있는 경우

를 제외하고는 제13조의 규정에 의한 갈등관리심의위원회의 심의결과를 공공정책 등의 결정과정 또는 사업시행과정에 성실히 반영하여야 한다.

제15조(참여적 의사결정방법의 활용)

① 공공기관의 장등은 갈등관리심의위원회의 제13조제5호의 규정에 의한 갈등영향분석에 대한 심의결과 갈등의 예방·해결을 위하여 이해관계자·일반시민 또는 전문가 등의 합의(이하 "사회적 합의"라 한다) 등이 중요한 요인으로 판단되는 경우에는 이해관계자·일반시민 또는 전문가 등이 참여하는 의사결정방법을 활용할 수 있다

② 공공기관의 장등은 참여적 의사결정방법의 활용결과를 공공정책 등의 결정과정에서 충분히 고려하여야 한다.

③ 제1항의 규정에 의한 의사결정방법에 관하여 필요한 사항은 대통령령으로 정한다.

제16조(소관 행정기관의 협조요청) 국가행정기관 및 지방자치단체를 제외한 공공기관의 장 및 민간사업자가 제13조의 규정에 의한 갈등관리심의위원회의 심의결과 자체적으로 갈등의 예방과 해결이 어렵다고 판단되는 경우에는 대통령령이 정하는 바에 따라 소관 행정기관의 장에게 협조를 요청할 수 있다.

제4장 갈등관리지원센터

제17조(갈등관리지원센터의 설치)

① 갈등관리를 위한 조사·연구·교육훈련·전문가 양성과 공공기관의 갈등관리 지원 등을 위하여 갈등관리지원센터(이하 "지원센터"라 한다)를 설립한다.

② 지원센터는 법인으로 한다.

③ 지원센터에 관하여 이 법에서 정한 것을 제외하고는 「민법」중 재단법인에 관한 규정을 준용한다.

제18조(지원센터의 기능)

① 지원센터는 다음 각 호의 업무를 수행한다.

1. 갈등의 예방 · 해결을 위한 정책 조사 · 연구
2. 갈등의 예방 · 해결을 위한 법령 · 제도 · 문화 등의 조사 · 연구
3. 갈등의 예방 · 해결 과정과 관련된 매뉴얼 작성 · 보급
4. 갈등의 예방 · 해결을 위한 교육훈련 프로그램의 개발 · 보급 · 지원
5. 갈등의 예방 · 해결을 위한 관련전문가 양성
6. 제11조의 규정에 의한 갈등영향분석에 관한 지원
7. 제12조 및 제13조의 규정에 의한 갈등관리심의위원회의 활동 지원
8. 제15조의 규정에 의한 참여적 의사결정방법의 활용 지원
9. 제20조 내지 제22조의 규정에 의한 갈등조정회의 활동 지원
10. 민간부문의 갈등관리와 관련된 활동의 지원
11. 그 밖에 갈등의 예방 · 해결을 위한 지원에 관하여 필요하다고 인정되는 사업으로서 대통령령이 정하는 사업

② 지원센터는 제1항의 규정에 의한 목적달성의 범위 내에서 필요한 경비를 조달하기 위하여 대통령령이 정하는 바에 따라 수익사업을 할 수 있다.

③ 그 밖에 지원센터의 설치 및 운영 등에 관하여 필요한 사항은 대통령령으로 정한다.

제19조(출연) ① 정부는 지원센터의 설립 · 운영에 필요한 경비를 예산의 범위 안에서 출연할 수 있다.

② 제1항의 규정에 의한 출연에 관하여 필요한 사항은 대통령령으로 정한다.

제5장 갈등조정회의

제20조(갈등조정회의)

① 공공기관의 장은 공공정책 등으로 인하여 발생한 갈등을 조정하기 위하여 필요하다고 판단되는 경우에는 사안별로 사회적 합의촉진을 위한 갈등조정회의(이하 "조정회의"라 한다)를 둘 수 있다.

② 공공기관의 장은 조정회의의 구성과 운영에 필요한 행정적 지원을

하여야 한다.

제21조(조정회의의 기본규칙 등)

① 조정회의의 구성과 운영은 공공기관과 이해관계자(이하 "당사자"라 한다)간의 합의에 의하여 정하는 기본규칙을 따른다.

② 당사자가 필요하다고 인정하는 경우 관련단체와 전문가를 조정회의에 참석시킬 수 있다.

③ 공동의 이해관계가 있는 다수의 당사자는 그 중 1인 또는 수인을 대표당사자로 선임할 수 있다.

④ 당사자 등은 상호존중과 신뢰를 바탕으로 공동의 이익이 되는 대안을 창출하기 위하여 적극적으로 협력하여야 한다.

⑤ 조정회의의 의장 또는 진행자는 중립성과 공정성을 바탕으로 당사자 간에 합의가 도출될 수 있도록 지원하는 역할에 충실하여야 한다.

⑥ 그 밖에 조정회의의 기본규칙에 관하여 공통적으로 필요한 사항은 대통령령으로 정한다.

제22조(합의의 효력 및 이행)

① 조정회의의 합의사항은 문서로 작성하고 당사자가 서명하여야 한다.

② 제1항의 규정에 의한 조정회의의 합의사항은 법령 등에 위배되거나 중대한 공익을 침해하지 아니하여야 한다.

③ 당사자는 제1항의 규정에 의한 합의사항을 신의에 따라 성실하게 이행하여야 한다.

제6장 보 칙

제23조(갈등 전문 인력의 양성 등) 국가는 갈등관리에 관한 전문 인력을 양성하기 위한 교육훈련, 자격제도의 도입 등 필요한 시책을 수립할 수 있다.

제24조(재정지원 등) 국가 및 지방자치단체는 갈등관리에 필요한 조사·연구·교육훈련과 민간부문의 자발적인 갈등관리 활동을 촉진하기 위

하여 필요한 재정지원 등을 할 수 있다.

부 칙

제1조(시행일) 이 법은 공포 후 6월이 경과한 날부터 시행한다. 다만, 제11조의 규정중 중앙행정기관을 제외한 공공기관과 민간사업자의 갈등영향분석에 관한 사항과 제12조 내지 제16조의 규정 중 중앙행정기관을 제외한 공공기관에 두는 갈등관리심의위원회의 설치 등에 관한 사항은 이 법 공포 후 1년 6월이 경과한 날부터 시행한다.

제2조(지원센터 설립준비)

① 국무조정실장은 이 법 시행일 전에 7인 이내의 설립위원을 위촉하여 지원센터의 설립에 관한 사무와 설립 당시의 이사 및 감사의 선임에 관한 사무를 담당하게 하여야 한다.

② 설립위원은 지원센터의 정관을 작성하여 국무조정실장의 인가를 받아야 한다.

③ 설립위원은 제2항의 규정에 의한 인가를 받은 때에는 지체 없이 연명으로 지원센터의 설립등기를 한 후 지원센터의 장에게 사무를 인계하여야 한다.

④ 설립위원은 제3항의 규정에 의한 사무인계가 끝난 때에 해촉된 것으로 본다.

⑤ 지원센터의 설립을 위하여 지출한 경비는 정부출연금 및 지원센터의 수익금으로 이를 충당한다.

제3조(갈등영향분석과 갈등관리심의위원회의 시범실시에 관한 특례)

① 공공기관의 장 등은 이 법 시행일 전에 소관사무의 범위 안에서 시범적으로 제11조의 규정에 의한 갈등영향분석을 실시할 수 있다.

② 공공기관의 장은 이 법 시행일 전에 시범적으로 제12조 내지 제16조의 규정에 의한 갈등관리심의위원회의 설치 등을 할 수 있다.

〈부록 2〉 공공기관의 갈등 예방과 해결에 관한 규정

[제정 2007.2.12 대통령령 제19886호]

제1장 총 칙

제1조 (목적) 이 영은 중앙행정기관의 갈등 예방과 해결에 관한 역할·책무 및 절차 등을 규정하고 중앙행정기관의 갈등 예방과 해결 능력을 향상시킴으로써 사회통합에 이바지함을 목적으로 한다.

제2조 (정의) 이 영에서 사용하는 용어의 정의는 다음과 같다.

1. "갈등"이라 함은 공공정책(법령의 제정·개정, 각종 사업계획의 수립·추진을 포함한다. 이하 같다)을 수립하거나 추진하는 과정에서 발생하는 이해관계의 충돌을 말한다.
2. "갈등영향분석"이라 함은 공공정책을 수립·추진할 때 공공정책이 사회에 미치는 갈등의 요인을 예측·분석하고 예상되는 갈등에 대한 대책을 강구하는 것을 말한다.

제3조 (적용대상)

① 이 영은 중앙행정기관(총리령으로 정하는 대통령 소속기관 및 국무총리 소속기관을 포함한다. 이하 같다)에 적용함을 원칙으로 한다.

② 지방자치단체, 그 밖의 공공기관은 이 영과 동일한 취지의 갈등관리제도를 운영할 수 있다.

제4조 (중앙행정기관의 책무)

① 중앙행정기관은 사회 전반의 갈등예방 및 해결 능력을 강화하기 위하여 종합적인 시책을 수립·추진하여야 한다.

② 중앙행정기관은 갈등의 예방 및 해결과 관련된 법령 등을 지속적으로 정비하여야 한다.

③ 중앙행정기관은 갈등을 신속하고 효율적으로 해결할 수 있는 다양한 수단을 발굴하여 적극 활용하여야 한다.

④ 중앙행정기관은 소속 직원을 대상으로 갈등을 예방하고 갈등 해결 능력을 향상하기 위한 교육훈련을 실시하고 갈등관리능력을 기관의 인사운영의 중요한 기준으로 설정·반영하여야 한다.

제2장 갈등 예방 및 해결의 원칙

제5조 (자율해결과 신뢰확보)

① 갈등의 당사자는 대화와 타협을 통하여 자율적으로 갈등을 해결할 수 있도록 노력하여야 한다.

② 중앙행정기관의 장은 공공정책을 수립·추진할 때 이해관계인의 신뢰를 확보할 수 있도록 노력하여야 한다.

제6조 (참여와 절차적 정의) 중앙행정기관의 장은 공공정책을 수립·추진할 때 이해관계인·일반시민 또는 전문가 등의 실질적인 참여가 보장되도록 노력하여야 한다.

제7조 (이익의 비교형량) 중앙행정기관의 장은 공공정책을 수립·추진할 때 달성하려는 공익과 이와 상충되는 다른 공익 또는 사익을 비교·형량하여야 한다.

제8조 (정보공개 및 공유) 중앙행정기관의 장은 이해관계인이 공공정책의 취지와 내용을 충분히 이해할 수 있도록 관련정보를 공개하고 공유하도록 노력하여야 한다.

제9조 (지속가능한 발전의 고려) 중앙행정기관의 장은 공공정책을 수립·추진할 때 지속가능한 발전을 위한 요소를 고려하여야 한다.

제3장 갈등의 예방

제10조 (갈등영향분석)

① 중앙행정기관의 장은 공공정책을 수립·시행·변경함에 있어서 국민생활에 중대하고 광범위한 영향을 주거나 국민의 이해 상충으로 인하여 과도한 사회적 비용이 발생할 우려가 있다고 판단되는 경우에는 해당 공공정책을 결정하기 전에 갈등영향분석을 실시할 수 있다.

② 중앙행정기관의 장은 제1항에 따른 갈등영향분석서를 작성하여 제11조에 따른 갈등관리심의위원회에 심의를 요청하여야 한다.

③ 제2항에 따른 갈등영향분석서에는 다음 각 호의 사항이 포함되어야 한다.

1. 공공정책의 개요 및 기대효과
2. 이해관계인의 확인 및 의견조사 내용
3. 관련 단체 및 전문가의 의견
4. 갈등유발요인 및 예상되는 주요쟁점
5. 갈등으로 인한 사회적 영향
6. 갈등의 예방·해결을 위한 구체적인 계획
7. 그 밖에 갈등의 예방·해결을 위하여 필요한 사항

④ 중앙행정기관의 장이 「환경정책기본법」 제25조에 따른 사전환경성검토 또는 「환경·교통·재해 등에 관한 영향평가법」에 따른 환경영향평가 등을 실시하면서 이 영이 정한 갈등영향분석 기법을 활용한 경우에는 제1항에 따른 갈등영향분석을 실시한 것으로 본다.

제11조 (갈등관리심의위원회의 설치) 중앙행정기관은 소관 사무의 갈등관리와 관련된 사항을 심의하기 위하여 갈등관리심의위원회(이하 “위원회”라 한다)를 설치하여야 한다. 다만, 갈등이 많이 발생하지 않는 기관으로서 총리령으로 정하는 기관은 당해 기관의 장이 판단해 위원회를 설치하지 않을 수 있다.

제12조 (위원회의 구성·운영)

① 위원회는 위원장을 포함한 11인 이내의 위원으로 구성한다.

② 중앙행정기관의 장은 소속 직원 또는 갈등의 예방과 해결에 관한 학식과 경험이 풍부한 자 중에서 위원을 임명 또는 위촉하되, 공무원이 아닌 위원이 전체위원의 과반수가 되도록 하여야 한다.

③ 위원회의 위원장은 민간위원 중에서 호선하여 선출한다.

④ 위원의 임기는 2년으로 하고 보궐위원의 임기는 전임자의 잔임기간으로 한다. 다만, 공무원인 위원의 임기는 당해 직에 재직하는 기간으로 한다.

⑤ 위원회는 재적위원 과반수의 출석으로 개의하고 출석위원 과반수의 찬성으로 의결한다.

⑥ 위원은 중립적이고 공정한 입장에서 활동하여야 한다.

⑦ 그 밖에 위원회의 운영에 관하여 필요한 사항은 위원회의 의결을 거쳐 위원장이 정한다.

제13조 (위원회의 기능) 위원회는 다음 각 호의 사항을 심의한다.

1. 제4조제1항에 따른 종합적인 시책의 수립・추진에 관한 사항
2. 제4조제2항에 따른 법령 등의 정비에 관한 사항
3. 제4조제3항에 따른 다양한 갈등해결수단의 발굴・활용에 관한 사항
4. 제4조제4항에 따른 교육훈련의 실시에 관한 사항
5. 제10조에 따른 갈등영향분석에 관한 사항
6. 갈등의 예방・해결에 관한 민간활동의 지원에 관한 사항
7. 그 밖에 갈등의 예방・해결에 관하여 중앙행정기관의 장이 필요하다고 인정한 사항

제14조 (심의결과의 반영) 중앙행정기관의 장은 정당한 사유가 있는 경우를 제외하고는 제13조에 따른 위원회의 심의결과를 공공정책의 수립・추진과정에 성실히 반영하여야 한다.

제15조 (참여적 의사결정방법의 활용)

① 중앙행정기관의 장은 제13조제5호에 따른 갈등영향분석에 대한 심의결과 갈등의 예방・해결을 위하여 이해관계인・일반시민 또는 전문가 등의 참여가 중요하다고 판단되는 경우에는 이해관계인・일반시민 또는 전문가 등도 참여하는 의사결정방법을 활용할 수 있다.

② 중앙행정기관의 장은 공공정책을 결정함에 있어 참여적 의사결정방법의 활용결과를 충분히 고려하여야 한다.

제4장 갈등조정협의회

제16조 (갈등조정협의회)

① 중앙행정기관의 장은 공공정책으로 인하여 발생한 갈등해결을 위하

여 필요하다고 판단되는 경우에는 각 사안별로 갈등조정협의회(이하 "협의회"라 한다)를 구성하여 운영할 수 있다.

② 중앙행정기관의 장은 협의회의 구성과 운영에 필요한 행정적 지원을 하여야 한다.

第17조 (협의회의 구성)

① 협의회는 제19조에 따른 의장 1인, 관계 중앙행정기관 및 이해관계인으로 구성한다.

② 관계 중앙행정기관 및 이해관계인(이하 "당사자"라 한다)은 필요하다고 인정하는 경우 관련단체와 전문가를 협의회에 참석시킬 수 있다.

③ 공동의 이해관계가 있는 다수의 당사자는 그 중 1인 또는 수인을 대표 당사자로 선임할 수 있다.

第18조 (의장의 역할) 협의회 의장은 중립성과 공정성을 바탕으로 당사자간의 갈등이 해소될 수 있도록 지원·촉진하는 역할을 수행하며, 당사자의 의사를 최대한 존중하여야 한다.

第19조 (의장의 선임) 협의회 의장은 당해 사안과 직접 관련이 없는 자 중 당사자간의 합의에 의해 선정하는 것을 원칙으로 한다.

第20조 (협의회의 기본규칙 등)

① 협의회의 구체적인 구성과 운영은 당사자가 정하는 기본규칙에 따른다.

② 협의회의 기본규칙은 다음 각 호의 사항을 포함하여 작성할 수 있다.

1. 협의회의 목적
2. 당사자의 범위
3. 협의회 의장의 선정
4. 진행일정
5. 협의의 절차
6. 협의결과문의 작성
7. 협의회 운영과정에서 발생하는 비용 분담에 관한 사항

8. 그 밖에 협의회 운영에 필요하다고 당사자가 합의한 사항

③ 당사자는 상호존중과 신뢰를 바탕으로 공동의 이익이 되는 대안을 창출하기 위하여 적극적으로 협력하여야 한다.

제21조 (협의결과문의 내용 및 이행)

① 협의결과문의 내용은 법령 등에 위배되거나 중대한 공익을 침해하지 않아야 한다.

② 중앙행정기관은 제1항에 따른 협의결과를 성실하게 이행하도록 노력하여야 한다.

제22조 (협의회 절차의 공개) 이 영에 의한 협의절차는 비공개를 원칙으로 하되 당사자들이 모두 합의한 경우에는 공개할 수 있다.

제23조 (비밀유지) 중앙행정기관의 장과 관계공무원은 협의회 과정에서 알게 된 비밀을 타인에게 누설하거나 직무상 목적 외에 이를 사용하여서는 안 된다.

제5장 보　　칙

제24조 (갈등관리연구기관의 지정 · 운영)

① 국무조정실장은 갈등관리와 관련해 다음 각 호의 업무를 수행하도록 하기 위해 갈등관리관련 연구기관 또는 단체를 갈등관리 연구기관으로 지정할 수 있다.

1. 갈등의 예방 · 해결을 위한 정책 · 법령 · 제도 · 문화 등의 조사 · 연구
2. 갈등의 예방 · 해결 과정과 관련된 매뉴얼 작성 · 보급
3. 갈등의 예방 · 해결을 위한 교육훈련 프로그램의 개발 · 보급
4. 갈등영향분석에 관한 조사 · 연구
5. 참여적 의사결정방법의 활용방법에 대한 조사 · 연구
6. 그 밖에 갈등의 예방 · 해결에 필요한 사항

② 국무조정실장은 제1항에 따라 지정된 기관 또는 단체에 대하여 그 활동에 필요한 경비의 일부 또는 전부를 예산의 범위 안에서 지원

할 수 있다.

③ 제1항에 따른 연구기관의 지정·운영 등에 관하여 필요한 사항은 총리령으로 정한다.

제25조 (갈등관리매뉴얼의 작성 및 활용)

① 국무조정실장은 제24조제1항제2호에 따른 갈등관리매뉴얼을 중앙행정기관의 장에게 통보하여야 한다.

② 중앙행정기관의 장은 소관정책을 추진함에 있어 갈등관리매뉴얼을 활용하여야 한다.

③ 중앙행정기관의 장은 제1항에 따라 배부된 매뉴얼에 각 부처의 특성을 반영한 내용을 추가·보완할 수 있다.

제26조 (갈등관리실태의 점검·보고 등) ① 국무조정실장은 중앙행정기관에 의한 갈등관리의 실태 등을 점검·평가하여야 한다.

② 국무조정실장은 제1항에 따른 점검·평가를 위하여 중앙행정기관의 장에게 갈등관리 실태 등에 관한 자료의 제출을 요구할 수 있다.

③ 중앙행정기관의 장은 제2항에 따라 자료 제출을 요청받은 경우 특별한 사유가 없는 한 관련 자료를 제공하여야 한다.

④ 국무조정실장은 제1항에 따른 점검·평가결과를 국무회의에 보고할 수 있다.

⑤ 갈등관리에 대한 관계부처간의 협의 등을 위하여 제11조에 따라 위원회를 설치한 중앙행정기관으로 구성되는 갈등관리정책협의회를 국무조정실에 둔다.

⑥ 제1항에 따른 점검과 제5항에 따른 갈등관리정책협의회 운영에 관하여 필요한 사항은 총리령으로 정한다.

제27조 (지속가능발전위원회와의 협의 등) 「지속가능발전위원회 규정」 제2조제1호 및 별표와 관련된 정책에 관한 계획을 수립하거나 다수 부처가 관련된 정책을 수립하는 과정에서 중앙행정기관의 장이 갈등의 예방과 해결을 위하여 필요하다고 판단하는 경우에는 「지속가능발전위원회 규정」 제3조의2에 따른 지속가능발전위원회의 갈등조정특별위원회와 협의하거나 자문을 요청할 수 있다.

第28조 (갈등전문인력의 양성 등) 중앙행정기관은 갈등관리에 관한 전문인력을 양성하기 위한 교육훈련, 자격제도의 도입 등 필요한 시책을 수립할 수 있다.

第29조 (수당지급 등)

① 중앙행정기관은 제11조에 따라 설치된 위원회 위원 또는 제20조제2항제7호에 따라 발생한 비용에 대해 예산의 범위 내에서 수당·여비 그 밖에 필요한 경비를 지급할 수 있다.

② 중앙행정기관은 갈등관리에 필요한 조사·연구·교육훈련과 민간부문의 자발적인 갈등관리 활동을 촉진하기 위하여 예산의 범위 내에서 필요한 재정지원 등을 할 수 있다.

부칙 <제19886호, 2007.2.12>

이 영은 공포 후 3월이 경과한 날부터 시행한다.

색 인

ㄱ

ㄴ

ㄷ

ㅁ

저자약력

홍준형

독일 괴팅겐대 법학박사
대통령자문 지속가능발전위원회 갈등관리전문위원회 위원
정부혁신지방분권위원회 법제정비 소위원회 위원장
아주대학교 법학과 교수 역임
현, 서울대학교 행정대학원 교수
주요논저: 『환경법』, 『지속가능 발전과 환경 거버넌스(공저)』, 『행정법총론』, 『행정구제법』 외 다수

김유환

서울대학교 법과대학 법학과 및 동대학원졸업
미국 Washington대, Michigan대 초빙교수
이화여자대학교 공공갈등연구센터소장
현, 이화여자대학교 법과대학 법학과 교수
대통령소속 규제개혁위원회 위원
법제처 법령해석 심의위원회 위원
대법원 법원행정처 정보공개심의회 위원
주요논저: 공공갈등(공저)

김선희

서울시립대학교 환경공학박사
대통령 자문 정책기획위원회 위원, 국무총리실 물관리정책민간위원
현, 국토연구원 연구위원
정부업무평가위원회 위원
새만금환경대책실무위원회 위원
주요논저: 「공공갈등관리의 이론과 기법(공저)』, 『국책사업의 효과적 추진을 위한 사회적 합의형성시스템 구축방안』, 『참여시대 공공계획의 패러다임에 관한 연구』

박형서

영국 리버풀 대학교 도시학 박사
현, 국토연구원 국토 및 지역연구실 실장
주요논저: 『공공시설의 외부효과와 입지갈등에 관한 연구』, 『공공갈등예방 및 관리시스템 구축을 위한 기초연구』, 『공공사업 갈등지표 설정과 활용방안 연구』 외 다수

김정순

이화여자대학교 법학박사
이화여자대학교 등 시간강사 역임
현, 한국법제연구원 연구위원
경기도규제개혁위원회 위원
광업조정위원회 위원

하혜영

서울대학교 행정학 박사
서울대학교 행정대학원 BK21사업단 박사후연구원
현, 국회입법조사처 입법조사관
주요논저: 한국 공공갈등의 발생과 해결: 1995-2006년까지 갈등사례를 중심으로 정부의 공공갈등 관리방식에 대한 실증분석 외 다수

공공갈등의 관리, 과제와 해법

2008년 2월 20일 초판인쇄
2008년 2월 25일 초판 1쇄발행

편저자 홍 준 형

발행인 배 효 선

발행처 도서출판 法 文 社

413-756 경기도 파주시 교하읍 문발리 526-3
등 록 1957년 12월 12일/제2-76호(윤)
전 화 (031)955-6500~6 FAX (031)955-6525
E-mail (영업) bms@bobmunsa.co.kr
(편집) edit66@bobmunsa.co.kr
홈페이지 http://www.bobmunsa.co.kr

조 판 ㈜ 성 지 이 디 피

정가 23,000원 ISBN 978-89-18-02286-4